AS MENINAS DO QUARTO 28

HANNELORE BRENNER

AS MENINAS DO QUARTO 28

AMIZADE, ESPERANÇA E SOBREVIVÊNCIA EM THERESIENSTADT

Tradução: Renate Müller

LeYa

Título original: *Die Mädchen von Zimmer 28: Freundschaft, Hoffnung und Überleben in Theresienstadt*

Diretor editorial: Pascoal Soto
Editora executiva: Tainã Bispo
Produtoras editoriais: Renata Alves, Maitê Zickuhr e Pamela Oliveira
Gerente de produção gráfica: Fábio Menezes

Preparação de texto: Petê Rissatti
Revisão: Iracy Borges
Diagramação: Vivian Oliveira
Capa: Eiji Kozaka

Dados Internacionais de Catalogação na Publicação (CIP)
Angélica Ilacqua CRB-8/7057

Brenner, Hannelore
Meninas do quarto 28: amizade, esperança e sobrevivência em Theresienstadt / Hannelore Brenner; tradução de Renate Müller. – São Paulo : LeYa, 2014.
416 p. : il.

ISBN 978-85-8044-981-5

Título original: Die Mädchen von Zimmer 28: Freundschaft, Hoffnung und Überleben in Theresienstadt.

1. Segunda Guerra 2. Crianças judias no holocausto - Narrativas pessoais 3. Holocausto judeu 4. Campos de concentração - Memórias I. Título II. Müller, Renate

---

14-004 7 CDD 940.5318092

Índices para catálogo sistemático:
1. Holocausto - biografias

2014
Texto Editores Ltda.
Uma editora do Grupo LeYa
Rua Desembargador Paulo Passaláqua, 86
01248-010 – Pacaembu – São Paulo – SP
www.leya.com.br

Em memória das crianças de Theresienstadt e
das meninas do Quarto 28:

Hana Epstein – Holubička
Eva Fischlová – Fiška
Ruth Gutmann
Irena Grünfeld
Marta Kende
Anna Lindt – Lenka
Hana Lissau
Olga Löwy – Olile
Zdenka Löwy
Ruth Meisl
Helena Mendl
Maria Mühlstein
Bohumila Poláček – Milka
Ruth Popper – Poppinka
Ruth Schächter – Zajíček
Pavla Seiner
Alice Sittig – Didi
Erika Stránská
Jiřinka Steiner
Emma Taub – Muška

E todas aquelas meninas cujos nomes
não foram mencionados.

An die Kinder

Alle sind wir kleine Kinder
Spielen mit bunten Bällen
Weinen und müssen traurig sein
Man schlägt uns wund wiewohl wir Kinder sind
Alle sind wir Menschen doch
Aber uns hat niemand flügge gemacht
In unserer Zeit gähnt ein schwarzes Loch
Haben wir überhaupt je gelacht?
Alle sind wir Menschen
Um den Erdball geht das Spiel
Der Ball rollt und rollt zu seinem blutigen Ziel

Hanus Hachenburg, *1929-1944*
Aus: Vedem, the secret magazin by the Boys of Terezin.

Às crianças

Nós todos somos crianças pequenas
Que brincam com bolas coloridas
Choramos e somos forçadas a ser tristes
Apanhamos tanto, que ficamos feridas, embora sejamos crianças
Somos seres humanos
Mas ninguém nos tornou independentes
Nesse nosso tempo existe um buraco negro
Será que rimos algum dia?
Somos seres humanos
O jogo se desenvolve ao redor da terra
A bola rola e rola, em direção ao seu alvo ensanguentado

Hanus Hachenburg, *1929-1944*
De: Vedem, the secret magazin by the Boys of Terezin.

In memoriam

Hans Krása (1899–1944), ao compositor da ópera infantil *Brundibár*, que foi a luz na escuridão para as crianças de Theresienstadt e mantém viva para sempre a lembrança das crianças assassinadas no Holocausto e sua esperança da vitória do bem sobre o mal.

Sumário

Prefácio

Nós, as meninas sobreviventes do Quarto 28, do Abrigo de Meninas em Theresienstadt, estamos espalhadas por todo o mundo desde o final da guerra. Somente poucas mantiveram contato, nesses anos que seguiram ao Holocausto. Nem sabíamos onde muitas de nós moravam.

Passaram-se quase cinquenta anos, até o nosso reencontro. Em outubro de 1991, a maioria de nós se reviu pela primeira vez após o término da guerra, em Praga. Viemos de todos os cantos do mundo – Israel, América, Rússia, Inglaterra, Suécia, Alemanha, Áustria e Tchecoslováquia.

Foi um momento inesquecível. Na recepção de um hotel internacional rimos e choramos, dançamos e rodopiamos, e a alegria foi tanta que outras pessoas pararam e nos olharam estupefatas.

Ficamos surpresas com o que sentíamos em relação às outras. Eram os mesmos sentimentos que tínhamos quando crianças. Sentimo-nos novamente como uma só família, e nos entendíamos perfeitamente. Desde então, nos reunimos com frequência.

A alegria de nosso reencontro nos lembra de todas as meninas, cuidadoras, professoras, artistas e de todas aquelas que não sobreviveram. Sentimos uma necessidade imensa de arrancar do esquecimento aquelas meninas que nem mesmo têm um túmulo.

Esse foi o primeiro impulso para a origem deste livro.

Com a nossa contribuição, pretendemos fazer com que nunca mais ocorra algo semelhante ao que vivenciamos. Também gostaríamos que valores humanos, que foram tão importantes para nós e que ainda o são, permaneçam vivos: sentimentos de humanidade, educação e cultura, compaixão, coragem, civilidade e tolerância.

Em 1996, quando conhecemos Hannelore Brenner em Praga e nos tornamos suas aliadas, iniciamos nosso trabalho conjunto. Marcamos um encontro em Špindlerův Mlýn, nas Montanhas dos Gigantes, na Tchecoslováquia. Essa reunião deu início a esse livro, e tudo mais que aconteceu.

Anna Hanusová, Helga Pollak
Em nome das sobreviventes do Quarto 28

PRÓLOGO

Špindlerův Mlýn

Desde o final da década de 1990, no outono, um grupo extraordinário de mulheres promove um encontro na pequena estância Špindlerův Mlýn, nas Montanhas dos Gigantes, um lugar com ar puro e ótimas condições para o descanso. Durante alguns dias, a atmosfera desse lugarejo é preenchida pela alegria do reencontro, com cantorias e risos, mas também com as tristes lembranças da infância. Uma infância vivida há mais de meio século. As mulheres têm mais de 70 anos de idade e vêm de todas as partes do mundo – Israel, Inglaterra, EUA, Áustria e República Tcheca. Essas mulheres reúnem-se para passar alguns dias de férias juntas e também para trabalhar em um projeto de memórias. Desde que começaram, em 1998, essas reuniões desenvolveram uma força radiante espetacular e o número de participantes aumentou a cada ano. E, na hora de dizer adeus, cresce a esperança de um reencontro no próximo ano.

Para as amigas, os dias passados em Špindlerův Mlýn são o ponto alto do ano. E não somente porque esse vilarejo junto ao rio Elba fica em uma região montanhosa encantadora, com seus efeitos revitalizadores sobre o corpo e a mente. Esses dias são especiais não porque se sentem mais jovens quando estão juntas, passeando por uma trilha na floresta, ao longo de um riacho caudaloso em direção ao rio Elba, ou quando fazem pequenas excursões subindo a montanha Medvědin ou em direção à *Schneekoppe*, junto à fronteira polonesa. Essas mulheres simplesmente sentem-se bem quando estão juntas. E qualquer pessoa sensível que se aproximar sentirá isso intensamente e talvez se pergunte sobre esse laço invisível que as une. Afinal, que laço é esse? As próprias mulheres responderiam: "Sentimos como se fôssemos irmãs, como uma família. Ficamos felizes sempre que nos vemos".

As meninas do Quarto 28

Essas mulheres estão unidas por um destino especial. Há mais de meio século, entre os anos de 1942 e 1944, essas mulheres, então com 12 a 14 anos de idade, moraram juntas durante dois anos no Quarto 28, no Abrigo para Meninas L 410, em Theresienstadt.

Elas eram prisioneiras do "gueto", entre as 75.666 pessoas provenientes do assim chamado "Protetorado da Boêmia e Morávia". Pessoas que, após a invasão da sua terra natal pelas tropas alemãs, foram estigmatizadas como "judeus", perseguidas, roubadas, destituídas e, finalmente, deportadas para o campo de concentração de Theresienstadt. Lá, no Abrigo para Meninas, seus caminhos se cruzaram.

Moravam juntas em um espaço exíguo, dia e noite, compartilhando 30 m^2 com cerca de trinta crianças. Dormiam em beliches ou treliches estreitos, comiam escassos alimentos racionados e, à noite, ouviam histórias lidas em voz alta por uma supervisora. E quando as luzes eram apagadas, conversavam entre si, contando suas experiências, pensamentos, preocupações e medos.

Volta e meia, algumas das meninas eram subitamente retiradas de seu convívio, e obrigadas a seguir em um dos temidos transportes em direção ao leste. Novas meninas chegavam ao Quarto 28 e se ajeitavam como podiam nesta situação emergencial, dando origem a novas amizades. E um dia essas amizades também eram abaladas pelo "transporte", uma metáfora para o medo sempre presente que dominava o dia a dia.

E o grupo se formava novamente, fortalecido pelos acontecimentos. Até que, no outono de 1944, a onda devastadora de transportes para Auschwitz atingiu milhares de pessoas, entre elas milhares de crianças, inclusive muitas das meninas do Quarto 28, e os Abrigos para Crianças e o Quarto 28 deixaram de existir.

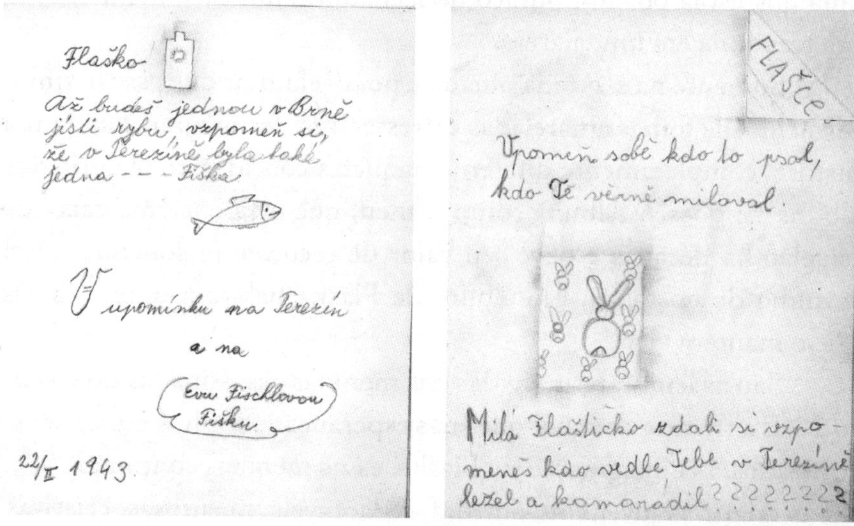

Caderno de recordação de Flaška.

Nessa época, Eva Fischl escreveu no caderno de recordação de Flaška: "Se um dia você comer um peixe em Brno, lembre-se de que em Theresienstadt também havia um peixinho. Com muito carinho, Eva Fischlová. Fiška". E, com alguns traços, desenhou um peixinho a lápis.

E a pequena Ruth Schächter, que todos chamavam de *Zajiček* (coelhinha), escreveu no mesmo álbum: "Nunca se esqueça de quem te escreveu isso e que te foi fiel. Com carinho..."; a seguir, desenhou uma mamãe coelha com sete coelhinhos e fez a seguinte pergunta, seguida de oito pontos de interrogação: "Querida Flaška, será que você se lembrará para sempre de quem dormia ao seu lado?? E que foi uma boa amiga????????"

À primeira vista, o caderno de recordação de Anna Flachová, que os amigos chamavam de "Flaška", não parece ser muito diferente dos álbuns de poesia de outras meninas. Nele também existem aforismos, tais como este, de Goethe: "Aproveite os bons momentos, pois eles são raros". E também dedicatórias: "Muita sorte na sua vida futura deseja sua tia Ella, de Viena. 23 de julho de 1940". Assim como ilustrações e desenhos: flores coloridas, um esquilo, uma menina que espia por um buraco de fechadura, um cachorrinho, uma rua tranquila em um vilarejo.

Somente na segunda olhada é possível notar que esse livrinho vermelho, de folhas amareladas e prestes a se desintegrar, conta uma história completamente diferente daquelas contidas na maioria dos álbuns de poesia. Álbuns como o meu, que está em uma caixa de papelão há décadas e deve seu valor de recordação somente a um restinho de nostalgia. No álbum de Flaška habitam outras forças que o mantêm vivo.

São as lembranças vívidas das meninas assassinadas do Quarto 28. É a tristeza de saber que suas esperanças e sonhos nunca serão realizados. Na imaginação de Flaška, essas meninas continuam sendo as criaturas jovens de outrora – adoráveis, talentosas, criativas, algumas calmas e pensativas, outras ativas e temperamentais. Flaška e suas amigas ainda hoje se perguntam como teria sido o futuro das amigas. Amigas como Lenka, que escrevia poemas tão maravilhosos? E Fiška, que inventava esquetes espirituosos e que gostava de fazer teatro? Maria, com sua linda voz? E Helena e Erika, desenhistas e pintoras talentosas? Qual teria sido o futuro de Muška, Olile, Zdenka, Pavla, Hana, Poppinka e de Zajiček, a mais novinha das meninas, tão carente e necessitada de proteção?

Para Flaška, o caderno de recordação é mais do que uma lembrança. É uma missão. A missão de manter viva a lembrança das meninas assassinadas é a sua responsabilidade pessoal. Sempre que folheia o álbum – e o estado do álbum mostra que isso ocorre com frequência – Flaška consegue visualizar as meninas e ouve suas vozes. Elas parecem clamar: não me esqueça! Você ainda se lembra? Fizemos um juramento de fidelidade eterna!

"Sob o velho campanário, na Cidade Antiga em Praga, esperamos nos encontrar num dos primeiros domingos após a guerra." Essa era a promessa feita pelas meninas sempre que havia uma despedida. Uma promessa reforçada com uma frase que, dita por elas, deve ter soado ao mesmo tempo como um encantamento e uma senha secreta:

Você acredita em mim, eu acredito em você.
Você sabe o que eu sei.
Venha o que vier,
Você não me trairá,
Assim como não trairei você.

As meninas formavam uma comunidade baseada na lealdade e na amizade. Uma comunidade que fundou uma pequena organização, o *"Ma'agal"*, que compôs um hino e criou uma flâmula – um círculo e, dentro dele, duas mãos entrelaçadas: um símbolo da perfeição e o ideal que todas almejavam. Uma comunidade sempre unida pela mesma esperança e anseio: que a Alemanha logo fosse derrotada e a guerra, finalmente, terminasse.

Flâmula do *"Ma'agal"*.

O início

Hoje, em março de 2013, faz cerca de 17 anos que conheci algumas das sobreviventes do Quarto 28 em Praga. Foi durante as pesquisas feitas para uma reportagem de rádio sobre a ópera infantil "Brundibár"[1], e logo apoiei a sua causa: criar uma espécie de memorial para as crianças do campo de concentração de Theresienstadt, assim como para todas as pessoas que não sobreviveram ao Holocausto; um memorial também para os adultos – cuidadores, educadores, artistas – para lembrar daqueles que as haviam apoiado. Essas pessoas lhes transmitiram valores fundamentais para a vida.

A iniciativa de escrever um "Livro de Recordações" partiu de Anna Hanusová, cujo sobrenome de solteira é Flachová (Flaška) e de Helga Kinsky. O que as motivou foram, principalmente, dois documentos: o caderno de recordação de Flaška e o diário de Helga feito em Theresienstadt. Quem conhece esses documentos sabe por que motivaram as amigas a fazer alguma coisa para lembrar dos amigos assassinados, para manter viva aquela chama, que se manifesta nesses e em outros documentos de Theresienstadt – poemas, redações, desenhos, cartas, palestras – e que mostram como os adultos tentavam fornecer às crianças apoio e orientação numa época em que os valores humanos nada mais significavam.[2]

O mês de setembro de 1998 marca o início de nossa cooperação. Nossa primeira reunião com um número maior de pessoas ocorreu em Špindlerův Mlýn. Procedíamos de vários lugares: Helga veio de Viena, Flaška de Brno, Handa, Hanka, Vera e Judith de Israel. Ela veio dos EUA, Evelina e Marta da República Tcheca, e eu vim de Berlim. Trocamos notas autobiográficas e recordações. Juntamos documentos e mantivemos discussões acaloradas. Naquela época, e durante os anos que se seguiram e nos quais o encontro ocorria na mesma época do ano e no mesmo local, fui testemunha e participei de um trabalho de recordação que ficava cada vez mais intenso e vívido. Um trecho do diário de Helga, palavras colhidas do caderno de recordação de Flaška, um poema do caderninho de anotações de Handa, um desenho feito por uma criança, uma foto, uma melodia – subitamente o passado se tornava presente para essas mulheres. Ficava ao alcance da mão. Também fui envolvida por essa conscientização e fui arrebatada para o centro de uma história que até hoje não me deixou.

Brundibár

"Nós sempre nos lembraremos delas", disse Ela Weissberger em um dos nossos passeios em Špindlerův Mlýn. "Sempre que falo ao público nos Estados Unidos, peço às pessoas presentes que se juntem a mim para lembrar dessas crianças. Pois ninguém as conhece, somente nós, os poucos sobreviventes, levamos essas crianças na nossa memória e nos nossos corações. Também carregamos uma imagem conosco – seus rostos, seus olhos, suas personalidades. Nós as vemos na nossa frente, assim como tudo o que vivenciamos com elas. Este é o motivo para escrever este livro. Eu mantenho viva a esperança de que um dia nos encontraremos, e de que possamos dedicar este livro a gerações mais jovens e vindouras, juntamente com nossos votos de uma vida melhor. E também para que saibam que fizemos o que foi possível para lhes oferecer algo que somente nós podemos doar: nossas recordações. E o nosso amor, aliado à nossa recordação, o amor que recebemos de alguns adultos – educadores, professores, artistas e muitos outros – em tempos difíceis. Eu acredito que muitas crianças de hoje necessitam de um amor como aquele recebido por nós há tanto tempo."[3]

No início do ano de 1996 fui aos EUA para um encontro com Ela Weissberger (nome de solteira Stein). Juntamente com Paul Kling, Leopold Lowy e Ernest Seinfeld, Ela foi uma das primeiras testemunhas com as quais conversei nos Estados Unidos. Eu queria saber em primeira mão os detalhes sobre a história envolvendo a apresentação da ópera infantil "Brundibár", a ópera que nos anos de 1943/1944 transformou-se em um símbolo de esperança para as crianças do campo de concentração de Theresienstadt.

Nas apresentações em Theresienstadt, Ela havia feito o papel do gato, um dos papéis principais nesse trabalho musical encantador, composto em Praga antes da eclosão da Segunda Guerra Mundial. Seus autores, o compositor tcheco Hans Krása e seu amigo, o autor e artista Adolf Hoffmeister, certamente não imaginavam que, anos mais tarde, "Brundibár" seria apresentada em um campo de concentração por um grupo de prisioneiros judeus. Também não teriam previsto a importância que "Brundibár" viria a ter para os jovens atores do gueto de Theresienstadt. Assim como não poderiam imaginar que a história da ópera infantil contaria também a história de uma mentira infame e do assassinato cruel de crianças judias. No fim da década de 1930, alguém poderia imaginar algo assim?

O grande final da ópera infantil "Brundibár". Fotograma retirado do filme de propaganda nazista "Theresienstadt. Um documentário da região de colonização judaica" (1944), que ficou conhecido como "O *Führer* presenteia os judeus com uma cidade". Direção de Kurt Gerron.

Naquela época, sempre que Ela contava sobre suas experiências em Theresienstadt, acabávamos falando de suas amigas do Quarto 28. É claro que as amigas eram muito importantes para Ela.

O que significavam para Ela? E o que queria dizer o "Quarto 28", que Ela sempre mencionava? A resposta não tardou a chegar. Quando nos despedimos, Ela disse: "Em setembro vou para Praga. Lá encontrarei minhas amigas. Se quiser, venha também".

Seis meses depois eu estava em Praga e conheci as amigas de Ela – Flaška, Helga, Judith Rosenzweig (nome de solteira Schwarzbart) e Evelina Merová (nome de solteira Landová). Pouco depois visitei Flaška em Brno e Helga em Viena; também viajei para a Inglaterra e para Israel. Em 1998, o nosso pacto foi selado.

Encontro das "meninas do Quarto 28" em Špindlerův Mlýn.

Desde 1998, os encontros em Špindlerův Mlýn ocorriam com regularidade e transformaram-se em uma tradição. Geralmente aconteciam perto da época de *Rosch Hashaná*, o Ano Novo Judaico, que elas gostam tanto de festejar. Nessa festa, flores e candelabros enfeitam a mesa decorada com esmero, são feitos pequenos discursos, com distribuição de brindes e presentes. Depois do jantar, a conversa animada se transforma cada vez mais em cantoria. As participantes entoam canções tchecas, hebraicas e, repetidamente, canções da ópera infantil "Brundibár".

Nesses momentos, o ambiente é tomado por um sentimento muito peculiar, um misto de alegria e seriedade, de amor, amizade e gratidão. A mensagem do acontecimento festivo parece transmitir que somos gratas por ter uma família, por sermos mães e avós, por termos filhos e netos; somos gratas porque muitos dos nossos desejos se realizaram depois de tudo que passamos. E, acima de tudo, somos gratas por estarmos com nossos parentes e amigos, em nossa velha pátria tcheca.

Nesses momentos as mulheres se conscientizam de que suas antigas amigas não tiveram a mesma sorte. Em seus corações e pensamentos, as amigas ainda estão presentes, são parte delas, assim como fazem parte de sua própria infância. As meninas de outrora fazem parte de sua vida atual.

Erika Stránská

Erika Stránská.

Erika Stránská é uma dessas meninas. Viveu com elas no Quarto 28, entre 1942 e 1944, até que seu nome foi incluído em uma lista de transporte, sendo deportada para Auschwitz em 18 de maio de 1944.

Evelina Merová tem boas lembranças de Erika – uma menina calma e bonita, que tinha um ancestral famoso, o pintor tcheco Alexander Brandeis (1848-1901). Uma menina que gostava de participar das aulas de pintura ministradas por Friedl Dicker-Brandeis – mais de 30 quadros feitos por ela atestam seu talento artístico. Helga tem uma imagem um tanto vaga de Erika, mas tem a impressão de que um dia estiveram muito ligadas. Em 28 de outubro de 1943, escreveu em seu diário: "Ontem conversei com Erika em particular. Acho que poderíamos nos dar muito bem. Ela me deu um coraçãozinho esculpido de madeira. Nossa visão das coisas são muito parecidas".

Marcas no diário de Helga, desenhos infantis, lembranças que as sobreviventes têm de uma menina que se mantinha quietinha em segundo plano – como escrever sobre pessoas das quais se sabe tão pouco, pessoas que não têm história, das quais não sobrou nem mesmo uma foto? Pessoas que não deixaram nada escrito, como Lenka Lindt, Ruth Schächter, Ruth Gutmann. Nenhuma redação ou poesia, nenhuma dedicatória no caderno de recordação de Flaška.

Perguntas como essa passavam pela minha cabeça durante o trabalho, uma vez que eu queria escrever um livro em memória das amigas assassinadas. Inicialmente, Flaška não gostou de eu querer dar mais espaço às biografias e vivências das sobreviventes do que às pessoas que o livro deveria lembrar; Flaška também se irritou com o fato de que o diário de Helga Pollak passaria a ocupar um espaço importante, e que suas anotações e os registros na agenda de seu pai, Otto, passariam a ser o tema central da história. Mas será que o livro poderia ter sido escrito sem o diário da vienense Helga Pollak e sem o tesouro de documentos que seu pai foi capaz de preservar? Sem as descrições vívidas de sua infância, que eu consigo ver passar diante de mim como se fossem um filme?

O que eu poderia contar sobre essas meninas, das quais eu conhecia somente a data e o local de nascimento, e as datas de seu transporte para Theresienstadt e seu transporte para Auschwitz? O que eu poderia escrever sobre uma menina que produziu mais de 30 desenhos infantis, mas que depois de mais de 60 anos já não está mais presente na lembrança das sobreviventes? Uma menina que – como agora sei – trazia dentro de si uma tristeza imensa, separada de tudo que lhe era caro e que amava, que se sentia só, desamparada e como uma estranha naquela comunidade do "Quarto 28", que, apesar dos esforços dos cuidadores, significava uma convivência compulsória, um grupo de jovens prisioneiras judias, amontoadas em uma área do campo de concentração e transferência de Theresienstadt.

Eco tardio do Brasil: Erika Stránská

Vivi um momento especial anos mais tarde, no verão de 2012, quando recebi o seguinte e-mail proveniente do Brasil:

Hello, I write to you because my grandmother was the younger sister of a girl who lived in Room 28, Erika Stránská. My grandmother hid during the war and came to Brazil when it ended and here we are until today. I am Adriana, and I live in Brazil, Sao Paulo[*].

Adriana (ao centro) com sua avó Monika Zolko, nome de solteira Stránská, seu avô Gregório e sua mãe Karen Zolko.

---

*. "Olá, estou lhe escrevendo porque minha avó era a irmã mais jovem de uma menina que viveu no Quarto 28, Erika Stránská. Minha avó escondeu-se durante a guerra e veio para o Brasil quando a guerra terminou. Meu nome é Adriana e moro em São Paulo, Brasil".

Foi assim que conheci Monika, a meia-irmã de Erika, e sua família; fiquei sabendo da infância de Erika e das lembranças que Monika tinha de sua irmã mais velha, da qual tinha tanto orgulho. "Erika brincava muito comigo, pois passava muito tempo conosco", escreveu Monika. "Ela gostava muito do meu avô e da minha mãe. Naquela época, minha mãe tinha somente 23 anos, adorava crianças e cuidou de Erika como se fosse sua filha."

Aqui vemos Erika, a menina maior na foto, seu pai Georg com sua segunda esposa, Valerie Stettina, e uma garotinha, Monika, a meia-irmã de Erika.

Em 1939, a mãe de Erika, Therese Stránská, juntamente com sua cunhada, decidiu fugir para a Inglaterra, deixando Erika aos cuidados dos avós paternos e de seu ex-marido e pai de Erika, Georg Stránský. Foi uma decisão amigável, tomada como tantas outras sob condições ameaçadoras. Georg havia se casado novamente. Sua esposa chamava-se Valerie Stettina. Em novembro de 1937, nasceu sua filha Monika.

Quando Therese deixou a filha para trás, em Praga, tinha certeza de que Erika estava em boas mãos, aos cuidados da família de seu pai, certa de que todos tomariam conta dela com carinho.

E por algum tempo foi assim.

Até o final de 1941, quando começaram os transportes.

A certeza dolorosa do destino de sua irmã mais velha acompanha Monika Zolko por toda sua vida. Erika, juntamente com sua avó Berta (o avô já havia falecido e seu pai, Georg Stránský, havia sido deportado para um campo de trabalho), chegou a Theresienstadt em 4 de setembro de 1942, onde viveu até 1944, no Quarto 28. Em 16 de maio de 1944, quando subiu em um vagão e partiu em direção a Auschwitz-Birkenau, faltavam somente seis dias para seu 14º aniversário. Nesse dia, Erika já havia morrido.[4]

A presença do passado

"O passado permanece. É impossível esquecê-lo", diz Judith Rosenzweig. "Você convive com o passado a cada dia, sem pensar e sem estar consciente dele. Mas, de repente, algo acontece. Geralmente ocorre algo inesperado. Uma observação, uma determinada comida, uma flor tal como o dente-de-leão, datas comemorativas, qualquer coisa – e, inesperadamente, tudo está de volta. Mas somente fragmentos, as lembranças não vêm todas de uma vez."

"Na verdade, a história drástica é aquela que vem depois", diz Helga Kinsky. "No abrigo de meninas ficávamos protegidas. Não víamos tudo o que realmente acontecia em Theresienstadt. E crianças nessa idade podem ser facilmente distraídas com canções, jogos e diversas outras atividades que as pessoas mais idosas não podiam fazer." "Se tivéssemos ficado no Quarto 28 até o final", disse Judith, "eu acho que muitas coisas teriam sido diferentes e, provavelmente, seríamos pessoas muito mais felizes do que fomos depois do transporte. Mas o que veio a seguir foi tão terrível que a gente só quer mesmo esquecer."

Este é um desejo compreensível: a vontade de esquecer. Ocultar as lembranças insuportáveis. O abismo do horror, para o qual os jovens eram obrigados a olhar durante seu caminho através do inferno, a ferida em suas almas – eu nunca entendi tão direta e claramente a tragédia do *Shoah*[**] como então, durante nossos primeiros

---

**. Por vezes, prefere-se usar o termo *Shoah* em detrimento de *Holocausto*, pois este último possui um significado associado à prática de expiação de pecados por incineração, o que ameniza a catástrofe e possibilita a perpetuação do antissemitismo. (N. da E.)

encontros e conversas. Às vezes, a sensação de tempo parecia suprimida, os limites que normalmente separam o hoje do amanhã subitamente tornam-se ocasionais e sem efeito, evidenciando o preceito da "presença do passado" de modo tão enfático e doloroso.

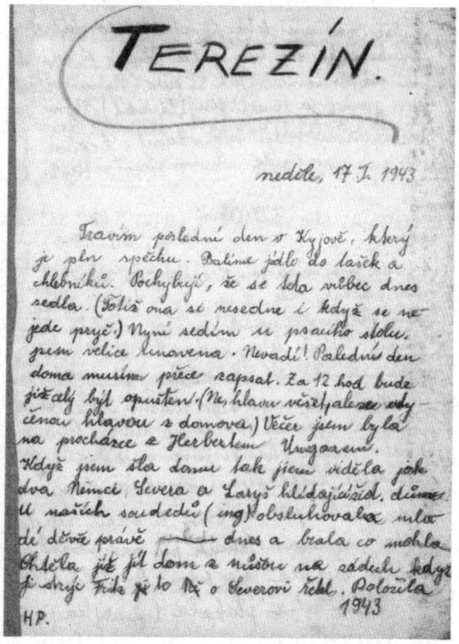

Capa e primeira página do diário de Helga Pollak.

O diário de Helga

Mas também havia um outro sentimento. Flaška e Helga, desde o início, disseram que esse sentimento era de gratidão. Gratidão? Ainda hoje me surpreendo com isso. Como algo assim foi possível? As meninas viviam em um espaço exíguo, com 30 m² para cerca de 30 meninas, e sua vida era marcada pela humilhação, pelo medo, pela miséria e pelo desespero. E, mesmo assim, cultivam a gratidão em um cantinho de seus corações. Gratidão? Por quê? O que aconteceu no Quarto 28?

E quem eram essas pessoas, das quais falavam – Tella, Eva Weiss, Eva Eckstein, sra. Mühlstein, sra. Brumlik, Fredy Hirsch,

Rudi Freudenfeld, Hans Krása, Rafael Schächter, Gideon Klein ou Friedl Dicker-Brandeis? O que essas pessoas tinham a ver com as meninas? Uma coisa é certa: este livro não existiria sem o diário de Helga. Sem ele, ninguém seria capaz de imaginar como era a vida no Quarto 28 do Abrigo para Meninas L 410 em Theresienstadt. Somente o diário de Helga tornou possível a reconstrução do dia a dia, captando a atmosfera reinante no pequeno cosmo do Quarto 28, essa "ilha no mar revolto" – que também é uma imagem constante do diário. O diário de Helga leva o leitor para o mundo dessa menina vienense de 12, 13 anos de idade, para a qual escrever se transformou em um meio indispensável de reflexão e um diálogo igualmente indispensável com um bom amigo. "Ontem meu pai leu para mim alguns parágrafos sobre a filosofia de Schopenhauer. Ele defende que todos escrevam um diário. Fico feliz por escrever para um bom amigo, que não me abandona, a não ser que eu assim o deseje."

O diário de Helga é um grande tesouro. Seu valor histórico, associado às anotações na agenda de seu pai, Otto Pollak, é incomensurável. Ambos fornecem uma cronologia dos acontecimentos em Theresienstadt no período entre 1943 e 1945. Essas fontes exclusivas de informação transformaram-se em um catalisador da memória para o trabalho de recordações com suas amigas.

As narrativas de Helga despertaram coisas há muito esquecidas. Pessoas e acontecimentos subitamente estavam novamente vivos diante dos olhos das sobreviventes. Fragmentos de memória encaixavam-se a outros fragmentos de memória, formando uma imagem, uma cena. Seu diário contempla o momento da fundação do *Ma'agal* – Helga descreve detalhadamente o dia a dia no Quarto 28. A despedida de Pavla, Zdenka, Olile e Poppinka em setembro de 1943, o verão quente de 1943 e sua terrível praga de percevejos, a chegada das crianças de Bialystok, a visita a um concerto, aulas, festas de aniversário, a proibição de sair do alojamento, a despedida de Irena Grünfeld, Eva Landová e da cuidadora Eva Weiss em dezembro de 1943 – o diário de Helga contém o material a partir do qual foi feito este livro. Seu diário é, ao mesmo tempo, uma crônica e o flagrante do momento, além de representar um testemunho pessoal e autobiográfico de uma menina entre os 12 e 14 anos de idade, residente no gueto de Theresienstadt.

E mais: o diário de Helga e o caderno de recordação de Flaška são evidências de que a memória das sobreviventes não é enganosa; estes documentos também mostram que, a despeito do pesadelo representado pelo passado, este também esconde algo capaz de explicar o sentimento de gratidão. O diário nos faz entender o desejo de criar um memorial digno para todos aqueles que se empenharam em "oferecer um lar relativamente bonito em meio à miséria" para todas as crianças.

Esse era o objetivo da *Jugendfürsorge* [Departamento para o Bem-estar da Juventude] de Theresienstadt e foi expresso nas palavras de um discurso feito por Fredy Hirsch, um líder da juventude sionista de Aachen, em meados de 1943, em Theresienstadt. Ele termina com as seguintes palavras: "Eu acredito que, mais tarde, as crianças terão boas lembranças do lar que tentamos criar para elas em Theresienstadt. Seria terrível se, para a nossa juventude, Theresienstadt significasse um dano físico e mental irreparável".

É cruel saber que a vida da maioria das crianças acabou nas câmaras de gás de Auschwitz. No entanto, é reconfortante pensar que a esperança de Fredy Hirsch se concretizou ao menos para as crianças que sobreviveram.

Nós nos lembramos do nosso Quarto 28 com um sorriso nos lábios

"Como foi possível", diz Judith, espantada, "que tenhamos nos entendido tão bem e que tenhamos podido ajudar-nos mutuamente? – éramos cerca de 30 meninas com idades entre 12 e 14 anos, uma idade tão difícil. Como fomos capazes de aprender voluntariamente a deixar nossos quartos sempre limpos e arrumados, lavar nossos cabelos apesar das condições terem sido tão desconfortáveis? Hoje sei que Tella, nossa educadora, fez um excelente trabalho. Assim como as outras educadoras."

"Realmente foi um privilégio morar no Abrigo para Meninas L 410", escreveu Miriam Jung (nome de solteira Rosenzweig, 1930-2012), que participou somente de um encontro nos Estados Unidos. "O período que passei no Quarto 28 foi, para mim, a melhor época em Theresienstadt. Melhor do que tudo mais que vivenciei no gueto e nos campos de concentração. É interessante lembrar que, mesmo tão jovens e enquanto nossa vida era marcada pela fome, pelo frio e pelo medo, continuamos sendo honestas e decentes, e sempre mantivemos valores morais elevados. Também fomos capazes de desenvolver amizades profundas, o que praticamente é impossível em circunstâncias normais."

"Eu acredito que Theresienstadt e o Quarto 28 contribuíram para que eu me tornasse uma pessoa tolerante, capaz de fazer amizade com pessoas que têm convicções completamente diferentes" respondeu Handa quando questionada sobre a influência de Theresienstadt em sua vida. "Lá convivíamos com cerca de 30 crianças em um quarto muito pequeno. Cada uma de nós tinha origens diferentes. Algumas meninas eram muito mimadas, outras eram briguentas, algumas egoístas, outras boas e algumas nem tanto – assim como na vida normal, cada pessoa tem um caráter diferente. Nós aprendemos a conviver umas com as outras, a ouvir as outras. Aprendemos a viver juntas – porque não havia outra saída."

Extraído das lembranças de Evelina Merová (Eva Landová):

Quando me lembro dos terríveis anos de guerra e do Holocausto, sempre vem à minha mente uma imagem brilhante, um ponto luminoso – nosso abrigo para crianças no gueto, nosso Quarto 28.

Eu permaneci 18 meses em Theresienstadt. Na vida de um adulto isso não é nada. Na vida de uma criança isso é uma eternidade.

Em Theresienstadt minha infância acabou. Eu comecei a ficar adulta. Eu comecei a pensar. Cheguei a Theresienstadt com 11 anos de idade. Quando deixei a cidade, em dezembro de 1943, seguindo em um transporte para Auschwitz, me sentia quase adulta.

O abrigo para meninas em Theresienstadt me ajudou a superar muitas dificuldades. As cuidadoras nos transmitiam um conceito de humanidade, amizade e solidariedade. Isso me deu forças. Mas eu também tive sorte. Infelizmente, pouquíssimas tiveram sorte. De cerca de 50 a 60 meninas do nosso quarto, somente 15 sobreviveram.

O hino de Theresienstadt diz: 'Quando a gente quer, tudo é possível, de mãos dadas e firmemente unidas, daremos boas risadas ao ver as ruínas do gueto'.

Infelizmente, essa profecia não se cumpriu. Após a guerra, ninguém mais era capaz de rir. Mas sempre nos lembraremos de nosso Quarto 28, do Abrigo para Crianças, com um sorriso nos lábios.

O último acorde: Theresienstadt

"Existe uma amarga ironia no fato de que, em Theresienstadt, tenha terminado a coexistência e a cooperação de três culturas. Durante décadas, tchecos, alemães e judeus conviveram em solo boêmio, influenciando e enriquecendo mutuamente suas culturas. Foi em Theresienstadt, nesse gueto emblemático dos nazistas e sob condições extremas e difíceis, que esta aproximação das culturas que evoluiu ao longo dos séculos acabou fundindo-se em sua essência mais profunda."[5]

As atividades culturais em Theresienstadt são um reflexo do espírito progressista que marcava a cultura da Europa Central antes da guerra. Um canto do cisne para uma época em extinção, o último acorde. Um acorde triste e desesperado. E, mesmo assim, nele ainda havia esperança e também coragem. Esperança para as crianças, as testemunhas do canto do cisne e os instrumentos nos quais estas últimas harmonias foram tocadas, para que nunca deixassem de soar.

A esperança não foi em vão. O último acorde continuou vivo nas obras daqueles que compunham o cenário cultural único de Theresienstadt, nas obras dos compositores Viktor Ullmann, Hans Krása, Pavel Haas, Gideon Klein, e nas obras dos artistas plásticos Otto Ungar, Leo Haas, Bedřich Fritta, Peter Kien, Karel Fleischmann, Alfred Kantor, nas canções de cabaré e nas letras de Karel Švenk, Leo Strauss e Walter Lindenbaum. O último acorde permanece vivo nas lembranças que os sobreviventes têm de apresentações que, de forma igualmente alegórica, refletem a essência da cultura de Theresienstadt: o *Réquiem* de Verdi e a ópera infantil *Brundibár*, de Hans Krása. O último acorde vive e continua ressoando no testemunho daqueles que eram jovens na época.

O último acorde vive e permanece ativo nos corações dos sobreviventes e naqueles que continuam entre nós. Também permanece vivo no coração das "Meninas do Quarto 28".

O abrigo te protege, assim como o cogumelo maior protege o menor. Depois de algum tempo, é você quem deverá proteger os demais. Por isso, prepare-se desde já, pois um dia você deve devolver este empréstimo. E, mais tarde, lembre-se também das pessoas das quais gostava.
Com carinho, Fiška.
Theresienstadt, 5.10.1944.

Helga Pollak: de Viena a Theresienstadt

Helga Pollak por volta de 1939.

No final de agosto de 1938, uma menininha de cabelos castanhos ficou por algum tempo na sacada de um antigo prédio residencial, num canto de Brno, capital da Morávia, seguindo com os olhos, como se petrificada, um vulto que se afastava, mesmo quando este já havia desaparecido. Depois de um tempo, que lhe pareceu uma eternidade e ficou gravado na memória, a menininha voltou para dentro, uma sala grande e escura de um apartamento antigo e mofado que servia como pensão, e enfiou-se chorando em uma das camas escuras e vazias que haviam sido deixadas no quarto. Naquele momento, o mundo desabou.

Helga Pollak, uma jovem vienense, tinha 8 anos quando se tornou uma estranha em terra alheia. Sua infância acabou naquele momento – em uma inóspita pensão de Brno, no dia em que se despediu de sua mãe. Uma despedida que durou 8 anos. Mas ela não sabia disso naquela época. A paz ainda reinava sobre a Primeira

República Tcheca. A crescente perseguição dos judeus, como aquela vivenciada por Helga em Viena, não parecia ser um perigo importante, ao menos não parecia ser uma ameaça à vida. Para ela, o fato de ser judia era algo do qual tinha apenas uma consciência nebulosa.

Mais de 60 anos depois, Helga Pollak ainda guarda estas imagens vivas na memória: "No final de agosto de 1938, minha mãe, que tinha ido de Viena para Kyjov, me levou até uma pensão em Brno. Eu ainda me lembro do momento em que minha mãe me deixou. Eu estava na sacada, acompanhando-a com o olhar, e chorava. Nesta pensão sombria ninguém ligou para mim. As jovens que viviam lá, em quartos sublocados com quatro a cinco camas e que provavelmente saíam para trabalhar ou estudar, falavam tcheco. A única pessoa que estava lá pela manhã era uma empregada doméstica vinda do interior que também não conseguia conversar comigo. Naquela época eu ainda não falava tcheco, e ela não falava alemão. Senti-me totalmente abandonada."

Nada em sua vida pregressa indicava que tais coisas pudessem acontecer. Nascida em 28 de maio de 1930, filha única de Otto e Frieda Pollak, Helga teve uma infância privilegiada. Seu pai era proprietário de um café-concerto grande e conhecido, o Palmhof, na Mariahilferstrasse. Helga cresceu no mesmo edifício, em um grande apartamento, aos cuidados da mãe e de uma babá de nome Johanna. Durante seus primeiros anos de vida, os adultos a mantiveram afastada do café-concerto. "Poder ir ao Palmhof era algo especial para mim."

Otto Pollak, proveniente da cidade de Kyjov,[1] no sul da Boêmia, entrou para o exército em 1916 após mudar-se para Viena, e foi gravemente ferido em combate ao servir na bateria de canhões, tendo uma perna amputada. Ao final da Primeira Guerra Mundial, Otto era um veterano inválido, condecorado com a medalha de prata de primeira e segunda classe por heroísmo – fato que mais tarde lhe salvou a vida.

Em 1919, juntamente com seu irmão Karl, Otto abriu o Palmhof, em Viena, um empreendimento que conduziu com grande empenho. Otto amava a atmosfera do café-concerto e cuidava pessoalmente de seus clientes, que incluíam artistas de destaque como o compositor de operetas Franz Léhar, o cantor Richard Tauber, os atores Hans Moser e Fritz Imhof. Lá se apresentavam frequentemente grupos de renome, e suas apresentações eram transmitidas semanalmente ao vivo pela rádio austríaca RA-VAG. Anualmente, Otto saía em busca de talentos no interior e no exterior e, às vezes, descobria músicos que faziam sua estreia vienense no Palmhof e, mais tarde, tocavam em orquestras clássicas famosas.

O café-concerto "Palmhof", gerenciado por Otto Pollack e seu irmão Karl, de 1919 a 1938.

Viena passou a ser a segunda pátria de Otto Pollak. Sentia-se tão intimamente ligado a Viena que, mesmo quando os tempos ficaram difíceis, levou tempo até pensar seriamente em deixar o país. No entanto, havia motivos suficientes. Em 1934, o Palmhof, em associação com o golpe dos nacional-socialistas austríacos e o assassinato do chefe de governo, Dollfuss, foi alvo de ações de vandalismo por nazistas criminosos. Foram perpetrados dois atentados à bomba contra o café. Numa das vezes, durante o chá dançante dominical, uma bomba de fuligem explodiu na chapelaria. Em outra ocasião, uma bomba detonou junto à janela do porão no meio da noite. "Nunca me esquecerei do som da detonação dessa bomba. Eu tinha 4 anos de idade. A bomba poderia ter tido consequências devastadoras e somente seu manejo desleixado e muita sorte permitiram que ninguém se ferisse. Também não houve grandes danos para o café. Mas na vizinhança muitas vidraças foram danificadas."

Quatro anos mais tarde a situação complicou-se na Áustria. Otto Pollak e sua esposa Frieda, 14 anos mais jovem do que ele, divorciaram-se amigavelmente. Helga permaneceu no apartamento de seu pai, na Mariahilferstrasse. Sua mãe, que havia se mudado para outro apartamento, a visitava diariamente e também continuou ajudando Otto Pollak no Palmhof. Helga era educada principalmente pela babá, Johanna, que se tornou uma segunda mãe.

Foi assim que, na memória de Helga, dois acontecimentos decisivos ficaram ligados com a imagem da babá. Um deles ocorreu no final da tarde do dia 11 de março de 1938. "Eu estava na sala de estar. Johanna tinha ligado o rádio e escutava, fascinada, um discurso. Era o discurso de renúncia do chanceler Schuschnigg. Eu me lembro perfeitamente de suas últimas palavras: "Deus proteja a Áustria", disse ele em tom de súplica. Esta foi a primeira vez que eu vi Johanna chorar."

No início da manhã seguinte, Helga e sua babá observavam a Mariahilferstrasse da janela. "Eu vi os soldados marchando pela rua. Das janelas das outras casas pendiam muitas bandeiras com a suástica. Um oficial procurou meu pai e perguntou se ele poderia servir algo para os soldados. E meu pai disse: "Não, este é um estabelecimento judaico". O oficial respondeu que não estava preocupado com isso e sim, com seus soldados. De repente, a cafeteria estava repleta de soldados. O Palmhof foi fechado poucos dias depois.

Sob influência da chegada das tropas alemãs, saudadas entusiasticamente pela maioria da população, floresceu em milhares de austríacos uma nova autoconfiança, arrebatadora, nutrida pelo ódio contra os "judeus inferiores" e pelo orgulho de pertencer à "raça superior ariana" que chegou ao poder. Um antissemitismo latente durante décadas foi deflagrado num instante, envolvendo o país com ataques à população judaica: judeus foram agredidos, maltratados, molestados e, finalmente, demitidos de seus empregos, destituídos e banidos. O terror dos nazistas em solo austríaco tomou proporções que ultrapassaram até mesmo o terror que assolava a Alemanha. Milhares fugiram pelas fronteiras e tentaram obter documentos de emigração.

Até então, a religião não tinha desempenhado um papel especial na vida dos Pollak. Helga teve contato com o judaísmo somente na escola primária, nas aulas de religião mosaica. Naquele momento, seus pais relembraram suas raízes judaicas. Em abril de 1938, durante a Páscoa judaica, Otto e Frieda Pollak, juntamente com sua filha, participaram pela primeira vez de uma celebração de Sêder na sinagoga.

O terror, que se avultava de modo proposital, era combatido com ações organizadas pelo Estado. Um primeiro transporte com os 151 prisioneiros austríacos sob custódia, como eram conhecidos, entre eles 60 judeus, chegava ao campo de concentração de Dachau. Em maio foram presos outros 2.000 judeus, que foram encaminhados para diversos campos de concentração. Em 20 de maio de 1938, as Leis Raciais de Nuremberg também entraram em vigor na Áustria. A partir dessa data, a violência e o medo tomaram conta do dia a dia.

Embora protegida por seus pais, os novos tempos se tornaram cada vez mais palpáveis na vida de Helga. Nas escolas, os alunos judeus eram obrigados a sentar em "bancos para judeus". Crianças que antigamente eram amigas de Helga se afastaram dela. A turba ensandecida reinava nas ruas. "Um dia, a caminho da escola para casa, meninos que eu não conhecia se puseram em meu caminho, gritando: "Sua porca judia!". Lembro-me de como chorei e um policial – o sr. Lahner, que morava no nosso prédio – pegou a minha mão, me consolou e me levou para casa."

A professora de Helga, Dora Neuss, também era benevolente com ela. No final do ano letivo, escreveu no caderno de recordação da menina: "Quando o destino mudar a sua vida, não fique triste. Pois a lua deve minguar antes de crescer novamente. Sua mestra, Dora Neuss, que irá sentir muita falta de seu canarinho."

Naquela época, Helga mal podia esperar as férias de verão. Em geral, passava a temporada de férias com a família de seu pai em Kyjov, na Tchecoslováquia, perto da fronteira austríaca. Sua avó Sophie, tia Marta, a irmã de seu pai, juntamente com seu marido Fritz e os dois filhos Trude e Joška (que todos chamavam de Joši) moravam em um casarão próximo à praça do Mercado. Joši era cinco anos mais novo e Trude sete anos mais nova que Helga. Ela brincava com essas e outras crianças vizinhas num grande quintal atrás do casarão, onde também havia galinhas, um viveiro para coelhos e um grande galpão com todo tipo de ferramentas.

Nesse ano, mais do que nunca, Helga aguardava ansiosamente a chegada das férias. Kyjov a atraía como uma aventura, assim como a pequena loja da tia Marta, que também funcionava na mesma casa. "Lá havia muita coisa interessante: agulhas de costura, blusas, brinquedos, carrinhos de bebê. No Natal as vitrines ficavam cheias de bonecas e no armazém, na parte de trás da loja, havia pilhas de caixas com bonecas, uma mais bonita que a outra. Às vezes minha tia permitia que eu escolhesse uma para mim. Isso me deixava feliz. Para mim, Kyjov era a Terra da Cocanha."

Nada disso mudou em 1938. Helga usufruiu o último verão maravilhoso de sua infância, até a chegada de sua mãe no final de agosto, trazendo em sua bagagem duas decisões importantes: Otto e Frieda Pollak, pressionados pelos acontecimentos, haviam decidido que Helga deveria permanecer por algum tempo com os parentes na Morávia. E, como ela não falava tcheco, deveria frequentar a escola alemã em Brno, além de morar lá durante esse período – se necessário, sozinha em uma pensão. Isso, segundo Frieda Pollak, era somente para o bem de sua filha de 8 anos de idade. Por um lado, sua família queria vê-la em segurança, protegida dos perigos de Viena e, por outro, também desejava que ela tivesse uma educação esmerada, com vistas a seu futuro.

Poucos dias depois, Frieda Pollak viajou para Brno, a capital da Morávia, levando sua filha. Assim que ela se assegurou de que sua filha estava instalada na pensão sã e salva, despediu-se dela. "Você é uma menina esperta, vai superar tudo isso", disse-lhe a mãe, tentando encorajá-la. Em seguida, Helga estava na sacada e olhava para sua mãe que se afastava, deixando a cidade. Foi assim que suas férias de verão se transformaram em seu exílio.

Durante os dias que seguiram, Helga ficou apática; quando alguém falava com ela, era incapaz de pronunciar qualquer palavra. Ninguém iria entendê-la, mesmo que falasse tcheco. Nem mesmo ela entendia o que estava acontecendo. A criança caiu em depressão profunda.

Depois de informado pelos donos da pensão sobre o estado da filha, o pai de Helga, com a ajuda dos parentes que moravam em Kyjov, procurou imediatamente uma família que pudesse acolhê-la. "A família Wittmann era distinta e vivia em um belo apartamento. Mas eu sempre me senti como uma estranha. Eles me proibiram de falar com a filha deles, que tinha 14 anos de idade, eu nem mesmo podia ir ao seu quarto e brincar com seus brinquedos."

Finalmente, após cerca de duas semanas, Helga encontrou um rosto conhecido: seu primo Joši veio visitá-la, juntamente com um amigo. Os dois rapazes levaram Helga ao cinema. Ao se despedirem, Helga chorou muito. Sua vontade era voltar a Kyjov com Joši. Assim que ele chegou em casa, insistiu muito com seus pais e só parou quando estes ligaram para o pai de Helga em Viena, contando de sua visita à filha.

No dia seguinte, Otto Pollak foi de trem até Brno. "O dia estava lindo e o sol brilhava. Meu pai chegou de surpresa. Ninguém me disse nada. Eu ainda o vejo na minha frente, sentado em um banco de jardim, enquanto eu tentava convencê-lo a me levar para Kyjov.

Na mesma noite, o pai escreveu uma carta para a mãe de Helga.

Brno, 11 de setembro de 1938.
Querida Frieda,

A Sra. Wittmann subiu as escadas para anunciar a minha chegada. Um grito indescritível de alegria ecoou pela casa. Helga correu esca-

das abaixo, em seu vestido de verão novo, com sapatos e meias brancas. Não consigo descrever a alegria do reencontro.

A Sra. Wittmann nos deixou a sós. Helga postou-se em pé à minha frente e disse, com voz grave: "Papai, eu pensei em lhe dizer imediatamente que não quero ficar aqui. Eu só quero ir para Viena, eu só quero estar com meus pais ou em Gaya, com minha tia Marta."

É impossível descrever os pensamentos maduros e complexos que essa menininha de 8 anos é capaz de elaborar, assim como as profundas emoções que movimentam sua pequena alma.

Várias vezes seus olhos ficaram marejados e, enquanto eu estava sentado em frente ao prédio, ela disse: "Por mim, podem acabar com todos os parques de Viena. Eu prefiro ficar presa num cantinho do quarto do que ficar aqui, correndo no parque. Quando a mamãe foi embora, eu segurei o choro tanto quanto pude, para que ela não ficasse chateada no trem. Mas depois eu chorei."

Quando lhe contei que a Ilse Kalinhof viajou para a Palestina, Helga gritou dizendo que preferia vagar pelo mundo como mendiga, juntamente com seus pais, do que ser uma criança rica entre estranhos. Ela perguntou como estava Helga Weiss e disse: "Ela tem sorte por estar com seus pais."

Depois ela me contou da visita de Joši, dizendo que chorou quando ele se despediu. E quando eu perguntei se Joši também chorou, ela disse que ele estava triste, mas que nunca tinha passado por isso, que nunca precisou viver em terra estrangeira. E assim foi durante horas. Para mim foi difícil lidar com a insistência da criança em obter uma decisão. Vou esperar alguns dias para tomar as medidas definitivas sobre o futuro dessa criança tão especial com calma, sem me deixar influenciar pelas emoções. Meu coração estava tão pesado que permaneci no parque em frente ao prédio mesmo depois de escurecer, olhando para o quarto iluminado acima, onde eu supunha estar o meu tesouro.

Saudações calorosas do seu,
Otto.

Dois dias depois a decisão estava tomada. "Nós viajamos o dia todo de Brno a Kyjov de táxi – eu fiquei radiante! Eu pulava até bater com a cabeça no teto do carro – eu estava tão feliz! Ainda vejo a paisagem passando frente à janela."

Por não saber falar tcheco, Helga teve que repetir o segundo ano. Mas ela nem se importou. Estava feliz por estar novamente entre os seus. Aprendeu tcheco com facilidade, progrediu rapidamente na escola e logo se sentiu em casa em Kyjov.

Sob os cuidados dos parentes, Helga não percebeu muitos dos acontecimentos ameaçadores que abalavam a Europa. Helga ainda era muito nova para entender como seria fatal o Acordo de Munique em setembro de 1938, qual o perigo representado pela invasão do "país dos sudetos", aquela região fronteiriça com a Tchecoslováquia[2] predominantemente povoada por alemães, e as tropas alemãs que já se posicionavam perto de Kyjov. Ela só percebia que as pessoas estavam cada vez mais inquietas e com medo. Mesmo quando o exército alemão ocupou o "que restava" da Tchecoslováquia, em 15 de março de 1939, fundando o "Protetorado da Boêmia e Morávia", pouca coisa mudou para Helga. Um cartão postal que recebeu da sua mãe foi muito mais importante:

"Ostende, 25.3.1939
Meu amorzinho!

Daqui a uma hora este lindo navio vai me levar para a Inglaterra. Em breve você vai seguir o mesmo caminho e, então, vai ficar tão feliz quanto estou agora. Mil beijinhos para minha queridinha e saudações calorosas para a querida tia Marta, vovó, tio Fritz, tio Karl, Marienka, Tudel e Joši.

Mamãe."

Cartão postal enviado pela mãe de Helga, antes da viagem para a Inglaterra.

Em 21 de junho de 1939, as Leis Raciais de Nuremberg, que determinaram a política antijudaica na Alemanha, também foram introduzidas no "Protetorado da Boêmia e Morávia", e Helga foi rapidamente afetada pelo destino contra o qual seus pais queriam protegê-la. Deixar o país ainda era possível; os jovens ainda conseguiam viajar para o Reino Unido, Dinamarca e Países Baixos com ajuda de organizações judaicas, tais como a Hechaluz ou a Aliá-Jovem. Também eram organizados transportes de crianças. Estava previsto que Helga também deveria deixar o país com um desses transportes, seguindo para a Inglaterra onde sua mãe a esperava. No verão de 1939, uma costureira foi à casa de Helga para tirar suas medidas e deixar tudo pronto para sua viagem ao Império Britânico. Ganhou saias, camisas, um vestido e um casacão novos, e suas roupas foram marcadas com seu nome para que nada fosse perdido caso algo desse errado e Helga fosse parar em um abrigo para crianças e não na casa de sua mãe.

Porém, nas primeiras horas da manhã de 1º de setembro de 1939, o encouraçado alemão Schleswig-Holstein abriu fogo contra a Westerplatte, perto de Danzig, e o exército alemão invadiu a Polônia. Este foi o início da Segunda Guerra Mundial. Foram promulgados novos regulamentos que restringiam ao mínimo a liberdade de ir e vir dos judeus. Em seguida, as fronteiras foram fechadas e o sonho da viagem à Inglaterra acabou.

Um ano depois, Helga havia acabado de completar o terceiro ano escolar, os judeus foram banidos das escolas públicas. Novamente foi necessário levar Helga para Brno, dessa vez porque lá existia uma Escola Judaica – a única que Helga ainda podia frequentar. Na certeza de que seria bem cuidada, Helga e outras crianças em situação semelhante foram alojadas no Orfanato Judeu. Pouco antes do início das aulas seu tio a deixou lá.

"Foi um pesadelo. Ninguém me recebeu lá, nenhuma supervisora, ninguém. Eu dormia em uma grande sala escura, ao meu redor havia cerca de 40 camas de metal vazias. Mais tarde, fiquei sabendo que muitas crianças estavam com escarlatina e internadas no hospital, outras ainda estavam de férias."

As crianças voltaram após alguns dias. Mas a situação de Helga não melhorou. "Havia pouca comida. Para conseguir alguma coisa, era preciso correr cedo para a cozinha, onde duas empregadas distribuíam os pães. Davam-nos somente pão seco e, às vezes, se a gente estava entre os primeiros, ainda recebia um pouco de geleia. Às vezes, meu primo Joši, que também ia à escola em Brno, esperava por mim e me dava um queijinho. Eu não suportava ficar no orfanato. Eu só queria ir embora."

Helga fez valer a sua vontade e, finalmente, conseguiu refugiar-se na casa de um casal que morava perto da Escola Judaica. A mulher recebeu-a carinhosamente e logo Helga sentia-se razoavelmente bem, uma vez que na vizinhança morava uma menina da mesma idade, Ruth Steiner, a filha de um oftalmologista e que se tornou sua primeira amiga.

Chegou a primavera de 1941 e, com ela, a proibição definitiva de viagem para os judeus no "Protetorado". Sem nada perguntar, Helga arrumou suas coisas, foi até a estação de trem, comprou uma passagem e viajou até a casa de seus parentes em Kyjov. Chegou lá no começo da noite, ainda estava claro. Sua tia estava alimentando as galinhas no quintal quando Helga, de repente, estava parada diante dela com a mala na mão e disse: "Agora estou de volta."

Otto Pollak, por sua vez, ainda vivia em Viena. Sua confeitaria já havia sido arianizada e seus bens haviam sido sequestrados. Fora obrigado a abandonar seu belo apartamento na Mariahilferstrasse e morava em outro apartamento. Otto havia presenciado os *pogroms* de novembro de 1938, quando 42 sinagogas e casas de oração vienenses haviam sido incendiadas e saqueadas, assim como inúmeras lojas e residências judias foram destruídas e tomadas. Naqueles dias, 6.547 judeus vienenses foram presos, 3.700 foram encaminhados para o campo de concentração de Dachau, e muitos foram assassinados.

O terror nazista desencadeou um êxodo em massa. Até maio de 1938, centenas de milhares de pessoas deixaram o país, muitos deles fugiram para países vizinhos por meios ilegais. Com a eclosão da Segunda Guerra Mundial, as oportunidades de fugir ou emigrar do país para judeus alemães e austríacos que ainda estavam no país caíram drasticamente. As primeiras remoções forçadas começaram a ocorrer. Em outubro de 1939 foram deportados de Viena 1.584 homens judeus, que foram enviados para o território polonês a oeste de Nisko, junto ao rio San. No início de 1941 começaram as primeiras deportações: 5.031 judeus vienenses foram parar no "Governo Geral", onde foram assassinados em 1942, após a "Operação Reinhardt".

O ataque alemão à União Soviética, em 22 de junho de 1941, iniciou uma guerra de conquistas e extermínio que levaria à morte de 27 milhões de soviéticos; este ataque também foi o prelúdio para o genocídio de judeus europeus.

Em fevereiro de 1941, Otto Pollak escapou por pouco da deportação. Sem ter uma ordem de transporte, simplesmente foi preso na rua e empurrado para dentro de um dos comboios que partiam. Mas teve sorte. No último minuto, um homem da milícia paramilitar alemã, a SA, que conhecia Otto Pollak do Palmhof, veio em sua ajuda e exigiu que ele fosse retirado do comboio.

Após essa experiência, Otto Pollak empenhou-se mais decisivamente na sua mudança para Kyjov e conseguiu. Em 2 de setembro de 1941, recebeu uma permissão policial especial e provavelmente única para deixar o "Protetorado da Boêmia e Morávia". Em 9 de setembro, Otto chegou a Kyjov.

"Eu fiquei muito contente! Nós já morávamos em condições muito difíceis, pois em Kyjov já viviam muitas crianças judias, uma vez que todos os judeus que moravam nas redondezas (Göding, Uherský Brod e Uherský Hradisch) foram obrigados a mudar para Kyjov, a cidade-sede do município. Mas de alguma forma conseguimos nos arranjar."

Fomos obrigados a viver em um espaço pequeno. Várias famílias passaram a viver onde antes morava apenas uma, mesmo na casa situada na praça central de Kyjov. Em um dos quartos vivia Trude, a prima de Helga, grávida na época, com seu marido Hermann. Num outro quarto, morava a família Taussig. Joši dormia na cozinha e num terceiro quarto dormiam a tia Marta e o tio Fritz; ao lado, separado por um biombo, dormiam Helga e seu pai.

A partir de 19 de setembro de 1941 foi decretado o uso de uma "estrela de Davi amarela" no "Protetorado". Este foi somente mais um passo na direção indicada por Adolf Hitler. Em 18 de setembro de 1941, Heinrich Himmler escreveu ao *Gauleiter* e *Reichstatthalter* em Warthegau, o *Obergruppenführer* da SS Arthur Greiser, que "O *Führer* deseja que o Antigo *Reich*, assim como o Protetorado, sejam esvaziados e liberados o mais rapidamente possível de judeus, começando do oeste para o leste."[3]

Longe de Kyjov, no Hradschin (a linda fortaleza antiga de Praga), nos escritórios do recém-nomeado *Reichsprotektor* suplente, o *Obergruppenführer* da SS Reinahard Heydrich, foi definida a ação contra a população judaica no "Protetorado", em duas conferências secretas. O protocolo de 10 de outubro de 1941 definiu:

> "Sobre a possibilidade de formação de gueto no Protetorado:
> (...) Na Boêmia seria possível (...) que o Escritório Central de Emigração Judaica assumisse Theresienstadt. Após a evacuação desse campo temporário (no qual muitos judeus já seriam dizimados) para regiões orientais, toda a área por ele ocupada poderia servir para a construção de um assentamento alemão exemplar (...)
> O transporte para o gueto de Theresienstadt não levaria muito tempo. Diariamente, dois a três trens com 1.000 pessoas cada poderiam partir para Theresienstadt (...) De acordo com um método comprovado, cada judeu pode levar consigo 50 kg de bagagem não volumosa e – visando nossos interesses – alimentos para 15 dias a quatro semanas. Nos apartamentos espalharemos palha, pois camas ocupariam muito espaço.
> Os apartamentos maiores em prédios melhores ficam à disposição do escritório da Agência Central no gueto, do Conselho de Anciões, do Escritório de Alimentos e, não menos importante, das Equipes

de Segurança. Os judeus poderiam começar a procurar um lugar debaixo da terra para morar (...)"[4]

Na segunda conferência, em 17 de outubro, os participantes concordaram em tomar as seguintes medidas:

> "Sobre a questão judaica:
> (...) Por enquanto, os judeus da Boêmia e da Morávia serão reunidos em um campo de transferência para a evacuação. (...) Em Theresienstadt podemos acomodar entre 50.000 a 60.000 judeus. De lá, eles serão enviados para o leste. Já recebemos o consentimento de Minsk e Riga sobre 5.000 judeus para cada.
> Após a evacuação completa dos judeus de Theresienstadt, esta será colonizada por alemães de acordo com um planejamento impecável, transformando-se em um núcleo de vida alemã. A situação para tanto é extremamente favorável. Com isso, cria-se um novo posto avançado exemplar, de acordo com os desejos do Reichsführer SS como Comissário do *Reich* para a consolidação da nação alemã.
> Nada sobre esse planejamento deve ser de conhecimento público."[5]

Nas discussões também se cogitou a implantação de um segundo campo de transferência além de Theresienstadt para a evacuação da população judaica na Morávia.

"[Lá] é possível ampliar uma aldeia judaica já existente, transformando-a em um gueto para a Morávia, sem maiores problemas." Para tanto, cogitava-se Kyjov. Essa medida, no entanto, tornou-se supérflua, tendo em vista o ritmo acelerado com o qual passaram a ser feitos os transportes de Theresienstadt para o leste. Transportes, deportações, extermínio através do trabalho, a criação de espaços livres de judeus, mesmo nos Governos Gerais mais distantes – estes eram os pontos centrais de um programa alçado para a política cotidiana, que se espalhou como uma rede sobre a população judaica da Europa Central e que, finalmente, se fechou como uma armadilha mortal. A partir de 23 de outubro de 1941 passou a existir uma proibição de emigração para todos os judeus que se encontravam na região. Fugir tornou-se praticamente impossível.

Zelosamente empenhado em suas tarefas, o *Obersturmbahnführer* da SS, Adolf Eichmann, organizava as deportações no Escritório Central de Segurança do *Reich*, Departamento IV B 4, em Berlim, na Kurfürstenstrasse 116, de comum acordo com o Ministério dos Transportes, ciente de que a solução política da questão judaica havia se transformado em um programa de genocídio. Em meados de junho de 1941, Eichmann tinha sido informado sobre as ordens do *Führer*. Naquela época, Reinhard Heydrich, após um "pequeno discurso precedente", o informou que "o *Führer* havia ordenado o extermínio físico dos judeus."[6]

Imediatamente entraram em ação os grupos de comando, as unidades móveis de extermínio da Polícia de Segurança e do SD. Em todos os lugares começaram os assassinatos – na Polônia e nos países bálticos, na Ucrânia e na Bielorrússia, em todos os lugares começaram os assassinatos. Em 15 de outubro de 1941, o grupo de comando A informou o assassinato de 125.000 judeus; em Vilna, Kovno, Riga e em muitas cidades e vilarejos da região esse grupo causou massacres devastadores. O trabalho do grupo de comando B não foi menos destrutivo em seu trajeto de Varsóvia a Moscou, através de Vilna e Grodno para Minsk e Smolensk. Em 3 de novembro de 1941, o grupo de comando C relatou 75.000 judeus mortos a tiros. O grupo de comando D, em 12 de dezembro de 1941, relatou 155.000 mortos. Em novembro de 1941, em Chelmno/Kulmhof (Warthegau), ocorreram as primeiras mortes em vagões de gás. Em Auschwitz-Birkenau e Belzec (no distrito de Lublin) iniciou-se a construção das instalações de extermínio.

No início de dezembro de 1941, a grande ofensiva do Exército Vermelho pôs um fim às esperanças alemãs de uma rápida vitória militar no leste, e o ataque surpresa dos japoneses a Pearl Harbor levou à declaração de guerra da Alemanha contra os Estados Unidos em 11 de dezembro de 1941. O que havia sido planejado como um *blitzkrieg* europeu transformou-se em uma guerra mundial. Um dia depois, como Goebbels relata em seu diário, Hitler informou clara e repetidamente aos seus líderes das regiões administrativas e do *Reich* a sua determinação em relação à questão judaica: "fazer uma limpeza".

> "Hitler profetizou aos judeus que, caso provocassem outra guerra mundial, seriam aniquilados. Essa afirmação não foi simplesmente uma frase jogada ao vento. A Guerra Mundial foi deflagrada e a consequência deve ser a aniquilação do judaísmo. Esta questão deve ser considerada sem qualquer sentimentalismo. Não estamos aqui para ter pena dos judeus. Somente devemos ter pena do nosso povo alemão. Se o povo alemão sacrificar novamente 160.000 soldados na campanha oriental, os causadores desse conflito sanguinolento devem pagar por isso com a vida."[7]

Pouco tempo depois, em 20 de janeiro de 1942, foi realizada a atualmente bem conhecida Conferência Secreta na mansão situada no Grande Wannsee 56-58. Esta visava ancorar e gerenciar administrativamente o desejo do "*Führer*" de tal forma que a "solução final da questão judaica" (há muito decidida e posta em prática sistematicamente) pudesse ser promovida e implementada rapidamente. O anfitrião, Reinhard Heydrich, uma das figuras-chave nesse processo, encontrou ajudantes dispostos entre os oficiais de alto escalão da SS e entre altos funcionários de departamentos do *Reich* e de departamentos ligados à Ocupação.

O rastro de sangue que partia de Reinhard Heydrich já era visível há algum tempo: desde 1939 Heydrich chefiava o Gabinete Principal de Segurança do *Reich*, ocupando uma posição central no sistema de terror nazista. Em meados de 1941, quando a onda de sabotagem e resistência no "Protetorado" se aproximava do auge,

Heydrich (conhecido como um executor inescrupuloso) foi eleito *Reichsprotektor* suplente do "Protetorado da Boêmia e Morávia" e se empenhou para que o rastro de sangue em solo tcheco não fosse interrompido. O saldo de suas "ações de expurgo" contra forças inimigas dos nazistas no "Protetorado", principalmente contra membros do movimento *underground*, dirigido pelo governo tcheco exilado em Londres, foi extremamente cruel e registrou 4.000 prisões e 402 execuções apenas nos dois primeiros meses após Heydrich assumir seu novo cargo.

A resposta tcheca não demorou: em 27 de maio de 1942, o carro de Heydrich foi atacado com uma granada de mão e Heydrich foi ferido tão gravemente que não resistiu e faleceu em 4 de junho de 1942.

Duas horas após o atentado, Adolf Hitler exigiu a execução de 10.000 tchecos, um número que triplicou após a morte de Heydrich. A assim chamada *Heydrichiade*, a vingança dos nazistas em represália ao atentado de Heydrich, atingiu todo o país. Esses atos de represália foram mais violentos em Lidice, uma aldeia situada a 15 km de Praga. Os moradores foram acusados de ajudar os assassinos, a aldeia foi destruída e 192 homens e 71 mulheres foram assassinados. As 198 mulheres restantes foram levadas para Ravensbrück e 98 crianças foram entregues a "instituições educacionais". Ležáky, uma aldeia situada a leste de Praga, teve o mesmo destino.

A busca pelos assassinos ocorreu por toda parte, inclusive em Kyjov. "Após o atentado contra Heydrich, todos os moradores do nosso prédio, que pertenciam à comunidade judaica, foram convocados a comparecer ao pátio tarde da noite. Já estava escuro e a maioria já estava de pijama. A SS do campo de concentração de Svatobořice, onde havia prisioneiros tchecos, revistou todos os apartamentos e espancou algumas pessoas, entre elas uma tia de meu pai, Frieda Freud. Frieda era deficiente física, mal conseguia se mover, o que desencadeou a ira da SS."

No *Judenreferat*, o Departamento para Assuntos Judaicos de Berlim, que fazia parte do Escritório Central de Segurança do *Reich*, Adolf Eichmann havia começado a preparar a deportação de 55.000 judeus de todo o *Reich*, incluindo a "*Ostmark*", como era chamada a Áustria depois da "Anexação", e do "Protetorado da Boêmia e Morávia". Em março de 1942, 45 trens, cada um com 1.000 pessoas, partiram para os guetos no distrito de Lublin; 24 trens partiram da região do Antigo *Reich*, 6 partiram de Viena e 15 partiram de Theresienstadt. As pessoas nesses trens tinham como destino a morte certa. O assassinato em massa sistemático dos judeus estava em pleno andamento.

A população judaica de Kyjov ainda foi poupada das ondas de transporte de prisioneiros. Mas todos sabiam que era uma questão de tempo para que compartilhassem o mesmo destino. Todos se preparavam e se consolavam com o fato de que, como a maioria dos judeus tchecos, certamente seriam "evacuados" para o gueto de Theresienstadt (como o gueto era chamado), uma cidade ainda situada no país, perto de Praga, onde bastava perseverar até o fim da guerra.

Essa foto mostra Helga (na segunda fileira, à esquerda) com algumas das crianças e dos professores de sua "classe escolar" em Kyjov. Essa foto foi feita na segunda metade do ano de 1942, após a proibição do ensino para crianças judias, quando este passou a ser feito às escondidas. Ao lado de Helga, vemos seu amigo Jiři Bader (1930–1944). A maioria das pessoas nessa foto não sobreviveu à guerra.

Em 27 de julho de 1942, quando as aulas para crianças judias foram terminantemente proibidas, o país todo organizou aulas particulares. Helga e seus colegas de bairro também participavam dessas aulas. Assim, à sombra dos acontecimentos sombrios e do *habitat* cada vez mais restrito, Helga continuou tendo uma vida quase normal durante algum tempo. No entanto, esse período não duraria muito.

Já era inverno quando Helga abriu seu diário pela primeira vez, um presente de seu pai, e começou a escrever:

Domingo, 17 de janeiro de 1943.

Este último dia em Kyjov foi agitado. Enchemos sacos com pão e sacolas com alimentos. Eu duvido que a tia tenha descansado (porque ela nunca descansa, mesmo quando não vai viajar). Mas isso não importa! Neste meu último dia em casa preciso escrever! Em 12 horas, o apartamento estará deserto (não vou abaixar a cabeça, pretendo sair de cabeça erguida!). Agora vou dormir. Amanhã tenho que levantar cedo. Vou deitar completamente vestida, pois não tenho mais nada para me cobrir.

Dois dias depois, Helga chega a Uherský Brod:

Terça-feira, 19 de janeiro de 1943

A viagem foi horrível. Levantei-me muito cedo e tudo ficou pronto a tempo. Eu vestia tanta roupa que quase não conseguia me mexer. Saímos com o trenó até a estrada de ferro. Tio Karl, Maria e eu puxávamos o trenó. Papai, tia Trude e Leah estavam sentados no trenó. Havia tanta neve que ficamos felizes ao chegar. Rapidamente juntamos nossa bagagem. Surpreendentemente, não havia muita comoção; eu pensei que tudo seria muito mais emocional. No trem não havia lugar suficiente para sentar. Meu pai caiu ao entrar no trem. A dra. Schönthal (que não era judia) o ajudou a levantar. Ela chorava muito.

Quando o trem partiu, começamos a cantar canções nacionais tchecas. Um policial, parado ao lado do trem, ficou muito emocionado e caminhou ao longo do trem, desejando a todos os conhecidos um feliz regresso. Após 45 minutos chegamos a Uherský Brod. Eu não conseguia carregar minha mochila. Colocamos a mochila num caminhão. Papai, Trude e Lea puderam seguir viagem no caminhão. Passado algum tempo, a tia e todos os outros foram embora e eu fiquei sozinha. Peguei os dois sacos de pão e as duas sacolas e segui em frente. Ao chegar à escola secundária, na qual fomos alojados, pensei que ia desmaiar. A sra. Webschovska me levou até minha tia. Nós duas iríamos repartir um colchão.

Desenho do diário de Helga Pollak.

Helga sentia-se cada vez pior. Os últimos dias em Kyjov, os rigores da viagem no frio e na neve e as condições no alojamento em trânsito haviam consumido suas forças. "Esse lugar é terrível. Provavelmente é pior do que Theresienstadt", anotou Helga no dia 20 de janeiro. "A comida dá vontade de vomitar. Hoje estou com dor de garganta. Fui até o ambulatório e o médico me deu um remédio para suar."

Helga foi piorando cada vez mais. Na manhã antes da partida de Uherský Brod para Theresienstadt, o dr. Fischer constatou febre de 39 graus e diagnosticou uma amigdalite. Nesse estado, Helga chegou à estação de Bohušovice, em 23 de janeiro, às 8 horas da manhã. De lá, ainda precisou caminhar cerca de 45 minutos a pé até Theresienstadt. "Se fosse necessário caminhar por mais 15 minutos", escreveu Helga mais tarde, "eu certamente teria desmaiado."

Em Theresienstadt, Helga finalmente foi parar no sótão do Quartel Hamburgo, deitada em um velho colchão, colocado no chão. Helga caiu no sono imediatamente. Já não queria mais ver nem ouvir nada. Após a terrível viagem, restou-lhe o aspecto assustador do gueto: quartéis feios, velhos, repelentes. Quarteirões praticamente indistintos, ruas retas, que se cruzavam em ângulo reto, valetas, trincheiras, barreiras. E tanta gente: pessoas doentes, famintas, emagrecidas, jovens e idosas, vegetando em condições extremas. Que lugar era este? O que aconteceu a ela? E por quê?

Chegada a Theresienstadt: Assim como estes deportados, Helga também percorreu a pé o último trecho até Theresienstadt.

O dia a dia do gueto

Em 23 de janeiro de 1943, quando Helga e seu pai, além de alguns parentes de Kyjov chegaram a Theresienstadt, a cidade fortaleza do norte da Boêmia e junto ao rio Eger, situada a 60 km de Praga, já era o campo de concentração e de trânsito de prisioneiros judeus oriundos do "Protetorado da Boêmia e Morávia" há um ano. Há seis meses também passou a ser o campo de concentração e de trânsito de milhares de judeus provenientes, principalmente, da Alemanha e Áustria.

Desde o primeiro transporte de prisioneiros judeus, em 24 de novembro de 1941, do assim chamado *Aufbaukommando*, ou comando de instalação, 111.756 pessoas chegaram a esse local. Milhares delas foram deportadas em direção ao leste. Entre 9 e 15 de janeiro de 1942, saíram os dois primeiros transportes em direção a Riga, cada um com 1.000 pessoas, para os campos de extermínio de Izbica, Piaski, Sobibór, Lublin e outros transportes seguiram para a Polônia. Em março, partiram 2.000 prisioneiros, em abril, 7.000 prisioneiros e em maio de 1942, foram 3.000 prisioneiros. Destes, somente 175 sobreviveram.

Até 3 de julho de 1942, a população original de Theresienstadt havia sido completamente evacuada para dar lugar a novos transportes. Estes vinham da Alemanha e da Áustria e, no decorrer de 1943, também da Dinamarca e dos Países Baixos. Em setembro de 1942, Theresienstadt havia atingido seu número máximo de prisioneiros (58.652), e isto em uma área de 1,5 km^2, em uma cidade anteriormente habitada por 3.500 civis e aproximadamente o mesmo número de militares. Se anteriormente havia 320 soldados alojados em um quartel, agora este era habitado por mais de 4.000 pessoas. Somente na caserna Hamburgo havia mais de 4.346 pessoas alojadas, o que equivale a um espaço de 1,5 m^2 para cada pessoa.

Muitas pessoas morriam em decorrência de fome, doença, calor e padecimentos da alma. Em julho de 1942, morreram em média 32 pessoas diariamente, em agosto foram 75 pessoas, em setembro 131 e, em 18 de setembro, houve um pico com 156 mortos. Ao todo, o Departamento de Ocorrências, que fazia um registro preciso da situação populacional, registrou 9.364 casos de óbito nos meses de agosto até outubro de 1942.

Porém, a morte "natural", cinicamente denominada de "dizimação natural" pelos nazistas, não criava espaço suficiente para tantos transportes novos que chegavam a Theresienstadt. Para a SS, isso não representava um problema: ela simplesmente aumentou o número de transportes para o leste. Entre 19 de setembro e 22 de outubro de 1942, 10 transportes com 19.004 pessoas, principalmente idosos, partiram de Theresienstadt nos assim chamados "transportes de idosos". Todos, exceto um, se dirigiram para Treblinka, a fábrica de mortes. Somente três pessoas sobreviveram. A partir de 26 de outubro de 1942, quase todos os transportes seguiam para Auschwitz.

Dos 50.871 prisioneiros que foram deportados em um ano de Theresienstadt para o leste, somente 327 sobreviveram até a libertação. Há muito, Theresienstadt havia se transformado em um terminal de carga para os judeus deportados em sua longa viagem para a morte.

Helga não sabia nada sobre isso ao chegar a Theresienstadt, em janeiro de 1943. Assim como nada sabia sobre a Conferência de Wannsee, em Berlim, ou sobre as reuniões secretas que aconteceram

A fortaleza de Theresienstadt foi construída no final do século XVIII pelo Imperador Josef II, na confluência dos rios Elba e Eger, a cerca de 60 km de Praga, e recebeu seu nome em homenagem à sua mãe, a imperatriz Maria Theresia. A fortaleza foi construída para impedir a invasão do exército prussiano em Praga. Consiste em uma fortaleza principal, uma pequena fortaleza avançada e um baluarte de muros de proteção altos, trincheiras profundas e casamatas ao redor de um núcleo. A área total é de 67 hectares.

Em 1782, Theresienstadt foi declarada cidade real livre. Em 1846, a cidade passou a ter um brasão de armas e uma administração própria. Em 1888, em decorrência de sua pouca importância estratégica, foi revogado o Estatuto que definia Theresienstadt como fortaleza. No entanto, Theresienstadt continuou sendo uma cidade fortaleza com guarnição, mas houve crescimento da população civil. No final da década de 1930, a cidade contava com 7.000 habitantes, metade dos quais eram soldados. Após a ocupação da terra dos sudetos, em outubro de 1939, Theresienstadt acabou ficando diretamente na fronteira entre "o que restou da Tchecoslováquia" e a Alemanha. Por um curto período, a cidade serviu de refúgio para os fugitivos da terra dos sudetos. No final de novembro de 1941, começou sua transformação em um campo de concentração para prisioneiros judeus.

no Castelo de Praga, antes de outubro de 1941. Nem mesmo os prisioneiros adultos sabiam do papel conferido à Theresienstadt como "gueto dos idosos" e "gueto modelo", bem como "ponto de reunião para outras evacuações para o leste"; também não era de conhecimento dos membros de organizações sionistas, e muito menos dos representantes de comunidades religiosas judaicas que, por necessidade e certamente com terríveis problemas de consciência, foram forçadas a agir como intermediárias e capangas dos déspotas nazistas.

Na crença de que suas ações e táticas ajudariam a garantir a sobrevivência dos judeus no gueto de Theresienstadt até o final da guerra, a elite judaica desempenhou o papel de liderança política a ela conferido no Conselho de Anciãos do gueto de Theresienstadt, apoiando assim a lenda criada pelos nazistas de um assentamento judeu democrático e autônomo, que funcionava com base em uma autoadministração. "O verdadeiro espírito do gueto de Theresienstadt",[1] o quão restrita era a atuação da autoadministração judaica, que nada mais era do que um joguete nas mãos da verdadeira direção do campo, o quartel-general da SS, encabeçado pelo dr. Siegfried Seidl; tudo isso estas pessoas ludibriadas logo saberiam, principalmente seu membro mais antigo, Jakob Edelstein. Quatro dias após a chegada de Helga, Jakob Edelstein foi inadvertidamente substituído por Paul Eppstein, o presidente da Representação dos Judeus Alemães. No entanto, Helga era uma criança de 12 anos de idade e não tinha condições de entender esse mundo e tudo aquilo que ainda estava por vir.

Em 27 de janeiro de 1943, poucos dias após sua chegada a Theresienstadt, Helga foi encaminhada para o Abrigo de Meninas. "Eu ainda consigo me lembrar exatamente de como foi. Com uma mala na mão, fui andando sozinha até o Abrigo de Meninas L 410, sem o meu pai, e atravessei aquela entrada sombria. No térreo havia um escritório, e lá alguém me disse que no segundo andar, no Quarto 28, havia um lugar para mim. Tive que subir sozinha. Fiquei parada junto à porta aberta e não me atrevi a entrar. Provavelmente eu disse, de um jeito meio canhestro, pois era tímida: 'Bom dia. Sou Helga Pollak e me disseram que vou morar aqui'."

O Abrigo de Meninas L 410 em Theresienstadt. A seta aponta o Quarto 28.

Helga estava diante de um grupo de meninas que a olhavam surpresas. Irritada, Helga permaneceu parada na soleira da porta. Os olhos das meninas pareciam perguntar: De onde ela vem? Por que a mandaram para cá, se nosso quarto já está superlotado?

Décadas mais tarde essa lembrança permanece viva em sua memória, assim como o sentimento que dela se apoderou. Helga parecia ter um nó na garganta e não conseguia pronunciar uma palavra sequer. Se pudesse, teria ido embora. Mas para onde? Então ficou ali, imóvel e indecisa. "Não entendo por que nenhuma cuidadora veio falar comigo ou me apresentar para as outras crianças. Normalmente, as cuidadoras teriam feito isso. Mas, por alguma razão, comigo não foi assim", diz Helga, ainda hoje intrigada com este fato. "Se alguém tivesse me apresentado, tenho certeza que minha chegada ao Quarto 28 teria sido mais fácil."

Finalmente, o grupo entrou em movimento. Uma mulher jovem, aparentemente tão surpresa quanto as meninas com o súbito aparecimento de Helga, apontou-lhe um lugar livre onde ela poderia dormir.

"Minha mala ainda está lá embaixo. Alguém poderia me ajudar a trazê-la para cima?", perguntou Helga. Foi então que uma menina levantou e a ajudou a trazer a mala pesada do térreo até o segundo andar.

Dois dias depois, Helga escreveu em seu diário.

Sexta feira, 29 de janeiro de 1943

Eu me mudei para o Abrigo de Meninas. Moro num quarto ensolarado, no prédio onde ficava a antiga administração militar. A casa fica ao lado da igreja. Suas janelas dão para a praça do mercado. Eu gosto de ficar olhando pela janela, pois posso ver as lindas montanhas. Quando o dia não está nublado, consigo ver uma cruz no topo de uma montanha. Na outra montanha existe um castelo. As meninas não me causaram boa impressão. Quando eu desci, disseram para a cuidadora que ela desse um jeito para que eu fosse embora. A cuidadora bem que tentou, mas não surtiu efeito. Estou deitada em um colchão, no segundo andar de um beliche de três andares. Parece que tudo me oprime. Estou muito cansada, por isso vou parar de escrever.

Essa sensação de estranhamento dominou Helga por muito tempo. E a naturalidade com a qual as meninas interagiam consolidou ainda mais essa impressão. Aparentemente, as meninas já se conheciam há muito tempo. Algumas eram amigas, outras eram muito salientes e mandavam em tudo, outras eram retraídas. E também havia as encrenqueiras. Até então, Helga ainda não tinha decifrado a trama de relacionamentos.

Lá conheceu Anna Flachová, que todos chamavam de Flaška, uma menina com um temperamento muito agradável. Ana dividia o estrado da cama com Ela Stein – uma jovem de cabelos negros, olhos escuros, temperamental e falante. Lenka Lindt, com seu olhar suave e seu jeito prudente de falar, parecia mais madura que as demais. Handa também despertou sua atenção. Era uma menina calma, com belos olhos escuros. Handa dividia o estrado do meio com Eva Landová, uma menina muito bonita de Praga. No estrado de cima dormia Eva Winkler, uma loira agitada.

Helga logo percebeu que havia sido contemplada com um péssimo lugar – o beliche do meio, à direita e junto à porta. Ao seu lado dormia Marta Kende, uma menina pálida de origem húngara. Marta deixava bem claro para Helga que estava insatisfeita por ter uma menina nova ao seu lado, e reagia com mau humor assim que Helga invadia alguns centímetros de seu espaço, o que era impossível evitar num ambiente tão lotado. Em uma área de pouco menos de 30 m^2 viviam praticamente 30 crianças.

Na cama de baixo dormiam duas meninas, que pareciam ser as mais novas: Maria Mühlstein e uma menina que era a mascote do Quarto 28. Seu apelido era Zajiček – o que significava coelhinha. Na verdade, seu nome era Ruth Schächter.

Helga logo percebeu que quase todas as meninas tinham algum apelido, carinhoso ou não. Eva Fischlová era chamada de Fiška (peixe), Ruth Popper tinha o apelido de Poppinka, Anna Flachová era chamada de Flaška (garrafa). Lá havia uma Didi: Alice Sittig. Outra menina era chamada de Olile: Olga Löwy. Outra era conhecida como Rutka: Ruth Gutmann. Outros apelidos, como o de Zajiček, eram derivados de nomes de animais. Havia uma menina chamada Kurče (pintinho) e outra chamada Prasatko (porquinho). E, na cama ao lado de Marianne Deutsch, geralmente chamada de Marianka, dormia a pequena Hana Epstein – que era chamada de Holubička (pombinha).

Às vezes, as meninas brincavam com a pequena Hana, e a chamavam assim: "Venha, Holubička, imite uma holubička", e cantavam a canção popular tcheca "*Vyletiha holubička z snaly*" (uma pombinha saiu voando das rochas). Enquanto isso, Hana pulava pelo quarto, entre gritos e aplausos das meninas, como se fosse um passarinho.

Helga observava os acontecimentos como se olhasse através de um binóculo. O que acontecia ao seu redor parecia irreal. Não era o seu mundo. Não fazia parte daquilo. Nesse mundo parecia não haver lugar para ela. Helga recolhia-se em seu casulo. "Eu sei que as meninas não gostam de mim", anotou em seu diário em 14 de fevereiro. "Eu não me importo com isso aqui em Theresienstadt. Elas me são indiferentes. Eu gosto da sra. Sander como se ela fosse minha tia."

Mimi Sander era uma amiga de seu pai em Viena. Para Helga foi uma grande surpresa conhecê-la logo após sua chegada a Theresienstadt, no sótão da Caserna Hamburgo. Apesar de seu pai conhecê-la e ter falado muito dela, Helga e Mimi nunca haviam se encontrado. E agora Mimi estava lá. "Nem acredito que nos encontramos! E num lugar como este", escreveu Helga em seu diário. "Ela é exatamente como eu sempre imaginei que fosse."

O pai de Helga e Mimi Sander, os parentes de Kyjov e Lea, a filha de Trude com um ano de idade – essas eram as únicas pessoas com as quais Helga se relacionava, sempre que possível. Por um certo tempo, Helga permaneceu como uma estranha do Quarto 28.

Quarta-feira, 3 de março de 1943

Há quanto tempo não escrevo e quanta coisa aconteceu nesse período! Eu estive acamada durante uma semana. Estive resfriada, não conseguia escrever porque estava com conjuntivite. Agora já posso escrever, meus olhos já não doem tanto. Lea está com pneumonia. Ontem eu a vi. Ela parece uma boneca de cera. Eu já recebi dois pacotinhos.

Sexta-feira, 5 de março de 1943

Aplicaram-me duas injeções contra o tifo, por isso estou acamada. Papai ainda não veio me ver. – À noite: Mimi esteve aqui. Ela me trouxe gulasch com batatas. Papai não virá hoje, está muito cansado.

Domingo, 7 de março de 1943

Hoje não aconteceu nada de especial. Lea continua doente. Hoje é o aniversário de Masaryk[2]*. Minha cuidadora predileta nos contou tudo sobre ele.*

Segunda-feira, 8 de março de 1943

Hoje acordamos cedo, às seis e meia, pois queríamos fazer uma faxina geral. Eu nem estou cansada, embora tenha trabalhado bastante. Jogamos os travesseiros e colchões no jardim pelas janelas do segundo andar, para depois sacudi-los, tirando a poeira. Depois, limpei 30 pares de chinelos e 50 pares de sapatos. Sozinha!

Lea está pior. Ontem ela recebeu a segunda transfusão de sangue. Eu providenciei frutose para ela. - Ainda há pouco tivemos uma confusão aqui. As crianças esconderam o travesseiro de uma menina e ela já está chorando há uma hora.

Antes de deitar olhei pela janela. Jamais esquecerei a impressão que tive nesse momento. Uma montanha, sobre a qual existe um vilarejo. Sobre a montanha, um céu vermelho, os tons de um pôr do sol. O céu estava totalmente azul e, aproximadamente no centro, havia uma meia-lua e, junto a ela, havia uma estrela. Em um dos lados, na sombra, erguia-se o castelo Hasenburg. Rapidamente fechei a cortina, era impossível suportar aquilo. Tive medo. Eu aqui, presa – e tão perto a natureza tão maravilhosa, a liberdade! Como eu seria feliz se pudesse viver no meio da floresta, em uma choupana ou numa barraca, completamente só, desfrutando da liberdade.

No início de fevereiro, o Abrigo para Meninas completou seis meses de existência. O abrigo foi construído em 1º de setembro de 1943 pelo Conselho Judaico dos Anciãos e pelo Departamento do Bem-Estar da Juventude, com a finalidade de organizar a vida das crianças em Theresienstadt, possibilitando-lhes uma vida mais ou menos normal naquelas condições. O Abrigo para Meninas foi montado no prédio da antiga administração militar na praça principal. Seu endereço era L (L de

Langestrasse, rua longa) 4, casa 10, e ficava ao lado da igreja. Abrigava cerca de 360 meninas, distribuídas em quartos de acordo com sua idade. Esses quartos também eram chamados de lares. O Abrigo para Meninas era dirigido por membros do Departamento de Bem-Estar da Juventude e todos eram prisioneiros judeus. No início de janeiro de 1943, a direção estava a cargo de Rosa Engländer, Walter Freund e Karel Huttner. Para cada quarto havia várias cuidadoras, uma das quais tinha a responsabilidade geral. Ella Pollak era a responsável geral para o Quarto 28. Era auxiliada por Eva Weiss, que era alguns anos mais jovem e, dependendo da necessidade, por outras auxiliares.

Do outro lado da praça do mercado, na antiga escola de Theresienstadt, ficava o Abrigo para Meninos L 417. Este foi criado antes do Abrigo para Meninas, em 8 de julho de 1942. Com base nesse modelo, logo foram criados outros abrigos: o Abrigo para Crianças Pequenas L 318, vários Abrigos para Aprendizes, tais como o Abrigo L 414, no antigo quartel-general, no qual viviam principalmente crianças provenientes da Alemanha e da Áustria. Nos Abrigos L 410 e L 417 estavam alojadas principalmente "crianças vindas dos Protetorados".

Apenas uma parte das cerca de 5.000 crianças e adolescentes com até 16 anos de idade que viviam no gueto morava nesses Abrigos. Lactentes e crianças de pouca idade viviam com um dos pais, geralmente com a mãe e, durante o dia, ficavam em um berçário ou creche, dependendo da idade. Muitas das crianças com idade entre 8 e 16 anos viviam em grandes alojamentos coletivos, junto com os adultos. Nem todas as crianças conseguiam um lugar nos Abrigos, onde as condições de vida eram relativamente melhores.

O engenheiro Otto Zucker, membro do Conselho dos Anciãos e *Judenältester* [espécie de presidente do Conselho] suplente, escreveu em seu relatório por ocasião do primeiro aniversário do Abrigo de Meninos L 417, em meados de 1943: "Nós sabíamos que as condições materiais de vida são importantes para uma pessoa jovem em desenvolvimento. Essas condições devem ser as mais favoráveis possíveis, se almejarmos ter uma geração forte e sadia, capaz de desempenhar bem as tarefas que lhe forem delegadas, visando o futuro do povo judeu".[3]

A institucionalização dos jovens não melhorou somente a situação material deles. Acima de tudo, criou as condições para uma assistência educacional orientada conforme certos pontos de vista, como formulou Otto Zucker: "Sobre a educação do jovem voltada para a comunidade. Acreditamos que esta educação para a coletividade, visando a integração comunitária, a subordinação dos interesses individuais aos interesses da comunidade e o desenvolvimento do indivíduo dentro de regras comunitárias, é uma parte essencial das tarefas educacionais dos dias de hoje".[4]

Em relação à responsabilidade especial e o dever de diligência frente aos jovens prisioneiros do gueto, o Conselho dos Anciãos, liderado por Jakob Edelstein, e os funcionários do Departamento de Bem-Estar da Juventude eram unânimes. Desde a fundação do gueto, haviam tomado uma decisão essencial: as pessoas mais idosas deveriam abdicar de algumas coisas, favorecendo os mais jovens. Para os mais jovens isso significava uma alimentação melhor, melhores condições sanitárias e um atendimento médico especial. Para os idosos, no entanto, significava uma privação ainda maior e mais fome. Era "como se lhes arrancassem da boca um naco de pão".[5]

"Talvez essa decisão tenha sido um pouco incomum e cruel em relação aos idosos", afirmou Zeev Shek, líder da juventude sionista e um dos principais membros do movimento Hechaluz, em 29 de junho de 1946, durante um depoimento para a comissão dos aliados, "mas, através do ponto de vista daquela época, essa decisão foi correta, pois beneficiava o futuro. E, aparentemente, essa decisão do Conselho dos Anciãos se propagou para todos os alojamentos, para a cozinha e para as ruas. Em todos os lugares, as crianças eram cercadas de cuidados especiais e lhes eram concedidas vantagens".[6]

Em 9 de março, Helga assistiu pela primeira vez um teatro de fantoches em Theresienstadt. "A apresentação foi muito boa para Theresienstadt e, certamente, a confecção dos fantoches foi muito trabalhosa. O nome da peça era 'O violino encantado'. Os personagens tocavam violino e órgão (mas não sabiam tocar corretamente)."

A alegria não durou muito. "A pneumonia está se alastrando", escreveu Helga nessa mesma noite, após fazer uma visita a Lea. "O médico acha que, se o coração de Lea aguentou por tanto tempo, talvez ela sobreviva. O dr. Fischer duvida que Lea sobreviva."

A sobrinha de Helga tinha 13 meses de idade quando chegou à Theresienstadt, e adoeceu de um dia para o outro. Não era um caso isolado. O gueto era um foco ameaçador de doenças. A ela juntava-se o choque emocional. Ainda hoje basta uma palavra-chave para que as imagens que Judith Schwarzbart associa com o gueto voltem à sua memória: "O Quartel Hamburgo estava terrivelmente cheio e havia muita confusão. Os mais velhos queriam sossego, as crianças queriam brincar, sempre havia alguém gritando, havia brigas e barulho, todos sentiam frio e fome. Também havia muitos insetos e cortaram meus longos e belos cabelos. Eu tentei me rebelar, mas não adiantou nada. Eles o cortaram."

Logo a seguir, Judith desenvolveu febre alta e vomitava constantemente. Os médicos não sabiam o que fazer. Seu estado permaneceu inalterado por alguns dias, até que dr. Walter Stern chegou a um diagnóstico: icterícia. "Foi o primeiro caso de icterícia em Theresienstadt, seguido por uma terrível epidemia de icterícia! Eu tive icterícia três vezes, assim como minha irmã. Ela quase morreu disso."

Embora tenha se curado, Judith voltou a adoecer. "Eu tive icterícia e escarlatina durante seis semanas, e fiquei isolada na enfermaria de doenças contagiosas. Eu sobrevivi. Quando tive tifo, meu pai me levou para o seu alojamento – ele morava em um galpão, no jardim do qual cuidava. Eu não queria comer nem beber. Eu só queria um pedacinho de limão – ah, como eu desejava comer limão!

Um dia meu pai me trouxe meio limão! Até hoje não sei onde ele o conseguiu. Era mestre em '*organizar*'* as coisas."

Em Theresienstadt, as pessoas aprendiam rapidamente esse talento de organização. Sem ele era impossível sobreviver ali. Porém, somente ele não bastava para enfrentar todos os perigos e conseguir o indispensável para garantir a sobrevivência. Os médicos, confrontados diariamente com dificuldades praticamente insuperáveis, sabiam disso melhor do que ninguém. Não havia equipamento médico nem medicamentos necessários para o combate às doenças que grassavam implacavelmente em Theresienstadt. Isso é evidenciado pelos registros do dr. Rudolf Klein, profissional responsável pelos cuidados médicos no Abrigo para Meninos L 417, escritos em julho de 1943:

"A partir de julho de 1942 até o final de 1942 (...) os abrigos passaram por uma forte epidemia de escarlatina, (...) em agosto e no início do outono houve uma epidemia de doenças diarreicas, seguida por um aumento da incidência de icterícia infecciosa, enquanto o sarampo, a caxumba, a rubéola, a catapora e a coqueluche não eram tão preocupantes para nós e para os pacientes, exceto em casos complicados de sarampo, que sempre apresentavam uma evolução mais grave, mas que felizmente sempre foram curados. Houve muitos casos de pneumonia e cirurgias por otite média.

"A febre tifoide foi motivo de grande preocupação no final de janeiro de 1943. Em dois meses, cerca de 50 crianças adoeceram, algumas gravemente.

"Quanto aos casos diários de doença, houve períodos em que 30 a 35% das crianças estavam doentes. Isso era um fardo pesado para nós, uma vez que a pequena equipe de enfermagem também adoecia ao mesmo tempo."[7]

---

*. Organizar [*organisieren*], organização [*Organisation*] são eufemismos para conseguir algo por meios pouco ortodoxos. (N. da T.)

Enquanto o dr. Klein relatava que todos os meninos que tinham adoecido "felizmente" melhoraram, no Abrigo de Meninas L 410 a estatística era nefasta. Foi lá que a febre tifoide mostrou seu lado mais terrível.

Naquela época, Helga Weissová, do quarto 24, escreveu em seu diário: "Lilka também está com febre tifoide. Vera, Olina e Marta estão na enfermaria. Milča foi levada ontem para o Quartel Hohenelbe. Dizem que está agonizando. 'O que houve, Hanka? Por que você chora tão copiosamente? O que houve?! Dáša ?' – 'Dáša e Jana... elas morreram!'"[8]

Dáša Bloch e Jana Gintz eram amigas inseparáveis. "Elas sempre diziam que somente a morte poderia separá-las", disse uma menina do Quarto 16, em outubro de 1943, ao contar suas impressões mais marcantes sobre o Abrigo para Meninas:

> *"No Abrigo, a vida corria calmamente e sem atropelos, até que a epidemia de tifo se instalou. Os primeiros casos foram Dáša e Jana. Em 1º de fevereiro de 1943 ambas foram levadas ao hospital, onde não permaneceram juntas. Jana foi levada para o Quartel Hohenelbe e Dáša para a enfermaria de tifo em L 317. Na manhã de 5 de fevereiro soubemos que tinham morrido, ambas no mesmo horário: às seis horas da tarde. Seu desejo se concretizou. Infelizmente, bem mais cedo que desejaram. Quando nos deram a notícia de suas mortes, não conseguimos dizer uma só palavra. Num primeiro momento, não conseguimos nem ao menos chorar. Sabíamos que ambas estavam muito doentes, mas nunca pensamos que elas não voltariam ao nosso convívio. Passado algum tempo, acendemos uma vela na cabeceira de suas camas. Ficamos ali paradas, em silêncio, e eu acredito que nós todas rezamos por elas."*[9]

Dois meses após sua chegada, Helga estava completamente integrada ao dia a dia do Quarto 28. "Ontem fui escalada para fazer a limpeza juntamente com um grupo de meninas muito preguiçosas. Tive que fazer quase tudo sozinha. Na hora do almoço, fomos obrigadas a varrer tudo novamente, pois o trabalho ficara malfeito. Terminei de fazer tudo e agora estou deitada em minha cama. Amanhã terei uma tarde livre."

Nem todos os dias eram tão cheios de trabalho como aquele dia 18 de março de 1943. Contudo, mesmo quando não havia faxina, o cotidiano era pesado, principalmente logo cedo, pela manhã. Em geral, por volta das 7 horas da manhã, ouviam-se sempre as mesmas palavras: "Levantem-se, crianças!" O que significava que todas deviam ir para o grande banheiro frio e feio situado no andar térreo, fazer fila na frente das toaletes simples (em cada andar existiam somente duas a três toaletes, ou seja, duas toaletes para cerca de 120 meninas). Depois de fazer as necessidades, era hora de lavar as mãos meticulosamente com uma porção de Lysol (um desinfetante) oferecido pela sra. Salus, que mandava nos banheiros e repetia sem parar: "Após usar a toalete e antes de comer, não se esqueça de lavar as mãos."

Todas as manhãs era obrigatório arejar as roupas de cama e cobertores, seguindo uma ordem rigorosa. Algumas meninas colocavam as roupas de cama na janela, outras sobre os estrados ou sobre a mesa. A seguir, eram distribuídas as tarefas diárias. Na porta estava pendurada uma planilha do "*Toranut*", a palavra hebraica para "Serviço", ou seja, a planilha de serviço. Essa planilha informava quem deveria fazer algum serviço em determinado dia da semana. O serviço geralmente consistia em buscar o almoço, fazer a faxina e ficar disponível para outras tarefas.

A pior hora do dia era a alvorada, principalmente quando lá fora estava frio e escuro. Quem de nós não gostaria de ficar dormindo e sonhando? Principalmente sonhos que sublimavam o presente, trazendo alívio e recuperação para a alma? Infelizmente, as crianças eram praticamente arrancadas do sono. Somente quem estava doente tinha direito a ficar deitado, esperando pela chegada dos pediatras dr. Fischer ou dr. Stern, que decidiam o que seria feito. As crianças levemente adoentadas às vezes podiam passar o dia na cama e as mais gravemente enfermas eram levadas para uma enfermaria do Abrigo, especialmente montada para este fim. Essa enfermaria era chamada de "*Marodka*" pelos tchecos e, na verdade, não era a pior alternativa para os doentes. Lá era possível descansar entre menos gente, o que era praticamente impossível nos quartos grandes e abarrotados de pessoas. Além disso, as possibilidades de ganhar uma "*Zubusse*" cresciam tremendamente. "*Zubussen*" eram pequenos mimos, há muito desejados e recebidos das mãos da assistente social, a sra. Mühlstein. Mesmo que esses "extras" fossem somente duas ou três colheres de creme de aveia ou semolina, ou algo semelhante, eles representavam uma pequena mudança na rotina diária da cozinha que servia as crianças.

Segunda-feira: sopa, painço; à noite: um pedaço pequeno de pão
Terça-feira: sopa, batatas, nabos; à noite: sopa
Quarta-feira: sopa, batatas, *gulasch*, um pedaço pequeno de pão; à noite: um pedaço de pão
Quinta-feira: sopa, nhoques, molho; à noite: linguiça, sopa
Sexta-feira: sopa, cevadinha; à noite: *Buchteln*, uma espécie de pão doce
Sábado: sopa, batatas, nabos; à noite: sopa
Domingo: sopa, *Buchteln* com creme; à noite: 20 gramas de margarina, uma colher de chá de geleia

"O cardápio nem parece tão ruim, escreveu Šary Weinstein, uma menina de 14 anos de idade, em seu diário. Mas a comida é muito mal preparada, as sopas parecem ser sempre as mesmas. Têm aparência de água suja, eca! Eu nunca gostei de sopa, e não é aqui que irei comer. No desjejum, tomamos café sem leite (que mais parece uma água suja) e nada mais."[10]

Quarta-feira, 10 de março de 1943

Hoje foi meu dia de ficar de plantão para pequenos serviços e, por isso, estou muito cansada. Ao meio-dia nem fui visitar papai. À noite nos encontramos no alojamento da sra. Sander. Lea está um pouco melhor. Tomou 80 gramas de leite misturado com frutose. Eu espero muito que ela se recupere. Eva, uma de nossas cuidadoras, fez uma plaquinha para colocar em nossos beliches. Cada uma de nós escolheu um lema e um objeto do qual gostamos e ambos agora enfeitam a plaquinha. Meu símbolo predileto é um farol e meu lema é: Esteja sempre pronta. Por que escolhi o farol? As *meninas disseram que ele pode representar a esperança. Mas para mim, nós todas somos como faróis no meio da tempestade e o mar revolto que nos rodeia é a guerra.*

Tenho muita saudade de mamãe, por isso coloquei uma foto dela em Viena, datada de 1939, dentro do meu diário. Sempre que eu escrevo no meu diário, faço de conta que tudo o que escrevo estou, na verdade, contando para ela.

Frieda Pollak, mãe de Helga, abaixo a página do diário.

Quinta-feira, 11 de março de 1943

Tivemos quase toda a tarde livre. Estive no escritório da sra. Sander e com Lea, que está melhor. Ela dormiu a noite toda, tomou bastante leitelho e, quando lhe mostramos um livrinho infantil, ela riu pela primeira vez em um mês. Após visitar Lea, fui ver papai e ficamos pensando no que eu poderia dar de presente às meninas no Purim, pois no Abrigo tínhamos decidido nos presentear mutuamente.

Ah, quase ia me esquecendo! Eu ainda queria descrever nosso cardápio. Ele é assim: a sopa de todos os dias é uma sopa de lentilhas secas, batatas estragadas e um molho, que quase sempre está queimado. Para o jantar, quase sempre temos margarina e café preto. Duas vezes por semana nos servem massa para o almoço. Três quartos de um pão de forma são calculados para durar três dias e, no começo, isso me pareceu suficiente. Depois que cheguei aqui, dava ao meu pai quase toda minha ração diária de pão. Agora, ela já não basta para mim.

Amanhã estou escalada para o Toranut *– e isso não me deixa nem um pouco feliz.*

Sexta-feira, 12 de março de 1943

Eu estou terrivelmente cansada e feliz, porque amanhã é sábado e teremos a metade do dia livre. Estou costurando presentes para o Purim, feitos de papel! – Quanta bobagem. À tarde tive um encontro com Trude. Ela estava levando Lea para passear. Lea não chega a ter metade da aparência que tinha antes. Mas está um pouco melhor. Que Deus permita sua cura!

Ontem eu fui convidada para assistir a uma peça de teatro, que será apresentada às 8 horas da noite pela turma de 1931. Elas moram no nosso prédio, no primeiro andar. Não sei qual é o nome do conto que deu origem à peça em cinco atos, dos quais apresentaram somente um. Os demais serão apresentados em breve. A apresentação foi muito bonita. A história era sobre um rei e um gigante da floresta. As meninas dançaram danças típicas tchecas. Lembrei-me de Viena, quando eu tinha 5 anos de idade e ia à escola de balé com minha mãe. Lembrei-me de dançar csárdás vestida com trajes húngaros, para deleite de meus pais e dos parentes. Como a vida era boa naquela época, junto com papai e mamãe! Eu tinha uma vida de princesa. Agora a mamãe está distante, longe de mim. Mas eu estou feliz, pois ela está bem e não precisa passar por tudo o que passamos aqui.

Sábado, 13 de março de 1943

Hoje, como todos os sábados, ficamos na cama até as 8 horas da manhã. Eu acordei muito cedo e tive uma sensação maravilhosa. As meninas ainda dormiam, a janela estava aberta e os passarinhos cantavam. Quando eu ainda morava em casa também adora ouvi-los. Após o almoço fui ver papai e fiquei com ele até as quatro horas da tarde. Meu tio Eugen, de Praga, que chegou aqui há 10 dias, também foi visitar papai. Ele é o primo de papai, tem 52 anos de idade, mas parece ser bem mais jovem. É uma pessoa muito bacana. Meu tio me deu dois rolinhos de balas e um pacote de biscoito. Na hora do jantar fomos visitar a sra. Sander. O jantar foi uma sopa de cevadinha e Reibteignockerln** *com cebolas.*

Os pacotinhos que Helga e seu pai recebiam em intervalos regulares de uma parente de Kyjov logo passaram a ser um acontecimento importante. Em 16 de março, Helga e seu pai receberam um pacotinho com pão, linguiça, queijo e pão de mel. No dia 1º de abril chegou outro pacote: "Hoje eu recebi outro pacote. Um pacote maravilhoso que me deixou muito feliz. Se não fossem os pacotes enviados por Maria, certamente passaria fome. Neste pacotinho havia couve-flor, três maçãs, três queijinhos, quatro cubos de caldo de carne, salame, farinha de batata e um pouco de manteiga. E aqui estou eu, novamente escrevendo sobre comida! Mas o pacotinho me trouxe muita alegria". O fato de ter que repartir o conteúdo do pacotinho com seu pai e seus parentes (ou seja, com oito pessoas), não importava.

**. Uma espécie de pequenos nhoques de trigo. (N. da T.)

Muitas crianças – Flaška, Zajiček, Judith e outras mais – não tinham tanta sorte. Não tinham ninguém que pudesse lhes mandar alguma coisa. Essas crianças tinham que se contentar com a comida habitual, fornecida pela cozinha, aprenderam rapidamente a fracionar o pedaço de pão que recebiam a cada três dias. Para elas, restava a dúvida: Vamos comer tudo de uma só vez, pois estamos com muita fome? Ou seria melhor dividir o pedaço de pão em três partes? Ou em duas, e no terceiro dia passar fome?

Ferdinand Bloch, Carroças de Theresienstad. Nas carroças do gueto de Theresienstadt eram transportadas as mais variadas coisas, desde pão a prisioneiros mortos.

O fato de o pão não ser fresco e não ter nada em comum com o aroma do pão que anteriormente comiam em casa, já não tinha mais importância. Quem viveu alguns dias em Theresienstadt passou a apreciar o pão, mais do que qualquer outra coisa. Nem mesmo o tipo de transporte usado para o pão tinha qualquer importância. O pão era transportado nas mesmas carroças velhas que transportavam de tudo. Inclusive os mortos.

O pão também desempenhou o papel de moeda não oficial no gueto. Era possível trocar um pedaço de pão por muitas outras coisas. Por exemplo, um tomate, um cigarro, alguns pedaços de lenha, uma peça de roupa, um pedaço de papel. Até mesmo uma aula particular.

Pessoas idosas e doentes não eram capazes de fazer tal escambo. Essas pessoas não tinham nada para trocar e eram incapazes de aliviar a sua fome. Helga também se deu conta disso. Em 16 de março, ao visitar seu tio Eugen no Quartel dos Sudetos, Helga viu quando o pessoal da cozinha jogou fora as cascas das batatas – "e 10 pessoas se jogaram em cima daquele montinho de cascas, brigando por elas. Para papai e para mim foi como se alguém jogasse três ossos para oito cães famintos, que se mordiam mutuamente para ficar com um dos ossos".

Segunda-feira, 15 de março de 1943

Esta noite as sirenes tocaram e me acordaram. Não consegui despertar completamente e, num primeiro momento, pensei que as sirenes anunciavam nosso retorno para casa. As sirenes tinham um som peculiar. Seu som parecia o uivo de chacais ou lobos. Eu sei que as sirenes tocam quando os aviões estão se aproximando, um pouco antes de acontecer um bombardeio aéreo.

Terça-feira, 16 de março de 1943

Fizemos uma faxina geral até onze e meia da manhã. Tirei a tarde livre e, pela primeira vez na minha vida, lavei roupas. Theresienstadt é mesmo uma escola para a vida.

Recebi um pacotinho com pão, linguiça e pão de mel. À noite, as coisas estiveram animadas por aqui. Helena arrancou uma casquinha do machucado de uma das meninas, que se vingou escondendo a camiseta do pijama de Helena, que começou a chorar e teve uma crise de raiva. A cuidadora não sabia o que fazer e chamou a sra. Engländer, diretora do Abrigo de Meninas. Esta conseguiu acalmar Helena e tudo voltou ao normal. Eu não consegui disfarçar uma risadinha, nem mesmo na frente da sra. Engländer.

Quarta-feira, 17 de março de 1943

Fiquei de plantão para serviços gerais durante todo o dia, o que não era motivo de alegria. Nem fui visitar papai à tarde. Joguei quei-

mada até as três horas da tarde e, depois, fui assistir uma apresentação infantil. Lá, meninas de 6 a 7 anos de idade dançavam e faziam ginástica. Também havia meninas da minha idade. Algumas meninas mais velhas eram desajeitadas e erravam tudo. As menores eram hábeis e encantadoras. Gostei principalmente de uma menina da minha idade, que dançou sapateado.

O evento mais importante do dia foi a crise histérica que eu tive. Eu estava arrumando minha mala e, ao pegar um tanto de algodão, dele caiu um camundongo! Eu fiquei em pé sobre a mala, como petrificada. Passado algum tempo, consegui contar o caso para a cuidadora e saí correndo. A cuidadora pegou o camundongo, atirando-o pela janela até o jardim, onde as meninas cavaram uma pequena sepultura para ele.

Sexta-feira, 19 de março de 1943

Ontem tive Toranut *com um grupo de meninas muito preguiçosas e fui obrigada a fazer quase tudo sozinha. Na hora do almoço, o chão não estava bem varrido e o castigo foi varrer tudo novamente.*

Planejei o que farei amanhã. À uma hora da tarde irei visitar Mimi Sander, pois já faz três dias desde a última vez que estive lá. Vou buscar um saco com minhas roupas, pois Mimi já não tem mais espaço para guardá-las. Vou colocá-las em uma mala e vou ver o papai. Estou feliz com a expectativa do Purim. Vamos fazer uma "Žranice" – uma comilança.

As meninas chamavam sua supervisora principal de Tella. Seu nome verdadeiro era Ella Pollak, e seu sobrenome igual ao de Helga e Handa é uma coincidência, pois "Pollak" é um sobrenome muito comum. "Tella" é uma contração de tia (em tcheco: *"teta"*) e Ella. Tella, com 30 anos de idade, assim como Eva Weiss, que tinha 20 anos na época, passavam a maior parte do tempo com as crianças. Uma cuidadora sempre passava a noite com elas. Naquela época, isso geralmente ficava por conta de Lilly Gross ou Laura Šimek.

Ella Pollak, nascida em 13 de junho de 1913 em Liberec/Reichenberg, tinha uma personalidade impressionante. Era professora de piano, tinha estudado música no Conservatório de Praga, e associara-se ao movimento da juventude sionista Hechaluz. Seus pais e dois irmãos, que conseguiram imigrar a tempo para a Palestina, tentaram em vão convencê-la a dar o mesmo passo. Para Tella, ficar no país e apoiar as crianças era um dever. Até sua deportação para o gueto, atuava como "*Madrichah*", como se diz em hebraico. Tella era professora e tomava conta do sistema ilegal de ensino organizado pelas instituições sionistas em Praga.

"Tella era um ser humano com padrões morais elevados. Às vezes sentíamos até mesmo um pouco de medo de Tella, pois era muito rigorosa. Ainda assim, obedecíamos, não por medo, mas porque sentíamos que, de alguma forma, ela estava certa."
Handa Drori

Ella Pollak, conhecida como Tella (1913–1973).

Em Theresienstadt, para onde foi enviada com um dos primeiros transportes no final de 1941, Tella deu continuidade ao seu trabalho. No primeiro semestre de 1942, junto com Eva Weiss, que era de Brno, Tella cuidou de um grupo de meninas instaladas no quarto 104 do Quartel Hamburgo. Mais tarde, algumas daquelas meninas passaram para o Quarto 28. Faziam parte desse grupo: Anna Flachová, Eva Winkler, Pavla Seiner, Eva Landová e Ela Stein, assim como Handa Pollak, na época com 12 anos de idade. Logo Tella iria desempenhar um papel decisivo na vida de Handa Pollak. Tudo tinha relação com seu pai: Karel Pollak.

Karel e Tella encontraram-se pela primeira vez no quarto 104 do Quartel Hamburgo. Tella, com seus olhos verdes, lábios finos, cabelos negros geralmente presos e muito bem arrumada, despertou o interesse de Karel de tal maneira que este passou a nutrir grande afeição por ela. Uma afeição que foi correspondida por Tella. Quando foi criado o Quarto 28 no Abrigo para Meninas e Handa continuou aos cuidados de Tella, Karel Pollak passou a ter dois motivos para dar uma passadinha por lá sempre que possível, após seu trabalho diário na lavoura.

As meninas chamavam Karel Pollak de "*Strejda*". *Strejda* é a palavra tcheca para "tio". "Ele sempre estava disponível para nós", lembram-se as meninas. "Sempre estava pronto para ajudar e consolar. Karel sempre tinha uma palavra amável para nos dizer." Handa tinha orgulho de seu pai, com toda razão.

"Eu acredito que era impossível conhecer meu pai e não gostar dele. Era agrônomo, estudara agronomia em Halle, Alemanha, e sabia tudo o que dizia respeito à natureza e à agricultura. Foi o único professor capaz de me fazer entender os segredos da Matemática. Era um homem bem-humorado e adorava piadas bobas, das quais era capaz de rir até que as lágrimas escorressem de seus olhos. Também gostava muito de cantar, mesmo cantando mal, e tinha uma grande habilidade manual. Sua principal ocupação no Quarto 28 foi reformar nossos estrados. Depois da contagem [de prisioneiros] na Baixada de *Bohušovicer*, meu pai foi o primeiro a retornar para o Abrigo, acendendo o aquecedor para nos aquecer." *Handa Pollak*, falando de seu pai, Karel Pollak, na foto ao lado.

Handa Pollak era uma menina calma, com lindos olhos escuros. Amava muito seu pai e sentia falta de sua mãe. Seus pais haviam se divorciado quando tinha 4 anos de idade, e Handa cresceu na casa do pai, em Olbramovice. Mas, pouco tempo antes, havia passado alguns meses na casa da mãe, até ser arrancada de lá à força.

Isso foi em 1941, em Praga-Dejvice. Há dois anos Handa e seu pai não tinham um lar e viviam como fugitivos em Praga, sempre com parentes e geralmente separados. Nesse meio tempo, a mãe de Handa, juntamente com uma irmã e seu cunhado, haviam construído uma casa, para a qual mudaram no início de 1940, levando Handa consigo. Porém, os acontecimentos políticos também afetaram suas vidas: "Os alemães queriam a nossa mansão e pressionaram minha mãe e seu cunhado a assinar um documento, no qual declaravam que estavam entregando a mansão "voluntariamente" ao Terceiro *Reich*. Os alemães alegaram que a mansão estava destinada a Karl Rahm, pessoa que iríamos conhecer mais adiante como comandante de Theresienstadt. No entanto, minha mãe e meu tio Jaroušek não aceitaram assinar o documento e, por isso, foram convocados diversas vezes para comparecer na Gestapo. Lá eram ameaçados com as seguintes palavras: "Se assinarem, terão a nossa proteção. Se não assinarem, algo de muito ruim acontecerá. Eles não assinaram."

Houve outros casos semelhantes, e os alemães, finalmente, tomaram uma atitude bem mais simples. Organizaram um transporte, principalmente com pessoas cujos imóveis e outras propriedades cobiçavam. Na lista de um destes "transportes de capitalistas" também foram incluídos a mãe de Handa e o cunhado dela, Jaroušek. "Eu ainda me lembro do dia em que me despedi de minha mãe. Nós duas estávamos muito tristes. Ninguém sabia o que poderia acontecer. Eu pressentia que eles iriam parar num lugar escuro e terrível. Mas nenhum de nós pensou que as coisas seriam tão ruins como acabaram sendo."

Handa Pollak.

Handa Pollak nasceu em Praga em 4 de novembro de 1931. Cresceu em Olbramovice, uma pequena aldeia a cerca de 60 quilômetros de Praga, entre Benešov e Tábor. Lá a família tinha uma grande propriedade rural, por parte do pai. "Eu adorava a fazenda, amava os animais e lembro como gostava de andar descalça, de brincar com os animais e com as crianças da aldeia."

Quando Handa tinha 4 anos de idade, seus pais se separaram. A mãe de Handa, Alice Pollak, não gostava da vida no campo. Gostava de viajar, adorava a cidade grande, ia ao teatro e a concertos, principalmente quando seu primo, Karel Ančerl, um conhecido dirigente que atuava no rádio e teatro, era o maestro. Assim, Handa cresceu aos cuidados de seu pai, auxiliado pela babá Jitka. A tradição judaica não era seguida pela família e, por isso, Handa só veio a saber que pertencia à religião judaica na escola. Em seu primeiro boletim escolar estava escrito religião: mosaica. "Ainda me lembro de ter perguntado para meu pai: Por que no meu boletim está escrito algo diferente do das outras crianças? E ele respondeu: Sim. Nós somos judeus. Mas isso não é importante. Nós somos tchecos, como todos os demais. Isso aí é somente outra religião."

Até então, em Olbramovice, os acontecimentos que se anunciavam desde que Hitler chegou ao poder não passavam de palavras. Palavras na forma de boatos, exageros, teorias absurdas e, portanto, fáceis de relevar. Isso mudou abruptamente com a ocupação da Tchecoslováquia, em 15 de março de 1939. Um comboio aparentemente interminável de soldados alemães passou por Olbramovice em direção a Praga.

Os moradores ficaram parados na beira da estrada, olhando atordoados para o exército que passava. "Nós também estávamos no portão de nossa propriedade, que dava diretamente para a estrada principal. Ainda me lembro da sensação que tomou conta de mim. Mesmo sendo jovem demais para entender o que se passava, senti que algo de muito ruim estava acontecendo."

Logo depois começaram as restrições dos direitos humanos para todos os tchecos, mas principalmente para os judeus tchecos. "No portão de entrada para a nossa fazenda estava escrito em letras garrafais: Židi ven – Fora judeus." "Nós fomos obrigados a fugir."

O que se seguiu foi uma odisseia com um padrão sempre recorrente: Karel Pollak e sua filha se refugiaram na casa de parentes em Praga. Isso não era nada fácil. De vez em quando, Handa morava com uma irmã de seu pai e, às vezes, morava com um irmão paterno. A seguir, passava um tempo morando com sua mãe em Praga-Dejvice. Até que chegou o dia em foi obrigada a se despedir da mãe, que foi deportada para Lódz junto com o tio Jaroušek.

"Nessa época, a esposa de Jaroušek, irmã de minha mãe, já não vivia mais. Ela havia falecido pouco antes, vitimada por uma septicemia. Sua filha Jarmilka, de 4 anos de idade, ficou em Praga, aos cuidados de uma família. No entanto, não foi possível proteger minha prima: Jarmilka foi levada com o próximo transporte. Foi horrível. Ela estava completamente sozinha. Nós a levamos até o local onde todos deveriam se reunir. Lá, pedimos a uma família para tomar conta da pequena. Ela chorava copiosamente. O transporte também seguiu para Lódz. Nunca mais soubemos nada dela."

Finalmente, Handa estava morando novamente com seu pai, ambos amontoados no apartamento de sua tia Hanička, em Praga-Smichow, até que no outono de 1941, Karel Pollak e outros homens jovens foram incluídos no "*Aufbaukommando*" (o comando de instalação do gueto) de Theresienstadt. Esse primeiro transporte chegou a Theresienstadt em 24 de novembro. Eram 342 homens jovens, artesãos e operários. Sua tarefa era a construção do gueto. "Fomos informados de que os homens poderiam retornar a cada fim de semana, mas isso era uma mentira. Assim que chegavam a Theresienstadt, os portões se fechavam atrás deles. Só era possível enviar cartões postais especiais de tempos em tempos, e estes eram censurados. Era permitido escrever somente 30 palavras, em alemão e com letras maiúsculas." Handa ficou longe de seu pai durante meio ano. "Eu tinha saudade dele. Ansiava por encontrá-lo em Theresienstadt. Finalmente, em julho de 1942, fui para Theresienstadt junto com tia Hanička."

Em 1943, a festa judaica do Purim caiu no dia 21 de março. Este também foi o primeiro dia da primavera. "Eu acordei às seis horas da manhã. Tudo estava em silêncio. O sol brilhava e os pássaros cantavam."

O Purim, juntamente com a festa dos tabernáculos e o Chanucá, é uma das festas judaicas mais alegres. O Purim comemora a libertação da comunidade judaica pela rainha Ester na Antiga Pérsia, em 450 a.C., dos planos diabólicos de assassinato do cortesão Hamã. Há dias os adultos estavam preparando as crianças para a festa. Além de Tella, a sra. Mühlstein também contava o que aconteceu na Pérsia e o significado daqueles acontecimentos para a cultura judaica. Margot Mühlstein, a mãe de Maria Mühlstein, que também vivia no Quarto 28, era muito religiosa. Na imaginação das meninas do Quarto 28, os feriados judaicos (não importa se fosse o Shabat, o Purim, o Pessach, o Rosch Hashaná ou o Chanucá) estão associados principalmente à imagem dessa mulher.

"Em casa nunca comemoramos o Shabat", diz Ela Stein. "Foi com a sra. Mühlstein que aprendi como se acendem as velas na noite de sexta-feira e como orar. E ela fazia isso de uma maneira tão especial, tão solene." "Quando ela cantava, a sala ficava em silêncio," lembra-se Flaška. "Tinha uma voz doce como o mel."

E, dessa vez, a sra. Mühlstein também ajudou a levar um pouco daquele brilho festivo, que normalmente envolve a festa, para dentro do Abrigo para Meninas. Porém, também era necessário ressaltar o lado alegre do Purim. Também era importante festejar o desfecho feliz da história de Ester, de acordo com o lema "comam, bebam e alegrem-se". E essa tarefa cabia, principalmente, à Eva Weiss.

Eva Weiss, nascida em 14 de junho de 1923, em Brno, vive atualmente na Inglaterra. Segundo a descrição de Eva Landová: "Ela era maravilhosa e muito criativa. Trouxe um pouco de calor para as nossas vidas, tinha senso de humor e sensibilidade artística. Muitas vezes, isso nos ajudava a não levar as coisas tão a sério".

Todos gostavam dessa mulher jovem e atlética, tão aberta e natural. Eva ainda não tinha 20 anos de idade, tinha cabelos encaracolados e cheios e pernas musculosas, e geralmente usava *shorts*. Era cheia de energia. Ao contrário de Tella, que era uma pessoa de respeito e por vezes temida por algumas das meninas, Eva era como uma irmã mais velha. Uma pessoa na qual se podia confiar. Algumas das meninas já conheciam Eva anteriormente, de Brno. Lá, Eva fazia parte de um grupo de jovens sionistas, que se encontravam com regularidade na sexta-feira à noite, em uma sala da Comunidade Judaica. Entre esses jovens, estavam Fredy Hirsch, Franta Maier e Felix Strassmann. Antes de sua deportação, em janeiro de 1942, no campo de esportes Makkabi em Pisárky, um subúrbio de Brno, Eva Weiss doou muitas horas de seu tempo para as crianças e jovens, fez ginástica com eles, jogou vôlei e outras coisas mais, da mesma maneira que continuava fazendo em Theresienstadt, no Abrigo ou lá fora, numa área na beira do gueto, reservada para a juventude. "Eu usei todo o meu arsenal de artimanhas para distrair as crianças de seus problemas", diz Eva Weiss explicando suas atividades. "Para tanto, eu usava o esporte, a dança e as canções, sempre que possível."

Para o Purim, Helga havia ensaiado com as crianças uma apresentação de "Ester", numa adaptação de Michael Flach, o irmão de Flaška. Michael era um cuidador do Abrigo para Meninos L 318 e, um ano antes, tinha encenado a história de Ester com os garotos que ficavam aos seus cuidados.[11] Agora, era a vez das meninas. Fiška fazia o papel de Ester, Flaška era Mardoqueu, Eva Stern fazia o papel do malvado Hamã e a bela Eva Landová, vestida com um roupão e com uma coroa na cabeça, representava o papel do rei persa Xerxes, sentada em um trono (que na verdade era uma cadeira).

A cronista Helga descreveu o feriado em seu diário: "Às duas horas da tarde descemos para o jardim, onde havia um baile de máscaras. Eu era uma marinheira. No jardim ganhamos um pacotinho com produtos de higiene (sabão em pó, creme dental, papel para escrever, uma calçadeira e um bloco), um pacotinho com guloseimas (açúcar e biscoitos) e um pão doce. Depois fui visitar papai, e comi tudo o que havia ganhado. Mais tarde, fui para o Abrigo, onde comi o pão e a linguiça. Depois fomos jogar queimada no jardim. À noitinha, às quinze para as sete, demos início à programação. Apresentamos Ester, a nossa peça de teatro."

À noite, as crianças promoveram uma "*Žranice*", uma "grande comilança", uma atividade que não pode ser tomada ao pé da letra. Não havia feijões ou ervilhas cozidos, nem pastéis triangulares de Hamã, recheados com sementes de papoula. Nada que correspondesse à tradição do Purim. As poucas coisas que as crianças tinham para servir eram fatias de pão, que haviam sido guardadas para a ocasião, e um pouco de margarina. A margarina foi espalhada nas fatias de pão, que foram torradas no forno quente, até que a gordura derretesse. Então, as fatias foram polvilhadas com um pouquinho de açúcar, e algumas vezes com páprica em pó, dependendo do gosto. De vez em quando Ela contribuía com alguma coisa para a festa – um tomate, uma cenoura ou um pedaço de pimentão – coisas doadas por sua mãe, que trabalhava na lavoura e no porão da SS, onde eram armazenadas as verduras.

Esses ingredientes coloridos eram somente decoração. "Organizá-los" ou "contrabandeá-los", como se dizia na gíria do gueto, era nada menos do que um roubo e, portanto, perigoso. Dependendo da circunstância, a pessoa podia ser punida severamente. Por isso, geralmente só pedacinhos minúsculos de verduras enfeitavam o pão. "Mas vê-los já bastava!" , lembra-se Helga. "Eu me lembro de ter ficado impressionada. Mesmo ganhando somente dois pedacinhos, no máximo. Para mim, aquilo era uma festa para os olhos. E tudo estava arrumado de modo tão carinhoso!"

Tudo isso também era obra da imaginativa Eva Weiss. Sempre inventava novas variações de "*Žranice*". Portanto, às vezes ela misturava açúcar e margarina em uma frigideira para formar pequenas balas pegajosas, que eram servidas como um "docinho de nada". Ou uma batata era cortada em fatias finas, polvilhada com páprica e torrada. Outras vezes, pegava farinha e fermento, formando uma massa de pão, que às vezes era recheada com um pedacinho de cebola, outras vezes com mostarda, e alguns bolinhos doces guardados há tempos, eram transformados em uma "torta", com uma cobertura que parecia chocolate, mas que na verdade era uma massa marrom de pó de café. Esses bolinhos doces, nada mais do que simples pãezinhos assados na forma de pão, muitas vezes eram tão grudentos que era preciso mastigá-los por muito tempo, mesmo não sendo saborosos.

A "*Žranice*" ou a "grande comilança" sempre era um evento importante, também durante o Purim. E, como sempre em tais ocasiões, as meninas se davam as mãos e recitavam uma frase sem sentido: "*Abe muke funde zuka abe muk funde zuk funde kave kave zuk.*"

Só então começavam a comer. "Cada uma de nós tinha duas fatias de pão com *Quark* (uma espécie de queijo fresco) e meia fatia com *Pastete* (uma espécie de patê ou pasta). A seguir serviam uma sobremesa doce com creme de café e leite azedo. Depois da "*Žranice*" trocávamos os presentes. Eu ganhei um pequeno porta-moedas, um broche e um coração espetado em um alfinete."

Terça-feira, 23 de março de 1943

Arrumação geral! Terminamos às onze horas da manhã. Às três da tarde fomos para o teatro. Apresentaram uma peça sobre Assuero, mas não como ela é ensinada na História judaica, pois essa peça era uma comédia, já que o Purim é uma festa alegre e não triste. Todos riram muito. Só eu não ri. E nem mesmo sei por quê?! Eu fiquei mais séria desde que cheguei aqui. Depois do Purim, ganhei de Mimi uma correntinha com um pingente. Lea estava melhor, passou seis dias sem febre. Mas agora piorou novamente. Seu problema agora passou para o lado esquerdo do pulmão. [...]

Quando eu ainda morava em casa nunca prestei muita atenção à natureza, diferente daqui, em Theresienstadt. Nossas janelas dão para o oeste, não dá para ver o nascer do sol. Mas eu sempre vou ao banheiro às seis horas da manhã. As toaletes ficam num corredor, e suas janelas dão para o leste. Que manhãs lindas! Há alguns dias eu vejo que as árvores têm brotos, o céu é azul e o sol é vermelho ao nascer. Eu até esqueci que já estou aqui há dois meses.

De modo quase imperceptível, o Quarto 28 passou a fazer parte da vida de Helga, e ela deixou de ser uma estranha. Perdeu a timidez, que foi substituída por um sentimento de familiaridade e de solidariedade.

Helga estava cada vez mais consciente de que nenhuma das meninas teria escolhido voluntariamente a situação provisória representada pelo Quarto 28. No fundo de suas almas, cada uma almejava ser livre um dia. No entanto, às vezes lhe parecia que algumas de suas companheiras haviam se acostumado com a vida atual, um estado de emergência, como se o tivessem aceitado. Talvez por sentir que não havia outra saída a não ser transformar essa convivência forçada em um lar temporário. Um lar no qual dava para viver até que a guerra acabasse. Pavla Seiner, Lenka Lindt, Eva Landová, Handa Pollak e Eva Winkler faziam parte desse grupo de meninas, sempre empenhadas em transformar o Quarto 28 em uma verdadeira comunidade, assim como Flaška.

Helga admirava o jeito amável com o qual Flaška tratava as meninas, ao tentar consolá-las. Ela parecia desempenhar suas tarefas diárias com muita facilidade. Pela manhã, na hora de arrumar as camas, era comum ouvi-la gritar para Ela, sua companheira de estrado: "Elinéz, Šmelinéz, Rolinéz, Malinés, Roliz", uma de suas rimas sem sentido, que faziam todas rirem desenfreadamente.

Flaška, Lenka, Ela, Zajiček, Maria, Handa, Fiška – todas parte de um círculo do qual Helga sentia ser parte. Helga gostava destas meninas: Flaška, a criativa e Ela, a temperamental. Maria Mühlstein, com seus lindos olhos escuros. Haviam formado um trio, para deleite de Tella, que adorava promover o talento musical das meninas a seus cuidados. Flaška, Ela e Maria eram as meninas que cantavam melhor. Às vezes ensaiavam no porão de L 410, onde havia um velho harmônio com pés bambos. O espaço no porão de L 410 era uma espécie de sala com finalidades sociais variadas. Às vezes servia para pequenas apresentações, como o teatro de marionetes de Walter Freund, em outras, eram feitas exposições, palestras ou discussões. Lá fora era realizada duas ou três vezes a cerimônia do Sêder, um jantar festivo tradicional. Na maioria das vezes, o espaço era usado para ensaios. As meninas ensaiavam peças teatrais, Kamilla Rosenbaum, a bailarina e coreógrafa de Praga, usava o espaço como estúdio de dança e ginástica, e Tella trabalhava com seu coral de meninas.

O coral de meninas era uma das criações especiais de Tella. Era um coral bastante melodioso, com soprano, *mezzo* soprano, contralto e solistas. O repertório era variado: consistia em canções folclóricas tchecas e alemãs, canções clássicas e hebraicas. Para desgosto de algumas meninas, incluindo Eva Landová, somente aquelas que cumpriam as exigências musicais de Tella podiam participar. As demais tinham que se contentar em escutar as lindas canções, que também podiam ser ouvidas por aqueles que passavam pelo local.

"Eu achava lindo", lembra Ela, "quando o porão já estava escuro e nós cantávamos aquelas lindas canções hebraicas. Mesmo quando não entendíamos todas as palavras da canção, nossos solos, nosso coro, tudo soava tão bonito. Isso nos fez acreditar que éramos ótimas cantoras."

No início do ano de 1943, no porão de L 410, Kamilla Rosenbaum começou a ensaiar com as crianças um poema dançado, baseado no livro infantil "*Broučci*" (Vagalume), de Pastior Jan Karafatiat. Com a participação de artistas muito dedicados, essa empreitada logo se transformou em um projeto teatral ambicioso. Vlasta Schönová, uma jovem atriz e estudante de direção teatral de Praga, começou a cuidar da parte cênica. A artista Friedl Dicker-Brandeis criou as fantasias coloridas e criativas junto com as crianças. O cenário foi criado por Adolf Aussenberg e Franta Pick e o artista de cabaré Karel Švenk, de Praga, fez os arranjos a partir de canções folclóricas.

Eva Weiss, uma bailarina entusiasta, trabalhou como assistente de Kamilla Rosenbaum e ensaiava danças eslavas e tchecas com as crianças. Eva também assumiu um papel na apresentação. "Ainda lembro muito bem da primeira canção. Eu saltei para dentro da cena e dançamos ao som das canções, que seguiam umas às outras como as contas de um colar maravilhoso. Mas, que eu me lembre, não cheguei a participar da apresentação final."

Uma atração especial era a apresentação do teatro de marionetes de Walter Freund, um advogado da Morávia e o morador mais idoso do Abrigo para Meninas. Em Theresienstadt, passou a dedicar-se completamente à sua paixão, o teatro de marionetes, que lhe tomava todo seu tempo livre. Suas marionetes, que ele próprio fabricava, eram obras de arte e encantavam ainda mais as crianças. Uma de suas peças de teatro mais conhecidas era "As aventuras de uma menina na Terra Prometida". O cenário dessa peça foi criado pelo antigo cenógrafo do Teatro Nacional de Praga, František Zelenka, e Friedl Dicker-Brandeis criou o figurino. Outras peças, no entanto, também são lembradas: *Um camelo passou pelo buraco da agulha*, de František Langer, ou *O violino encantado*.

Nessas apresentações, o velho harmônio geralmente desempenhava um papel importante. Embora estivesse desafinado e com algumas teclas emperradas, era um dos instrumentos mais cobiçados. Às vezes era carregado até o andar superior, até o Quarto 28, como se lê numa redação de Handa Pollak. Em outubro de 1943, quando todas as meninas foram convocadas a participar de um campeonato de redações sobre o tema: "Qual foi o fato que mais te impressionou no Abrigo para Meninas?", Handa escreveu:

"Antes da estreia de A noiva vendida, *Tella e algumas das meninas carregaram o harmônio até nosso quarto. Lá, ela tocou a ópera para nós. Ao mesmo tempo, nos explicou o texto para que pudéssemos nos concentrar na música. No dia seguinte fomos à sala de ginástica do L 417, que já estava lotada. Eu consegui um lugar perto do piano. Eu já havia assistido* A noiva vendida, *em Praga, por três vezes, mas nenhuma apresentação foi tão bonita quanto esta. Na verdade, o que o maestro Schachter conseguiu fazer com a ópera é um milagre. Fui para casa, onde só se falava da comida, do contrabando, dos salvo-condutos e do trabalho na lavoura. Eu me sentia como um ser humano que, subitamente, é despertado de um sonho maravilhoso e vê que tudo ao seu redor continua cinza e triste. Continuei pensando na ópera* A noiva vendida *e, quase adormecida, continuei ouvindo a passagem* Unsere treue Liebe *[Nosso amor leal]."*

À noite, o Abrigo para Meninas muitas vezes ficava envolto em um silêncio estranho, enquanto se ouviam vozes maravilhosas ecoando do velho porão. Nesses momentos, todo mundo sabia que Rafael Schächter, o músico versátil e famoso (que também era maestro, pianista, compositor e grande inspirador da vida musical tcheca), estava ensaiando o coral, preparando-o para uma apresentação.

As apresentações lendárias de Schächter (*A noiva vendida*, de Smetana, *As bodas de Fígaro* e *A flauta mágica*, de Mozart) tiveram seu início aqui, no porão de L 410. "À noite, após o trabalho, muitas vezes fugi para o porão", conta Eva Weiss. "Fiquei quietinha num dos cantos, ouvindo. Lá estava o antigo harmônio, que Tella frequentemente tocava. Foi lá que escutei pela primeira vez *As bodas de Fígaro*, e também *A noiva vendida*, e naturalmente, o *Réquiem*! Eu ouvi o *Réquiem* tantas vezes que até hoje sei cantá-lo mentalmente em latim."

O *Réquiem*, de Verdi, a missa fúnebre, uma composição que trata da morte, da libertação, do consolo e da ressurreição, tocada e cantada pelos prisioneiros judeus na sala de espera da morte, foi umas das apresentações mais tocantes e memoráveis sobre as quais Kurt Singer escreveu, considerando todas as objeções sobre a escolha da obra artística: "a maior conquista artística já nascida e apresentada em Theresienstadt, uma preparação extremamente cuidadosa... para Rafael Schächter e seu coro, um sucesso triunfante... uma obra-prima".[12] Uma apresentação que, embora dedicada aos adultos, também impressionava muitas crianças.

"Eu só ouvia esses ensaios. Acho que nunca presenciei uma apresentação", diz Helga. "Mas esses ensaios me impressionaram tão profundamente que, quando me perguntaram o que eu gostaria de assistir por ocasião do meu 21º aniversário na Inglaterra, minha resposta foi: o *Réquiem*, de Verdi."

Magicamente atraídas pelas vozes que vinham do porão, muitas das meninas ouviam o canto insistente e esgueiravam-se até a porta do porão. Quando o banquinho do harmônio não estava ocupado por Rafael Schächter ou Gideon Klein, era Tella que tocava o harmônio, acompanhando os ensaios,[13] e a seu lado estava Handa, que virava as páginas da partitura. "Permitiram-me virar as páginas da partitura. Esse foi o motivo pelo qual me permitiram participar dos ensaios do Réquiem", relata Handa: "Os ensaios eram muito impressionantes e carregados de emoção. Ainda ouço as vozes do coro: *Dies irae, dies illa, solvet saeclum in favilla, teste David cum Sybilla ... Lacrymosa dies illa, qua resurget ex favilla judicandus homo reus ... Agnus Dei, qui tollis peccata mundi, dona eis requiem...* Ou a última oração: *Libera me, Domine, de morte aeterna, in die illa tremenda, quando coeli movendi sunt et terra* – Livrai-me, Senhor, da morte eterna, neste dia temido, quando o céu e a terra se movem. – Este coro, a presença de música em Theresienstadt, foi uma experiência extraordinária para mim. Era como se os anjos cantassem no inferno".

Rafael Schächter era muito respeitado por nós. Era uma personalidade! E extremamente exigente do ponto de vista musical. Uma vez, ensaiei o papel de Bastienne, com Piňta Mühlstein como Bastien e Maria Mühlstein como o mágico Kolas, mas Rafael Schächter decidiu, então, apresentar a ópera com intérpretes adultos." Anna Flachová.

Às vezes, Flaška também se esgueirava até o porão para ficar mais próxima dos acontecimentos musicais. A música era sua força vital, e isso se manteve assim até hoje. Certa vez, Flaška chegou a ensaiar o papel de Bastienne com Rafael Schächter, com Piňta Mühlstein no papel de Bastien e sua irmã Maria, no papel do mágico Kolas. "Mas infelizmente aquilo era difícil para nós", lembra Flaška. "Era difícil satisfazer Rafael Schächter, que era muito exigente. Ensaiamos essa ópera durante cerca de 15 dias. Finalmente, ele decidiu apresentar a ópera com intérpretes adultos." Mas isso não encerrou a carreira musical de Flaška, que continuou cantando no coral de meninas. De preferência com o trio formado por Flaška, Ela e Maria. Esse trio tinha uma incumbência especial: as meninas frequentemente visitavam os alojamentos dos idosos, para ajudá-los e oferecer uma serenata. Essas visitas não eram um divertimento, mas trabalho duro. Uma ação segundo os preceitos da Organização *Jad tomechet*.

A Organização *Jad tomechet* originou-se de uma iniciativa dos membros líderes do Hechaluz, no final do verão de 1942. Estes, juntamente com os membros da *Jugendfürsorge* haviam decidido fazer algo para combater a terrível miséria na qual viviam os idosos, embora isso fosse aparentemente impossível.

Milhares de idosos tinham vindo ao gueto desde meados de 1942, principalmente da Alemanha e da Áustria. Ao chegarem, muitos apresentaram um documento com o nome de um hotel ou pensão, afirmando que havia um lugar reservado para eles. Diziam que haviam feito um contrato com os alemães para a compra de um lugar para morar, e para tal haviam entregado tudo o que lhes pertencia. Acreditavam piamente que chegariam a um balneário, o Balneário de Theresienstadt, onde passariam o resto de suas vidas com tranquilidade. Essas pessoas, muitas vezes provenientes de famílias muito ricas, chegavam a uma cidade fortaleza superlotada, ficavam presas em um gueto, confinadas em sótãos ou porões sujos e sem qualquer conforto, cercadas de sujeira e pó, mau cheiro e barulho, dormiam sobre colchões ou até mesmo no chão. Muitos nem mesmo podiam usar as toaletes e os lavatórios, pois não conseguiam ir até lá sem ajuda. Além do mais, não havia água fresca, e a alimentação era completamente insuficiente e inadequada. Assim, os idosos rapidamente perdiam a esperança e a força para viver. As taxas de suicídio aumentaram rapidamente.

O que podia ser feito para ajudar essas pessoas? Foi aí que surgiu a ideia de pedir ajuda à juventude, o que levou à fundação de uma Organização da Juventude. Seu nome, sugerido por Ben-Cion Weiss, um professor de hebraico, acabou sendo *Jad tomechet*: "A mão que ajuda".

Após sua fundação, muitos jovens afiliaram-se à organização e passaram a ajudar nos cuidados oferecidos aos idosos. Levavam-lhes a pouca comida fornecida pela cozinha, acompanhavam sua ida às toaletes, lavavam-nos, limpavam suas camas maltrapilhas ou ajudavam a empacotar seus pertences quando os idosos eram encaminhados para um "transporte".

As meninas também pensaram em maneiras de ajudar os idosos. No início, assim que um transporte chegava ao campo, iam ao encontro das pessoas, ajudando-as a carregar a bagagem pesada. Os recém-chegados, que acreditavam terem sido enviados a uma estância ou balneário, ficavam tão horrorizados ao chegar, que não conseguiam entender a situação. Muitos chegavam a pensar que as meninas, que não falavam a sua língua, queriam roubar sua bagagem e mandavam-nas embora rapidamente.

Então, as meninas procuraram ajudar de outras maneiras, visitando diretamente os alojamentos dos idosos. "Por exemplo, quando um deles fazia aniversário", relata Flaška, "íamos visitá-lo, parabenizando-o e ajudando no que fosse possível – arejávamos os colchões e fazíamos uma faxina. O nosso trio também apresentava uma canção. Ensaiamos várias canções para essas ocasiões, tais como a *Träumerei* de Schumann." "Uma vez chegamos a cantar uma canção holandesa, especialmente para os holandeses", lembra-se Ela. Seu título era *Waar de blanke*.*** Até hoje não sei o que significa, mas ainda me lembro da melodia."

***. Início da canção holandesa *Mijn Nederland*, do ano de 1870, uma das canções populares mais conhecidas dos Países Baixos, composição de Pieter Louwerse, música de Richard Hol. (N. da E.)

As meninas, às vezes, entregavam pequenos presentes, geralmente lenços, que haviam recebido da *Jugendfürsorge* para esse fim. Os idosos, então, ficavam procurando entre seus poucos pertences algo que pudessem dar às crianças. Mas não tinham nada para oferecer, nenhum biscoito, nenhum pedacinho de chocolate, nenhuma bala. Nada. E as crianças, sabendo disso, se despediam rapidamente dos idosos para não constrangê-los.

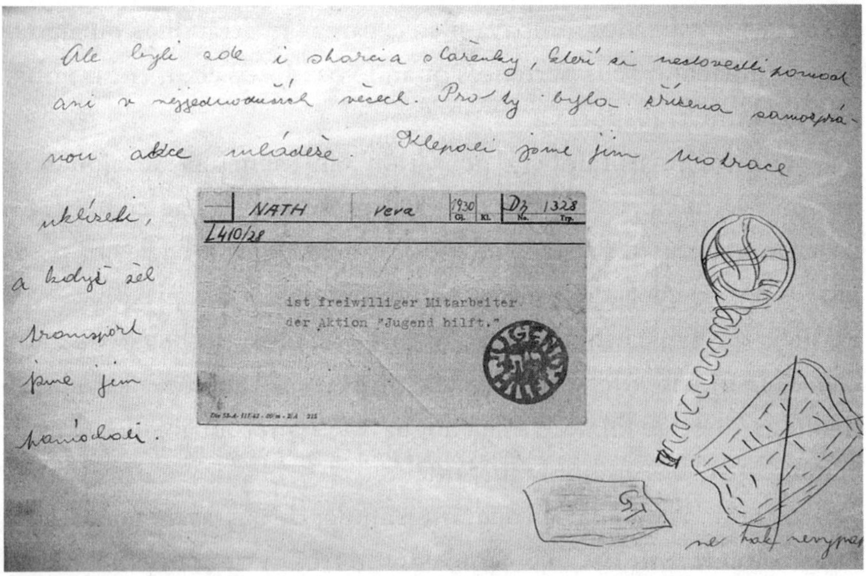

Identificação da Organização da juventude *Jad tomeched*; "A mão que ajuda" apoiava e ajudava os idosos em suas atividades.

Prestar ajuda a seus semelhantes é uma das características que distingue Flaška das demais. Talvez seja um legado de sua mãe, para a qual a educação dos filhos no espírito do humanismo iluminista era a tarefa mais importante. Sobre esse assunto, Elizabeth Flachová chegou a escrever um livro intitulado *A questão mais importante da vida*. Até mesmo o presidente Tomáš G. Masaryk possuía um exemplar. A família soube disso através de uma carta de agradecimento, recebida pela mãe de Flaška, que foi guardada durante anos como um tesouro.

Contudo, isso explica somente parte da grande compaixão que Flaška sempre demonstrou por seus semelhantes. As amargas experiências de Flaška e das demais meninas explicam o restante. Se algumas tinham esperanças de que a vida no gueto de Theresienstadt, cercada de companheiras de infortúnio, seria melhor do que o pesadelo pelo qual passaram, nenhuma foi poupada da sensação dolorosa de que estavam completamente erradas. Assim, as condições de vida em Theresienstadt colaboraram para fortalecer o sentimento de comunidade e solidariedade, mesmo para uma menina de 11 anos de idade. Quando Flaška, que havia sido internada no hospital logo após sua chegada, finalmente recebeu alta, foi correndo visitar seu pai e seu irmão no Quartel Hohenelbe. Helga não queria ir de mãos vazias. "Eu fiquei feliz por ter um presente para levar: um pedaço de pão, que eu havia guardado especialmente para eles."

Às vezes, a sorte resumia-se a coisas simples. A desgraça era bem diferente. A avó de Flaška, Ottilie, morreu em fevereiro de 1942. Os idosos não tinham nenhuma chance. Morriam de fome ou vitimados por doenças. Milhares de idosos morreram dessa forma em Theresienstadt.

Anna Flachová.

Anna Flachová, chamada de Flaška, nasceu em 26 de novembro de 1930, como a filha mais nova de Leo e Elisabeth Flach, nome de solteira Kober, em Polsky Tešin (hoje Cieszyn), uma cidade na fronteira polonesa-tcheca. Quando Anna tinha 1 ano de idade, a família mudou para Český Tešin e, logo depois, para Ostrava.

Em fevereiro de 1937, a família mudou para Brno, na Adlergasse 13, onde o pai de Flaška abriu uma loja atacadista de zíperes. Em Brno, Flaška teve sua primeira aula de piano e, junto a sua irmã

Alice, frequentou a renomada escola de balé de Ivo Váňa-Psota. Um ano mais tarde, Flaška teve sua primeira aula de canto, com um dos maiores mestres de canto, o professor Sigmund Auspitzer, que havia sido o professor de Maria Jeritza, a renomada estrela da Ópera de Brno. Era o ano de 1939. Os alemães já haviam tomado Brno e a loja de Leo Flach estava sob a supervisão de dois "administradores arianos". "Meu pai trabalhava, enquanto os alemães o controlavam e ainda recebiam dinheiro para isso. Éramos obrigados a tolerá-los em nosso apartamento. Desde então, as hostilidades aumentaram." Em agosto de 1949, sua irmã Irena, com a ajuda da Juventude Alija, conseguiu um lugar num transporte ilegal de navio para a Palestina. "Espero encontrá-la logo e em segurança", escreveu Irena como despedida em seu caderno de recordação. "Por enquanto: desejo tudo de bom. E, principalmente: continue cantando, pois a sua voz é o seu único bem."[14]

Flaška estava cada vez menos empenhada em cantar. Um acontecimento desagradável seguia o outro. Certa vez, quando eram obrigados a usar a estrela amarela, uma mulher parou à sua frente, apontou para suas botas novas de feltro branco, que Flaška havia acabado de ganhar de sua mãe, e gritou: "Sua porca judia, me dê estas botas. Pessoas como você estão proibidas de usar essas botas!" "Isso foi horrível, eu me lembro até hoje. Depois disso, passei a ter medo de usar as botas. Mas fazia frio e eu não tinha outras."

Em outra ocasião, dois alemães uniformizados passaram por Flaška, que percebeu quando um deles apontou para ela e disse: "Que menina bonita. Pena que é judia." Flaška ficou muito chocada. "O que há de mal em ser judia? Hoje, quando penso nisso, ainda sinto o amargor que senti naquela época. O mesmo acontece quando ouço comentários antissemitas. Isso me fere profundamente. Este ódio e as humilhações aos quais fomos expostos, sem motivo ou razão, me ferem mais do que a fome, as restrições e proibições sofridas. Eles permanecem por toda a vida.

O ano novo judaico, o Rosch Hashaná, chegou. As pessoas tinham receio de ir à sinagoga. A ansiedade e o medo ditaram as palavras proferidas para os frequentadores da sinagoga naquele dia de setembro de 1941: "mantenham um comportamento calmo, contido e sem alarde". Se dependesse da comunidade judaica, teriam distribuído mantos de invisibilidade para os fiéis em vez de recomendações de discrição durante as orações.

O dia 26 de novembro de 1941 chegou e, com ele, o 11º aniversário de Flaška. No mesmo dia chegou o convite para "Comparecimento para o transporte". "Esse foi meu presente de aniversário! Eu ainda posso ver meu pai, com os olhos cheios de lágrimas. Foi a primeira vez que o vi chorar." Três dias depois, a família se dirigiu ao local de encontro para o transporte. Foi o primeiro transporte de famílias que partiu de Brno. Sua chegada a Theresienstadt ocorreu no dia 2 de dezembro de 1941. Flaška foi uma das primeiras crianças a viver no gueto.

Quinta-feira, 25 de março de 1943

Estou me dando bem com as meninas. Agora fazemos reuniões sem a presença da cuidadora. Estamos empenhadas para entrar em contato com os "noves", os meninos do Abrigo 9 em L 417. Nós também desejamos que algumas coisas mudem no nosso Abrigo, pois atualmente tudo aqui está muito difícil e nada amigável. Estamos trabalhando para criar uma espécie de uniforme – camisas brancas com emblemas azuis, saias azuis pregueadas e uma boina preta. Todos os dias vamos até a fortaleza, jogamos queimada e fazemos competições. Formamos uma fila para ir para casa, uma atrás da outra, as meninas menores na frente. E cantamos ao andar. Lea continua na mesma. Seu caso é muito grave. Quando cheguei ao Abrigo, pesava 51 kg e meio. Agora peso 46 quilos. Papai perdeu sete quilos.

Segunda-feira, 29 de março de 1943

Nos últimos dias não aconteceu nada de especial. O tempo estava péssimo. Nós brincamos de cidade e país (um jogo no qual é preciso escrever nomes de cidades e países que comecem com determinada letra do alfabeto) e cantamos. Temos uma nova professora de inglês. Ela é muito simpática. Eu já encontrei uma camisa branca para usar com o uniforme.

Terça-feira, 30 de março de 1943

Hoje é o primeiro dia de funcionamento da cozinha das crianças. Ela esteve fechada por cerca de um mês em decorrência da febre tifoide. A comida é muito melhor. No almoço de hoje tivemos uma sopa de batatas com pão e macarrão, e para o jantar um pãozinho doce, 20g de margarina e café preto. A comida estava gostosa, mas era muito pouco. O almoço de papai foi sopa de lentilhas e batatas, e à noite foi sopa novamente. Eu sou uma tonta! Estou sempre escrevendo sobre comida.

Há um tempo, festejamos o aniversário de Maria Mühlstein. Sua mãe cozinha mingau para as crianças doentes e, quando necessário, fornece comida adicional para as crianças do abrigo. Agora descreverei a festa de aniversário. Para as condições de Theresienstadt, a festa foi muito bonita. Maria ganhou muitos presentes. Eu a presenteei com lápis de cor. A sra. Mühlstein fez um bolo de aveia com cobertura de café, recheado com geleia. Para acompanhar, bebemos leite achocolatado. Imagine só isso: leite achocolatado para 40 pessoas!

Quarta-feira, 31 de março de 1943

Já se passaram quatro anos desde que mamãe viajou para a Inglaterra, e já passaram quatro anos e meio desde que a vi pela última vez. Provavelmente ainda vai demorar muito para que eu possa vê-la novamente. No momento, temos somente uma esperança: a de que cada dia que passa nos aproxima do fim da guerra.

Além da pneumonia, Lea também apresenta uma pleurisia. Eles a puncionam diariamente. Os médicos já não têm mais esperanças. Eu acredito e tenho esperança que Deus não vai permitir que uma criaturinha inocente como ela morra.

Lea com sua mãe Trude Stein, a prima de Helga, antes de sua deportação para Theresienstadt. Lea, nascida em 10.12.1941, tinha somente 1 ano de idade ao chegar a Theresienstadt.

Como atenuar a tristeza que cada uma das meninas trazia dentro de si? Como reagir frente a seus medos, como responder a suas perguntas? Como garantir uma convivência pacífica em uma comunidade de 25 a 30 meninas, convivendo em um espaço tão pequeno?

Somente poucas eram capazes de viver de acordo com as condições reinantes. O sofrimento diário de cada uma já fornecia motivos suficientes para reclamar – do ar ruim do ambiente, da falta de espaço, da pouca comida, do barulho excessivo. Algumas já reagiam com agressividade quando a menina do beliche de cima colocava um pé no estrado. E a bagunça constante, onde quer que você olhasse! Mas seria mesmo possível manter uma ordem nesse lugar apertado e cheio?

Tella, pelo menos, exigia isso. E, de vez em quando, castigava duramente quem desobedecia as regras.

"Uma vez, Tella encontrou um pente cheio de cabelos, uma calcinha suja e uma escova de dentes na tigela de comida de Lenka. Tella ficou com tanta raiva que puniu todas as meninas do quarto", lembra Judith. "O castigo consistiu em proibir a saída de todo mundo, não permitindo que visitássemos ninguém, nem mesmo nossos pais."

Essas medidas não eram lá muito eficazes. Judith não deixou de visitar seu pai e sua mãe. Ela simplesmente não aceitava que Tella castigasse todas só porque Lenka não tinha deixado suas coisas em ordem.

Lenka também não se deixou impressionar com tais castigos. Era uma menina extremamente inteligente, com um temperamento caprichoso e rebelde. Lenka sempre procurava julgar as coisas a seu modo, avaliando tudo por vários ângulos. Com isso, ela frequentemente se posicionava contra tudo o que achava ser ultrapassado – tal como a postura intransigente de Tella sobre temas como ordem e arrumação. Lenka era, de longe, a menina mais desordeira do Quarto 28.

Mesmo assim, Lenka era uma garota muito apreciada por todos, inclusive por Tella. "Lenka era muito inteligente e madura para a sua idade, e tinha muita imaginação – uma personalidade marcante, um caráter especial", descrevem suas colegas. "Nós a admirávamos e gostávamos muito dela. Ela irradiava uma força interior."

Lenka não era a única que tinha problemas com a severa cuidadora. Até hoje, Marianne Deutsch ainda tem pesadelos ao se lembrar de Tella.

Marianne Deutsch.

Marianne vinha de uma família abastada de Olmütz, no norte da Morávia. Durante os 10 primeiros anos de sua vida, o mundo ainda estava em ordem. "Eu tinha tudo aquilo que precisava", diria ela mais tarde. E, o mais importante: ela tinha "Memme", Emma Fischer, sua babá, a quem amava acima de tudo. Emma morou com eles até a deportação da família em junho de 1942. "Memme quase se converteu à religião judaica para poder ir conosco para Theresienstadt.

Ela xingou muito o *Führer* e, por conta disso, quase foi presa." A despedida de Memme foi difícil. "Foi pior do que ser obrigada a deixar meus pais. No momento da separação derramei as lágrimas mais amargas da minha vida."

Marianne sentia muita falta de Memme. Cada pacotinho enviado pela babá (e ela mandava muitos pacotes) desencadeava uma saudade imensa, apesar da alegria ao receber o embrulho. Essa saudade deixava Marianne revoltada com seu destino. Para ela, a integração na comunidade do Quarto 28 não era fácil, principalmente sob o comando duro e rigoroso de Tella.

"Se não fosse a Tella, eu certamente teria gostado um pouco mais do Quarto 28. As outras cuidadoras eram muito queridas. As noites em que elas dormiam no nosso quarto eram maravilhosas. Tella, no entanto, estragou o tempo que passamos ali. Ou você me aceita como eu sou, ou me deixa de lado." Aparentemente Tella a deixou de lado.

As coisas eram diferentes com Handa, embora ela fosse bastante semelhante a Lenka em termos de arrumação e ordem. Na pequena prateleira fixada à parede, o único lugar onde era possível colocar alguns objetos pessoais, Handa fazia tanta bagunça que, às vezes, até sua vizinha, Eva Landová, brigava com ela, o que de nada adiantava. Ordem não era o ponto forte de Handa, que achava Tella muito maluca no que dizia respeito a este tema. "Os vestidos deviam ser cuidadosamente pendurados atrás da cortina e os sapatos tinham que ficar alinhados uns ao lado dos outros, como soldados. Tínhamos uma sapateira debaixo da janela, mas ali sempre reinava uma grande bagunça. Os chinelos deviam ficar debaixo dos respectivos beliches, aos pares."

Um dia, aconteceu o seguinte: debaixo de um dos beliches foi encontrado um único chinelo abandonado. Era um chinelo velho e muito gasto, e seu par não foi encontrado, embora as crianças e Tella o procurassem com empenho. O chinelo continuou desaparecido. Para Tella, o chinelo perdido foi motivo de raiva.

Para Handa e sua amiga Fiška, no entanto, o desaparecimento do chinelo foi um grande estímulo. As meninas, inspiradas, escreveram uma pequena peça de teatro chamada "Trikena". No papel principal, um único chinelo velho e despedaçado:

Um dia, um velho chinelo desparelhado apareceu debaixo de um dos beliches. Seu nome era Trikena. E todos os outros sapatos, os sapatos bons, zombaram de Trikena, pois ele estava sozinho e tão rasgado que ninguém queria usá-lo. Depois de algum tempo, Trikena morreu. Velho, cansado e abandonado.

De repente, todos passaram a ter pena de Trikena, e os outros sapatos vieram correndo e lamentavam por terem sido tão maus com ele. Os sapatos se perguntavam: "O que podemos fazer para ressuscitá-lo? Nós fomos maus ao zombar dele e humilhá-lo". E ficaram ali, suspirando, pareciam um coral de uma antiga tragédia grega.

As meninas riram muito com a peça do teatro de marionetes apresentada por Handa e Fiška, na qual os sapatos eram os protagonistas. A pequena peça de teatro pode ser lida no caderninho de anotações de Handa. Esse caderninho havia sido um presente de Piňta Mühlstein, por ocasião do 11º aniversário de Handa, em 4 de novembro de 1942, e recebeu o nome de "*Všechno*", que significa "Miscelânea". E, de fato, Handa anotava nele de tudo um pouco: notas de sala de aula, fórmulas matemáticas, poesias, esboços de histórias e peças teatrais, desenhos e rabiscos.

Apresentações como "Trikena" ou a comédia sobre duas solteironas "Amalka e Posinka", escrita e apresentada por Flaška e Lenka, faziam parte daquelas intervenções paradoxais, apreciadas até mesmo pela severa Tella. Afinal, por um período, as crianças distraíam-se da seriedade e da miséria de sua existência como prisioneiras. Que motivo poderia ter uma educadora para não gostar disso?

A tarefa da educadora era como andar na corda bamba, num equilíbrio constante entre o rigor e a punição, a compaixão e a tolerância. Algumas, como Tella, pertenciam ao grupo das educadoras severas e ciosas de seus preceitos morais. Outros, como Laura Šimko, Lili ou, mais tarde, Rita Böhm e Eva Eckstein, apostavam na empatia e na criatividade. Quanto ao objetivo, todos eram unânimes. Todas queriam, como disse a diretora do Abrigo para Meninas, "criar uma base de harmonia e equilíbrio para a criança. Essa base é a fonte de energia que capacita a criança a lidar com os desafios do mundo exterior, um mundo difícil e cheio de mudanças e que também afetará nossas crianças judias".[15]

Eva Weiss contribuiu, a seu modo, com esse objetivo. Seu amor por aforismos e ditados a levou a desenvolver um programa pedagógico-artístico próprio. Sempre que ouvia uma palavra inteligente, ou quando descobria um ditado espirituoso, anotava tudo em uma folha de papel, fazia um desenho correspondente e a pregava na parede. O quarto 104 do Quartel Hamburgo já estava repleto de folhas com desenhos e ditados de Eva. Então, ela passou a decorar o Quarto 28. "*Quidquid agis, prudenter agas et respice finem*" – "Tudo o que fizer, faça bem e preveja o final" – estava escrito em uma folha e "*O si tacuisses, philosophus mansisses*" – "Se você tivesse se calado, continuaria sendo um filósofo!" estava escrito em outra. Entre tantos ditados, havia também uma citação de Kipling: "Se você for a nocaute cem vezes, e levantar cem vezes para continuar lutando, em seu escudo deveria estar escrito 'Herói da Vida'".

No início, os ditados eram dirigidos para o público em geral. Até que Eva teve a ideia de que cada menina devia escolher seu próprio ditado. Assim, em cada beliche havia uma folha pendurada, com um ditado e um desenho correspondente. No beliche de Eva Landová estava pendurada uma folha com uma carinha sorridente e, ao lado, estava escrito: "Não importa o que houver, mantenha sempre a sua alegria". Flaška e Zajiček tinham decidido algo juntas: em suas folhas desenharam uma casinha e, ao lado, escreveram duas palavras estranhas – *Vlajici taška* – Bolsa voadora. Na verdade, as palavras eram formadas pelas letras que compunham seus nomes, uma invenção de Flaška, que tinha uma tendência para brincadeiras um tanto bizarras.

Uma paleta de pintura enfeitava a folha de Ela Stein. Na folha de Helga havia um farol com os dizeres: "Você é capaz, se quiser. Portanto, domine a sua vontade! Esteja sempre pronta".

Helga escreveu em seu diário: "Segundo as meninas, o farol poderia ser a esperança. Mas eu imagino que todas nós estamos à mercê da tempestade. Ao nosso redor, o mar bravio – a guerra".

Eva Weiss, com sua jovialidade e frescor, era o contraponto ideal para Tella, sempre severa e atenta à disciplina. Sua interação talvez tenha possibilitado o cumprimento das regras estabelecidas por Gonda Redlich, o chefe da *Jugenfürsorge*, para serem seguidas por sua equipe: "Aqui, mais do que nunca, é necessário agir com amor verdadeiro e entusiasmo, sentimentos muito mais difíceis de desenvolver sob condições de vida tão adversas. Mais do que nunca, é necessário que a capacidade criativa do cuidador não seja abafada pelas letras mortas de regras estabelecidas e, por outro lado, o cuidador deve desempenhar o papel de um colaborador disciplinado sempre que necessário, sendo o melhor exemplo para as crianças e adultos, sempre capaz de ganhar a confiança das crianças".[16]

Sexta-feira, 2 de abril de 1943

O dia de hoje é um dia de alegria. Os alemães estão sofrendo grandes baixas. Hoje à tarde, mudei para outro beliche, ao lado de Ela Stein. Estou feliz, pois tinha uma vizinha desagradável, que me xingava sempre que eu invadia alguns centímetros de sua cama. O tio e a mãe de Ela são de Kyjov, e seu tio dorme ao lado de papai. Ontem fizemos nossa primeira reunião usando uniformes. Como a vida aqui no Abrigo muitas vezes é horrível, estamos fazendo um recomeço, ou seja, fazemos de conta que acabamos de chegar. Teremos algo semelhante a um Parlamento. As cuidadoras são os ministros, depois temos os deputados, divididos em duas classes. A segunda classe, como se fosse o Unterhaus, *e a primeira classe, como se fosse o* Oberhaus, *representam o* "Ma'agal".

No Ma'agal *estão as meninas mais corteses, amistosas e esforçadas: as meninas que podem servir de exemplo para as demais. O restante é o povo. As meninas que atingiram 15 pontos, ou as meninas que foram votadas, vão para a segunda classe. Haverá votações mensais. Aquela que for eleita duas vezes vai para a primeira classe. O* Ma'agal *decide juntamente com as cuidadoras. O nosso lema é: "*Věříš mi – věřím ti, víš a vím, buď jak buď, nezradíš – nezradím*" - "Você confia em mim, eu confio em você. Você sabe o que eu sei. Não importa o que acontecer. Você não me trairá. E eu não trairei você.*

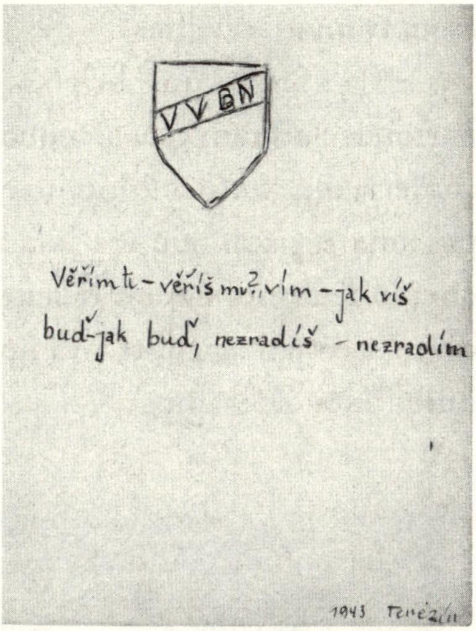

O lema do *Ma'agal* nas páginas do diário.

A ideia do "*Ma'agal*" foi uma daquelas inspirações que, uma vez conscientizada, se acende e irradia um brilho intenso, desenvolvendo uma dinâmica inesperada. É como se o *Ma'agal* libertasse um potencial que existia de forma difusa, como se lhe desse forma e objetivo, alterando, assim, a atmosfera reinante no pequeno mundo do Quarto 28. De um dia para o outro havia ali algo novo, como se, durante a noite, houvesse desabrochado uma flor. Em hebraico, "*Ma'agal*" quer dizer "Círculo" e, metaforicamente, significa "Perfeição". E as meninas ansiavam pela perfeição. As meninas decidiram estar sempre prontas para ajudar e ser atenciosas. Simbolicamente, isso era representado pelo *Ma'agal*.

Com a sua criação, inspirada pelas cuidadoras, foram associadas muitas esperanças. As cuidadoras viam no *Ma'agal* uma oportunidade para melhorar a disciplina e a vibração reinante no Quarto 28. Algumas das meninas talvez tenham associado a criação do *Ma'agal* com uma certa valorização do Abrigo e, com isso, de sua própria pessoa. Outras, por sua vez, estavam convencidas de que o

Ma'agal aumentaria a consciência de comunidade e solidariedade entre elas, como aconteceu no Abrigo 1, sobre o qual elas sempre escutavam maravilhas.

Os garotos do Abrigo 1, em L 417, inventaram algo extraordinário: declararam que seu quarto era a "República Skid", o que lhes conferia um *status* autônomo e democrático. E mais: passaram a editar uma revista, que era lida todas as sextas-feiras à noite em um círculo fechado, para o deleite de seus membros e, por vezes, para divertir os participantes. O nome da revista era "Vedem", o que significa "Nós lideramos".[17]

"Paisagem lunar" de Peter Ginz (1928-1944). O desenho, segundo sua irmã Eva Ginz, foi feito ainda em Praga, antes de sua deportação, em outubro de 1942. Numerosos outros documentos do "Vedem" testemunham os talentos desse garoto, que amadureceram atrás dos muros do gueto, e seu espírito inquebrantável. Para Ilan Ramon, Peter Ginz foi o "símbolo de todos os talentos perdidos no Holocausto".

Na verdade, o Abrigo 1, dirigido por Walter Eisinger, abrigava talentos excepcionais, encabeçados por Hanuš Hachenburg e Peter Ginz, o editor de "Vedem". Mais de meio século depois, em 16 de janeiro de 2003, o astronauta israelense Ilam Ramon levou consigo um dos desenhos de Peter Ginz em seu voo com a nave espacial americana Columbia. Ramon comentou sua decisão dizendo: "Eu sinto que meu voo é a realização de um sonho de Peter Ginz, de 58 anos atrás. Esse sonho reflete a grandeza psicológica de um garoto, preso atrás dos muros de um gueto, muros que não foram capazes de derrotar o seu espírito". Ilan Ramon não retornou de seu voo espacial: morreu em 1º de fevereiro de 2003, junto com outros seis astronautas, quando a nave espacial explodiu durante a aterrissagem.

Meu país

Meu país, que eu carrego no coração
Para mim, só para mim!
Tecido com os fios da beleza
Sonho eternamente, só você

Agora só posso acariciá-lo
Sinto-o todo o tempo
Este país não é terrestre
Está em mim e ao mesmo tempo tão distante

O meu país está no céu, nas estrelas
O meu país é o universo das aves
Posso senti-lo e choro
De saudades, onde quer que eu esteja

Mas um dia voarei para longe
Liberto dos grilhões do corpo
Em direção à liberdade, para ver
O meu país como um todo

Meu país ainda é pequeno
Acessível apenas em sonhos
Que me envolvem tão suavemente
Nesse quarto horrível

Um dia chegarei ao país
E lá ficarei de uma vez por todas
Lá, onde mora o meu desejo
Onde não existe o "eu" e nenhum tormento

Hanuš Hachenburg (1929–1944)

Piňta Mühlstein, irmão de Maria Mühlstein e grande amigo de Handa Pollak, também morava no Abrigo 1. Às vezes, era ele quem informava as meninas sobre os feitos literários e jornalísticos dos autores do "Vedem", ou recitava os poemas do jovem Hanuš Hachenburg. Seus poemas fazem parte do que restou de mais comovente sobre as crianças do gueto.

Os garotos do Abrigo 9 também passaram a apresentar sinais semelhantes. Esses garotos, entre eles Honza Gelbkopf e Kurt Dreschsler, tinham a mesma idade das meninas do Quarto 28. Às vezes, faziam ginástica e brincavam juntos na *Bastei* (um campo de esportes), uma pequena área verde às margens do gueto. Foi ali que nasceram algumas amizades, às vezes acompanhadas de delicados sentimentos amorosos.

Pouco tempo depois, cresceu o desejo de realizar esses encontros esporádicos com maior regularidade, talvez dando origem a uma verdadeira "parceria", uma vez que as meninas tinham as mesmas "ambições artísticas" dos garotos.

"Vamos tentar fazer isso", disse a bela Licka Mautner, a cuidadora dos garotos, em sua visita ao Quarto 28, na noite de 26 de março. Tentariam fazer com que o grupo do 9 e o grupo do 28 pudesse encontrar-se diariamente na *Bastei* para praticar esportes, jogos e competições. Além disso, tentariam promover encontros nos Abrigos. Para algumas das meninas, o que era um sonho tornou-se realidade. Outras permaneceram impassíveis, para não dizer céticas. Assim foi com Helga, que escreveu em seu diário: "Licka acaba de nos contar como tudo é bonito no alojamento dos garotos. Contou que eles montaram um clube, escrevem um jornal e são uma comunidade muito unida. Em seguida, as meninas começaram a discutir. Às quinze para as oito da noite, Licka foi embora. E certamente ficou pensando: Estas meninas só servem para estragar os rapazes".

Uma coisa ficou clara – no Quarto 28 tudo deveria mudar. Sem brigas, sem discussões, só restando o convívio. O que poderia incentivar mais esse anseio do que o *Ma'agal*?

A metamorfose desencadeada por essa ideia já podia ser observada na semana seguinte. Em 1º de abril, foi feita a primeira sessão solene. Todas as meninas trajavam seu novo uniforme azul e branco. Nas camisas haviam sido bordadas as iniciais VVBN – "*Věříš mi – věřím ti, víš a vím, buď jak buď, nezradíš – nezradím*".

A partir de então, essas palavras passaram a ser o lema das meninas do Quarto 28. Mas as coisas não pararam por aí. As meninas criaram outro símbolo: uma flâmula feita com um tecido de linho, tingido de azul escuro, e sobre ele o símbolo do *Ma'agal* – um círculo branco, no qual havia duas mãos entrelaçadas. Essa flâmula enfeitou o Abrigo pela primeira vez naquele 1º de abril. Nesse dia foi feita a primeira eleição das representantes do *Ma'agal*, "o círculo da perfeição": Pavla Seiner e Eva Landová.

"Pavla Seiner foi a primeira a empenhar-se para que o nosso Abrigo se transformasse em um lar adequado", lembra-se Handa. "Pavla sempre tentou integrar na comunidade meninas como Zajiček, Olile e Marta Kende, que sempre estavam à margem do grupo. Mesmo quando jogávamos queimada, Pavla (que era uma ótima esportista) sempre procurou dar atenção a essas meninas, pois não queria que se sentissem como párias."

Eva Landová também foi condecorada por seu comportamento social exemplar. Eva era ordeira, ambiciosa e acatava as instruções das cuidadoras, e não somente porque gostava de morar no Abrigo. A coexistência no "coletivo" – (palavra que Eva escutou pela primeira vez em Theresienstadt) tinha para ela um sabor de aventura. Para Eva, esta coexistência era preferível a viver debaixo da tutela dos pais, tão atormentados com seus problemas. Sob este ponto de vista, Eva era uma exceção. Aceitava seu destino pelo lado otimista. Às vezes, parecia-lhe que convivia com "escoteiros". Talvez tenha sentido isso naquela noite, quando ela e Pavla foram eleitas para o *Ma'agal*. Na cerimônia de encerramento, as crianças cantaram o hino do Quarto 28. Ao som da melodia da canção popular tcheca: *"Ach padá, padá rosička"* (O orvalho cai) foram ouvidos pela primeira vez os versos escritos pelas meninas.

A flâmula das meninas do Quarto 28 com seu símbolo, o *Ma'agal*.

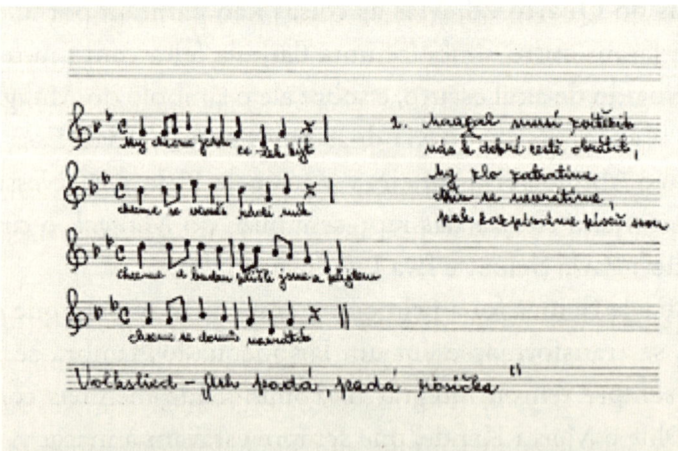

Hino do Ma´agal com partitura anotado por Anna Hanusová.

Nós queremos ser uma unidade
Nos amar e apoiar
Um dia chegamos aqui e queremos
E vamos com certeza
Voltar para casa

Lutaremos contra o mal
Para abrir nosso caminho para o bem
Afastaremos o mal
Para então voltar para casa
E cantaremos:

Ma'agal *vencerá*
E nos manterá no bom caminho
Dar-nos-emos as mãos
e cantaremos o hino
do nosso Abrigo.

Havia uma palavra mágica muito em voga, especialmente depois de acontecimentos como este: a palavra "*Naděje*", a esperança. Quando já era noite escura, na hora de dormir, quando as crianças já estavam deitadas em seus beliches, essa palavra iluminava as conversas vespertinas, como as estrelas iluminam o céu noturno. Essa palavra geralmente era sussurrada pelas meninas que compartilhavam o mesmo estrado, seguidas por aquelas que estavam no mesmo beliche e, finalmente, bastava uma palavra-chave para que ecoassem vozes de todos os lados. E aquilo que havia começado com um sussurro, se transformava em uma conversação cada vez mais vibrante.

"Quando eu voltar para casa" – "Quando a guerra terminar..." Assim começavam muitas das frases que, com novas roupagens, giravam ao redor do princípio mágico da esperança, como as variações de uma composição giram ao redor do *Leitmotiv*. "Quando derrotarmos os alemães, voltaremos a ser livres..." – quando isso acontecesse, Helga queria viajar para a Inglaterra, onde vivia sua mãe. Eva Winkler queria voltar para sua antiga casa em Misslitz. Judith Schwarzbart queria voltar para a casa de seus pais, com o grande jardim, situada em Brno-Jundrov. E Marianne Deutsch queria voltar para Olmütz, para ficar junto de sua babá Memme. Eva Landová, Lenka Lindt ou Pavla Seiner ficavam imaginando seu retorno a Praga, sua amada cidade. Zajiček e Eva Heller imaginavam o reencontro com seus pais em Erez Israel, a Terra Prometida. Todas tinham suas fantasias, seus sonhos, seus desejos. Frequentemente era possível ouvir Flaška e Helga recitando: "Sim, sim, sim", e parecia um grito de guerra: "Sim, sim, sim, *Konzervatoř*". "Sim, iremos para o Conservatório!" Até que a cuidadora alertava, mais uma vez, para que se fizesse silêncio. Então, os pensamentos das meninas continuavam livres para girar ao redor das experiências vividas e do que haviam ouvido, até que, finalmente, caíam no sono.

Após a criação do *Ma'agal* e a mudança para o estrado ao lado de Ela Stein, Helga iniciou uma nova etapa no Quarto 28. Helga gostava dessa menina com olhos escuros e cabelos pretos. Havia algo de fascinante que emanava dela, talvez por ser tão diferente de Helga: agitada, aventureira, falante e com muitos amigos. E sempre disposta quando se tratava de canto, pintura, dança ou mesmo quando o assunto eram os garotos.

Com frequência, ambas ficavam sentadas lado a lado, na sala de aula e nas horas livres, ou quando chovia e tinham que ficar no Abrigo, jogando "Cidade, País, Rio" ou "Telefone sem Fio" com as outras meninas. Helga passou a fazer parte do grupo. Sentia-se como parte da comunidade e estava disposta a fazer a sua parte.

"Tella acabou de comunicar as nossas notas", escreveu Helga em 11 de abril de 1943. "As minhas são as melhores. Se isso for verdade, e acredito que seja, passei por uma mudança radical. Já não sou a mesma menina de Kyjov. Minhas notas foram: Limpeza – excelente; Ordem – excelente; Comportamento – bom; Aprendizado – excelente."

O ensino diário era um dos mais fortes esteios no cotidiano do Quarto 28. Oficialmente, o estudo era chamado de "ocupação", pois o ensino havia sido proibido pela SS. No entanto, atividades ocupacionais, tais como canto, pintura, artesanato, dança, esporte e jogos, eram permitidas. "Basta que saibam contar até cem", disse um funcionário do Ministério Rosenberg, resumindo assim os pontos de vista de Hitler sobre o tema raça superior e judeus inferiores, formulando um princípio decisivo na política do Nacional Socialismo. "Todo indivíduo letrado é um inimigo potencial. Permitiremos que professem a sua religião como um meio para distraí-los. Receberão somente a comida necessária para sobreviver. Nós somos os senhores. Nós estamos em primeiro lugar."[18]

Por essa razão, o sistema educativo em toda a área de ocupação alemã era controlado. A autoadministração judaica precisava escapar desse controle para não trair seus objetivos e interesses pedagógicos. Para tanto, a administração judaica deixou-se guiar pelo princípio de que o potencial intelectual dos adultos deveria beneficiar a geração mais jovem, e a transmissão do conhecimento e da cultura e tradição judaica deveria ser uma das tarefas mais importantes no gueto. Nesse ponto, os representantes mais importantes da resistência tcheco-judaica no gueto (Jakob Edelstein, o engenheiro Otto Zucker, Dr. Leo Jannovitz, Gonda Redlich, Fredy Hirsch, o engenheiro Dr. Miloš Salus, Viktor Ullmann, para citar somente alguns) estavam de acordo. O importante era proteger e preservar a liberdade intelectual.

Foi assim que a situação específica em Theresienstadt, como resultado dessas considerações, levou à elaboração de sistemas educacionais e de ensino sofisticados. Willy Groag, o líder da juventude sionista e diretor do Abrigo para meninas desde o final do outono de 1943, descreveu a situação da seguinte maneira: "A maioria dos professores participa de organizações sionistas e, em segundo lugar, de organizações comunistas. Mas, como não podemos perder nenhuma oportunidade para estimular o desenvolvimento das crianças ou de seus talentos e interesses específicos, é claro que pessoas independentes também foram atraídas para o trabalho no campo educacional. Portanto, pedia-se que as pessoas recém-chegadas ao gueto e com potencial para tal entregassem seus currículos para a *Jugendfürsorge*. Essas pessoas, dependendo de sua qualificação e experiência pedagógica, eram então encaminhadas para lecionar no regime aberto ou para trabalhar como cuidadores ou professores em um dos Abrigos. Desse modo, a *Jugendfürsorge*, além de conseguir sionistas e comunistas dedicados, conseguia engajar personalidades extraordinárias de todas as áreas: mestres, professores, cientistas e artistas".[19]

De fato, as crianças tiveram a possibilidade de aprender mais do que crianças da mesma idade em Praga e Brno, pois uma escola primária tcheca não dispõe de professores tão altamente qualificados, artistas e mestres como os de Theresienstadt. Além do mais, o ensino era regulamentado em todo o "Protetorado", o conteúdo programático estava permeado de ideologias nazistas e muitos assuntos eram proibidos. Em Theresienstadt isso não ocorria. Embora as crianças estudassem às escondidas e as aulas ocorressem de modo completamente não sistemático e adaptado às possibilidades do momento, essas crianças aprendiam muito mais em determinadas matérias, além de aprender também assuntos que foram proibidos pelos alemães.

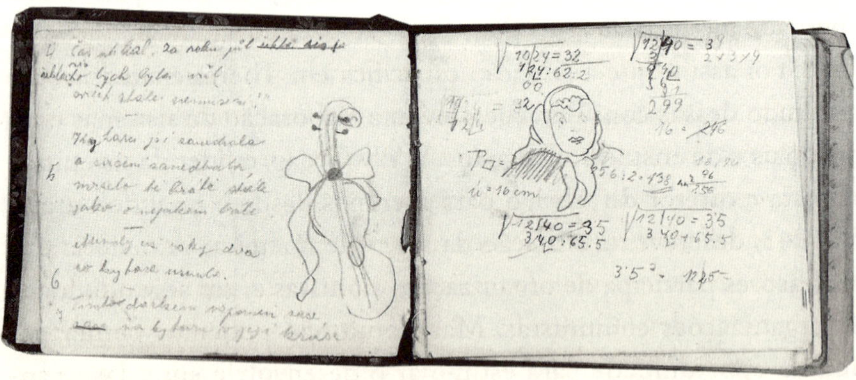

Rabiscos feitos durante as aulas, retirados do "*Všechno* ", o caderninho de anotações de Handa Pollak.

"No nosso quarto, fomos divididas em três grupos, A, B e C, dependendo do nosso nível de conhecimento e interesses", assim Handa Pollak define o sistema de ensino. "Tínhamos aulas todas as manhãs. Mas era tudo meio esquisito, pois a cada dia chegavam e partiam novos transportes. O mesmo acontecia com os professores: chegavam e partiam. Por exemplo, apareceu um professor de Inglês e logo passamos a ter aulas de Inglês. Pouco tempo depois, o professor foi obrigado a seguir em um dos transportes. Então, outro professor tinha que substituí-lo. O substituto não tinha conhecimentos de Inglês, mas sabia Matemática. Então, passávamos a ter aulas de matemática. Era assim que aprendíamos. Nunca foi possível seguir um plano de estudos fixo. Tudo era incerto. Os alunos também chegavam e partiam."

Magda e Edith Weiss ensinavam latim e tcheco, Kurt Haček, chamado de *Kartáček* (escovinha) pelas crianças, lecionava Iwrith (hebraico moderno). Durante algum tempo, as meninas tiveram uma professora de Inglês que se apresentou a elas como Mrs. Idis (que as crianças entenderam como "Missis Idis"). As meninas passaram a chamá-la de *Missisipidis*. Um outro professor de Iwrith logo passou a ser chamado de "*Schemihl Springer*", que em Iwrith significava: "Meu nome é Springer."

Durante certo tempo, as meninas tiveram aula de Matemática, que não era exatamente a matéria predileta de Handa, como podemos ler em seu caderninho de anotações. Nesse caderninho, além de fórmulas e símbolos matemáticos, vemos muitos rabiscos – pessoas, paisagens, animais. Handa gostava mais de Literatura Tcheca, Alemão, Desenho, História e Geografia.

Todas as meninas associam as matérias Desenho, História e Geografia com personalidades inesquecíveis. "Desenho, com Friedl-Dicker-Brandeis, Geografia e História, com Zdenka Brumliková", relata Handa. "Eu me lembro muito bem como ela nos contava histórias da mitologia grega e romana. Ficávamos sentadas à sua frente, com olhos arregalados e completamente fascinadas com suas narrativas. Ela era maravilhosa! O modo com o qual ela contava as histórias era tão fascinante! Por exemplo, a vida de Prometeu, de como ele queria levar o fogo como presente para os seres humanos. De como roubou o fogo do monte Olimpo. Mas é claro que os deuses descobriram o roubo, punindo-o severamente. Eles o amarraram a uma rocha, preso com correntes grossas, e enviaram aves selvagens para comer seu fígado. Mas o fígado sempre voltava a crescer depois que as aves o haviam comido, e elas sempre voltavam para comê-lo novamente. Eu me lembro até hoje das palavras de Zdenka ao nos contar a história." As crianças escutavam atentamente, não perdiam nenhuma de suas palavras.

A sra. Brumliková era pequena e esbelta, tinha sardas e cabelo curto e grisalho. O mais importante, ela manteve viva a lembrança de uma Tchecoslováquia livre ao nos contar as antigas lendas da Boêmia e Morávia, desenhando na mente das crianças a imagem de sua pátria tcheca – com suas fronteiras anteriores à guerra, suas cordilheiras, rios, cidades, as paisagens e suas características. As aulas da sra. Brumliková passavam voando.

Porém, mesmo nesse ambiente despreocupado, todas sabiam do perigo sempre à espreita. "Nós sempre tivemos medo, pois sabíamos que tudo era proibido e passível de punição. Se a SS descobrisse o ensino secreto, isso teria consequências graves, principalmente para os adultos responsáveis, e poderia significar até mesmo o transporte para a "Pequena Fortaleza". A simples menção deste nome (tratava-se da prisão da Gestapo fora do gueto) já propagava medo e terror.

As crianças sabiam como se comportar caso a SS aparecesse inesperadamente. "Assim que recebíamos o sinal de que os alemães se aproximavam de nosso Abrigo, recolhíamos rapidamente os papéis e lápis, e escondíamos tudo debaixo de nossos cobertores ou no sótão." E volta e meia davam o alarme: "os alemães estão chegando!" Ou "Controle da SS!", gritavam os que ficavam à espreita. As crianças, então, escondiam rapidamente todos os indícios de atividade intelectual – cadernos de anotação, provas, um ou outro livro – e passavam a desempenhar alguma atividade permitida. Esta, no Quarto 28, geralmente era o canto. Assim, quando a SS chegava ao piso térreo, onde ficava conversando com a diretora do Abrigo para Meninas ou espiava para dentro de um ou outro quarto, era possível ouvir as vozes das meninas que partiam do andar superior. Inicialmente, cantavam baixinho e, depois, cada vez mais alto, no tom, para superar o seu medo: "*Bejvávalo, bejvávalo, bejvávalo dobře ...*"" A vida era boa, era boa, era boa, quando éramos jovens e o mundo era uma flor – a vida era boa, era boa, era boa..." Às vezes, os alemães desciam até a canalização no pátio do Abrigo para Meninas. Depois, subiam as escadarias de pedra com suas botas pretas, fazendo um barulho que ecoava pelo corredor vazio. E, no andar de cima, no Quarto 28, as meninas ficavam sentadas sobre os estrados das camas, estarrecidas de medo. Ouviam vozes, passos, portas batendo. "Então, a porta se abriu, vimos o brilho rápido de uma lanterna e a porta foi fechada novamente. Eles não entraram no quarto."

Terça-feira, 6 de abril de 1943

No Abrigo, todos os dias são iguais, e mesmo assim passam rapidamente. Nem consigo acreditar que já estou aqui há três meses.

Amanhã o oficial mais importante da SS, Günther, fará uma visita ao campo. Nenhuma criança pode ficar na rua amanhã. Papai ainda não sabe disso, mas eu vou morrer de fome à noite. Hoje papai recebeu uma notificação sobre a chegada de um pacote, mas eu não posso buscá-lo. Mas tenho que dar um jeito, pois papai não pode carregar nada.

Quarta-feira, 7 de abril de 1943

Eu andei um pouco preocupada com papai. Mas venci a saudade, pois as outras crianças também não poderão ver seus pais. Tenho certeza de que papai vai vir me ver. E não fiquei entediada. De manhã, cantamos e uma cuidadora leu um trecho de Os caçadores de micróbios *para nós. Eu me lavei após o almoço e peguei um livro para ler:* Febre do ouro, *de F. Lloyd-Owen. Gostei do livro.*

Sábado, 10 de abril de 1943

Proibição de sair do alojamento. Ninguém pode sair à rua sem permissão e as crianças não recebem autorização. Isto pode durar dias, e até meses. Pensei que não veria papai tão cedo. Mas ele veio duas vezes. Mimi também veio e me trouxe algo para comer. Sinto-me como um pássaro preso na gaiola com outros pássaros. Não podemos nem mesmo sair do prédio. Também não podemos ver nossos pais. E tudo isso porque dois irmãos fugiram. Chegou uma menina nova, Emma Taub. Ela é chamada de Muška (mosquinha). Veio ontem de Praga, onde passou duas semanas em um orfanato. Ela é de Telč, no sul da Morávia. Emma é uma menina muito simpática e tem belas tranças grossas que chegam até a cintura.

Domingo, 11 de abril de 1943

Às vezes acredito que é bom mamãe não estar aqui. Outras vezes penso que preferia que ela estivesse aqui comigo. E aí penso que sou muito egoísta. Também fico com raiva por estar o tempo todo presa num só aposento. Que o diabo carregue a tal proibição de sair do alojamento!

Uma "visita importante" foi anunciada para o dia 7 de abril de 1943: a visita do *SS Sturmbahnführer* Hans Günther, que comandava o "Departamento Central para Imigração Judaica". Todos os prisioneiros, até mesmo as meninas do Quarto 28, sabiam que essa visita não prenunciava coisas boas. O *Sturmbahnführer* geralmente marchava pela cidade, acompanhado por uma horda de homens da SS, tendo a seu lado Siegfried Seidl, o comandante do campo, e Adolf Eichmann, o homem responsável por todas as deportações, o homem lotado no Departamento de Segurança do *Reich* em Berlim, o "*Judenreferent*" (consultor para assuntos judaicos) de Himmler. "Sempre que aparecia, tínhamos problemas", lembra-se a cuidadora Eva Weiss. "Sua visita geralmente era seguida de transportes de prisioneiros para o leste. E, durante sua visita, éramos proibidos de deixar os alojamentos e não podíamos sair para a rua." Os "homens de Eichmann" nunca apareciam sem motivo. Todos sabiam disso, em especial os membros do Conselho dos Anciãos, os mediadores involuntários entre os alemães e os moradores do gueto. O motivo das visitas ficava evidente a partir do momento em que se anunciavam novos transportes de prisioneiros. Porém, muitas das intenções dos nazistas revelavam-se lentamente. Ou tarde demais.

Eichmann esteve várias vezes em Theresienstadt. Sempre fazia uma parada ali, mesmo quando não era o responsável, declarou Eichmann em seu processo no início dos anos 1960. "Nós passávamos por ali. Era o trecho da autoestrada, quando íamos..."[20] Eichmann não completou a frase. Talvez para não revelar mais do que pretendia, caso tivesse citado todos os locais e campos de concentração que visitou e inspecionou como Encarregado Especial e Embaixador Secreto para questões como a "solução final das questões judaicas": Lublin, Chelmno, Litzmannstadt (Lódz), Auschwitz, Treblinka, Minsk, Lemberg (Kiev), Varsóvia...

Assim, em abril de 1943, circulavam somente boatos ou "*Bonkes*", como eram chamados no jargão dos prisioneiros. Uma mistura de informações captadas aqui e ali, mescladas com as esperanças e os medos dos prisioneiros, e que rondava o gueto, sempre com novas variações. As fontes de notícias eram escassas, mas existiam: um olhar furtivo nos relatórios do *front* do Comando Superior da *Wehrmacht*, publicados no "*Schwarze Korps*", o jornal da SS. Uma notícia ouvida no rádio do *Reich*, durante a limpeza das instalações dos alemães. A escuta secreta de emissoras de rádio de Moscou ou Londres, com receptores de rádios contrabandeados para dentro do Campo ou montados pelos prisioneiros e operados de forma ilegal. Uma troca de palavras com algum policial tcheco de boa índole. A convicção de que os alemães logo perderiam a guerra e que a libertação do gueto era somente uma questão de tempo fez com que os boatos se multiplicassem. Os boatos eram alimentados por notícias como o desembarque das tropas aliadas no norte da África, em novembro de 1942, e a derrota devastadora do 6º Exército em Stalingrado, em fevereiro de 1942. A calma relativa que reinava no gueto nos últimos dois meses também aumentou as esperanças de sobreviver à guerra em Theresienstadt. O último transporte saiu de Theresienstadt em 1º de fevereiro de 1943. Desde então, nada indicava que ocorreriam outros. Talvez porque os alemães soubessem que sua derrota estava selada?

E o que significava, então, esta "visita importante"? E qual era o motivo da proibição de sair dos alojamentos? "Eu vi Eichmann pela janela", lembra-se Eva Weiss. "Nós não podíamos sair do alojamento. Estávamos horrorizados. Qual o motivo de sua visita? Isso é bom ou ruim para nós?"

Os garotos do Abrigo A Q 609 tinham uma boa explicação para o ocorrido. No início de abril houve uma grande confusão no Abrigo. Em novembro de 1943, a quinta edição do jornal infantil "Kamarád" informou que: "Cinco de nossos garotos fugiram do gueto, sendo que três deles retornaram voluntariamente. Müller foi capturado e Belov conseguiu fugir com a sua irmã. Logo depois, os guardas (...) e a polícia criminalista veio até o Abrigo e virou tudo de cabeça para baixo, mas não encontrou nada que nos incriminasse. O gueto foi punido com um apagão e toque de recolher. A confinação ao alojamento durou dois meses, e as visitas dos pais também foram proibidas".[21]

Será que a fuga dos garotos foi a razão da visita dos oficiais de alto escalão da SS em Theresienstadt? Aos prisioneiros do gueto só restava especular sobre o fato. Na verdade, ninguém sabia o que os nazistas realmente pretendiam. Também não sabiam o que estava acontecendo no leste e o que ainda estava reservado para todos. Também não souberam das ordens dadas por Heinrich Himmler a seus oficiais em 19 de abril de 1943:

"Para mim, o mais importante continua sendo o fato de que o maior número possível de judeus seja transportado para o leste. Eu só quero ser informado mensalmente pela Polícia de Segurança sobre o número de judeus transportados e quantos judeus ainda permanecem aqui."[22]

Domingo, 11 de abril de 1943

A profissão dos meus sonhos é ser médica. Há anos penso somente nisso. Como é maravilhoso curar pessoas. Desde que li Os caçadores de micróbios *não quero ser outra coisa. Robert Koch é meu ídolo.*

Segunda-feira, 12 de abril de 1943

Se um dia eu for médica, quero ter um consultório em uma cidade pequena e uma mansão junto à floresta, com um laboratório onde passarei meu tempo livre pesquisando. Um lugar calmo e fresco na floresta, onde eu possa descansar.

Mas agora basta!!! Eu tenho uma imaginação muito fértil! Sou ingênua ao pensar no futuro. Eu só poderei pensar no futuro quando a guerra acabar e quando eu já não estiver em Theresienstadt. Espero que minha mãe tenha economizado dinheiro suficiente para que eu possa estudar. Só assim meus desejos se tornarão realidade. Ainda vou enlouquecer pensando somente em estudar Medicina. Penso nisso dia e noite, mas por hoje chega. Senão, vou acabar internada no manicômio, no quartel Hohenelbe. Hoje fiquei de guarda no portão das 6 às 6 e meia da manhã, para impedir que as crianças corressem para fora.

Sexta-feira, 16 de abril de 1943

Estou de cama há três dias. Estou muito resfriada.

Domingo, 18 de abril de 1943

Já se passaram três meses desde que compareci para o aquartelamento em Uherský Brod. Ontem recebi um pacotinho. Hoje é meu primeiro dia não acamada. Mimi me visita diariamente. Ontem ela me trouxe duas panquecas. Oba! Agora teremos duas semanas livres. Durante 14 dias poderemos brincar, dançar e nos divertir. Infelizmente ainda estamos proibidos de sair do alojamento e, por isso, não podemos ir à Bastei.

O que será que a SS está tramando? As crianças não faziam a menor ideia. Sentiam somente a insegurança que reinava no campo de concentração. E sentiam que os adultos também estavam perdidos com as suas conjecturas. Num lugar hermeticamente fechado como Theresienstadt, como seria possível descobrir fatos sobre o que acontecia fora dos muros do gueto? Como obter informações na imprensa estrangeira sobre o genocídio perpetrado pelos nazistas, se os alemães temiam publicações sobre suas operações sobre política externa e estavam decididos a camuflar cuidadosamente suas ações assassinas? Como saber que Theresienstadt iria desempenhar um papel decisivo nessa jogada propagandística?

As crianças nada sabiam sobre isso. Também não sabiam das incansáveis pesquisas e intervenções de personalidades como Gerhard M. Riegner, diretor do Escritório de Genebra do Congresso Judaico Mundial, Richard Lichtheim e Fritz Ullmann, da *Jewish Agency*, ou Saly Mayer do *American Jewish Joint Distribution Comittee*. Esses homens fizeram tudo o que estava ao seu alcance para informar o mundo ocidental, especialmente o presidente norte-americano Roosevelt e o primeiro-ministro britânico Churchill, sobre as atrocidades dos nazistas, fazendo com que atuassem imediatamente e de modo eficaz, opondo-se ao genocídio.

Com a mesma insistência repetiram suas exigências para o Comitê Internacional da Cruz Vermelha (CICV), para enviar seus representantes aos campos de concentração na Polônia e, especificamente, também para Theresienstadt. A Cruz Vermelha Internacional, no entanto, era muito relutante e reagiu lentamente à solicitação. Sobre esse fato, Gerhard M. Riegner escreveu mais tarde que o CICV, sob a direção do jurista suíço Max Huber, procedeu de modo "extremamente cuidadoso e legalista".[23] Por outro lado, os funcionários da Cruz Vermelha alemã também não eram exatamente aliados do CICV. Há muito tempo a Cruz Vermelha alemã havia passado a ser uma organização conformista, governada pelos nazistas e permeada da ideologia nazista, recusando-se a cooperar com seus parceiros internacionais, à medida que a situação foi piorando nos anos de 1941 a 1942.[24] Em Theresienstadt pouco se sabia de concreto sobre as atividades do grupo de resistência de Genebra, ao qual também pertencia Jaromir Kopecki, membro do governo tcheco no exílio em Londres e comandado por Jan Masaryk. As conjecturas de que a visita da SS talvez estivesse relacionada aos esforços dos amigos no exterior baseavam-se somente no desejo de que fosse verdade. O mesmo ocorria com a crença de que as deportações estavam suspensas porque os alemães contavam com sua derrota.

Na verdade, os líderes nazistas nem pensaram em suspender as deportações, muito menos em parar com os assassinatos em massa. Nem mesmo as grandes perdas militares, muito menos os relatos sobre os crimes dos alemães na imprensa estrangeira, os dissuadiam de sua meta. Ao contrário: os insucessos e a derrota iminente fomentaram o fanatismo e o empenho da SS para alcançar a "solução final" antes do término da guerra.

Paradoxalmente, os apelos insistentes a aliados, tais como o Escritório de Genebra, serviram para aumentar o campo de ação dos nazistas: os telegramas enviados em março de 1942 para Londres e para os Estados Unidos continham informações tão medonhas que ultrapassavam a capacidade de compreensão dos destinatários, sabotando assim a credibilidade das mensagens. Para os alemães, isto foi ótimo. Para eles, foi fácil rebater tais relatórios em público, afirmando que se tratava de propaganda do inimigo, levando ao emprego de um meio comprovadamente eficaz: a contrapropaganda.

A ideia da contrapropaganda já estava definida há muito tempo, como comprova um documento do Escritório Central de Segurança do *Reich*. Em fevereiro de 1943, quando Ernst Kaltenbrunner, o chefe do ECSR, solicitou a seu chefe Heinrich Himmler a permissão para deportar, inicialmente, 5.000 judeus para "reduzir o grupo de prisioneiros com mais de 60 anos de idade", este lhe comunicou através de seu secretário, em 16 de fevereiro: "O *Reichsführer* da SS não quer deportações de judeus de Theresienstadt para não perturbar a impressão de que os judeus, no gueto dos idosos em Theresienstadt, podem viver e morrer em paz".[25]

Quinta-feira, 22 de abril de 1943

Passei a noite toda com dor de ouvido e chorando. De manhã fui ao médico. Estou com otite média. Vou parar de escrever, pois estou com muita dor.

Sexta-feira, 23 de abril de 1943

Estou na enfermaria. Hoje pela manhã puncionaram meu tímpano. Doeu muito. Somos quatro nesse quarto. Tenho minha cama e sossego. Papai está muito resfriado e vai ficar dois a três dias sem me visitar.

Quinta-feira, 29 de abril de 1943

Continuo na enfermaria, o ouvido está vazando muito, mas a febre baixou. Estou lendo livros de contos de fada, emprestados por minha tia. Também brinco com a boneca de Trude. Durmo a maior parte do tempo. Meu outro ouvido começou a doer um pouco.

Terça-feira, 4 de maio

Hoje estou bem melhor. Ontem tiraram sangue de uma das veias e duas vezes do meu dedo. Hoje novamente. O dr. Stern me examinou e disse que eu talvez tenha tifo. Em uma semana devem chegar os resultados dos exames. Mas parece que, mesmo que eu tenha tifo, ele deve estar curado, pois minha febre baixou.

Papai recebeu um pacotinho, mas infelizmente sem frutas. Tenho vontade de chupar limões e laranjas. Há um ano que não como laranja e há um mês que não chupo um limão.

Estou acamada e lá fora tudo está tão lindo, tudo está florido. As meninas ainda estão em férias de Pessach. *A sra. Brumliková leu o livro* Os miseráveis, *de Victor Hugo, para as meninas. Logo virão colher mais sangue e eu vou gritar de raiva.*

Espero que a guerra acabe em um ano. Aqui as pessoas ficam inventando boatos políticos tão otimistas que deixam todos alegres. E quando descobrem a verdade ficam decepcionados. Tais notícias se espalham em Theresienstadt como fogo rasteiro.

Enquanto Helga estava na enfermaria, as meninas do Quarto 28 preparavam presentes para o dia das mães. Com uma lente de aumento, Ela pirogravou o emblema de Theresienstadt em um pedacinho de madeira, com o qual fez um pingente. Judith separava um pouco de seu pão doce a cada dia, para fazer uma "torta". Outras pintavam um quadro ou faziam cartões de felicitação.

Zajiček olhava para todas com muita tristeza. Em Theresienstadt ela não tinha ninguém, exceto Alex, seu irmão dois anos mais velho. Seus pais haviam fugido para a Palestina, deixando para trás duas crianças no Orfanato Judeu, em Brno. Isso ocorria com frequência. Muitas crianças judias acabavam indo para um orfanato, embora seus pais ainda estivessem vivos. Uma fuga ilegal para o exterior era perigosa demais com crianças. Assim, muitos pais optavam por deixar seus filhos aos cuidados do Orfanato Judeu, na esperança de poder buscá-los o mais breve possível, portando um "*Jugendzertifikat*" (autorização para viajar para a Palestina). Essa esperança, na maioria dos casos, foi em vão.

Zajiček tinha somente 12 anos de idade e sentia-se muito só. Ela, como tantas outras meninas de sua idade, estava naquela fase decisiva do desenvolvimento, na qual a figura materna é indispensável. "Embora Tella fosse muito severa", lembra-se Helga, "fiz o possível para que ela gostasse de mim. Eu tinha uma necessidade tremenda de afeto maternal. Minha mãe me fazia muita falta."

Na verdade, a saudade da mãe pode ser percebida em cada folha do diário de Helga. Em 9 de junho de 1943, Helga escreveu:

"Há dias meus pensamentos giram em torno de minha mamãe e me pergunto por que ela se divorciou de papai. Essa noite, enchi-me de

coragem e perguntei isso a papai. Ele respondeu que ainda é muito cedo para me contar o motivo do divórcio. Disse-me, porém, que a separação foi amigável e disso eu já sabia. Papai comprou um apartamento para mamãe após o divórcio e o mobiliou. Quando mamãe foi embora de Viena, papai lhe comprou um enxoval completo. Os dois também se correspondem com certa regularidade. Ele também me disse que a mamãe se preocupa muito comigo (mas nem de longe tanto quanto o papai, pois pessoas como ele existem poucas).

As pessoas que não sabem por que mamãe foi para a Inglaterra pensam que ela simplesmente me abandonou. Eu sei que mamãe queria que eu fosse para Kyjov, ficar com a minha tia, e papai também achou que seria melhor. Naquela época, Hitler ainda não estava na Tchecoslováquia. Mamãe seria a primeira a ir para a Inglaterra para preparar tudo. Eu seguiria mais tarde. Nesse meio tempo, a guerra começou. Eu chorei muito e papai também. Finalmente, papai disse: Depois da guerra você vai encontrar mamãe. Será melhor assim. Você vai aprender a se comportar como uma moça."

Lenka e sua mãe.

É a partir de tais utopias que se sai fortificado, assim como a partir de lembranças dos bons momentos. Como quando a mãe de Lenka comprou um violão velho. Essa talvez tenha sido a última vez em que Lenka viu sua mãe despreocupada e alegre. Caso contrário, será que ela teria presenteado a mãe com este poema para o dia das mães? Lenka deve ter conversado com sua amiga sobre os tempos felizes passados com a mãe. Essa conversa certamente deu origem ao poema, que foi preservado no livrinho de anotações de Handa.

Certa vez, entusiasmada pela música
Você comprou um velho violão
Só assim, por prazer

Você era muito esforçada
Amava seu velho violão
Depois ficou preguiçosa
E o som do violão desbotou

O tempo passou
E, depois de um ano
Você disse:
"Eu seria uma tola se continuasse praticando."

Você colocou seu violão em um canto
Já não queria mais tocá-lo
Como fazia, quando éramos felizes
E dançávamos

Dois anos se passaram
Desde então, que o violão
Caiu em sono profundo
E agora, com esse presente
Quero que você se lembre de seu velho violão

Como era bom
Quando você ainda gostava
De tocá-lo

Quando perguntaram a Horst Cohn, um garoto berlinense que chegou à Theresienstadt em maio de 1943: "Como você conseguiu sobreviver?", ele respondeu: "Porque mamãe e papai estavam lá. Na verdade, não podiam me ajudar. Mas só o fato de estarem presentes foi o suficiente para me sentir seguro". Era isso que faltava para meninas como Zajiček, Erika Stránská ou Muška, que não tinham a companhia dos pais em Theresienstadt. Eva Landová ainda se lembra de Muška, que parecia um anjo com suas tranças grossas no dia de seu aniversário de 13 anos. Uma parente foi visitá-la e levou-lhe um buquê de flores. Ao recebê-lo, Muška abraçou o buquê e chorou.

Essas meninas observavam melancolicamente suas companheiras, que preparavam presentes para o dia das mães. Então, Zajiček tomou uma decisão. Alguns meses depois, escreveu uma redação sobre o tema "O que lhe causou a maior impressão no Abrigo":

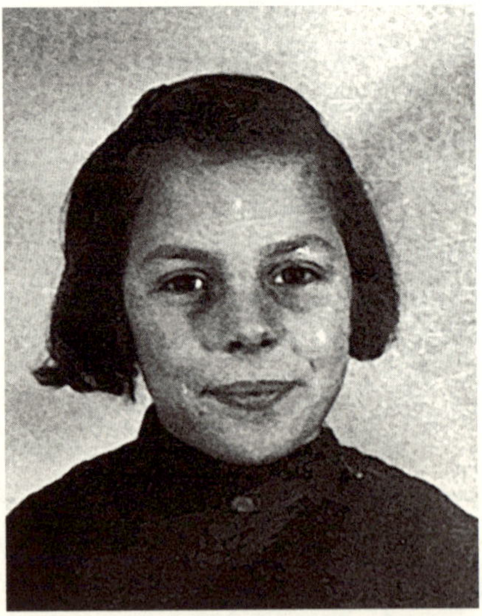

Zajiček – A "coelhinha": Ruth Schächter.

Era o Dia das Mães. As meninas prepararam presentes para suas mães e eu me senti muito esquisita. Eu pensei em, talvez, presentear alguém de quem eu gostasse como se fosse minha mãe. Alguém, por favor, pode substituir minha mãe? Tenho a sra. Mühlstein e Tella. Durante um ano e meio, ambas cuidaram de mim como se fossem minha mãe. Por que não ser grata a elas pelo seu empenho? Um dia quero ser como elas.

Fiz pequenos presentes. Quando vi a sra. Mühlstein sentada junto à mesa, tive um sentimento esquisito e fui andando em sua direção. Dei-lhe meu presente e um beijo. Depois saí correndo. Eu vi que a sra. Mühlstein ficou surpresa e feliz. Mas a minha alegria foi cem vezes maior do que a dela.

Depois procurei por Tella. Meu corpo todo tremia. Dei-lhe os parabéns e comecei a chorar. E, de repente, me senti muito bem. Jamais esquecerei o Dia das Mães em Theresienstadt.

Quarto 28
Ruth Schächter (Zajiček)
Meus pais vivem na Palestina."

Quinta-feira, 6 de maio de 1943

Theresienstadt é um lugar horrível, mais parece a Babilônia: alemães, austríacos, tchecos, holandeses, alguns dinamarqueses, franceses; conheço até mesmo uma finlandesa. Aqui temos arianos, judeus e os assim chamados "mestiços". Ao meu lado dormia uma menina, Antonia, maltratada pelo destino. Ela veio de Brno há três semanas. Seu pai é ariano, e a mãe judia. Antonia tem 14 anos de idade e foi batizada somente em 1939. Ela está aqui sozinha, tem pouca roupa e não se sente bem num ambiente judeu. Ela chora de saudades quase o dia todo. Seu pai a acompanhou até Praga. Sua despedida foi de partir o coração. Quem me contou isso foi outra "menina mestiça", que chegou aqui com Antonia.

A menina que dorme ao meu lado é mestiça. Seu pai, sua mãe e sua irmã também vivem aqui. A mãe, uma ariana, está aqui porque foi degradada. Aqui existem muitas crianças como Antonia. Algumas são ainda mais jovens. Aqui também temos uma menina de 10 anos de idade, que não tem mais ninguém além de um irmão, que não pode visitar desde a proibição de sair do alojamento.

Segunda-feira, 10 de maio de 1943

Já estou praticamente curada e hoje tive uma grande alegria. Lea, finalmente, está curada. Está começando a andar e seu sorriso se espalha pelo rosto. Lea chama meu pai de tio Otto. Lea ainda está com uma otite média, mas somente em um dos ouvidos. Eu estou pesando quarenta quilos. Atualmente, estamos em duas na enfermaria, mas minha com-

panheira de quarto deve ir embora em breve. Ela está com tifo e vai ser encaminhada para o hospital que atende casos de tifo.

Espero ver Lea em breve!

Vieram colher meu sangue mais duas vezes.

A sra. Brumliková veio me visitar duas vezes, embora esteja com fleimões no pé. Ela me trouxe o livro Os miseráveis *para ler. Um livro tão bom quanto esse é uma raridade em Theresienstadt. É o livro mais conhecido de Victor Hugo. Em alguns dias, as nossas meninas começam a trabalhar com jardinagem. Estou muito contente com isso. Tomara que eu logo esteja completamente curada.*

Era maio e a primavera estava em plena floração quando a proibição de deixar os alojamentos foi revogada. As crianças, finalmente, podiam sair, visitar seus pais e amigos, e brincar bastante na *Bastei*. Em 20 de maio, Helga deixou a enfermaria e voltou a participar das atividades de suas colegas. Muitas delas estavam trabalhando na lavoura para compensar a falta de exercícios e ar fresco, provocada pela proibição de sair dos alojamentos. Durante um tempo, Helga trabalhou no jardim administrado por seu primo Joši. Mas Helga ainda estava fraca demais para trabalhar por longos períodos.

A vida no gueto voltou ao seu ritmo normal. "Cada dia a mesma coisa. A vida não é chata, mas também não acontece nada de interessante sobre o que valesse a pena escrever", anotou Helga. "Como tudo o que passa na minha frente. Lea está falando e seus dentes molares nasceram."

As festas de aniversário, as apresentações ou as festinhas organizadas pelas crianças eram a única distração. Helga completou seu 13º aniversário no dia 28 de maio de 1943. A festinha foi feita no alojamento de Mimi. "Eu comecei a chorar e nem sabia o motivo. A festa foi muito bonita, prepararam uma mesinha para mim, cheia de presentes." Seu pai lhe deu uma correntinha com um pingente de prata com o emblema de Theresienstadt. Mimi lhe deu um bolo e um ramalhete de flores silvestres. Sua mãe enviou-lhe um cartão da

Inglaterra e Maria mandou um pacotinho. "Este era o décimo terceiro pacote mandado por Maria (biscoitos, pão de mel, geleia, banha de porco e guloseimas)."

Em junho, algumas das crianças assistiram à peça *A grande descoberta de George*, na "Casa Alemã". A peça era representada por adultos, com crianças ocupando os papéis principais. "Essa peça era tão boa que certamente faria sucesso até em Praga, num teatro público", escreveu Helga cheia de admiração ao descobrir que o autor e diretor da peça, Emil Holan, era na verdade seu estimado professor de Química e Física, dr. Emil Hoff.

Um sábado especialmente festivo ocorreu em junho de 1943, quando as meninas festejaram os aniversários de suas três cuidadoras (Tella, Eva Weiss e Laura Šimko). "Foi ótimo. As cuidadoras ficaram muito emocionadas", disse Helga. "Apresentamos uma peça de teatro: "O Rei Carmona e a Fada dos Eslavos". A peça tratava de um rei que roubou a coroa da liberdade dos tchecos, e de um menino que a recuperou das garras do Rei Carmona. Seguia-se uma pausa de dez minutos, durante a qual trocamos nossas roupas pelo uniforme. A maior (e melhor) entre as meninas, Pavla Seiner, segurou a nossa bandeira e, juntas, cantamos o nosso hino. O dia terminou no jardim, onde dançamos hora [dança típica do Leste Europeu] ao redor de nossa bandeira."

Para Lenka Lindt, essas comemorações na companhia de suas amigas significavam o que de melhor havia naqueles tempos sombrios. Em outubro, quando houve uma chamada geral para participar de um concurso de redação, Lenka escreveu as seguintes palavras:

"Jamais quero deixar nosso Abrigo, por nada neste mundo. Aqui no Abrigo existem tantas coisas sobre as quais eu não posso escrever, para não comprometê-lo. Aqui no Abrigo temos muitas festividades com pequenas comilanças. O Abrigo é a minha vida. Não sei o que faria se estivesse em casa, vivendo sozinha com minha mãe em um apartamento. Brr... Eu iria morar em qualquer Abrigo, mesmo se estivesse em casa.

E sempre me lembrarei do Quarto 28 e das meninas que nele viveram. Quando a senhora ler o que escrevi, certamente dirá: Lindt, eu pedi para você descrever suas mais fortes impressões sobre o Abrigo, e você está escrevendo tanta bobagem... Mas eu lhe digo, a experiência mais marcante em toda minha vida foi o dia no qual usamos nosso uniforme. E mais nada importa! Não me leve a mal."[26]

Judith Schwarzbart, de Brno, raramente participava dessas apresentações. "Na maior parte do tempo estive doente, às vezes na enfermaria, outras vezes no hospital e, muitas vezes, junto com meu pai. Ele morava com minha mãe em um galpão, inicialmente sobre as fortificações, onde cuidava de um jardim para a SS e, posteriormente, em uma choupana no jardim do Abrigo para meninas L 410. Eu sempre queria ficar perto dele. Eu idolatrava meu pai."

A família Schwarzbart havia chegado à Theresienstadt em março de 1942 e, logo depois, Julius Schwarzbart recebeu um pedaço de terra localizado sobre as fortificações, do qual devia cuidar. Lá, ele instalou sua primeira moradia, denominada "*Ubikation*"[27] em Theresienstadt, e construiu um casebre feito de ripas de madeira e juta para si e sua mulher. Sempre que podia, Judith ia encontrá-los, quando procurava consolo, quando estava doente ou quando melhorava de alguma doença mais grave. Judith passou por várias doenças: icterícia, escarlatina, tifo, encefalite. E, após cada doença, passava muitos dias na casa dos pais, onde era tratada e cuidada, até que estivesse forte novamente.

Para os pais de Judith deve ter sido penoso ver como sua filha, uma menina anteriormente despreocupada e alegre, tornou-se cada vez mais deprimida e triste, que só queria ficar com seus pais, passando por várias doenças graves.

Judith jamais se esquecerá do susto de sua mãe, quando lhe disse um dia: "Mamãe, sabe o que eu tenho muita vontade de comer? A sua sopa de abóbora." Imagine, sopa de abóbora! Quando criança, Judith odiava essa sopa que sua mãe (uma excelente cozinheira) considerava uma iguaria.

"Subitamente tudo ficou muito quieto. Lembro-me bem disso. Hoje eu sei que minha mãe deve ter ficado chocada. Naquele momento, minha mãe deve ter-se dado conta de tudo que me fazia falta e da fome que eu sentia, para lhe pedir uma sopa de abóbora."

Judith Schwarzbart: a foto foi feita em 1948, em Israel.

Judith Schwarzbart, nascida em 2 de março de 1939, em Brno, tinha um ano de idade quando se mudou com seus pais, Julius e Charlotte Schwarzbart, e seus irmãos Esther e Gideon, para Brno-Jundrov, nos arrabaldes da cidade. A família foi morar em uma grande casa na Mřtiková 13, com um jardim imenso junto à floresta. Judith amava o jardim acima de tudo. "Em nosso jardim havia muitas árvores", conta Judith hoje. "Lá havia uma grande variedade de frutas: cerejas brancas, pretas, amarelas ou cor-de-rosa, damascos e ameixas. Também havia uma fruta que não encontrei em lugar algum do mundo. Meu pai a chamava de *Mischpulle*. Era um fruto redondo, marrom, com um ou dois caroços, e não era muito grande. Esse fruto tinha um sabor maravilhoso, um pouco parecido com o sabor de mel. Também tínhamos groselhas, brancas, vermelhas e pretas. E todas as variedades de maçãs. Também tínhamos cães, gatos e até mesmo uma cabra. Era um verdadeiro Jardim do Éden. Maravilhoso!"

Para o pai de Judith, o terreno nas cercanias de Brno significava a realização de um sonho e, ao mesmo tempo, um lugar perfeito para praticar a jardinagem. Julius Schwarzbart era jardineiro amador, tinha um espírito inovador e era um inventor nato. Chegou a desenvolver tijolos especiais, que tinham uma propriedade de isolamento, tendo recebido uma patente em 1933. Durante alguns anos, esses blocos sustentaram a família do ponto de vista econômico. Os pais de Judith tinham uma orientação sionista e não religiosa, no sentido estrito. "Você não precisa ir a uma sinagoga para rezar", costumava dizer meu pai. "Se é que Deus existe, ele está em toda parte." Os feriados judaicos, no entanto, sempre foram celebrados solenemente na família, pois Julius e Charlotte Schwarzbart faziam questão de que os filhos tivessem a consciência da cultura e da tradição hebraicas. A mãe de Judith, natural de Viena, sempre criava um ambiente festivo e aproveitava a oportunidade para servir comidas deliciosas. "Ela era uma cozinheira maravilhosa. Uma artista. Sua comida era um sonho!"

Casa da família Schwarzbart nas cercanias de Brno.

Naquela época, havia um belo relógio na cristaleira da sala de estar, onde estavam gravadas as seguintes palavras em caracteres hebraicos: "Que esta hora seja uma hora abençoada nesta casa." Lá também havia um lindo prato de Pessach, que Judith amava. Esses dois objetos são os únicos que restaram das coisas que pertenceram a seus pais. Hoje, esses objetos simbolizam tudo o que Judith perdeu um dia: sua infância, a felicidade e os sonhos dos primeiros nove anos de sua vida. Logo depois começou a expulsão do paraíso.

"Tudo começou quando cheguei ao Clube de Ginástica Sokol[28] *e me disseram: 'Você não pode mais vir aqui'. Então, minha melhor amiga, Teresa, veio e disse: 'Meu pai não deixa que eu brinque com você. Nós também não podemos mais conversar uma com a outra.' Minha amiga vinha de uma família muito cristã e devota. Nós nos visitávamos*

mutuamente. De repente, de um dia para o outro, tudo mudou. Eu não conseguia entender isso. Fui chorando para casa e perguntei: Por quê? Por que tudo isso, agora?"

Frequentar a escola foi ficando cada vez mais difícil para Judith. Ela era a única judia de sua classe, e a animosidade de seus colegas era cada vez mais flagrante. Antes da ocupação, Judith havia frequentado algumas vezes o ensino religioso, pois muitas vezes ele ocorria entre duas outras aulas normais. "Um dia, o professor de religião, um padre, contou que os judeus matavam o primogênito para fazer o *matzá* (pão ázimo). Eu me levantei e disse: 'Isso é mentira. Nunca matamos um garoto e comemos *matzá* todos os anos!' As crianças, no entanto, acreditaram no professor e não em mim."

Em 1939/1940, após a exclusão dos judeus das escolas públicas, Judith foi estudar no Ginásio Judaico, em Brno. Isto significava uma caminhada de uma hora para ir e outra para voltar. Sua casa deixou de ser um lugar prazeroso para Judith. As preocupações de seus pais não passaram despercebidas. Como ganhar o sustento? O pai de Judith, Julius Schwarzbart, perdeu a licença para manter sua loja funcionando e seu carro foi confiscado. Na esperança de que tudo fosse se ajeitar, ele continuou a trabalhar em suas invenções, como era de sua natureza. Acabou inventando uma máquina para engraxar sapatos. Mas não havia ninguém interessado nela. Judith foi perdendo a alegria de viver e ficou cada vez mais melancólica. A natureza, que tinha sido uma fonte de alegria e devaneios infantis, tornou-se um refúgio para suas decepções e mágoas. Judith isolava-se cada vez mais. Finalmente, só uma coisa sustentava sua alma frágil: o amor pelos seus dois irmãos, Esther e Gideon, e o amor por seus pais, principalmente seu pai. "Eu idolatrava meu pai. Ele era um homem muito calmo e tranquilo. Era calado e só falava quando tinha algo importante para dizer. Sobre pessoas que falavam sandices, durante horas, ele dizia: "Só dizem patacoadas, esses aí!"

Um dia, os vizinhos de Julius Schwarzbart denunciaram-no para os alemães. Disseram que ele fazia vinho e outras coisas proibidas. "Por três vezes recebemos a visita de homens uniformizados, que calçavam coturnos barulhentos e não diziam uma só palavra, e que viraram a casa de pernas para o ar. Não encontraram nada. Um dia, papai lhes mostrou sua condecoração de guerra. Eu ainda vejo os alemães rindo dele. Foi horrível. Por sorte, nada aconteceu. Mas a partir daí sempre tivemos muito medo."

Em março de 1942, a família Schwarzbart foi parar num dos transportes. "Eu ainda me lembro muito bem. Fiquei feliz por ir embora! Aqui, a situação estava carregada, explosiva como dinamite. Vivíamos sobre um barril de pólvora. Ao receber a ordem de deportação, pensei: finalmente teremos um pouco de paz."

Uma ilha no mar revolto

Em 5 de julho de 1943, Otto Pollak anotou em sua agenda: "No Abrigo, Helga escolheu um farol para enfeitar sua plaquinha. Helga diz que o farol é seu símbolo de vida. Que o farol possa lhe mostrar o caminho nas fases difíceis de sua vida, tirando-a da escuridão e levando-a para a luz. Hoje pude surpreendê-la com um desenho do companheiro inválido, o engenheiro Bauer. O desenho representa a silhueta de um barco à vela que se aproxima de um farol. A alegria de Helga foi imensa e, ao abraçar-me, disse que eu a compreendo muito bem. Esse novo símbolo irá enfeitar a parede do Abrigo".

A imagem expressiva do símbolo de Helga veio na hora certa. As ondas da tempestade da vida transformaram-se em um furacão mundial de assassinatos e destruição, mergulhando o continente europeu na mais profunda escuridão. Em Varsóvia, Bialystok (Polônia), Kolomyja, Ternopol (Ucrânia), Skopje (Macedônia), Lviv (Galícia Oriental), em Nowogrudok (Belarus): onde quer que passassem em sua trajetória de conquistas, em todos os lugares, os alemães promoveram massacres sangrentos. Em 16 de maio, após semanas de luta, o levante do gueto de Varsóvia foi finalmente controlado. Em Auschwitz-Birkenau, Chelmno, Belzec, Sobibór e Treblinka as fábricas de extermínio estavam em pleno funcionamento.

No front oriental, em Kurks, começou a maior batalha de tanques da Segunda Guerra Mundial. O exército anglo-americano estava prestes a invadir a Sicília, os ataques aéreos a cidades alemãs por bombardeiros aliados começaram a aumentar desde que os ingleses fizeram seus primeiros ataques aéreos a Colônia, em 30 de maio de 1942. A tragédia chegava ao seu clímax. A tensão era tamanha que também foi notada no Quarto 28.

Em 9 de julho de 1943, Tella repreendeu as meninas que estavam aos seus cuidados, afirmando a falta geral de disciplina. "Se vocês não se emendarem, em breve teremos uma catástrofe e passaremos a aplicar penalidades mais severas. Cada uma de vocês perdeu vários pontos no *Ma'agal*. Vocês estão sendo desrespeitosas, nada camaradas, e algumas são egoístas. Sejam mais tolerantes e gentis umas com as outras e sejam mais rigorosas com vocês mesmas!"

Helga voltou a recolher-se em seu casulo. "Aqui em Theresienstadt eu me tornei um tanto reclusa" remoeu Helga. "Eu sei que estou ficando descuidada, eu preciso melhorar. Será que sou uma pessoa fraca? Eu ouço Ela cantando. Já são dez horas da noite e está na hora dela voltar. Vou dizer para ela: Eu preciso de uma amiga. Você poderia ser minha amiga! Você quer ser minha amiga? Meu comportamento será baseado na sua resposta."

No dia seguinte, a grande decepção: "Ela não quer. Eu senti isso. Ela tentou desvencilhar-se. Mas, provavelmente, a culpada sou eu mesma." Ela, no entanto, tinha outros problemas que a atormentavam. Estava apaixonada por Honza Gelbkopf, do Abrigo 9. Essa situação naturalmente despertou muitos questionamentos e emoções na menina, coisas que Helga não entendia. Lenka, Flaška e Eva Landová, por sua vez, interessavam-se muito mais pelos problemas de Ela. Essas meninas também tinham namorados e, por isso, eram capazes de entender Ela muito melhor.

No dia 7 de julho chegou a Theresienstadt o último transporte de crianças proveniente do Orfanato de Praga, juntamente com Ota Freudenfeld, o lendário diretor do orfanato, e seu filho Rudolf.

Todos ficaram sabendo da chegada desse transporte, principalmente as crianças que viveram nesse orfanato, situado na Belgicka (rua Belga), antes de sua deportação. Décadas depois, Rudolf Freudenfeld recorda sua chegada a Theresienstadt:

"Quando a notícia da chegada do chefe se espalhou na cidade, as ruas ao redor do bloqueio estavam repletas de crianças. Meu pai foi caminhando entre as crianças, feliz por estar entre elas. Todas o cumprimentavam como se saúda alguém muito querido, com um amor infantil, mesmo no meio da miséria.

"Naquela noite, Rafik (Rafael Schächter) resolveu fazer uma apresentação de A noiva vendida *em nossa homenagem. A apresentação foi feita em forma de concerto, com um piano no lugar da orquestra. Após a apresentação, peguei as partituras de* Brundibár *e decidimos ali mesmo que eu devia começar a ensaiar com as crianças."*[1]

A novidade se espalhou como um rastilho de pólvora por todo o gueto e, pouco depois, Tella enviou seus protegidos mais talentosos para o sótão do Abrigo de Meninos L 417. Lá, Rafael Schächter e Rudolf Freudenfeld estavam empenhados em testar e escolher os candidatos.

"Éramos três meninas do nosso quarto, Flaška, Maria Mühlstein e eu. Mandaram-nos ficar em pé, uma ao lado da outra, e cada uma tinha que cantar: lá-lá-lá, a escala toda de baixo para cima." Ela lembra-se bem do *casting* para escolha do elenco da peça *Brundibár*. "Quando chegou a minha vez, eu tremia de medo de não conseguir cantar muito bem. Então, Rudi Freudenfeld me disse: 'Quer saber? Você vai representar um gato'. Um gato em uma ópera? Isso era extraordinário!"

Exultante de alegria, Ela transmitiu essa novidade sensacional a sua mãe e seu tio. "*'Uma ópera infantil?' disseram. Minha mãe e meu tio não conseguiam imaginar como seria. Mas ficaram muito felizes por eu ter conseguido o papel.*"

Maria Mühlstein também teve motivos para se alegrar. Foi escolhida para o papel do pardal; seu irmão Piňta foi escolhido para o papel principal masculino, o papel do pequeno Pepiček. O papel principal feminino, Aninka, a irmã de Pepiček, foi dado para Greta Hoffmeister, do quarto 25 do Abrigo para Meninas. Greta já havia cantado na apresentação de *A noiva vendida*, de Smetana e no *Réquiem*, de Verdi. Zdenek Orenstein, do Abrigo 1, ficou com o papel do cachorro.

Os demais papéis também foram atribuídos: um padeiro, um leiteiro, um vendedor de sorvete[2] e um policial. Um grupo de crianças representava os frequentadores do mercado, e outro grupo formou o coro das crianças. Algumas moradoras do Quarto 28 faziam parte do grupo: Flaška, Handa, Zajiček, Ruth Gutmann. O malévolo tocador de realejo Brundibár, o papel-título da ópera, foi dado a um órfão proveniente de Pilsen. Ou, como disse Rudolf Freudenfeld: "*Ele praticamente nos implorou para representar o papel. Nós nos conhecemos no lavatório. Ele ficou em pé ao meu lado, fazendo de conta que queria lavar-se e perguntou, casualmente: 'Eu ouvi dizer que você procura crianças para a sua ópera. Quero saber se também posso participar'. Mais tarde, quando estávamos selecionando as crianças para o elenco de personagens de Brundibár, este garoto abordou-me novamente. Perguntou daquele jeito peculiar: 'Posso fazer uma tentativa de representar o papel?' A partir daquele momento, existia somente um Brundibár: Honza Treichlinger*".

Para todos os papéis principais foram selecionados atores substitutos. Assim, Stephan Sommer, filho da pianista Alice Herz-Sommer, de Praga, ensaiava entusiasticamente o papel do pardal. O irmão de Piňta, Eli, também estudava o papel de Pepiček, e sua irmã Maria ensaiava o papel de Annika, como segunda atriz. "*Maria tinha uma voz de veludo, maravilhosa*", lembra-se Flaška. "*Era tão natural. Muito diferente de Greta Hofmeister, que era um pouco mais velha do que nós.*"

O sótão quente e abafado do Abrigo para Meninos L 417 passou a ser frequentado por garotas e garotos que vinham de todos os lados, entre eles Danka, Daša, Raja, Hanka, Sonja, Ruth, Eva, Lilian, Lisa, Hana, Drixi, Renate, Zdenka, Marta, Jiři, František,

Hanuš, Petr, Pavel, Rudi, Karel, Zdenek... Para algumas das crianças, o mundo parecia girar somente em torno dos ensaios. E ao redor de Baštik, como Rudolf Freudenfeld era chamado pelas crianças, e que muitas vezes chegava exausto e encharcado de suor aos ensaios. Rudolf trabalhava em uma mina situada em Leitmeritz, mas isso não o impedia de se dedicar ao projeto *Brundibár* durante a noite. Embora essa não tenha sido uma tarefa fácil.

"Ou será que um de vocês já foi diretor de teatro e responsável por um grupo de 50 meninos e meninas graciosos, obcecados com a ideia fixa de que, quanto mais barulho e diversão durante os ensaios, melhor será para a peça?", escreveu Rudolf Laub, na época residente no Abrigo 1, L 417, para a revista *Vedem*. "Não, esta tarefa certamente não é fácil e, por isso, preciso manifestar meu reconhecimento e apreço por Rudolf Freudenfeld que, durante todo o período de ensaios, só ficou irritado algumas vezes, e a raiva logo passava. Eu não teria tido tanta paciência e duvido que alguém, depois de cinco ensaios em um estúdio, não teria desistido de tudo. O que nos manteve ali foi a certeza de que, no final, teríamos uma obra-prima. A cada dia, íamos em frente mais e mais. Ganhamos um espaço melhor para os ensaios, o que aumentou o interesse geral. Todos iam aos ensaios com prazer e contavam aos seus conhecidos, com certo orgulho, que estávamos ensaiando uma ópera para crianças."[3]

Certamente, algumas personalidades excepcionais, que tomaram conta dos jovens atores, conferiram um brilho especial ao projeto. Entre eles, além de Baštik, Rafik e Gideon Klein, devemos citar os cenógrafos František Zelenka e o compositor de *Brundibár*, Hans Krása. Hans Krása acompanhava atentamente os ensaios de sua ópera para crianças e, como não havia instrumentos no gueto, reescreveu a partitura que originalmente previa a participação de uma orquestra.

Os ensaios de *Brundibár* causaram certa agitação e, em alguns casos, decepção. "Eu ainda me lembro", diz Eva Landová, "que fiquei ofendida por não me darem o papel de um escolar, que devia jogar um livro para o alto. Eu teria gostado tanto de encenar esse papel! Porém, a escolhida foi outra menina, Hana Vohrizková."

Eva não foi a única que se sentiu ofendida naqueles dias. Helga ficou muito chateada com a nova cuidadora, Rita Böhm, que a repreendeu com as seguintes palavras: "Você é uma das primeiras meninas sobre as quais terei uma péssima impressão, caso não fique calada imediatamente!" Na verdade, Helga havia dado risadinhas compulsivas, enquanto Rita contava sobre a Inglaterra. Na realidade, Helga nem mesmo teve vontade de rir. Ao contrário. O relatório de Rita sobre a Inglaterra havia despertado em Helga uma saudade terrível de sua mãe.

"Devo dizer isso a ela?", questionava-se Helga. "Preciso dar um jeito de explicar o que houve. Eu gosto tanto de Rita e, por isso, fiquei tão sentida". Helga resolveu contar o motivo de suas risadas para Rita. "Dez e quinze da noite: Rita já não está mais zangada comigo".

Esse tipo de aborrecimento não ocorria somente com Helga. Havia um sobe e desce de emoções e sentimentos. Amizades eram feitas e desfeitas e, às vezes, refeitas. O ciúme sempre estava presente e tinha um papel importante. Logo que uma das meninas dava mais atenção à outra do que era habitual, a amiga ficava com ciúmes, achando que não era mais amada. Isso resultava em problemas de comunicação, provocações e birras. Seguia-se uma reaproximação e conciliação. Para as meninas, a amizade significava tudo – vida, amor, futuro. A amiga refletia suas próprias visões, sonhos e anseios. Juntas, encontravam sua força nessa ligação de amizade, e esta força as reerguia.

Flaška e Lenka também gostavam muito uma da outra. Para Flaška, Lenka era alguém a quem se podia admirar, com a qual era possível rir e discutir sobre muitas coisas. Isso não significava que ambas sempre tinha a mesma opinião e, algumas vezes, discutiam bastante, pois Lenka tinha um espírito crítico ímpar. Mas Flaška sempre se reconciliou com a amiga, pois tinha uma grande necessidade de viver em harmonia, sendo amável e justa com todos.

Porém, um dia aconteceu uma briga entre as amigas. Para Flaška não era um grande problema, pois estava convencida de que a disputa logo seria esquecida. Para Lenka, no entanto, aquilo foi um pequeno desastre. Lenka afastou-se, ficou introspectiva. O que mais ela poderia fazer? No Abrigo, não era possível não cruzar o seu caminho, criar uma distância, para então tentar uma reaproximação. A única saída era o recolhimento. Foi assim que Lenka escreveu uma poesia intitulada "Reação à briga com Flaška".

Reação à briga com Flaška

Eu queria ser boa.
E eu me esforcei
Mas as meninas logo
me desapontaram
Elas não respeitaram
a minha tentativa
E eu tentei lidar com isso

E elas me perguntaram
Por que eu não conseguia
Afastar o mau que existia em mim

Mas eu tento fazê-lo!
E vou continuar tentando
E provarei a Flaška
Que alcançarei meu objetivo
Eu quero, eu preciso
Fazê-lo o mais rápido possível

E, da próxima vez,
Quando me acusarem novamente,
Não me incomodarei

E continuarei calmamente a cumprir meu objetivo
E me aproximarei dele a cada dia

Até que eu possa dizer a Eva
Que cheguei ao meu objetivo
E continuarei seguindo
Até chegar ao Ma'agal
E até mais longe

E Flaška já não poderá dizer
Que eu não me esforço
Pelo contrário
Ela vai ficar de lado, surpresa
Por eu ter alcançado o céu
E ser tão alta quanto ele

Poucos dias depois, Flaška e Lenka renovaram sua amizade, e se tornaram irmãs de sangue. Ambas fizeram um pequeno corte na ponta dos dedos e, com o sangue que pingava, escreveram em um pedaço de papel: "*Nós, Flaška e Lenka, nos juramos lealdade eterna e amizade.*" Depois, enterraram este papel na *Bastei*.

Enquanto isso, Helga passou a analisar seus atos. Será que ela também era egoísta, intolerante e demonstrava falta de companheirismo, como Tella sempre dizia de algumas meninas? Aflita, Helga confidenciou seu sofrimento ao diário: "Eu preciso falar com Tella novamente. O que houve foi o seguinte; eu estava apenas começando a me acostumar com a vida no Abrigo e Ela me decepcionou. Eu não queria iniciar uma nova amizade, com medo de ter outra decepção. Nisso tudo, esqueci-me de mencionar que Tella tem toda razão ao dizer: seja rigorosa com você mesma e, por outro lado, seja tolerante e gentil. Eu preciso me lembrar disso sempre".

Os tempos eram tensos e as pessoas, irritáveis. Há dias as temperaturas eram altas. Debaixo do telhado do Abrigo para Meninas o calor era insuportável. Até mesmo a celebração do *Shabat* foi problemática. "A sra. Mühlstein acendeu as velas e fez a oração. Depois disso, geralmente brincamos. Desta vez, foi feita uma leitura, muitas já estavam deitadas e algumas adormeceram. À mesa ficaram sete das vinte e sete meninas. Um *Shabat* assim não é o verdadeiro *Shabat*. Ruth, que havia preparado a noite de *Shabat*, chorou de decepção."

Nem mesmo o *Ma'agal* estava funcionando como antes. Nenhum novo membro foi eleito para o "Círculo da Perfeição". Em vez disso, foi tomada a decisão de dividir os participantes do *Ma'agal* em três classes. Na primeira classe não havia ninguém. Muška e Handa estavam na segunda classe e Irena, Pavla, Eva Landová e Eva Heller na terceira classe.

Agora, Helga ficou um pouco chateada por ter sido excluída desse círculo selecionado. "*Vou me esforçar para ser a menina que esperam que eu seja. Eu quero ser melhor do que fui até agora. Quero atingir um nível mais alto. Eu quero, e eu vou conseguir. Eu preciso entrar no Ma'agal*", escreveu Helga, em pé, junto à janela, pouco antes da meia-noite. Em seguida, ficou por longo tempo olhando para a noite lá fora: "*Como isso é lindo! Todos dormem. A cidade inteira está envolta em trevas, e um calor abafado paira sobre toda a região. É um silêncio sagrado. Só se escuta um ou outro piado de pássaro. Algumas luzes brilham na barraca,*[4] *de onde se escuta o bater regular de um martelo. Isso me faz lembrar alguma coisa, mas eu não sei exatamente o quê.*"

Naqueles dias quentes de verão, as cuidadoras uniam suas forças para tranquilizar a situação no Quarto 28. Em 16 de julho, festejaram o aniversário de Karel Pollak, que era chamado de Strejda. As crianças apresentaram uma peça de teatro, intitulada *Após 25 anos*, que falava de Fiška e seus problemas, mostrava Eva Stern como médica e toda a bagunça que a acompanhava, como um bisturi dentro de seus sapatos, uma seringa de injeção dentro da lixeira, etc. Depois, o programa seguiu com a surpresa das cuidadoras, há muito anunciada: "*Foi muito engraçado. Elas fizeram versinho para cada uma de nós. Essa rima era cantada. Nós estávamos fantasiadas e não era pos-*

sível nos identificar. Tella tinha tranças com laços vermelhos, uma saia típica muito curta, a roupa de baixo ia até abaixo de seus joelhos. Em vez de meias, Tella tinha desenhado listras vermelhas em suas pernas. Suas bochechas também estavam pintadas de vermelho. Laura vestia um fraque, usava uma cartola e um bigode de verdade com cachos. Eva Weiss vestia uma saia longa, como aquelas que se usava no século dezenove, e um chapéu preto cheio de penas, uma capa de veludo, que mais parecia o couro de um animal. Suas sobrancelhas estavam pintadas de vermelho. Eva estava irreconhecível".

Eva Weiss deu a todas as crianças um quadrinho com um desenho e um versinho apropriado. No quadrinho de Helga, vê-se uma menina que sai correndo da enfermaria. E o versinho dizia: "*Uma menina de nome Helga/esteve doente por longo tempo/agora ela está novamente conosco/graças a Deus*". Após cada estrofe, vinha o refrão: "*Sim, sim, sim/isto está bem claro /Sim, sim, sim/tudo isso é verdade*".

Em 25 de julho de 1943, a *Jugendfürsorge* organizou uma festa no quartel em homenagem a Theodor Herzl. No programa constava um discurso de Gonda Redlich, o coro de meninas do Abrigo L 410, dirigido por Tella, a recitação de um poema por uma atriz, assim como a apresentação de um grupo de balé, que representaria uma história sobre os trabalhadores escravos no antigo Egito. "*Durante a apresentação, esqueci-me de cantar, pois estava sonhando*", escreveu Helga na mesma noite. "*Eu estava no sótão, junto à janela, e vi nitidamente uma alameda em Leitmeritz. Eu pude ver até a torre do relógio e, ao longe, pequenas aldeias no vale e, junto à colina, eu vi lindos campos amarelos, cercados de florestas e montanhas.*"

Será que a liberdade está próxima? Três dias após ter tido essa visão, uma notícia espalhou-se rapidamente, fazendo os corações dos moradores de Theresienstadt baterem mais forte. Em 28 de julho, Helga escreveu: "*E agora, uma grande novidade. Mussolini renunciou ontem e, desde então, estou como louca. Estou com uma sensação muito estranha, como quando papai se mudou permanentemente para Kyjov. Há três dias eu disse que o fim da guerra se aproximava. Mas ao dizê-lo, não senti nada; aquilo me parecia irreal e tão distante. Agora sinto isso bem perto. Agora eu gostaria de dançar, se soubesse. E cantar. Eu acho que vou enlouquecer".*

No fim de julho, Theresienstadt ainda sofria sob um calor impiedoso. As temperaturas estavam por volta de 35 graus à sombra. Há dias não caía um pingo de chuva. O calor e a falta de chuva trouxeram à tona muitos insetos, que se multiplicavam infinitamente; percevejos, piolhos e pulgas, principalmente percevejos. Estavam em toda parte. Nos colchões, nas vigas de madeira, nos pisos, paredes, nas malas e nos sapatos. Aqueles pequenos insetos pretos e malcheirosos subitamente estavam por toda parte. Era possível vê-los, cheirá-los e ouvi-los: tap, tap, tap.

"Percevejos. Percevejos, uma palavra terrível que chocou Theresienstadt", com estas palavras Hana Lissau descreveu a praga um mês e meio depois. "Um dia, uma das meninas encontrou esse inseto terrível enterrado na madeira do estrado da cama e teve uma crise histérica. Quando voltou a si, ela e outras meninas começaram a bater em outras ripas de madeira, quando notaram que havia muitos percevejos. Em todos os lugares havia percevejos, um oceano de percevejos! Não importa para onde olhassem, só viam percevejos. Nesse dia matamos muitos percevejos. Tornou-se impossível ficar na cama. Dormíamos nos corredores e, quem insistia em dormir na cama, ficava com o corpo todo cheio de manchas vermelhas. Somente o gás era capaz de matar esses insetos, pelo menos era isso que ouvíamos. Parecia ser a única solução para o problema. Muitas pessoas vieram ver a infestação."

"Eu me lembro", recorda Judith Schwarzbart, "que arrastamos os colchões para fora e arejamos a roupa de cama, limpando tudo e batendo nos colchões com um batedor de tapetes. Tudo estava cheio de percevejos." "Foi uma praga terrível", acrescenta Eva Weiss. "A infestação era pior entre as vigas de madeira. Lá tudo estava preto, preto de tanto percevejo. Havia verdadeiros batalhões de percevejos!

Foi preciso dedetizar os quartos e na porta da frente pendia uma placa amarela onde se lia em letras pretas: 'Gás. Cuidado, perigo mortal' e uma caveira." "Por causa dos percevejos já estamos dormindo no corredor há dois dias. Sete meninas dormem lá fora. Estamos todas cheias de picadas", informa Helga, em 31 de julho. "Nós temos permissão para dormir no jardim, pois no corredor está impossível dormir. Em alguns Abrigos as pessoas estão levantando às 5 horas da manhã, e o barulho no corredor é terrível. A dedetização não adiantou nada. Esta noite, achei seis pulgas e três percevejos. Que caçada bem-sucedida! Nem precisei de uma espingarda. Um rato dormiu dentro do meu sapato. Walter, o nosso morador mais antigo, o matou. Agora vou montar uma 'barraca' para esta noite, juntamente com Ela e Jiřinka."

O dia seguinte também não trouxe alívio. A onda de calor, a inquietação e a agitação continuaram presentes, aumentando cada vez mais. "Eu gostaria de saber o que mais os alemães estão tramando. Eles estão esvaziando todos os quartéis dos sudetos e o antigo arsenal", anotou Helga, em 31 de julho. "O quartel dos sudetos deve estar completamente vazio dentro de 48 horas. Vi multidões de pessoas que se mudavam. É assim que imagino uma retirada durante a guerra. Hoje papai me disse que estou certa."

Otto Pollak anotou em sua agenda: "31 de março de 1943. Evacuação do quartel dos sudetos. Quatro mil e quinhentas pessoas estão se mudando. A cidade inteira está em movimento. Tudo é embalado no meio de muita agitação e tudo é retirado dali. Carroças de duas rodas, carrinhos de cemitério, tudo serve como meio de transporte. Um movimento de massas humanas sem precedentes. A praça na frente do quartel assemelha-se a um quarteirão do porto, movimentado e colorido".[5]

Outras mudanças inquietantes foram cuidadosamente registradas. "Os alemães agora ordenaram a evacuação de outros Abrigos. Estão denominando todas as ruas. Algumas são chamadas de vielas. Outras são chamadas de ruas." E Otto anotou em sua agenda:

"Novos nomes de ruas: L1 = Seestrasse, L 1A = Kurze Strasse, L2 = Bahnhofstrasse, L3 = Lange Strasse, L4 = Hauptstrasse, L5 = Parkstrasse, L6 = Wallstrasse, as ruas de acesso Bohušovicer Strasse = Südstrasse e Kopitzer Strasse = Weststrasse..."

O *Obersturmführer* da SS, Anton Burger, tinha começado seu trabalho. Era o novo comandante do campo de concentração. No dia 5 de julho de 1943, Anton Burger substituiu Siegfried Seidl. O *Berliner Referat* IV b 4 via nele o candidato ideal para o cargo, uma vez que já havia comprovado seu ódio fanático por tudo o que era tcheco ou judeu, além de ser um conhecedor de "Assuntos Secretos do *Reich*". Anton Burger era o primeiro e mais próximo colaborador de Eichmann no Escritório Central para Imigração Judaica em Viena, Praga e Brno. Principalmente suas maquinações malignas em Brno, onde comandou o "Fundo de Emigração da Boêmia e Morávia" desde o início de 1941 até sua transferência para Berlim, fundamentaram sua reputação como um dos nazistas mais brutais e inescrupulosos.

A nomeação de Anton Burger para Comandante do campo de concentração de Theresienstadt foi um mau presságio. É claro que ninguém sabia o que ele e seus comparsas estavam maquinando. Assumira a sucessão de Seidl, declararia Anton Burger mais tarde, durante um interrogatório após a guerra, a fim de garantir o bom funcionamento das deportações que estavam por acontecer, mas especialmente para fazer do gueto "um porta-joias, pronto para receber visitas de representantes da imprensa e da Cruz Vermelha."[6]

No início de agosto, o calor e os insetos ainda dominavam Theresienstadt. Em todos os lugares havia mau cheiro e sujeira, pessoas irritadas e picadas por insetos. As enfermarias e os hospitais estavam superlotados. Nos sótãos e nos quartéis superlotados, os idosos sucumbiam ao calor e às circunstâncias insuportáveis. Carros que transportavam cadáveres começaram a trafegar pelo gueto com maior frequência, dirigindo-se para o necrotério central nos arredores do gueto. O crematório registrava atividade intensa. Centenas de cadáveres foram cremados. No columbário, havia pilhas e mais pilhas de urnas de papelão para guardar as cinzas. Finalmente, na noite do dia 4 para o dia 5 de agosto, caiu a primeira tempestade violenta. Algumas das meninas foram até a janela para observar os raios cortando a noite. Outras subiram nos estrados das camas de suas vizinhas para observar melhor o espetáculo. Por um bom tempo, a tempestade esteve bem próxima. Logo após um raio, o trovão já podia ser ouvido, alto e assustador. Aos poucos, a tensão que pairava no ar melhorou, e as meninas caíram em sono profundo, deitadas em seus estrados.

Desenho infantil de Alice Sittig.

Porém, os percevejos sobreviveram nas vigas do Abrigo. Em 11 de agosto, as meninas foram obrigadas a desocupar seus quartos, embalar seus pertences e dormir no jardim. A praga dos percevejos seria combatida com meios radicais. Não foi fácil para Helga separar-se de seu diário: "Eu lhe digo adeus, meu amigo leal. Até sábado ninguém pode entrar no prédio. Eles vão passar um gás". Em uma sala da antiga Prefeitura, na praça principal, certa noite daquele verão quente no ano de 1943, foi feita a primeira apresentação pública do *Réquiem*, de Giuseppe Verdi, sob a direção de Rafael Schächter. "Foi uma estreia brilhante. No pódio ficou o coro misto, formado por 150 pessoas. Atrás do coro, ficaram os solistas Marion Podolier, Heda Aronson-Lindt, David Grünfeld e eu", escreveu o cantor Karel Berman em suas memórias.[7] Pela primeira vez, a missa fúnebre em latim fez desabrochar seu imenso poder no gueto. Seu efeito sobre os ouvintes foi assolador. No jardim de L 410, as meninas ficaram ouvindo o silêncio da noite, e com ele o canto, que parecia um pequeno terremoto, um tremor suave da terra.

"Finalmente, chegou o dia em que o gás os pegou", com essas palavras Hana Lissau descreveu o fim da infestação de percevejos. "Depois de três dias voltamos para o Quarto 28. Sabem o que vimos? Muitos percevejos mortos, em todos os lugares. Agora estamos tranquilas e podemos continuar vivendo em paz. Graças a Deus, sem os percevejos."

No entanto, no mesmo mês um desastre muito pior se abateu sobre os prisioneiros de Theresienstadt. "Em Theresienstadt correm notícias, mais precisamente *Bonkes* ou boatos, de que estão preparando um transporte de 5.000 pessoas", escreveu Ruth Gutmann dois meses mais tarde, contando o que aconteceu. "Nas ruas, nos quartéis e nos Abrigos o clima está tenso. Aqui e ali se ouve: Se houver um transporte, eu lhe afirmo, vou estar nele. – Não diga isso, você ainda está seguro. E eu, que sou apenas um trabalhador comum? – Infelizmente – dessa vez não se trata de *Bonkes*. Desta vez, é uma triste verdade. Durante a noite, convocaram 5.000 pessoas para o transporte."

Quinta-feira, 26 de agosto de 1943

A situação aqui está terrível. As meninas mais velhas e sensatas estão muito tensas. Estão sendo preparados transportes, que devem ir para outro gueto, para o desconhecido. O primeiro transporte é composto de pessoas que foram condenadas pela corte do gueto, geralmente por pequenos delitos, além de 60 pessoas que fazem parte do transporte do Aufbaukommando. *Pavla provavelmente também partirá, pois seu pai ficou detido durante três meses. Um vizinho de papai também foi convocado para o transporte. E mais uma coisa: hoje à noite devem chegar 1.500 crianças, provenientes da Polônia. Estamos fazendo brinquedos para elas e saquinhos com material de costura. As crianças ficarão em quarentena por um mês para que não transmitam doenças. Eu estou com diarreia infecciosa. De 27 crianças, 16 já estão acamadas e outras três também estão doentes.*

No dia seguinte, elas ficaram confinadas, pois proibiram a saída dos alojamentos. À noite, Eva Winkler, que estava olhando pela janela do corredor do segundo andar, viu muitas crianças marchando pelas ruas. *"Ainda hoje vejo essa imagem passar diante de mim. Eram 50 ou 60 crianças. Isso me causou uma impressão horrível."*

Outras meninas vieram acotovelar-se e olhar pela janela fechada. Não era permitido abrir as janelas e as meninas não poderiam, em hipótese alguma, ser vistas pelos alemães enquanto olhavam para as crianças que passavam abaixo. Elas vestiam farrapos, algumas usavam sapatos grandes demais, as crianças maiores seguravam firmemente as mãos das menores.

À noite, Otto Pollak viu a mesma cena, de outra perspectiva. *"Por volta das 17h30, eu passava pela Q3 deserta, a* Badhausgasse, *e vi uma procissão triste de crianças. Eram cerca de 25 crianças e vinham da Desinfestação (desinfecção). Sob a liderança de algumas cuidadoras, marchavam lentamente em direção da* Bohušovicer Strasse/Südstrasse." Ali, fora das fortificações da cidade, nas barracas ocidentais, foram alojadas as cerca de 1.200 crianças provenientes do gueto polonês de Bialystok. O contato com essas crianças foi terminantemente proibido. "Mesmo assim, descobrimos algumas coisas sobre elas", escreveu Helga Weissová em seu diário. "Nenhuma das crianças sabe falar tcheco, nós nem mesmo sabemos se as crianças são judias ou polonesas. Quando estamos na *Bastei*, conseguimos ver alguma coisa. Pela manhã, as crianças foram ao setor de admissão. Sua aparência é horrível. É impossível avaliar suas idades, todas têm rostos velhos e seus corpinhos são muito magros. Elas não têm meias, e somente algumas têm sapatos. Ao saírem do setor de admissão, estavam com as cabeças raspadas, pois tinham piolhos. Todas têm um olhar assustado."

Foram selecionados 53 pediatras e cuidadoras para assumir os cuidados dessas crianças, entre eles a irmã mais nova de Franz Kafka, Ottilie David-Kafka, que trabalhava como babá no gueto. Essas pessoas foram alojadas nas barracas ocidentais e não podiam retornar ao gueto. Também foram obrigadas a manter sigilo sobre tudo o que soubessem ou vivenciassem. Todas as demais pessoas foram proibidas de entrar em contato com as crianças. Em Theresienstadt, todos ficaram intrigados e perguntavam-se o que havia com essas crianças. Perguntávamo-nos por que elas se recusavam e gritavam tanto quando deviam tomar banho. Para os demais prisioneiros de Theresienstadt isso era incompreensível, pois um banho de chuveiro na casa de banhos era o epítome do luxo. A situação dessas crianças estava envolta em mistério. De acordo com os *Bonkes*, os boatos, essas crianças seriam mandadas para a Palestina ou para a Suíça. Aparentemente, planejava-se uma troca, um negócio. Mas ninguém sabia nada de concreto sobre isso.[8]

A ansiedade e o medo dominaram o gueto tão logo os transportes iminentes se tornaram públicos. A partir de 24 de agosto, todas as pessoas entre 60 e 80 anos de idade foram convocadas ao quartel Hamburgo para serem registradas. Para o primeiro transporte estavam previstas 2.500 pessoas e, para o segundo, outras 2.500, além de 800 pessoas como reserva, predominantemente membros do Protetorado. Quem seria o próximo a receber a terrível convocação?

No gueto, o medo cresceu visivelmente e pode ser percebido no texto de Ruth Gutmann:

"Algumas meninas do nosso Abrigo sabiam que seriam incluídas nesse transporte, entre elas Pavla, minha melhor amiga. Meu primeiro pensamento foi que não poderei viver sem ela. À noite não chegou nenhuma ordem de transporte, nem mesmo no dia seguinte. Estávamos muito ansiosas e não conseguimos ficar no Abrigo. Até o meio-dia ainda não havia chegado nada.

À tarde, nossa amiga Kurče (Zdenka Löwy) recebeu a convocação. Pensamos que ela iria chorar. Mas Kurče se manteve firme. No final da tarde, chegaram os comunicados de Pavla e Olile. Os pais de Olile não queriam que ela soubesse. Nós resolvemos não adormecer, mas depois de algum tempo, todas dormiam como pedra.

Na manhã seguinte, bem cedo, chamaram as pessoas que faziam parte da lista de reserva, entre elas nossa Poppi e Helena. Todos começaram a arrumar as bagagens. Às 3 horas da tarde, todos deveriam se apresentar. É difícil de acreditar que uma manhã possa ser marcada por tanto medo! O pai de Zdenka veio para ajudá-la a arrumar a mochila. Ela lhe ofereceu três tomates, mas ele os rejeitou e disse: 'Fique com eles, Zdenka. Eu estou com tanta fome que seria capaz de comê-los de uma só vez'. Então, ele começou a chorar e entendemos que ainda não tinha comido nada, e que a família não tinha nem mesmo um pedaço de pão. Quando soubemos disso, também começamos a chorar e todo mundo foi procurar alguma coisa para comer. Nesse dia, foi a terceira vez em que vi um homem chorar.

Zdenka beijou-nos de alegria porque sua mala estava ficando cada vez mais cheia. E nós dissemos a ela: 'Não se esqueça de que somos um grupo e que nos ajudamos mutuamente. E, a propósito: é assim que deveria ser sempre'. Olile também não tinha nada para vestir. Doamos tudo o que foi possível para ela, que partiu às 3 horas da tarde."

Sábado, 4 de setembro de 1943

Amanhã começam os transportes. Por enquanto, Zdenka é a única do nosso grupo. Porém, as convocações estão sendo feitas em etapas. Zdenka se mantém firme e corajosa. Aqui todos estão terrivelmente agitados. Os pais e a irmã de Lilly também irão e, por isso, ela pediu que também fosse incluída. Ao todo, viajarão 5.000 pessoas, somente judeus do Protetorado. A sra. Stein e seu marido, tio Max e tia Paula também viajarão. Todos se reunirão no Abrigo onde vivem e, somente então, irão ao local de encontro, para se juntar à família. Existem muitos locais de encontro. O local de encontro de Zdenka é o quartel Hamburgo, onde ela ficará em quarentena com outras 500 pessoas.

Anotações da agenda de Otto Pollak:

Domingo, 5 de setembro de 1943

Hoje é um dia obscuro, apesar de o sol estar brilhando. É o dia de aquartelamento de 5.000 pessoas que farão parte do transporte. Vinte e nove pessoas do nosso Abrigo receberam a convocação para o transporte. As pessoas devem apresentar-se no quartel Hamburgo às 9 da manhã. Do meu quarto, quatro pessoas foram convocadas.

O dia está muito bonito e as pessoas podem fazer as malas ao ar livre. Os dois pátios mais parecem um bazar oriental. Em todos os lugares veem-se mesas abarrotadas de coisas. Estou trabalhando bastante na chancelaria.

Helga está muito comovida, pois seis de suas melhoras amigas vão embora. Ela preparou um presente de despedida para cada uma. À noite, Helga decidiu que não ficará comigo no pátio do Abrigo, porque o local a faz lembrar-se das amigas que partiram. Foram 70 ao todo. O fim de tarde é horrível, porque a hora do adeus se aproxima e o medo de nunca mais vê-las dói demais.

Domingo, 5 de setembro de 1943

Que dia o de hoje! Mas agora, tudo terminou. As pessoas já estão confinadas no corredor. Do nosso grupo partirão Pavla, Helena, Zdenka, Olile e Poppinka. Poppinka e Helena fazem parte da reserva e existe a possibilidade delas saírem. Zdenka presenteou a todas. E ela é tão pobre. Eu lhe dei meio pão, uma lata de patê, chá de tília e açúcar. Seu pai veio para ajudá-la a empacotar tudo, e Zdenka lhe deu pão, açúcar e tomates. Ele não queria aceitar nada, mas as meninas insistiram e prometeram dar algumas coisas para Zdenka. Ele começou a chorar e agradeceu às crianças e cuidadores pelos cuidados dispensados à sua filha. Então, todos começaram a chorar emocionados, inclusive Rutka, Hana Lissau e Jiřinka, que eu nunca tinha visto chorar.

O pai de Zdenka ganhou um pão inteiro de Strejda, pois ele, sua mulher e o irmão de Zdenka tinham somente um pedacinho de pão. Eles receberam tantas doações que, num instante, conseguiram encher um saquinho e suas malas de comida.

Tiveram que se apresentar às 6 horas da tarde, cada um em um local diferente. A despedida foi difícil. Todos estavam muito contidos, exceto Helena. Essa foi a primeira vez que a vi chorar copiosamente. Às 8 horas da noite saí à procura de Zdenka, que estava sentada em cima das malas, com toda a sua família. Ela ficou tão feliz em me ver que chorava e ria ao mesmo tempo. Embora eu tenha dormido à noite, tive pesadelos horríveis e, ao despertar, tinha olheiras escuras.

Segunda-feira, 6 de setembro de 1943

Levantei às 6 horas da manhã para ver Zdenka mais uma vez. Quando cheguei ao quartel Hamburgo, as últimas pessoas estavam passando pelo portão dos fundos para chegar aos trens. Tudo estava bloqueado com madeira, de modo que era impossível chegar até elas, impedindo-as também de fugir. Eu passei por cima do bloqueio e corri atrás das pessoas que acabavam de sair do quartel pelo portão. Ao chegar ao portão, vi que o trem estava se pondo em movimento. Em um dos vagões estava Zdenka. Joguei-lhe beijinhos.

Helena foi retirada do transporte. Ela saiu do confinamento hoje cedo com seus pais.

Para as demais meninas que conhecemos e que estavam no transporte, levamos pão com geleia. Já não tínhamos mais nada para o café da manhã. Encontramos somente algumas cascas de pão velho. Não vimos mais nenhuma das nossas meninas que participaram do transporte. À tarde, vi somente Poppinka, enquanto passava por nosso Abrigo e se dirigia ao trem. Despedimo-nos dela novamente e lhe demos quatro Buchteln, *que eram o nosso jantar. Sua mãe chorou de emoção. Eva Weiss lhe deu algumas maçãs e a sra. Mühlstein lhe deu dois saquinhos com pão de mel e biscoitos. Um dos saquinhos era para seu irmão de 7 anos de idade. Poppinka chorou. Naquele momento, sua coragem a abandonou. Zajiček de um lado e Flaška do outro acompanharam-na, pois ela não conseguia enxergar através das lágrimas. Nesse momento, estou deitada na cama e elas, talvez, já tenham chegado a algum lugar.*

"*À noite, ao deitarmos em nossas camas*", escreveu Ruth Gutmann em um texto, "*sempre sentíamos falta de alguém. Eram as meninas que haviam partido. E pensávamos: O Quarto 28 nunca mais será o mesmo.*"

O choque foi profundo. Os dois transportes feitos em setembro foram os primeiros transportes em seis meses. Neles, partiram mais de 5.000 pessoas do gueto: 4.769 judeus tchecos, 124 judeus alemães, 83 judeus austríacos e 11 judeus holandeses. Entre eles havia 327 crianças com menos de 15 anos de idade. A escolha dos prisioneiros não havia sido acidental. A SS havia cuidado disso. Entre eles estavam muitos membros da guarda do gueto, que havia sido dissolvida um pouco antes, além de muitos homens jovens e vigorosos e suas famílias, que estavam ligados à resistência tcheca. Aparentemente, isso visava enfraquecer a resistência dos prisioneiros de Theresienstadt para evitar eventos semelhantes aos ocorridos no gueto de Varsóvia. Somente mais tarde ficamos sabendo que ainda existia outra intenção por trás disso.

No Quarto 28, ficaram livres os estrados das camas de Pavla Seiner, Zdenka Löwy, Olile Löwy e Ruth Popper. "De repente, algo estava faltando no quarto", diz Handa sobre a nova situação. "E não eram somente as meninas, das quais tantos gostávamos. Todas nos faziam falta. Nosso grupo era como um reloginho, e cada uma de nós era uma peça do relógio, algumas menores e outras maiores. Cada uma de nós colaborava com um pouco de sal ou de pimenta, fazendo do quarto algo especial. Para mim, no entanto, a perda de Pavla foi um grande choque. Eu gostava muito dela e acredito que ela era uma menina da qual muitos gostavam. Pavla era o ponto central de nossa pequena sociedade. Eu me lembro da tristeza que seu estrado vazio me causava."

Terça-feira, 7 de setembro de 1943

Milka foi morar conosco. Ela dorme no estrado que pertenceu à Elinka. Eu durmo no estrado que pertencia à Zdenka e Ela dorme ao meu lado. Nós arrumamos tudo e deixamos tudo bonito. Junto à parede colocamos uma estante para colocar roupas, fechada por uma cortina e, sobre ela, um painel para decoração. Preciso deixar minhas coisas em ordem, pois sempre existe a possibilidade de um novo transporte. Todas as pessoas podem ser convocadas para o transporte, ou nenhuma. Nós não sabemos o que os alemães estão tramando."

O laço de amizade que unia as meninas havia se tornado mais forte e as provas de amizade aumentaram. Todas queria deixar as outras felizes, confirmando a amizade entre elas. 'Devo admitir que hoje gosto mais de Ela do que antes', afirmou Helga. 'Nós pretendemos trocar um anel entre nós, como prova de nossa amizade.'

O quarto foi colocado em ordem, algumas coisas reorganizadas. Helga colocou a fotografia de sua mãe na pequena prateleira fixada à parede, e enfeitou seu estrado com sua almofadinha colorida, que ela chamava de "Dunga", em homenagem ao mais jovem anãozinho do conto de fadas Branca de Neve e os Sete Anões, *adaptado por Walt Disney."*

A vida continuava. Cada um enfrentava o medo à sua maneira. Alguns passaram a se apegar ainda mais às tarefas do dia a dia, que era mais fácil de tolerar, apesar de todas as adversidades. A rotina, pelo menos, era mais fácil de suportar do que o medo de ser convocado para um dos nefastos transportes, com destino desconhecido.[9]

Quinta-feira, 9 de setembro de 1943

Eu gostaria de descrever como são as coisas aqui e como transcorre o nosso dia. Temos três blocos de beliches de madeira, de três andares, um beliche duplo, um beliche simples e um beliche com seis camas. Em frente à porta, temos um caixote para os casacões e, do lado da porta, temos um guarda-roupa. No canto do quarto existem ganchos para pendurar nossas toalhas e saquinhos com artigos para higiene pessoal. Lá também existe um armário para louças e duas prateleiras para nossa louça comum. No meio do quarto há uma mesa com dois bancos e duas cadeiras velhas. Sob a janela há uma sapateira.

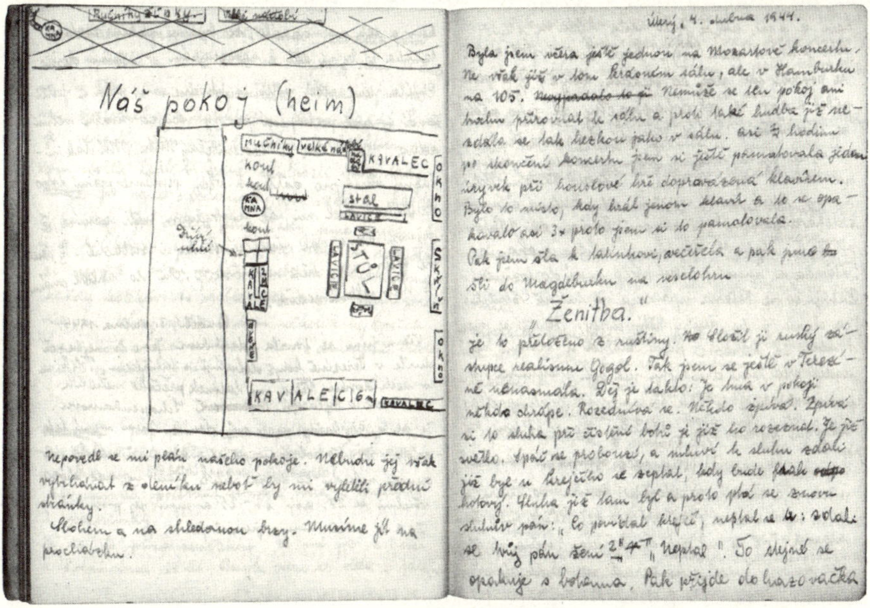

Página do diário com o desenho do quarto 28.

Assim que levantamos, começamos a arejar as roupas de cama. – "Vamos levantando! Hoje vou arejar as roupas de cama na janela", grita uma das meninas. "Como assim? Hoje não é dia de vocês arejarem a roupa de cama sobre a mesa?", grita a outra. "Ah, eu vou arejar a roupa na janela, em segundo lugar, depois de Lissau!". – "Ah, mas eu reservei a janela para mim!".

Quase todas se vestem lentamente. "Zajiček, levante-se, já são quase 7 horas da manhã!" – "Fiška, vista-se, as outras já estão de rosto lavado." – Todas já voltaram do lavatório. – "Primeira turma, recolham tudo!" –"Quem está encarregado do Toranut *hoje?" – "Didi, já faz muito tempo que você não faz o* Toranut*!" – "Ah, eu não posso carregar peso."*

Demora uma eternidade até que alguém defina quem está encarregada de buscar a comida para todas as meninas. O pessoal encarregado da faxina arruma o quarto, enquanto as demais ficam sentadas nas camas, conversando ou arrumando suas coisas. Algumas meninas enfiam rapidamente alguma comida na boca, embora isso seja proibido. Se uma educadora nos visse, nos poria de castigo. Às 9 horas da manhã nos sentamos ao redor da mesa e tomamos nosso café da manhã. Esta semana não temos aula. Podemos ficar meia hora sentadas à mesa. Tella dá a ordem: "Tirem tudo o que se encontra sobre a mesa! Saiam um pouquinho, enquanto limpamos tudo aqui. Depois eu digo a vocês o que faremos."

Disseram-nos para levar algum trabalho para fazer no jardim. As meninas demoram certo tempo para sair, e a maioria resolve ficar no quarto. "Eu não vou sair, estou com frio!" – "Eu não vou carregar tudo isto para baixo!" – "Eu não tenho nada para vestir!" Cada uma encontra um motivo para não ter que descer ao jardim. O motivo principal, que ninguém confessa, é que todas nós somos muito preguiçosas e só queremos ficar largadas nas camas. Agora, se nos acenassem com a visita de garotos, quase todas nós sairíamos correndo, como galinhas alvoroçadas.

Das 22 meninas, somente 10 descem para o jardim, onde ficamos sentados em carteiras escolares. Em cada canto do jardim existem esses bancos, que nós juntamos para formar um quadrado. Ficamos sentadas bem juntas, para não sentir frio, enquanto conversamos, cerzimos nossas roupas e meias, tricotamos, jogamos cartas ou fazemos outras coisas.

Assim, passam duas horas, que nos parecem ser meia hora, até que a cabeça de uma das educadoras apareça na janela, gritando: "Hora do almoço! Quem está encarregada do Toranut*?" – "Eva Stern, de novo?" – "Algumas de vocês devem ir buscar a comida imediatamente, ou não teremos nada para comer. Você também vai, Eva Winkler!" – "Eu não posso carregar peso!" E Rutka: "Mas fazer malabarismos na* Bastei*, isso você é capaz de fazer!" E novamente ouve-se a voz da educadora, que chama cada uma das meninas, mas nenhuma atende ao chamado. E quando chega a vez de Helena, que faz de conta que não ouve, as meninas exclamam com uma voz bem doce: "Ah, coitadinha da Heleninha,* *deixe-a em paz. Ela está fazendo suas lições de História. Ela não suportaria ter que interrompê-las." Todas nós estamos irritadas. Precisamos nos controlar. Eu gosto quando Helena fica brava e começa a chorar alto, parecendo um bando de hienas uivando. A choradeira é seguida por alguns comentários mordazes e, em seguida, ouvimos a voz suave de Helena dizendo: "Como vocês se sentiriam se fosse com vocês?" Finalmente, Helena vai junto buscar comida, com a cara fechada e chorando.*

*Após 15 minutos, nos chamam para subir. Após o almoço, o To*ranut *arruma tudo e as outras meninas vão visitar seus pais. Às 2 e meia da tarde devemos estar de volta ao Abrigo. Se o tempo estiver bom, iremos até a* Bastei, *mas sempre contrariadas. "Eu não quero correr!" – "Meus sapatos estão apertados!" – "Estou sem vontade!" Estas e outras desculpas esfarrapadas, como sempre. Mas, uma vez na* Bastei, *ninguém mais quer ir para casa.*

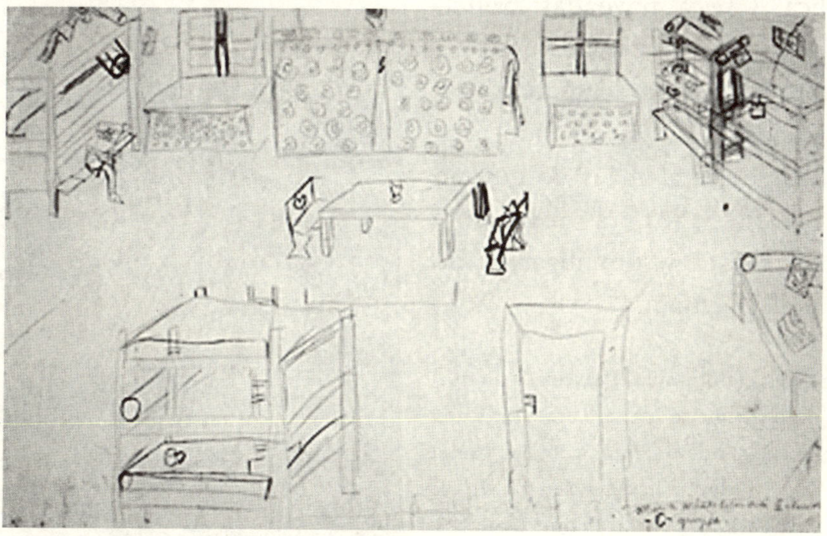

Quarto 28, um desenho de Maria Mühlstein.

À noite, voltamos para junto dos pais. Às 20h45 devemos estar no Abrigo, lavadas. Ou às 20h15, se não estivermos lavadas e limpas.

Muitas vezes, há algum programa noturno e, então, já devemos estar lavadas e deitadas às 8 horas da noite. Quando não temos uma programação noturna, não nos apressamos, fazemos tudo bem devagar e conversamos, e ninguém se lembra de trocar de roupa. E as educadoras dão bronca: "Já para a cama! Em 5 minutos apagaremos as luzes, estejam vocês vestidas para dormir, ou não!" Aí começa a correria e, depois de 15 minutos, tudo está escuro. De vez em quando, ouve-se uma risada abafada e uma ou outra palavra sussurrada. Depois de alguns minutos, não se ouve nada além da respiração regular das meninas dormindo.

Além de Milka (seu nome verdadeiro era Bohumila Poláček), duas outras meninas vieram para o Quarto 28: Vera Nath e Hana Wertheimer, chamada de Hanka. As três meninas se conheciam desde Praga, para onde tinham fugido. Hanka era de Znojmo e Vera era de Opava. Ambas as cidades ficavam na terra dos Sudetos, ou seja, pertenciam às regiões da República Tcheca povoadas principalmente por alemães, junto à fronteira com a Alemanha. Essas cidades já haviam sido ocupadas pelos alemães no outono de 1938. Milka era proveniente de Chrášťany, um lugarejo no sul da Boêmia.

Milka (Bohumila) Poláček (à direita) no jardim de sua casa em Chrášťany (no sul da Boêmia), com sua prima Hanna Lederer, seu pai Vojtec Polaček, seu primo Hanus Lederer e seu irmão Jiri (à frente).

A chegada das três novatas ao Quarto 28 despertou antigas lembranças nas meninas que as conheciam quando estavam em Praga. Lembranças, principalmente do tempo que passaram juntas no campo de esportes judaico "Hagibor". Lá, Pavla Seiner e Hanka Wertheimer, duas meninas grandes e atléticas, estavam entre as melhores jogadoras de queimada. Principalmente Hanka, que todos queriam ter em sua equipe, pois ela conseguia correr muito rapidamente e era capaz de pegar bolas difíceis, além de arremessar com muita força.

Hagibor – para aqueles que se encontravam no campo de esportes judaico, em Strašnice, entre 1940 e 1942, e que sobreviveram ao Holocausto, esse lugar é uma metáfora para esperança e fé. Em meio ao ódio, às proibições, à perseguição e ao medo, Hagibor era uma ilha, na qual a palavra "futuro" era cheia de vida, e onde a autoestima das crianças judias, impiedosamente destruída, era fortalecida. "A Hagibor eu associo momentos felizes", lembra-se Hanka animada. "Hagibor ficava muito distante de nosso apartamento, e muitas vezes percorri o longo caminho a pé. Às vezes, quando eu não tinha a companhia de uma amiga, eu escondia a estrela amarela sob a roupa e ia para lá de bonde. Para não levantar suspeitas, eu ia até outra estação (onde ficava o cemitério) e de lá voltava correndo para a estação de Hagibor. Mas é claro, eu sempre sentia medo."

Então, durante certo tempo, o medo foi esquecido. Enquanto praticavam esportes, cantavam ou brincavam em grupo, as crianças que compartilhavam o mesmo destino conseguiam deixar de lado a imensa pressão que pairava sobre todos. "Em Hagibor éramos quase felizes", dizia Eva Landová. "Nesse campo de esportes ainda conseguíamos ter uma vida quase normal. Praticávamos esportes tais como atletismo, ginástica acrobática, e no inverno podíamos patinar no gelo. Às vezes, havia tantas atividades que mais parecia uma olimpíada. Eram organizadas diversas competições e jogos variados. Dançávamos e cantávamos, principalmente canções sionistas." Ela ainda acrescenta: "Ao final da tarde, cozinhavam uma sopa de batatas em fogo aberto. Eu gostava muito disso e lembro-me até hoje do sabor dessa sopa de batatas".

No campo de esportes "Hagibor", a palavra hebraica que quer dizer "herói", reinava uma sensação de paz. Lá, o foco não eram apenas as atividades desportivas, e isso já era sinalizado pelas cores dos uniformes esportivos: azul e branco, as cores que representam o sionismo.

Ali, o mais importante era transmitir esperança e coragem às crianças, preparando-as para uma vida em *Eretz Israel*, a Terra Prometida. As crianças aprendiam o alfabeto Morse, praticavam nós e amarras, e às vezes ouviam-se comandos militares em hebraico: "*Smola pne, yemina pne, kadima tzaad*" – "Esquerda, direita, marchando na cadência, parar!" – enquanto as crianças obedeciam às ordens de seus líderes de grupo (as líderes das meninas de 10 a 12 anos de idade eram Nita Petschau e Dita Sachs).

Às vezes, 300 a 400 crianças se formavam em fileiras, e o famoso líder de Hagibor e líder das organizações da juventude sionista do Hechaluz, Fredy Hirsch, com seu cachimbo na mão, assumia o comando. Sempre que Fredy aparecia, tudo parecia mais amigável. As crianças amavam aquele homem jovem, de porte atlético e cabelos pretos ondulados e brilhantes. Ele sempre trazia um sorriso nos lábios e uma palavra de incentivo. Não importava que as palavras proferidas por ele em tcheco, com forte sotaque, denunciassem sua origem. Fredy Hirsch, o imigrante judeu da Alemanha, tinha algo importante a dizer. Todos sentiam isso. Com paixão, ele se colocou a serviço de uma causa que dizia respeito a todos.

"Quando um jovem judeu toma a decisão de viver para o seu povo, ele deve aprender o Hascharah, deve tornar-se um trabalhador em *Erez Israel*, conquistar o solo e, antes de tudo, superar seu medo e sua inércia, praticar esportes e ginástica, fortalecer seu corpo e seguir o impulso competitivo."[10] Era isso que às vezes podia ser ouvido no campo de esportes judaico. Fredy Hirsch era um orador carismático e muitas crianças se transformaram em sionistas convictos apenas por sua influência. Todos que o conheceram lembram-se dele até hoje. "Para nós, Fredy era quase um deus. Nós até chegamos a cantar uma canção sobre isso, ao som da melodia da canção folclórica tcheca 'U Mravenči skály dva trempové stáli' ou 'Junto à Montanha das Formigas estavam dois viandantes'. A canção dizia o seguinte: "A vida seria cinzenta sem o apito de Fredy. Ele apita de tal maneira, que empalidecemos". "Essa canção era entusiasticamente repetida por nós", conta Eva Landová. E Vera Nath diz: "Para sempre vou lembrar de quem guardei em meu coração. Esse alguém é Fredy Hirsch. Quanta coisa boa ele fez por nós! Em Praga, ele nos presenteou com um verão maravilhoso".

Fredy Hirsch no campo de esportes judaico "Hagibor", em Praga.

Fredy Hirsch sempre foi um jovem atleta apaixonado, membro ativo do Movimento Escoteiro judaico e defendia os ideais sionistas, que se tornaram ainda mais importantes para ele com a chegada dos nazistas ao poder. Perseguido pelos nazistas por ser judeu e homossexual, Fredy fugiu para a Tchecoslováquia em 1935, onde se juntou a grupos sionistas (Makkabi Hatzair, Hechaluz) e se tornou *Madrich**.

Fredy Hirsch nasceu em 11 de fevereiro de 1916, em Aachen. Ainda garoto, ingressou no Grupo de Escoteiros Judeus da Alemanha (*Jüdischer Pfadfinderbund Deutschlands*, JPD). Os ideais dessa grande organização da juventude judaica passaram a ser, para ele, as estrelas-guias de toda sua vida: *a educação para a tolerância, solidariedade e democracia; o exercício físico para atingir o desempenho máximo; a disciplina severa e voluntária; o autocontrole; a responsabilidade pela comunidade e a prática diária de uma boa ação*. E, não menos importante, a *preservação do judaísmo*. Para Fredy Hirsch, ela passou a ser sua responsabilidade histórica, sua missão pessoal. Esse foi o motivo pelo qual ele não emigrou para

*. Instrutor, em hebraico. (N. da T.)

a Bolívia, juntamente com sua mãe e seu irmão (o pai havia falecido em 1926), depois que Hitler subiu ao poder. Em 1935, aos 19 anos de idade, Fredy Hirsch optou por fugir para Praga.

Como sionista e esportista de destaque, Fredy Hirsch associou-se à organização judaica *Makkabi* na Tchecoslováquia, e à Liga da Juventude *Maccabi Hatzair*, a associação Jovens Macabeus. Enquanto o clube esportivo Maccabi tinha uma natureza predominantemente desportiva, a Liga da Juventude *Maccabi Hatzair* baseava-se tanto nos ideais do escotismo, como nos ideais sionistas. Como suborganizações da associação patronal sionista *Hechaluz* (Pioneiro), a Liga *Maccabi Hatzair* tinha como sua principal tarefa preparar os jovens para sua imigração (*Alijah*) para a Palestina, através de cursos de reciclagem sobre Agricultura (*Hascharah*). Depois de uma curta estadia em Praga, Fredy Hirsch mudou-se para Ostrava. Em outubro de 1936, mudou-se para Brno, a capital da Morávia, onde passou a dividir um apartamento com Willy Groag, irmão de Lev Groag, e com Menachem Menceles, no número 28 da praça Náměstí. Naquela época, era oficialmente o treinador do Clube de Esportes *Makkabi*. Porém, também trabalhava com grande afinco para a Juventude *Alijah* do Maccabi Hatzair, que tinha sua sede na rua Legionarská, na qual foi posteriormente instalada uma escola *Alijah*.

Pouco tempo depois, Fredy Hirsch, ao lado de Gonda Redlich, Willy Groag, Heinrich Klein, Dov Revesz e Gerd Köbel, era um dos organizadores mais importantes da Juventude *Alijah* na Boêmia e na Morávia. Também foi responsável pela escolha dos *halutzim* (pioneiros agrícolas) e para a escolha dos *madrichim* (professores e cuidadores) atuantes no movimento sionista, além de ministrar cursos de reciclagem (*Hachscharas*). Com o mesmo entusiasmo, Fredy organizava festas esportivas judaicas no campo de desportos judaico em Brno-Pisárecký, as "Macabíadas" ou festivais desportivos judaicos, que ocorriam desde 1932 em Tel Aviv, inspirados nos Jogos Olímpicos.

Em 1939, Fredy Hirsch mudou-se para Praga, onde a participação da população judaica aumentou de 45.000 para aproximadamente 56.000, em decorrência do grande número de fugitivos provenientes da Alemanha, Áustria e da terra dos Sudetos, entre 1933 e 1938. Em agosto de 1939, Adolf Eichmann, o chefe da filial do Escritório Central para Emigração Judaica em Praga-Střešovice, determinou que todos os judeus oriundos das Províncias fossem paulatinamente concentrados na capital.

Até o outono de 1941, o governo do *Reich* ainda insistia na retirada dos judeus da Alemanha e dos territórios ocupados. Essa meta também foi comunicada às organizações judaicas mediante o Artigo 2 da 10ª Disposição da Lei da Cidadania do *Reich*, de 4 de julho de 1939. *O nosso interesse e o interesse de cada indivíduo judeu deve ser direcionado para a emigração e para a preparação da emigração*, estava escrito na capa da primeira edição do Boletim de Notícias Judaico (Židovské Listy). Esse era um órgão de imprensa, iniciado e controlado pelos ocupantes alemães, e editado oficialmente pela Comunidade Judaica e pela Organização Sionista de Praga. *Todo o judeu que tenha a oportunidade de emigrar, deve entrar imediatamente em contato com o Departamento de Emigração da Comunidade Judaica, em Praga 5, Josefská 9, ou com o Departamento da Palestina, em Praga 1, Dlouhá 41, que o auxiliarão em questões de emigração.*

A emigração para a Palestina, a preparação para *Erez Israel*, também passou a ser o ponto central do trabalho de Fredy Hirsch em Praga.

O nosso trabalhador é como um pioneiro que parte para o deserto enfrentando terras áridas, transformando-as em terra fértil para seu povo, para que sirva de velha-nova pátria, lia-se no *Jornal de Notícias Judaicas*, em 8 de dezembro, em um artigo escrito por Fredy Hirsch sobre as atribuições de *Maccabi Hatzair*. Fredy Hirsch, um orador carismático e inflamado, frequentemente proferia palavras semelhantes quando discursava em público. Quando um jovem judeu toma a seguinte decisão: *Eu quero viver para o meu povo, ele deve se-*

guir o Hascharah*, deve tornar-se um trabalhador em* Erez Israel*, conquistar o solo e, antes de tudo, superar seu medo e sua inércia, praticar esportes e ginástica, fortalecer seu corpo e seguir o impulso competitivo.* Sob a influência de Fredy Hirsch, muitas crianças transformaram-se em sionistas convictos. Ele nunca será esquecido.

Praticamente todas as crianças judias de Praga haviam-se encontrado, em alguma ocasião, no campo de esportes Hagibor e na Escola Judaica na *Jáchymová*, onde começaram muitas das amizades que, mais tarde, seriam continuadas em Theresienstadt. Hanka, Milka e Vera encontraram muitos rostos conhecidos, e não tiveram dificuldades em integrar-se na comunidade.

Vera Nath chegou à Theresienstadt em 6 de junho de 1943, e ficou feliz por encontrar refúgio no Abrigo para Meninas, no Quarto 28. O medo ainda a dominava: como por milagre, ela e sua família escaparam do transporte de setembro. Eles já haviam passado o portão, a bagagem já havia sido despachada, quando se aproximaram de um vagão e um homem jovem, que não queria deixar sua mãe partir sozinha, entrou e ocupou, assim, o número máximo de prisioneiros, 2.500 pessoas. As portas do vagão foram fechadas e a família Nath, sem hesitar ao menos um segundo, virou-se e saiu do local. Vera era uma menina muito bonita: pequena, com olhos escuros e delicados, muito reservada. É difícil dizer se esta última qualidade era inata ou se era a consequência de experiências vividas. "Eu parei de procurar amizades bem cedo", diz Vera hoje. "Todos os meus amigos desapareceram para sempre. Em Praga, eu tinha uma grande amiga, Suse Pick, de Žatec. Ela foi deportada para Litzmannstadt, junto com sua família. Depois, estive em um grupo onde havia dois meninos da minha idade, Rus e Jerry, filhos de um jogador de futebol. Muitas vezes brincamos juntos no velho cemitério judaico. Eles tinham a cidadania americana, pois haviam nascido nos Estados Unidos, e não eram obrigados a usar a estrela amarela pregada na roupa. Às vezes, me traziam sorvete da loja de mantimentos, quando o sorvete já havia sido proibido para os judeus. Os dois garotos também desapareceram de um dia para o outro. Nunca mais ouvi falar deles."

"Isso é uma coisa terrível: quando os amigos que você acabou de conquistar simplesmente desaparecem e você não sabe onde foram parar. E você nunca mais saberá deles novamente." Foi assim que Vera se transformou em uma pessoa incapaz de apegar-se a alguém e que, conscientemente, evitava fazer novas amizades. Em Theresienstadt, Vera estava com seus pais e sua irmã, e isso era o mais importante. Só mais tarde ela se abriu para novas amizades, quando começou uma nova vida em Israel, onde decidiu dar aos filhos tudo o que ela não tivera durante sua infância. "Quando tive meus filhos, o mais importante para mim foi que eles não fossem forçados a mudar de classe e de escola. Eu não queria que fossem arrancados de seu meio habitual. Queria que não perdessem seus amigos e que não precisassem sempre fazer novas amizades."

Vera Nath nasceu em 25 de março de 1939, em Opava, a capital da Silésia-Morávia, perto da fronteira tcheco-polonesa, 4 anos após o nascimento de sua irmã Hana. O pai, Hermann Nath, era de origem russa e negociava com tapetes e produtos têxteis. A mãe, Elisabeth Nath, nome de solteira Kolb, era de Schopron, na Hungria.

No ano de 1939, Opava tinha cerca de 35 mil habitantes,

Vera, por volta dos 4 anos de idade. Esta é a única fotografia existente de Vera, tirada no período que antecedeu a guerra.

dos quais 80% eram alemães, cerca de 18% eram tchecos e menos de 2% eram judeus. Desde a fundação da Primeira República Tcheca, em 1918, a simbiose entre as culturas alemã, tcheca e judaica em Opava aumentou consideravelmente. A cidade foi considerada um dos principais centros culturais do norte da Morávia. Alguns artistas, os quais Vera encontraria mais tarde em Theresienstadt, vinham desse ambiente culturalmente propício, entre eles o pintor Leo Haas e o "menino prodígio do violino", Paul Kling.

Embora a maior parte da população (até 1918, Opava fez parte da dupla monarquia austro-húngara) falasse alemão e se sentisse ligada ao círculo cultural da língua alemã, muitos também se sentiam como parte da República Tcheca, principalmente a população judia, pois prezavam muito o primeiro presidente, Tomás G. Masaryk.

Dos primeiros anos de sua infância, Vera tem somente boas recordações. A família viajava muito – para a Hungria, Iugoslávia ou para a Špindlerův Mlýn, nas Montanhas dos Gigantes. Em 1936, quando Vera tinha 6 anos de idade, o clima político começou a mudar. A ideologia nacional-socialista havia se espalhado entre a população de origem alemã. A cada vez, ouviam-se mais vozes dos alemães sudetos, que exigiam a anexação à Alemanha.

Os pais de Vera, no entanto, davam mais ênfase ao seu compromisso com a República Tcheca. Quando Vera entrou na idade escolar, ela não foi para uma escola alemã, como sua irmã mais velha Hana, e sim, para uma escola tcheca. Para Vera, que até então só falava alemão, isso significava aprender a língua tcheca o mais rapidamente possível. Este foi o primeiro tropeço em sua biografia, mesmo que inofensivo.

Durante dois anos, o mundo de Vera continuou em ordem. Então, chegou o mês de março de 1938 e, com ele, a anexação da Áustria, trazendo consigo um verão político um tanto quente. "Voltávamos das férias na Iugoslávia, de onde eu trazia uma tartaruga. Estávamos em casa há menos de dois dias, quando papai chegou em casa muito alvoroçado, dizendo: 'Precisamos ir imediatamente para a Eslováquia. Provavelmente haverá um plebiscito. Será melhor não estar por aqui'. Ainda me lembro disso muito bem. Eu fiquei muito triste, pois precisei deixar para trás a minha tartaruga."

Vera, sua mãe e sua irmã passaram pouco menos de duas semanas em Trenčin, na Eslováquia Ocidental, enquanto seu pai voltava para Opava, a fim de avaliar a situação. Como ela parecia ter-se acalmado, todos voltaram para casa. "Porém, algumas semanas depois, começou a invasão alemã e, de um dia para o outro, fugimos. Inicialmente, fomos para a casa do irmão de meu pai, tio Leopold, em Brno. Depois, fomos para a Morávia-Ostrava."

Em Ostrava, Vera passou a frequentar uma Escola Judaica e, novamente, foi necessário reaprender. *"Lá, falavam tcheco, mas um tcheco bem diferente daquele que eu havia aprendido, e do qual não gostava nem um pouco. Lá, eu fui muito infeliz. Eu frequentava o terceiro ano escolar e nem havia terminado esta série quando os alemães também invadiram Ostrava. Foram queimadas sete casas de oração e, novamente, fugimos para Praga."* Em Praga-Holešovice, a família Nath finalmente conseguiu um apartamento, e Vera foi para uma nova escola. "Essa escola eu também não frequentei até o fim, pois houve uma epidemia de escarlatina e paralisia infantil. Fiquei sete semanas internada em um hospital, com escarlatina. Isso foi no verão de 1940. Em setembro de 1940, no início do novo ano escolar, os judeus já estavam proibidos de frequentar escolas públicas."

Vera passou a receber aulas particulares e conheceu novas meninas, entre elas Pavla, Ela Stein, Hanka Weingarten, com as quais se encontrava em Hagibor. Seus pais, por sua vez, não mediam esforços para conseguir os documentos necessários para a emigração. A família era abastada, possuía diversas casas e a empresa têxtil "Irmãos Nath". Há tempos seus bens tinham sido confiscados, a emigração da família Nath tinha sido proibida e não havia capital disponível. Somente quando suas propriedades foram oficialmente arianizadas, a família recebeu a permissão para emigrar. Mas aí já era tarde demais. Quando receberam o visto e já estavam de posse das passagens de navio para o Chile, as fronteiras foram fechadas. "Após a guerra, soubemos que o navio que nos levaria para o Chile, o Goral, passou por cima de uma mina e explodiu. Não houve sobreviventes."

A rede assassina fechava-se cada vez mais ao redor deles. A comunicação com todos os parentes maternos, que viviam na Hungria, ficou impossível. A última notícia que receberam foi a de que a família do irmão de seu pai, Leopold Nath, que vivia em Brno, havia sido deportada para Litzmannstadt no primeiro transporte. Em 1940, a família morava na Cidade Velha de Praga, na Kaprová 13, num espaço exíguo, juntamente com outras quatro famílias. Uma família depois da outra era deportada. Finalmente, chegou a vez da família Nath. Aquele foi um dos últimos transportes que saiu de Praga. Pouco depois, o emblema do transporte estava colado no álbum de Vera, com os seguintes dizeres: "Em uma manhã ensolarada, fomos andando pelas ruas de Praga, carregando nossas mochilas. Era o dia 6 de julho de 1943. Ao redor do pescoço penduramos o número do transporte... Após dois dias, chegamos à Theresienstadt."

Em julho de 1943, quanto Vera chegou à Theresienstadt, **Hanka Wertheimer** já estava no gueto há três meses. Durante as primeiras semanas após a sua chegada, ela tinha morado com sua mãe, em um quarto pequeno, que dividiam com outras 20 pessoas. Foi assim até que Rita Böhm, a prima de sua mãe e cuidadora no Abrigo para Meninas, arranjou um lugar para Hanka no Quarto 28, o Abrigo "mais bem cuidado", como ela disse para Lily Wertheimer, ao ver que esta estava preocupada em deixar sua filha aos cuidados de pessoas estranhas.

No Quarto 28, Hanka, uma menina forte e esportiva, foi imediatamente aceita, não só por aquelas que a conheciam de Praga, como Eva Landová. Seu jeito descontraído e sua risada franca, que a haviam guardado de todo mal, contagiavam todo mundo, assim como sua personalidade e caráter especiais. Hanka era uma pessoa que sabia exatamente o que queria. Queria ir para a Palestina.

Há anos, ainda em Praga, onde ela e a família foram parar após a fuga de sua cidade natal Znojmo, Hanka tinha ao seu redor um grupo de amigos, cujas esperanças e pensamentos estavam direcionados para o sionismo.

Hanka reencontrou muitos desses amigos em Theresienstadt e passou a encontrar-se com eles regularmente, a cada sexta-feira, no pequeno barraco situado no pátio do Abrigo para meninos L 417. Esse grupo autodenominou-se "Dror", que quer dizer "pássaro" em hebraico, um símbolo da liberdade. Seus membros aprendiam hebraico, ampliavam seus conhecimentos sobre a lavoura, liam livros sionistas e discutiam bastante. O grupo sonhava com um futuro melhor em *Erez Israel*. Hanka já fazia isso desde a sua infância. Essas ideias sempre fizeram parte de sua vida.

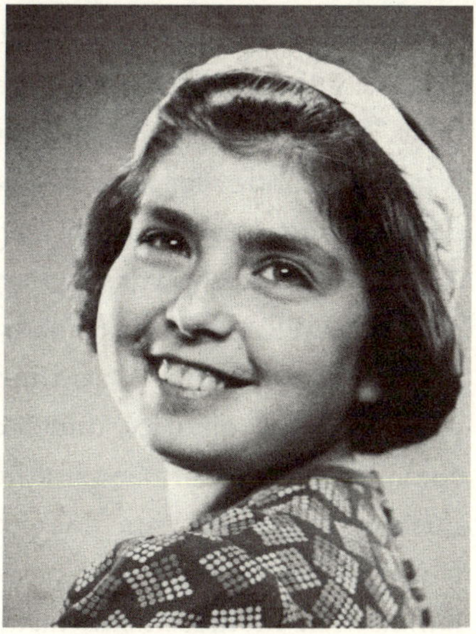

Hanka Wertheimer.

Hanka Wertheimer nasceu em 12 de dezembro de 1929, em Znojmo, uma cidade industrial no sul da Morávia, onde a família paterna possuía uma tradicional fábrica de conservas, na qual eram feitas conservas com os famosos pepinos de Znojmo, além de chucrute. A fábrica era uma empresa familiar que, além do pai de Hanka, Fritz Wertheimer, também pertencia a alguns de seus irmãos. Na alta temporada, a fábrica empregava até 300 pessoas.

Assim como a maioria das cerca de 50 famílias judias residentes em Znojmo, a família Wertheimer convivia muito bem com as culturas alemã e tcheca. A mãe de Hanka, Lily, nome de solteira Reich, era uma mulher muito progressista e emancipada para aquela época. Lily estudou filologia na Universidade Sorbonne, em Paris e, durante alguns anos, foi professora na Universidade de Brno, e tinha ideias e sentimentos cosmopolitas. Lily não foi somente uma das primeiras mulheres na Tchecoslováquia a ter um carro próprio, ela também o dirigia. Hanka se lembra de que na casa de seus pais, as ideias de Theodor Herzl sempre foram o tema central de conversas. "Não ampliem a fábrica. Não faz sentido investir em qualquer coisa em Znojmo", era o que o tio Hermann sempre dizia. "O dinheiro que vocês ganham com a fábrica, deveriam investir na Palestina."

Mas ninguém da família seguiu os seus conselhos. A família Wertheimer sempre foi muito ligada à pátria. Ela fazia parte dos 2,6% de judeus que viviam em Znojmo, uma cidade distrital no sul da Morávia, e que há gerações contribuíram com o desenvolvimento da cidade, além de terem feito um trabalho pioneiro para o desenvolvimento da indústria de alimentos em conserva. A fábrica também processava frutas, principalmente laranjas e cerejas. Delas, eram feitas as "frutas cristalizadas", que muitas vezes eram cobertas com chocolate. "Eu ainda me lembro de como isso era feito, pois quando era criança visitava a fábrica com frequência."

Como a maioria das crianças da classe média alta, Hanka e sua irmã mais velha Miriam, tinham uma babá. Seu nome era Mařka e, para Hanka, ela sempre será inesquecível. Mařka era cristã e proveniente de Ostojkovicé, uma aldeia perto de Znojmo. "Mařka era como uma segunda mãe para nós. Ela cuidava de nós com muito carinho, cozinhava para nós e estava sempre à nossa disposição. Muitas vezes ela nos levava para a sua casa. Eu me lembro que sua família vivia modestamente na aldeia. Mas as pessoas eram felizes e nos tratavam muito bem."

Durante a sua infância, nada indicava que no outono de 1938 os alemães invadiriam a terra dos Sudetos, dando início à sua obra destrutiva. "No meio da noite fugimos com um caminhão da fábrica. Primeiro fomos para a casa de parentes em Jihlava, depois para a casa de um tio em Prostějov e, de lá, fomos para Praga. Nós nunca mais voltamos para Znojmo."

Em 1939, Miriam, a irmã de Hanka, conseguiu fugir para a Palestina com a Juventude *Alijah*. Foi assim que ela conseguiu escapar na última hora da política antissemita que, dali em diante, passou a determinar o dia a dia da família Wertheimer. O primeiro choque ocorreu em 1940, quando o pai de Hanka desapareceu de sua vida de um momento para o outro. A Gestapo o levou consigo. Mařka, a babá, ainda trabalhava para a família, e continuou com eles, mesmo quando os tempos ficaram mais difíceis e quando Lily já não podia pagar seu salário. Quando os judeus foram proibidos de alugar um apartamento, Mařka alugou um apartamento de dois quartos em seu nome na Žitná 38, próximo à Praça Venceslau, para ser usado pela família Wertheimer. Nele morava, anteriormente, a família judia Pokorny, que emigrou para a América do Sul e o havia deixado para Lily Wertheimer. Isso só foi possível com a ajuda de Mařka.

Quando Hanka, no final do ano letivo de 1941, recebeu seu boletim, ela mal podia acreditar. "Eu era uma ótima aluna, mas a minha professora não queria que a melhor aluna fosse uma judia e, por isso, deu-me a nota 2, embora eu tivesse merecido a nota 1.** Eu fiquei muito decepcionada com isso. Minha mãe me consolou dizendo: 'Isso não é tão grave. Eu estou muito satisfeita com você. Não fique chateada com isso'. Mas eu fiquei muito triste porque a professora não valorizou meu desempenho e foi tão injusta comigo."

Na escola, na Štěpánská, Hanka conheceu uma menina lindíssima, Zora Šapšovičová, proveniente da Transcarpácia. "Às vezes, eu fazia uma visita a ela e sua irmã. E, é verdade: até então eu não sabia que os judeus também podiam ser pobres, eu não sabia que existiam pessoas que não têm dinheiro. Até o dia em que visitei Zora. Sua família era muito pobre, a casa toda cheirava a couro, pois

**. Em alguns países europeus (p. ex., na Alemanha), as notas escolares são atribuídas com valores de 1 a 5, sendo 1 a nota mais alta e 5 a nota mais baixa. (N. da E.)

o pai, que era sapateiro, trabalhava em casa. Eles falavam iídiche, que eu nunca tinha ouvido antes. Minha mãe me explicou que eles eram judeus emigrados do leste, e me contou um pouco mais sobre o judaísmo na região oriental. Eu gostava muito de Zora. Infelizmente, quando cheguei à Theresienstadt, descobri que ela havia falecido lá, vitimada pelo tifo."[11]

Em setembro de 1940, quando os judeus foram banidos das escolas tchecas, Hanka foi estudar na escola judaica, na Jáchymová 3. Logo fez bons amigos, entre eles Eva Landová, Eva Ginz, Marta Kende e o bonitão Hanuš Koretz. Como o seu caminho para casa passava pela Belgická, Hanka muitas vezes se encontrava com algumas crianças do orfanato, como Marta Fröhlich e seus irmãos. Com eles, Hanka frequentemente ia ao centro de esportes Hagibor. Hanka passou a se sentir bem somente quando estava cercada por seus amigos e familiares. Assim que ultrapassava os limites de seu *habitat*, que ficava menor a cada dia, a sua inocência e curiosidade infantis eram substituídas pelo medo. "Uma vez, fui ao cinema com Mařka, mas não consegui assistir ao filme até o fim, porque de repente tive a sensação de que todos me observavam e viam que eu era judia. Então, eu fugi. Também me lembro de estar com Mařka em uma feira, na Karlovo náměstí e, de repente, fiquei com medo e disse para ela: 'Mařka. Eu preciso sair daqui imediatamente. Eu ouvi quando um soldado alemão disse ao outro que eu sou judia'. Talvez isso nem tenha sido verdade, mas eu sempre me sentia sendo observada."

O medo sempre estava presente. Mesmo no caminho para casa, saindo do centro de esportes Hagibor. Ela precisava estar em casa às 8 horas da noite, o que não era fácil, uma vez que muitas ruas principais e praças do centro da cidade, tais como a praça Venceslau, o lado direito do rio Moldava, e a região ao redor do fosso (*Na přikopě*) eram proibidas para os judeus, obrigando-os a fazer longos desvios.

Depois, chegou o mês de maio de 1942, o assassinato de Reinhard Heydrich e a vingança dos alemães. Em Praga reinava o toque de recolher. Após as 20h00, ninguém tinha permissão para ficar nas ruas. A Gestapo fazia controles, até mesmo no prédio de apartamentos na Žitná 38. O zelador era obrigado a informar o nome das pessoas que moravam no prédio. Então, cada apartamento era inspecionado.

"Dois homens da SS, acompanhados de um cachorro grande, vieram ao nosso apartamento. Todos nós fomos obrigados a mostrar nossas carteiras de identidade. Minha mãe não conseguia encontrar a dela. Um dos homens da SS perguntou: 'Você é alemã?' – pois minha mãe falava alemão muito bem. E minha mãe respondeu: 'Não'. 'Você é tcheca?' 'Não.' 'Então, o que você é, afinal?' E minha mãe disse: 'Eu sou judia'. Então, o homem disse: 'Rápido, rápido, me mostre sua carteira de identidade!'

"Enquanto a minha mãe procurava sua carteira de identidade – e eu sabia o tempo todo onde ela estava, mas não sabia se ela não queria encontrá-la intencionalmente ou se realmente não sabia onde ela estava – o zelador disse aos dois homens uniformizados que inspecionassem somente os homens, e não mulheres: 'Aqui não moram homens, apenas três mulheres'. Por sorte, o zelador nos ajudou. Quando eu percebi que minha mãe realmente estava procurando sua carteira de identidade, eu lhe disse onde ela estava. Ela a apresentou ao homem da SS – que depois foi embora. Mas o medo ficou."

A ordem de transporte chegou em março de 1943. "Quando minha mãe me disse que havíamos sido incluídos em um transporte para Theresiensadt, a notícia não me pareceu tão ruim, pois minhas amigas e grande parte de minha família já estava lá. Para minha mãe, as coisas eram diferentes – eu senti que ela tinha medo do desconhecido."

Hoje, Hanka sabe o que sua mãe já sabia, naquela época. Pouco antes de sua deportação, ela soube que Fritz Wertheimer foi levado para Dachau pela Gestapo, onde foi morto a tiros após o atentado que vitimou Heydrich.

Hanka e sua mãe Lily chegaram à Theresienstadt em março daquele ano.

Hanka e suas amigas Resinka Schwarz e Miriam Rosenzeit, assim como alguns garotos do Abrigo 5, entre eles Jiřka Broll, Micha Honigwachs, Yehuda Bacon e o melhor amigo e primeiro amor de Hanka, Yehuda Huppert, chamado de Polda, faziam parte do grupo "Dror".

Quando Hanka caminhava com Polda em torno do quarteirão de L 410, podia estar certa de que muitos olhares curiosos a seguiam das janelas superiores. "Assim que uma das nossas meninas era vista passeando com um garoto na frente de nosso Abrigo, todas ficavam sabendo e logo iam para a janela para ver o que estavam fazendo", lembra-se Handa Pollak. "Estão de mãos dadas? Estão caminhando separadamente ou bem juntinhos? Estão se beijando? O que pretendem? Para onde estarão indo? Na verdade, pouco se via. Os casais eram muito jovens e tímidos. Geralmente mantinham meio quilômetro de distância entre eles. Mas, ainda assim, para nós tudo sempre era muito empolgante."

Principalmente quando Eva Landová e Harry Kraus passeavam na frente da casa. "Para nós, formavam um casal famoso, pois realmente namoravam e se encontravam com frequência. E Eva era uma verdadeira beldade", relata Handa, que ainda se lembra de quando "Eva tricotou um gorro para Harry, com pompons, que na época estavam em moda. Ele sempre usava aquele gorro, no inverno bem como no verão, pois ele a amava muito".

Eva e Harry tinham se conhecido em Praga, na escola judaica que ficava na Jáchymová, onde ambos frequentavam a quarta série no ano letivo de 1940/1941. Inicialmente, Eva sentiu-se lisonjeada pelo interesse evidente que Harry mostrava ter por ela, mas não levava a sério seus sentimentos, nem os correspondia. Tinha somente 11 anos de idade, e Harry foi o primeiro garoto que se apaixonou por ela. Harry era pequeno e atlético, por vezes muito engraçado e espirituoso, mesmo não sendo tão ambicioso na escola como Eva, que sempre estava entre os melhores alunos. Como ambos percorriam o mesmo caminho para ir à escola, encontravam-se com frequência antes e depois das aulas e, às vezes, passeavam pelo cemitério judaico, um dos poucos lugares além de Hagibor que ainda podia ser frequentado pelas crianças judias.

Naquele tempo, as crianças se transformavam em adultos mais rapidamente do que o normal. Sob a pressão dos acontecimentos, romperam-se as barragens que normalmente separam e protegem o mundo das crianças do mundo dos adultos, e que impediam que as crianças fossem confrontadas precocemente com a dura realidade. O motivo decisivo que aproximava e mantinha as crianças unidas deixou de ser a pura alegria de viver, a curiosidade, as brincadeiras e diversões, e passou a ser o medo. O medo e a necessidade imperiosa de sentirem-se amadas em um mundo onde foram marginalizadas e humilhadas.

Eva Landová.

Quando **Eva Landová** nasceu, em 25 de dezembro de 1930, o mundo ainda era pacífico e promissor. Rodeada por seus pais, Emil e Ilse Landa, sua irmã mais velha, Liesl, e a babá Stási, Eva cresceu em um grande apartamento, modernamente mobiliado, em um prédio imponente na U Smaltovny 18, em Letná, Praga 7. Lá havia um elevador e escadas em espiral que davam para o pátio, de onde volta e meia era possível ouvir as alegres canções entoadas pelos músicos de rua. Nessas ocasiões, Eva embrulhava rapidamente algumas moedas em um pedaço de papel, jogava-as pela janela da cozinha, na certeza de que os músicos de rua ainda tocariam uma música especialmente para ela.

A infância de Eva foi marcada pela prosperidade e pela segurança. Seu pai era o proprietário da empresa "Rosshaarstofe Landa Companie", que processava crinas de cavalo, e seus avós maternos, Nathan e Ernestine Klein, eram proprietários de um mercado atacadista de artigos de perfumaria. Mais tarde, Eva contaria: "Tudo estava na mais perfeita ordem. Meus pais eram pessoas muito esforçadas. Minha vida era bem organizada. Quase todos os dias eu ia com Stási para o parque Stromovká, que ficava nas proximidades. As férias de verão quase sempre eram passadas junto ao lago Máchá, em Staré Splavy. Os dias que passei lá me trazem boas lembranças". Aos 6 anos de idade, Eva foi para a Escola Fundamental Tcheca, na U Studanky, em Praga 7. Era uma boa aluna e, por isso, sua professora, Josephine Littmann, gostava muito dela. Eva, assim como milhares de crianças tchecas, também entrou para o clube de ginástica Sokol.

Hoje, é difícil dizer quando houve o prenúncio da grande mudança. As imagens mentais daquela época se embaralharam. Eva só consegue lembrar claramente de um fato: "De quando eu estava na rua com minha mãe, e os aviões com seus holofotes sobrevoavam Praga, iluminando-a. Ao vê-los, passei mal. Eu acho que, já naquela época, eu tinha um pressentimento de que algo de muito ruim iria acontecer".

Os músicos de rua, que gostavam de tocar no pátio da U Smaltovny 18, ainda conseguiam dissipar os sentimentos sombrios que pairavam sobre nós. "A guarda tcheca cuida de nossas fronteiras. Adolf, nem pense em nos invadir", cantavam os músicos naqueles dias, parodiando uma antiga canção popular tcheca. Dessa vez, Eva embrulhou em papel um número maior de moedas do que o habitual e as atirou aos pés dos músicos. Chegou o dia 15 de março de 1939, uma quarta-feira. Nesse dia, da janela de uma casa na U Smaltovny, que os moradores chamavam de "Pequena Berlim", pois era habitada por alemães, pendia uma grande bandeira com a suástica preta. Estava nevando e soprava um vento frio. Eva, como de costume, foi para a escola.

"Todos estavam agitados, tristes. Nossa professora nos contou sobre o destino de Napoleão, de sua ascensão e queda, e de seu terrível fim. Embora fôssemos ainda muito jovens, entendemos imediatamente que ela, na verdade, estava falando de Hitler."

Daí em diante, a família Landa debatia calorosamente sobre os prós e contras de uma emigração. A família tinha dinheiro e bons contatos comerciais, inclusive em Zurique, e poderia ter fugido. "Eu me lembro de que eu era contra a ida para Zurique, pois eu não queria frequentar uma escola alemã. Mas, é claro, esta não foi a razão da permanência de meus pais em Praga. Acredito que, para eles, era difícil deixar a pátria, abandonar tudo e fugir para o desconhecido. Hoje, eu entendo que essa decisão é muito difícil."

Além disso, a família Landa era otimista, e todos eram patriotas. "Acreditávamos firmemente que alguém como Hitler não seria capaz de se manter por muito tempo no poder. Acreditávamos que aquele horror acabaria em breve." Mas ele havia apenas começado. "Fomos proibidos de frequentar cinemas, teatros e concertos. Também fomos proibidos de ir a parques. Pouco tempo depois, somente podíamos andar de bonde no segundo vagão, e somente podíamos sentar quando todos os arianos tivessem um lugar para sentar. Finalmente, fomos proibidos de andar de bonde. Após as oito da noite, não podíamos sair de casa. Também não podíamos deixar a cidade onde morávamos e fomos proibidos de andar de trem. Todos os judeus foram demitidos do funcionalismo público, seus bens foram confiscados e todos os médicos e advogados judeus foram obrigados a fechar seus consultórios e escritórios. Os judeus também foram proibidos de contratar uma empregada doméstica, e também de conviver com os arianos. Além disso, suas contas bancárias foram bloqueadas. Fomos obrigados a declarar todos os objetos de valor – joias, instrumentos musicais, esquis, rádio. Os nossos animais domésticos foram confiscados. Eu tinha um canário, Punta, do qual tive que me desfazer. Eu ainda me lembro direitinho da rua e da janela de uma casa, onde tive que entregá-lo."

Em outubro de 1941 começaram os transportes – inicialmente para a Polônia, para o gueto de Lódz e depois para Theresienstadt. Em novembro/dezembro, quando os dois comandos de instalação deixaram Praga, a irmã de Eva, Liesl, também se juntou a eles voluntariamente, porque seu marido Franz Petschau (eles tinham acabado de se casar) foi obrigado a partir. Na primavera de 1942, seus avós Nathan e Ernestine Klein estavam na lista de transporte.

Chegou o mês de maio de 1942 e, com ele, o atentado sofrido por Heydrich e a vingança sangrenta dos nazistas, deixando a população tcheca imersa em temor e medo. Entre as inúmeras represálias dos nazistas pela morte de Heydrich, em 4 de junho, foram montados 10 grandes transportes de judeus para Theresienstadt. Na lista de transporte estava a família Landa.

Para Eva, a despedida de seu amigo Harry, com quem tantas vezes tinha se encontrado no cemitério judeu, foi muito difícil. Embora Eva não correspondesse aos sentimentos de Harry com a mesma intensidade que ele, ela o queria bem. Durante a despedida, Harry deu-lhe uma carta. "Eu estava tão emocionada, que me tranquei no toalete e chorei."

Em 28 de junho de 1942, por volta de 6 da manhã, Eva e seus pais chegaram com sua bagagem de 50 quilos (o máximo permitido) ao local de concentração dos judeus, junto ao Veletržní palác, o Palácio de Exposições. Três dias depois, na manhã do dia 2 de julho, o transporte seguiu em direção à Theresienstadt.

Fazia um belo dia de verão quando a família chegou à Theresienstadt. Na beira da estrada, havia muitos prisioneiros do gueto, que os observavam com olhar curioso. De repente, Eva reconheceu um de seus antigos vizinhos. "Era o sr. Reiser. Ele estava muito magro e pálido. Na manga da camisa ele usava uma faixa preta, um sinal de luto. Minha mãe apontou para a faixa e perguntou, com gestos e com o olhar, o que aquilo significava. Ele fez um sinal com a mão e entendemos prontamente. Sua filhinha Eva, de 7 anos de idade, havia falecido de sarampo. Eu tinha brincado muito com Eva. A família tinha vindo da terra dos Sudetos, e havia morado com meus avós. Nós tínhamos dado roupas para a menina e apoio para toda a família. Eu fiquei chocada e com medo. Então, eu disse a mim mesma: eu vou fazer de tudo para permanecer viva."

Três meses depois, Eva estava junto à janela do quartel Hamburgo, olhando para baixo e observando a rua e a multidão de pessoas que acabaram de chegar de Praga, em um novo transporte. Subitamente, ela viu Harry. "Eu fiquei tão agitada, que tive febre. A nossa amizade continuou. Eu passei a gostar dele cada vez mais."

Eva não esqueceu esses momentos. Mas esqueceu a dedicatória que Harry escreveu em seu caderno de recordações, em Theresienstadt. Se a sua amiga Handa não a tivesse lembrado, Eva hoje não saberia de nada disso. Seu caderno de recordações desapareceu alguns meses mais tarde, após sua chegada a Auschwitz. Nele estava escrito: "A vida flui como a água, e cada minuto perdido é um desperdício. Aquele que te ama, Harry".

Segunda-feira, 13 de setembro de 1943

A Itália capitulou e abandonou Hitler! Tralalá! Agora ele está sozinho, afundado em seus problemas! Mussolini brigou com o rei e entregou o governo aos demais. Mussolini está preso!

Eu adoro aprender. Estou no grupo A, que é o melhor grupo e que corresponde à terceira série do ginásio. Nós também aprenderemos latim. Entre 57 crianças, fiquei em terceiro lugar no teste de cálculo.

Segunda-feira, 20 de setembro de 1943

O dia de hoje foi maravilhoso! Não consigo parar de pensar nisso. Fui com papai a uma apresentação de François Villon – um poeta francês do século XV, um mendigo. As pessoas achavam que ele era mau. Ele odiava os ricos, pois eles eram considerados deuses. A peça é composta por trechos de suas baladas. O cenário foi pintado maravilhosamente. Villon foi apresentado como pantomima, mas não consigo descrevê-la e sei que nem consegui entendê-la. É uma peça lírico-épica, e também política. Chama-se A balada dos mendigos.

Quarta feira, 22 de setembro de 1943

Ela e eu agora somos como duas irmãs. Dividimos tudo, exceto a comida. Mas também compartilhamos o queijo, o leite e as especiarias. Eu gostaria que alguém, quem sabe um estudioso, respondesse à minha pergunta: O que é o nada? Mas o nada nem mesmo existe. Assim como não existe um vazio total, pois tudo contém alguma coisa. Rita deu-me uma resposta muito estúpida. Supostamente, o nada seria um átomo. Mas o átomo também contém alguma coisa. Eu também gostaria de saber outra coisa: Como uma pessoa é capaz de imaginar o infinito? Por exemplo, uma linha infinita ou o universo infinito? Por que existem seres vivos na Terra? Foi a natureza que o quis assim ou existe algo superior? Quem poderia me responder isso? Em quem eu posso acreditar? Ninguém sabe nada com certeza. Eu não acredito que a nossa Terra é o único planeta no qual existem seres vivos. Nesse espaço infinito, somos apenas uma minúscula ilha. E ela seria o único lugar onde existe vida???

Daqui a 5 minutos a luz será apagada, logo vou ter que parar de escrever. Amanhã escrevo mais. – A luz ainda não foi apagada. Eva nos prometeu deixar a luz acesa por mais um tempo, se ficarmos bem quietinhas. Isso é justo. Eu posso continuar escrevendo e não preciso começar tudo de novo amanhã. Eu desejo que o sonho da humanidade, de viver em paz, se realize. Quando duas pessoas vivem em uma pequena ilha, neste espaço infinito, elas se aproximam e se amam. E nós também somos apenas uma pequena ilha nesse espaço infinito. E estamos sempre em guerra, brigando por um espaço maior para viver e, se pudéssemos, também combateríamos outros planetas.

Um dia, talvez, sejamos mais sábios. Talvez reconheçamos que derramaremos sangue em vão, se estivermos sempre em guerra. Hoje Eva me disse que, um dia, serei uma pesquisadora. Mas eu acho que não. Após a guerra, não teremos dinheiro suficiente para isso. Mas, sempre que eu tiver uma oportunidade, irei estudar sobre isso.

Em 22 de setembro de 1943, faltava somente um dia para a estreia de *Brundibár* – e para o 22º aniversário do diretor musical Rudi Freudenfeld. No porão de L 410, Kamilla Rosenbaum, a coreógrafa de Praga, ensaia novamente alguns passos de valsa com os jovens do elenco. Tella está sentada ao piano, interpretando o gracioso "Valse lente cantabile", tocado pelo realejo de Brundibár. "Um, dois, três – as meninas com o pé esquerdo para a frente, o pé direito para fora, puxando o pé esquerdo para dentro. Os garotos ao contrário, sempre no compasso ternário, um-dois-três e ficar ereto, não deixem a cabeça pendendo para baixo, mantenham os braços na altura dos olhos, e o pé direito para trás, e o pé esquerdo virado para o lado, e rodando, rodando no compasso triplo. Prestem atenção nos passos, para não pisar nos pés uns dos outros." As crianças dançavam e dançavam, e giravam em círculo. O mundo girava ao redor delas. "Eu estava tão feliz!" Sempre que Ela conta da apresentação de Brundibár, em Theresienstadt, é como se o passado se transformasse no presente. "Eu fui correndo para onde estava minha mãe, que era uma excelente bailarina. E eu lhe disse: 'Mamãe, agora você pode dançar uma valsa comigo, podemos dançar a Valsa Inglesa'. Minha mãe me olhou, surpresa, e perguntou; 'Onde você aprendeu isso?' Então, comecei a cantar e ela jogou seus sapatos de lado e disse: 'Então vamos dançar, Elinka!' Minha mãe adorava dançar comigo."

Enquanto Marketa Stein, com sua filha nos braços, atravessava o pequeno aposento em passos de valsa e olhava para os olhos radiantes de Ela, esquecia-se por alguns momentos da realidade, e o quarto ficava repleto de esperança: logo tudo estaria bem novamente. O quanto Marketa e sua filha desejavam uma vida melhor! O fato de Ela participar da ópera infantil, desempenhando um papel bonito, o do gato, o fato de aprender a dança, e isso no gueto! Não seria um bom presságio, assim como o desembarque dos aliados na Itália?

Talvez a profecia de seu irmão, Dr. Otto Altenstein, com o qual ela dividia seu pequeno quarto, se realizasse. "*Quando as ameixas estiverem maduras*", dizia ele, "*vamos para casa.*" Talvez, naquele momento, ele tenha acariciado a cabeça de sua sobrinha e repetido as mesmas palavras. Embora as ameixeiras estivessem prestes a dar frutos pela segunda vez, ele se manteve fiel a essa ideia. Um dia, todos voltarão para Praga. Os alemães seriam derrotados e a Tchecoslováquia voltaria a ser um Estado democrático. Os filhos de sua irmã começariam uma nova vida e Ela também superaria tudo o que sofreu na juventude...

Ela Stein.

Ela Stein era de Lom, uma pequena cidade em Krušné hory (nas Montanhas Metalíferas), na terra dos sudetos, onde nasceu em 30 de julho de 1939, quatro anos após o nascimento de sua irmã Ilona. Seus pais, Max e Marketa Stein, eram proprietários de uma mercearia e uma empresa de encanamentos nessa cidade, habitada meio a meio por alemães e tchecos. A mercearia ficava na rua Skolny, onde a família Stein também residia.

Max Stein era um homem temperamental, dono de um forte espírito empreendedor. Nos fins de semana, gostava de ir com a família para Lány, a residência de verão do presidente Tomáš G. Masaryk. Às vezes, encontravam-no em uma de suas excursões a cavalo e, quando a situação o permitia e Max Stein conseguia trocar algumas palavras com ele, ele ficava muito feliz. "É difícil imaginar o que Masaryk significava para os tchecos! E, especialmente, o que ele significava para nós. Ele era um amigo dos judeus."

Em 1920, a República da Tchecoslováquia foi o primeiro país a reconhecer, oficialmente, os judeus como uma nação independente, um mérito de Tomas G. Masaryk, o primeiro presidente do Estado tchecoslovaco depois do desaparecimento da monarquia austro-húngara, em 1918. Muitos dos judeus ligados à cultura alemã, tendo em vista a política progressista e pró-judaísmo de Masaryk, tornaram-se patriotas tchecos, cidadãos tão leais ao novo Estado como tinham sido anteriormente ao imperador Franz Joseph, que emancipou e deu segurança social aos judeus durante a monarquia dos Habsburgo.

A morte de Masaryk, em 14 de setembro de 1937, significou, para os judeus e para as demais pessoas, o fim de uma era de renascimento cultural e de esperanças políticas.

Em Lány enterraram um homem que foi a esperança das forças democráticas e progressistas do país e dos países vizinhos. "Aproximamo-nos do Hradschin lentamente, uma longa procissão de pessoas, muitos carros levavam flores e coroas de flores. Esperamos durante quatro horas na fila, na entrada do castelo, onde havia sido colocado um tapete preto e onde o caixão de Masaryk estava sobre um cadafalso, até que pudemos, finalmente, prestar nossa última homenagem."

Seis meses depois, os alemães marcharam para Viena, e uma nova onda de refugiados moveu-se da Áustria para a Tchecoslováquia. Parentes e amigos austríacos procuravam asilo na casa da família Stein. No entanto, ninguém era capaz de garantir um abrigo seguro para aquelas pessoas que temiam por suas vidas. A invasão ideológica dos nazistas já estava em pleno andamento. "Lembro-me de quando minha irmã e eu ouvimos a voz de Hitler no rádio – o rádio tremia! Não foi possível seguir ouvindo seus gritos." Mas, mesmo assim, Max Stein permaneceu otimista. "A verdade prevalecerá", este era o lema de seu ídolo, Tomas G. Masaryk. E esse também era seu lema. "Nada vai acontecer. Nada pode acontecer", era assim que ele acalmava seus filhos. "É impossível que os alemães invadam a Tchecoslováquia."

A opinião de Otto Altenstein era outra. Era um verdadeiro político, foi Secretário no Ministério para o Bem-Estar Social em Praga, tinha passado por muitas coisas desde 1933, e era incapaz de dividir o otimismo com seu cunhado. Ele previa um futuro sombrio.

Alguns meses mais tarde, no verão de 1939, chegou o dia que seria fatal para Max Stein. Ele estava no salão de barbeiro, um barbeiro alemão, onde sempre cortava o cabelo. Lá, alguns clientes começaram uma controvérsia exasperada sobre Hitler e os alemães. O abismo entre as frentes foi ficando cada vez mais profundo – entre os nazistas convictos, os seguidores do Partido Alemão dos Sudetos (SdP), a força política mais importante desde 1935 de um lado e, do outro lado, patriotas como Max Stein. Finalmente, Max Stein ficou tão nervoso, que disse: "Darei 10.000 coroas àquele que matar Hitler!" No dia seguinte, o nome de Max Stein estava no topo da lista negra de Lom.

Em outubro de 1938, o exército alemão invadiu a terra dos Sudetos, e os dois partidos nazistas, o NSDAP e o SdP, tomaram o poder. Max Stein foi uma de suas primeiras vítimas. A Gestapo prendeu-o e, alguns dias depois, Marketa recebeu a notícia de que seu marido havia morrido de um ataque cardíaco. Ilona e sua irmã Ela, que tinham voltado das férias, esperaram por seu pai em vão.

Nos dias 9 e 10 de novembro de 1938 começaram os *pogroms* de novembro, a assim chamada "Noite de Cristal". Naquela noite e nos dias seguintes, os ataques aos judeus e às instituições judaicas intensificaram-se, inclusive no recém-conquistado *"Sudetengau"*, a antiga terra dos Sudetos, e tomaram um vulto até então desconhecido. Em Liberec, Karlovy Vary, Marianske Lazne, Chomutov, Znojmo e Opava, sinagogas foram saqueadas, profanadas e destruídas, e foram consumidas pelo fogo. Começou uma caçada humana. Em Lom, o ódio voltou-se principalmente contra a família Stein – uma das quatro famílias judias da cidade.

"Foi uma noite horrível. Uma turba de cerca de 300 nazistas reuniu-se na cidade e marchou aos berros em direção à nossa casa, acompanhada por batidas de tambor – eu ainda consigo ouvir esse bum, bum, bum até hoje. Pouco antes, um velho amigo de escola de meu pai correu, procurando por minha mãe, e lhe disse para fechar a loja imediatamente. Minha mãe não conseguia acreditar no que estava ouvindo. Até que eles chegaram e começaram a destruir todas as portas e janelas. Nós corremos para o sótão, onde nos escondemos."

E permaneceram ali, num canto do sótão, amontoadas uma do lado da outra, em estado de choque, até tarde da noite. "Enquanto os nazistas quebravam tudo lá embaixo, minha mãe rezava. Na manhã seguinte, a casa estava toda imunda com suásticas e inscrições tais como "Fora, judeus", "Judeus, voltem para a Palestina".

A Gestapo confiscou as propriedades da família Stein, e as lojas foram transferidas para um chefe interino alemão. Marketa Stein foi convocada para comparecer na Gestapo, onde foi interrogada durante várias horas. Ameaçaram-na, caso não deixassem a cidade nas próximas 24 horas, dizendo: "Nos vemos em Dachau." Chovia e fazia frio em um fim de tarde de novembro quando Marketa e suas filhas fugiram de lá. Ilona e Ela viajaram sentadas no carro lateral de uma motocicleta, pilotada por um parente, e sua mãe foi no banco de trás. A menina Ela estava com frio e medo. Finalmente, chegaram à fronteira, em Louny, onde viram centenas de pessoas que eram vigiadas pela SS.

"Enquanto estávamos sendo controlados na fronteira, eu chorava e disse para minha mãe: mamãe, eu quero voltar para casa, estou com tanto frio. Eu não sei se o funcionário entendeu alguma coisa, mas ele disse (eu me lembro exatamente de suas palavras): *rápido, vão em frente*." O grupo conseguiu passar pelas fronteiras pouco antes das 18 horas, alguns minutos antes de seu fechamento. Tiveram sorte. Agora, encontravam-se fora do território dos Sudetos, que havia sido anexados pelos alemães, e agora estavam em uma região da Tchecoslováquia, que ainda era um Estado autônomo. Mas por quanto tempo? Louny, Praga, Brno e, novamente Praga – estas foram as etapas da fuga de Ela. Em 15 de maio, quando os alemães acabaram com o "que sobrou da Tchecoslováquia" e invadiram Praga, a família de Ela, finalmente, encontrava-se reunida no apartamento de seu tio Otto: Ela, Ilona, Marketa e Otto Altenstein. Todos queriam emigrar, mas seus planos falharam.

Em dezembro de 1941, os primeiros transportes deixaram Praga. Ela vivia com sua família em Vinohrady (Vinhedos), na rua Šumovská 11, em dois quartos de um apartamento de cinco quartos. Todos se preparavam para o transporte. Os edredons foram transformados em sacos de dormir. Arrumaram mochilas, juntaram cubos de caldo de carne, aveia, tigelas para comer, roupas de baixo quentinhas. Então, no início de fevereiro de 1942, os nomes de Anna Altenstein, dr. Otto Altenstein, Marketa Stein e Ilona Stein estavam na lista de transporte, ao lado dos números 892 a 896. O número de Ela era o 896.

Em 14 de fevereiro de 1942, ainda havia muita neve lá fora, todos foram ao local de reunião dos judeus, em Praga-Holešovice. Três dias depois, a família e outras 1.000 pessoas foram conduzidas até a estação ferroviária. "Ordenaram que meu tio Otto conduzisse as filas de pessoas – logo o tio Otto! Só podia ser uma piada dos alemães, pois meu tio Otto andava com auxílio de uma bengala e, em decorrência de uma doença infantil, tinha pernas muito curtas. Ele tinha muita dificuldade de marchar naquela neve alta. Eu ainda me vejo caminhando ao lado dele, fortemente agasalhada. Também me lembro de carregar muita bagagem. Primeiro, até a estação de trenm em Praga-Holešovice e, depois, ao chegar à Holešovice, os três quilômetros que faltavam para chegar à Theresienstadt."

A luz na escuridão: Brundibár

Era um fim de tarde, 23 de setembro de 1943. Multidões invadiram o salão situado no sótão do quartel Magdeburg, jovens e idosos. Os 100 assentos já eram insuficientes para os cerca de 300 visitantes. As portas são abertas e, do lado de fora, ainda há muitos espectadores que não conseguiam um lugar. Todos querem assistir àquilo que era o assunto mais comentado pelas crianças há semanas: a apresentação da ópera infantil *Brundibár*, uma ópera interpretada por crianças e para crianças.

Cartaz original da apresentação em Theresienstadt.

Em um corredor lateral com entrada para o palco improvisado, os jovens atores preparam-se, dominados pelo medo do palco, e esperam o momento de sua apresentação. Em constantes tentativas de aprimorar seus papéis, encorajam-se mutuamente, e cantarolam suas canções. Após uma rápida maquiagem, as crianças se transformam. Ela, toda vestida de preto, usando uma calça de esqui de sua irmã e um suéter preto de sua mãe, fica como que eletrizada, depois que František Zelenka, com algumas pinceladas de giz, dá a seu rosto a expressão de um gato. Rapidamente, František ainda passa cera de sapatos preta em seus pés descalços: pronto! Ela se sente como se estivesse "num teatro de verdade".

O auditório fica cheio, os visitantes tomam seus lugares. Veem-se os iniciadores do projeto: Hans Krása, Rafael Schächter, František Zelenka, Ota Freudenfeld e o pai de Baštik (Rudolf Freudenfeld). A ideia de *Brundibár* surgiu no dia de seu aniversário de 50 anos, uma ópera infantil que seria apresentada por "suas crianças", as crianças do Orfanato Judeu da Belgická 25. E, no dia em que seu filho completava 22 anos de idade, *Brundibár* seria apresentada no gueto de Theresienstadt. Quanta coisa aconteceu desde aquele dia 27 de julho de 1941, em Praga...

Após a guerra, Rudolf Freudenfeld escreverá a história para seus filhos e netos:

> *Ouçam com atenção, pois a história que vou contar vai soar como um conto de fadas triste.*[1]
>
> *Tudo começou muito tempo atrás, com o seu avô, meu pai. Ele era o diretor do orfanato e pedagogo. Um excelente pedagogo, dos quais nasce somente um a cada 100 anos. Meu pai era um verdadeiro professor. Todas as 70 crianças que lhe foram confiadas o chamavam de "chefe". Era seu*

Rudolf Freudenfeld.

pai, e as crianças criadas por ele em todos aqueles anos são incontáveis. Em julho de 1941, meu pai festejava seu 50º aniversário. Seus antigos protegidos montaram uma noite festiva em nosso ginásio desportivo. Jirka Orten escreveu uma poesia festiva, e Rafael Schächter trouxe seus cantores e músicos. Nós tocamos e cantamos todas as canções das quais o "chefe" gostava.

Naquela noite, conhecemos o dirigente Rafael Schächter, o compositor Hans Krása, o pianista Gideon Klein, Jirka Orten, a grande esperança da arte poética tcheca, o tradutor de Shakespeare A. E. Saudek e o arquiteto Zelenka, cenógrafo do Teatro Nacional.

Naquela noite, Rafael Schächter perguntou a meu pai: "O senhor sabe que Hans, juntamente com Hofmeister, escreveu uma ópera infantil ainda inédita? Nós queremos encená-la com a participação de suas crianças."

Foi assim que tudo começou. À noite, Baštik contou às crianças sobre a ópera e, no dia seguinte, começaram os testes de voz. Zdenek Orenstein ficou com o papel do cachorro e Jarda Berger com o papel do pardal. Como no orfanato moravam somente garotos, os papéis femininos também foram preenchidos com atores do sexo masculino. Josef (Pepik) Mautner representou o papel de Aninka.

As crianças gostaram de *Brundibár* e o trabalho progrediu rapidamente. Uma vez por semana, Rafael Schächter ia ao orfanato para ensaiar a ópera com as crianças. Nos outros dias, Rudolf Freudenfeld assumia a direção dos ensaios, sob a orientação de Schächter. Tudo corria bem, até que os primeiros transportes deram fim aos ensaios.

Rafael Schächter foi o primeiro a partir, em 27 de janeiro de 1941. Depois dele, muitas crianças tiveram de partir. Hans Krása foi deportado em 10 de agosto de 1942. E outras crianças foram embora. Arrumar a bagagem, dar adeus e apresentar-se para o transporte com destino à Theresienstadt: tudo isso passou a ser a palavra de ordem.

Ficamos chocados por muito tempo. Porém, naquele tempo, aprendemos a aproveitar cada momento, no qual a tensão da espera pelo pior diminuía um pouco. No orfanato, as apresentações culturais atingiram um nível mais alto do que antes. Visitantes pernoitavam conosco e, à noite, liam poemas ou peças teatrais, ou organizavam concertos domésticos. Depois, com a proibição do ensino para todas as crianças judias, os visitantes encontravam trabalho nos "Abrigos".

Foi num desses Abrigos em Hagibor que eu recomecei os ensaios de Brundibár, inicialmente, somente como um divertimento. Zelenka assumiu a direção e criou um cenário maravilhoso. O cenário representava uma cerca, feita de várias tábuas, nas quais Zelenka prendeu três cartazes. Nesses cartazes foram desenhados o pardal, o gato e o cachorro. Quando as crianças cantavam, enfiavam suas cabeças por aberturas feitas nos cartazes. Essa foi a solução para os problemas que a presença de animais em cena sempre traz consigo.

O palco foi montado no antigo refeitório do orfanato situado na Belgická. O refeitório já não era mais usado. As próprias crianças já não moravam mais no prédio, pois o orfanato havia sido transformado em um hospital para pessoas idosas e sem condições de transporte.

A estreia de Brundibár ocorreu no verão, num domingo de 1942. Dessa vez com atores mistos, também com a participação de algumas meninas, entre elas Milena Kosimer, Vera Wurzel, Rita Rosenburger, Eva Brandeys e as duas irmãs Marta e Zdenka Fröhlich.

No coro, também cantava Leopold Löwy, de Ostrava, que se lembra perfeitamente dos preparativos para a estreia e do medo de que todos fossem presos, caso a SS aparecesse durante a apresentação. Estávamos arrumando a sala para a apresentação e arrumando as cadeiras, quando a SS chegou. Eles nos perguntaram o que estávamos fazendo e ficaram surpresos com os diversos desenhos que nos serviam de cenário. Os responsáveis explicaram que estávamos reformando o refeitório, pintando-o com tintas coloridas. Para o nosso alívio, a SS aceitou essa explicação.

Assim, foi possível apresentar a ópera para um grupo de cerca de 150 convidados, além das crianças. Isoladamente ou em pequenos grupos, todos se esgueiraram para dentro do orfanato para evitar suspeitas e assistir a estreia. Nós não tínhamos uma partitura nem uma orquestra. Naquela época, era impossível conseguir ambas. Löffelholz, Berkovič e Kaufman – piano, violino e bateria, respectivamente – tocavam, entusiasmados, segundo o arranjo para piano. Eu ficava em um canto, perto da orquestra, de onde conduzia a apresentação. Apresentamos a ópera duas vezes, com grande sucesso.

Apresentação secreta de Brundibár em Praga, em 1942.

Em julho de 1943 também fomos colocados na lista de um transporte. Só podíamos levar 50 kg de bagagem. É claro que escolhemos cuidadosamente cada peça a ser levada. E claro que deixamos de levar conosco alguma "coisa menos importante" para poder levar o arranjo para piano da ópera Brundibár em nossa bagagem...

No palco, atrás da cerca de madeira, estavam reunidas 40 crianças. Algumas poucas lâmpadas forneciam uma iluminação precária. Os músicos se preparavam, tocando levemente as cordas com seus arcos. Ali estavam verdadeiros mestres da música de câmara – Karel Fröhlich, Romouald Süssmann, os irmãos Kohn, Fritzek Weiss e Gideon Klein.

Mentalmente, as crianças repetem os primeiros compassos. Inquietas, seus olhos se movem de um lado para o outro, entre a plateia e Baštik, que sorri para as crianças. Elas nem percebem o calor que reina na sala. Sentem apenas a tensão e a expectativa que paira no ar. Então, Baštik se posiciona junto à orquestra e levanta a batuta. Ouve-se um prelúdio vigoroso e as crianças começam a cantar. "*Tohle je malý Pepiček, za ruku vede Aninku, maji nemocnou maminku...*" – "Este é o pequeno Pepiček. Ele segura a mão de Aninka. Sua mãe está doente..." Aninka e Pepiček entram no palco enquanto Piňta canta: "*Jà se jmenuju Pepiček,dávna mu zemřel tatiček...* – "Meu nome é Pepiček. Meu pai morreu há muito tempo..."

"Na verdade, compusemos a ópera como um estudo brechtiano", diria após a guerra o libretista Adolf Hoffmeister, que também conseguiu fugir a tempo para a Inglaterra. "O enredo é muito simples: a mãe está doente, seus dois filhos Pepiček e Aninka vão buscar leite, mas não têm dinheiro. Desolados, veem que os passantes dão dinheiro a um tocador de realejo. Os irmãos se posicionam em uma esquina e começam a cantar, mas suas vozes são muito fracas. Então, os animais da cidade entram em cena, e aconselham as crianças a formar um coral, para que suas vozes fiquem mais fortes. Finalmente, os animais convidam as crianças, que começam a cantar e suas vozes se tornam suficientemente fortes para derrotar o tocador de realejo. Assim, a solidariedade entre as crianças, que não se deixaram abater, levou à derrota de Brundibár, o tocador de realejo."[2]

"O problema mais difícil no planejamento dessa ópera infantil foi, sem dúvida, o libreto", escreveu Hans Krása em 1943, em Theresienstadt, antes mesmo da chegada das crianças do orfanato a Theresienstadt. "Pois os habituais conflitos humanos dramáticos, sejam de natureza erótica, política ou mesmo material, tiveram de ser omitidos. Contos de fada não eram temas com os quais eu e o libretista estivéssemos familiarizados. Mesmo assim, o autor foi capaz de escrever um roteiro com uma alegria infantil (não imatura), que apresenta um fato da vida real, demonstrando a importância da solidariedade do grupo ao se combater o mal. No caso da ópera infantil, trata-se de uma guerra entre cantores: as crianças contra o tocador de realejo.

Durante a composição, o meu maior desafio foi escrever uma música que fosse absolutamente cantável pelas crianças, mas que, para o público adulto, parecesse moderna e que não caísse no velho estilo das canções infantis. Pois bem, embora eu não devesse ultrapassar uma quinta justa, levando em consideração as vozes infantis, eu também não queria violar a minha natureza de compositor."[3]

Hans Krása e Adolf Hoffmeister criaram a ópera em Praga, em 1938, inspirados em um concurso, do qual ficaram sabendo por meio da revista mensal tcheca *Ritmo*, sobre música contemporânea. "A Sociedade para Educação Musical lança um concurso de óperas infantis. O prêmio é de 5.000 coroas. A ópera não deve ter duração superior a 60 minutos e deve ser composta de tal modo que possa ser interpretada por crianças. Obras compostas antes do lançamento do concurso não serão aceitas. As peças devem ser entregues anonimamente, como arranjo para piano. O prazo para inscrição é o dia 16 de setembro de 1938, Endereço: SHU, Praga IV, Palácio Toscana, onde os participantes do concurso poderão obter mais informações."

O perigo que vinha da Alemanha estava cada vez mais próximo, e o futuro parecia cada vez mais sombrio. Que perigo era aquele? E o que ele significaria para as crianças?

Embora a obra conjunta tenha sida inspirada por um concurso, o verdadeiro motivo para sua composição foi o desejo de se contrapor ao perigo iminente, resistindo com os únicos meios dominados pelos dois amigos – a arte. O mais importante era presentear as crianças com algo que pudessem levar em seu caminho, um caminho que, certamente, seria muito longo e difícil.

Em 1938, os criadores da ópera infantil *Brundibár* certamente não sabiam que esse caminho seria percorrido por milhares de crianças judias e suas famílias. Os dois amigos também não sabiam que iriam percorrer o mesmo caminho, um caminho que os levaria à Theresienstadt.

Hans Krása (à esquerda) e Adolf Hoffmeister, em Praga, em 1938. Os dois amigos trabalharam juntos várias vezes. Krása compôs a música incidental para a peça teatral "*Mládí ve hře*" (*A juventude em jogo*), um documentário crítico em forma de comédia, de Adolf Hoffmeister. Uma das músicas, "A canção de Anna", transformou-se em um sucesso popular.

No pequeno palco improvisado, as crianças interpretam com uma leveza cada vez maior. A agitação e o medo cada vez mais dão lugar à consciência de estarem participando de algo muito importante. Os atores parecem se fundir com o enredo da ópera, com os papéis, o canto e a música. De repente, a realidade fica esquecida. A realidade passa a ser o teatro. A realidade é a própria vida. As crianças desempenham seus papéis para que possam viver. Elas cantam, brincam, dançam e rodopiam no ritmo da valsa: finalmente, afugentam e vencem Brundibár, o tocador de realejo. "*Brundibár poražen*", gritam todos, triunfantes. E cantam novamente, enquanto as vozes do público se misturam com as vozes do elenco, e todos cantam, gritam seu canto, o hino da vitória sobre o malvado Brundibár. Atores e espectadores, todos estão em estado de êxtase do qual ninguém quer despertar. Todos querem agarrar-se a uma certeza, que os plenifica naquele momento: "*Brundibár poražen*".

"O aplauso foi inacreditável", segundo Ela Stein. "Sempre que cantávamos o *finale*, *Brundibár poražen*, ouvia-se um aplauso tempestuoso, e o público queria ouvir a peça novamente, mais e mais, ao ponto de quase nos expulsarem dali. Aproveitamos ao máximo esse momento de liberdade."

"E havia mais uma coisa: não éramos mais obrigados a usar a estrela amarela durante a apresentação, embora em Theresienstadt seu uso fosse obrigatório. A única exceção durante a apresentação de *Brundibár*. Nesse momento, não estávamos marcados com a estrela amarela, o que significava que, naquele momento, éramos livres."

No período que se seguiu, *Brundibár* era apresentada semanalmente. Os ingressos sempre estavam esgotados. A pequena obra exercia uma tremenda força de atração sobre jovens e idosos. Era como uma luz na escuridão. De repente, existiam jovens estrelas em Theresienstadt. "Lá vai Annika", gritavam as crianças assim que viam Greta Hoffmeister ou diziam "Olá, Pepiček", sempre que Piňta Mühlstein cruzava seu caminho. Zdenek Orenstein passou a atender pelo nome de "Cachorro", Ela atendia pelo nome de "Gato" e Maria Mühlstein acostumou-se a ser chamada de "Pardal". E o pequeno Stephan, o mais novo membro do elenco, e que se alternava com Maria Mühlstein no papel de pardal, saltando adoravelmente pelo palco, muitas vezes ouviu as pessoas dizerem: "Olhem, ali vai o nosso doce pardalzinho."

Porém, o mais popular de todos era Brundibár, o tocador de realejo, interpretado por Honza Treichlinger. Em suas memórias, Rudolf Freudenfeld lhe fez uma homenagem eterna: "Ele realmente foi uma celebridade. Era famoso e reconhecido. Onde quer que aparecesse, sempre se ouviam os gritos: 'Brundibár, Brundibár'. Instintivamente, Honza interpretava o personagem Brundibár de modo tão humano que, embora fosse o papel de um homem mau, tornou-se o predileto do público – e não só das crianças. Honza aprendeu a mexer o bigode falso colado sobre seu lábio. Ele o balançava com tanta bravura e no momento certo que a tensão da plateia se dissipava, e era possível ouvir as crianças respirarem aliviadas. A partir do momento no qual ele criou o caráter do personagem, Honza atuou em todas as apresentações, sem ter um dublê. Ninguém mais teria dado conta do papel".[4]

Todos estavam impressionados com Honza Treichlinger. "Nós o idolatrávamos", dizem as meninas do Quarto 28, "embora ele tenha interpretado o Brundibár, uma pessoa má, que não gostava de crianças. Honza interpretava o personagem de modo tão engraçado e com tanta sagacidade que o amávamos nesse papel. Era um fenômeno – simplesmente maravilhoso!"

Eva Landová, a menina bonita de Praga, esforçava-se diariamente para conseguir uma entrada para assistir a peça de teatro *Brundibár*. Embora tenha ficado muito triste por não ter sido escolhida para interpretar nem mesmo uma das crianças na peça, e mesmo invejando Ela, Maria, Flaška e Handa, que faziam parte do elenco, Eva já se dava por satisfeita em assistir à peça, sentada no auditório com uma amiga ou com Harry.

Cheia de expectativas, Eva sempre seguia tudo o que acontecia no palco. Ela sabia de cor cada cena e conhecia todas as canções, muitos dos intérpretes e músicos. Assim que se ouviam os primeiros compassos da canção de abertura, os limites espirituais entre ela e os dois irmãos no palco se fundiam, e Eva se perdia no enredo, como em um sonho maravilhoso e sempre recorrente, na expectativa contínua daquele momento, no qual vozes angelicais entoavam a canção de ninar. "*Maminka kolíbá, dě˅ tátko houpy, hou, myslí si co bude, až děti vyrostou...*" – "A mamãe embala seu filho, e pensa, ai, ai, o que acontecerá quando as crianças estiverem crescidas?" Nesse momento, fazia-se um silêncio na sala. Os espectadores ficavam imóveis, nem mesmo respiravam. "*Každý kos ze hnízda jedenkrát vylétá...*" – "Um dia, cada pássaro deixará o ninho. Ele precisa partir, e não sabe por que voa para longe."

"Para mim, é uma das mais belas canções", diz Eva hoje. "A canção é um adeus à infância, algo que para nós tinha um significado muito profundo naquela época. Tínhamos 12, 13 anos de idade e nossa infância chegava ao fim. Éramos confrontadas com o mundo dos adultos, o mundo dos padeiros, vendedores de sorvete, policiais: o mundo de Brundibár. E nós, as crianças, derrotamos todos aqueles que nos subestimaram: os adultos e Brundibár. E, nos momentos em que assistíamos à ópera, acreditávamos firmemente em nossa vitória."

Por que a realidade deveria ser diferente daquilo que acontece no palco, onde é encenado um exemplo vivo do poder das crianças, unidas com os animais, com o cachorro, o gato e o pardal? Por que as coisas não deveriam dar certo? "*Panta rhei*", tudo flui, palavras escritas por Eva Weiss em sua lista de aforismos que ficava pendurada na parede do Quarto 28. E, agora, o coro de crianças cantava o refrão da canção de ninar: "*Roste strom, tece proud, plyne cas mraky jdou...*" – "A árvore cresce, o rio flui, o tempo passa, as nuvens também, ano após ano, passo após passo."

No palco, os frequentadores do mercado atiram uma moeda atrás da outra dentro do boné de Pepiček. Feliz, Pepiček mostra as moedas para sua irmã Aninka. Subitamente, aparece Brundibár, que lhe arranca as moedas da mão e foge – levando o dinheiro! "Crianças, crianças, corram atrás do ladrão!", grita Pepiček, enquanto o coro das crianças sai correndo no encalço de Brundibár.

A caçada a Brundibár começa. E, como Brundibár é uma figura símbolo de todo o mal, que trouxe a desgraça para a vida das crianças que o identificam com Hitler, com os nazistas e com todos aqueles que apoiam o regime ditatorial, Brundibár é combatido com uma determinação furiosa. As fontes que fornecem a energia para a luta conjunta contra Brundibár parecem ser inesgotáveis, a energia flui de todos os lados, da plateia e do grupo de músicos, sim, até mesmo das ruas e dos quartéis de Theresienstadt – e, naturalmente, do coração dos atores mirins. Essas energias se combinam para formar um golpe único contra o malévolo tocador de realejo. Finalmente, as crianças capturam Brundibár, que atira para longe o boné contendo as moedas, fugindo a seguir. – "*Brundibár poražen*" – "Derrotamos Brundibár!", é o grito que ecoa de todas as bocas. O mal foi derrotado pelas crianças e por seus amigos, o cão, o gato e o pardal. Como em um conto de fadas, o bem venceu o mal. No entanto, não se trata de um conto de fadas. É a realidade. Nesse momento, é a realidade. A visão do futuro, levada para o palco, amparada pelo princípio da fé e da esperança de vencer Hitler.

Recordações de Brundibár

Desenho de Ruth Gutmann, Quarto 28, uma cena de *Brundibár*.

Era algo incrivelmente belo. A gente saía da realidade. É evidente que a mensagem transmitida pela ópera era muito importante para nós: aquele que ama a justiça e que nos apoia, pode brincar conosco. E, principalmente: o lado bom vencerá, desde que permaneçamos unidos. Na nossa situação, a união era o mais importante.

Greta Klingsberg, nome de solteira Hoffmeister.

Greta morava no quarto 25 do Abrigo para Meninas L 410 e representava Aninka.

Cantávamos o final com grande ênfase. Naquele momento nos sentíamos livres. De alguma forma, naquele momento sentíamos que aquilo não era somente a representação de uma peça teatral. De repente, éramos capazes de nos identificar com aquele desejo, que continha todas as nossas esperanças: que o bem prevalecerá sobre o mal.

Eva Hermmannová. Eva morava no quarto 24 do Abrigo para Crianças. Ela cantava no coral.

Brundibár *era como se fosse a nossa pequena guerra underground contra Hitler, Nós lutávamos contra Brundibár, o tocador de realejo. Mas Brundibár não era Brundibár, e sim Hitler. E os vendedores, que não queriam dar leite, nem pão, nem sorvete para as crianças, não eram simples vendedores e sim, pessoas da SS, gente má. E, no final, derrotávamos todos. Para nós, isso tinha uma importância muito grande.*

Handa Drori, nome de solteira Pollak, Quarto 28. Ela cantava no coral e, por duas vezes, representou o cachorro na ópera *Brundibár*.

Brundibár *– a ópera foi algo de muito especial! Todas as crianças sabiam cantá-la de cor. A ópera foi algo extraordinário – até mesmo os cenários feitos por Zelenka! Guardo uma maravilhosa recordação de tudo: aquela cerca, de onde saía o gato, o cão e o pardal – tudo era tão bonito.*

Eva Zohar, nome de solteira Winkler, Quarto 28

Ter uma Aninka morando em nosso quarto (Maria Mühlstein), foi motivo de muito orgulho. Quando Greta Hoffmeister não conseguia atuar, Maria Mühlstein fazia o papel de Aninka, ao lado de seu irmão Piňta, que geralmente representava o papel de Pepiček. Ela era bem mais jovem do que Greta, que tinha uma linda voz, cristalina como um sino. A nossa Maria era mais infantil, mais natural. Para nós, ela era a verdadeira Aninka.

Anna Hanusová, nome de solteira Flachová (Flaška), Quarto 28. Anna cantava no coral e, uma vez, fez o papel de Aninka.

A experiência mais memorável, para mim, foi quando cantamos o finale *de* Brundibár. *Sempre que cantávamos, era como se tivéssemos vencido a guerra.*

Marta Mikulová, nome de solteira Fröhlich,
Quarto 28. Marta e seus irmãos participaram das primeiras apresentações secretas de *Brundibár*, em Praga.

Aulas de pintura com Friedl Dicker-Brandeis

Do diário de Helga:

Terça-feira, 28 de setembro de 1943

Ela está de namoro com Honza (que foi namorado de Lenka e mora no Abrigo 9). Todas as noites, Ela me conta como foi o seu encontro com o garoto. A última coisa na qual eu penso, aqui em Theresienstadt, são os garotos. Em casa era o contrário – simplesmente porque, desde 1941, quando fui proibida de frequentar a escola, tive poucas oportunidades de achar uma amiga. Assim, acabei fazendo amizades com garotos. Eu tinha muito tempo livre e ficava entediada. Aqui é bem diferente. À tarde e à noitinha passo um tempo com papai, o resto do tempo sou obrigada a ficar no Abrigo, mesmo quando não temos aula. Nos dias livres aproveito para desenhar e pintar, entre outras coisas. Quando me sobraria tempo para sair com os rapazes?

Rosh Hashaná, um dos feriados judaicos mais importantes, se aproximava, e as cuidadoras se esmeravam para criar um pouco daquela atmosfera de contemplação e retiro espiritual apropriada para este "Dia da Criação do Mundo" ou "Cabeça do Ano", a tradução literal de *Rosh Hashaná*. De acordo com a tradição judaica, nesse dia encontra-se aberto sobre a mesa do juiz, e diante do trono de Deus, o Livro da Vida, no qual é escrito o destino de cada ser humano para o próximo ano. Por esse motivo, nesse dia fala-se muito sobre os desejos e sonhos de cada um, sobre esperanças e desejos para o Ano--Novo. "Que você seja inscrito em um ano bom" ou, simplesmente "Shanah Tovah" – "Feliz Ano-Novo" – esses desejos tradicionais de Ano-Novo podiam ser ouvidos em todo lugar.

É claro que em Theresienstadt era impossível festejar *Rosh Hashaná* de acordo com a tradição. Ali não havia maçãs doces, nem mel para cobrir as maçãs. Também não havia peixe ou carneiro, do qual se come tradicionalmente a cabeça na esperança de agradar a Deus, para que o início não signifique o fim (outro significado para o *Rosh Hashaná*). E de onde seria possível conseguir as frutas colhidas nesse verão, as quais nem provamos? As frutas que não seriam comidas com mel, as frutas sobre as quais não seria recitada a *Bracha*, abençoando tudo o que é novo?

E esses rituais, eram mesmo necessários? A maioria das meninas não sentia falta deles. A maioria nem os conhecia. Essas meninas, tais como Helga, Ela ou Handa, vinham de famílias assimiladas a um ambiente cultural diferente. Não era raro que em dezembro enfeitassem suas casas com árvores de Natal. Handa lembra-se exatamente de um momento, logo após fugirem de Olbramovice. Ela morava com sua tia, em Praga. A véspera do Natal estava próxima e na casa ainda não havia uma árvore de Natal. Handa ficou muito nervosa e, finalmente, falou com a tia a respeito. "'Esta é a nossa árvore de Natal', disse minha tia, apontando para um candelabro de Hanuká. Eu fiquei desapontada. Eu nem mesmo sabia que existia uma festa como essa."

Familiarizar-se com os usos e costumes judaicos é um dever, escreveu o prof. Israel Kerstenberg, em meados de 1943, ao descrever as tarefas da *Jugendfürsorge*. "Este é um requisito para fazer parte de uma sociedade judaica. Celebrar o Shabat e os feriados e comportar-se adequadamente no templo, essas são as condições básicas para conviver com os judeus. Também é particularmente importante conhecer o passado do povo. Somente assim os jovens aprenderão a sentir apreço por seu povo, um povo capaz de sacrifícios como nenhum outro."[1]

Flaška e Lenka contribuíram à sua maneira para a festa de *Rosh Hashaná*. Ambas escreveram uma comédia sobre duas velhas solteironas com o título *Amalka e Posinka*, que foi apresentada um pouco antes do *Rosh Hashaná*. Suas apresentações foram um sucesso. Assim, o elenco da peça se tornou "itinerante" e apresentava *Amalka e Posinka* em sempre novas variações, inclusive nos outros quartos do Abrigo para Meninas.

Amalka e Posinka, na memória de Eva Landová

Duas velhotas solteironas estão sentadas em um banco e dormem. Elas vestem roupas esquisitas. Uma delas colocou uma meia na cabeça.

Posinka (fala, assustada): Amalka!

Amalka: O que foi, Posinka?

Posinka: Logo é Rosh Hashaná. *Vamos comprar alguma coisa gostosa para comer?*

Amalka: Um ganso?

Posinka: Um ganso é muito caro!

Amalka: Um porco?

Posinka: O porco não é kosher!

Amalka e *Posinka, juntas: Vamos comprar um peru!*

Amalka e *Posinka saem para comprar o peru e, logo depois, estão de volta trazendo o peru. Elas puxam suas asas e arrancam todas as suas penas. De repente, o peru está vivo – e sem penas! O peru começa a passar frio e fica congelado. Então, Amalka e Posinka resolvem tricotar um pulôver para ele. Elas tricotam e tricotam, provam o pulôver no peru e, finalmente, vestem o peru com ele. De repente, alguém entra animadamente em cena e grita:*

Todos os judeus devem entregar roupas de inverno para o Auxílio de Inverno!

(Nesse momento, o público sempre ria e aplaudia.)

Amalka e Posinka levam o peru até o Conselho dos Anciãos e pedem permissão para que o peru possa ficar com o pulôver. Elas negociam a questão com o ancião chefe. Finalmente, Amalka diz:

O senhor tem pelos no corpo. Mas o nosso peru não tem é nada!

Então, o ancião chefe se compadece do peru e permite que ele continue usando o pulôver. Amalka e Posinka voltam felizes, puxando o peru pelas asas e gritando: Viva o nosso Poppi *– o nosso peru!*

Quinta-feira, 30 de setembro de 1943

A noite de ontem foi linda! Nunca me esquecerei. O nosso quarto estava lindamente decorado. Ao redor da lâmpada (pois nós não temos um lustre) instalamos uma coroa feita com folhas verdes, pequenos frutos vermelhos e fitas coloridas. A nossa flâmula, que ficava pendurada sobre o guarda-roupa, foi enfeitada com flores do campo, a mesa grande foi coberta com uma toalha de mesa e, sobre ela, foram colocadas as travessas com comidas preparadas com esmero. Foram servidos três tipos de sanduíches com recheios diferentes e, em seguida, ainda foi servida uma atração à parte; um refresco feito de um pó efervescente e um pudim todo decorado. No centro da mesa foram colocadas velas.

Trajávamos camisas brancas e saias azul-marinho. Começamos cantando uma canção e, em seguida, Tella falou sobre o ano que se passou, sobre todas as coisas boas e tristes que aconteceram. Mas os acontecimentos alegres predominaram sobre os tristes e, como uma promessa de que jamais os esqueceríamos, assim como não esqueceríamos nossos ideais, cantamos o nosso hino. A sra. Mühlstein acendeu as velas e recitou a Bracha. *Depois disso, começou a comilança.*

Eu pensei em abraçar Tella, que estava tão bonita e simpática, e que irradia um carisma ainda maior que o habitual.

Durante os feriados ficamos sabendo que Walter Deutsch havia fugido de Theresienstadt há 14 dias, sendo recapturado e transferido para um campo de concentração. O que será que deu nesse garoto doido? Aqui em Theresienstadt nem é tão ruim. Seus pais vivem na Polônia e ele tem 23 anos de idade.

Também ficamos sabendo de outra coisa, por meio de um cartão da sra. Korschil. Walter Pollak e sua esposa morreram no dia 27 de janeiro de 1943. De acordo com a nossa família, Walter, juntamente com o tio Karl, partiram de Theresienstadt em 26 de janeiro de 1943. Logo, no dia 27 de janeiro de 1943 só poderiam ter acabado de chegar ou ainda estavam a caminho. Certamente não cometeram suicídio. Isso não combina com eles. Por isso, acreditamos que eles talvez fossem muito idosos para dar conta do trabalho pesado que os esperava e, portanto, foram assassinados. Não temos qualquer notícia sobre o nosso tio e tememos que ele tenha sofrido o mesmo destino que os Pollak."

Walter Deutsch, o garoto que havia fugido, era o filho de Gustav Deutsch, de Prostějov, um primo de Otto Pollak. Qual teria sido o motivo de sua fuga? O que aconteceria com ele agora no campo de concentração? E por que Walter Pollak e sua mulher morreram em circunstâncias tão misteriosas, quando mal tinham partido de Theresienstadt?

Não passava um dia que não fosse ofuscado por tais perguntas e outras notícias e acontecimentos perturbadores. As cuidadoras, como sempre, tentavam proteger as crianças sob sua guarda dos horrores que aconteciam diariamente. Mas elas também estavam chegando ao limite. Tantas coisas ruins aconteciam diariamente, e muitas vezes elas não sabiam o que fazer.

O relacionamento das cuidadoras entre si também era afetado por esse clima hostil e foi ficando cada vez mais problemático. Décadas mais tarde, Willy Groag ainda se lembra claramente da situação crítica: principalmente no Abrigo para Meninas, o antagonismo existente entre as cuidadoras de orientação comunista e sionista levava a controvérsias. Além disso, o estado do prédio do Abrigo era desolador: a cal descamava das paredes e do teto, as camas estavam caindo aos pedaços, as privadas muitas vezes estavam entupidas, as janelas e as portas não vedavam.

Essa situação precisava ser combatida e a direção do Abrigo para Meninas precisava ser fortalecida. O chefe da *Jugendfürsorge*, Gonda Redlich, decidiu que Rosa Engländer deveria ter a seu lado um homem prudente e enérgico, que pudesse ajudá-la. Willy Groag foi o escolhido para o cargo e, como lhe disseram, estava incumbido de "trazer novas ideias para o Abrigo para Meninas".

Willy Groag (1914–2001) e sua mulher Miriam (1918–1946), com a qual casou em 1940. No gueto nasceu sua filha Chava, que atualmente mora em Israel.

Willy Groag era um homem jovem proveniente de Olmütz, nascido em 7 de agosto de 1914, filho de uma família judia culturalmente assimilada e intimamente ligada à monarquia austríaca – um fato que influenciou consideravelmente seu nome de batismo. No Registro Civil de Nascimentos, sua certidão de nascimento informava seu nome completo: Wilhelm Franz Mordechai Groag. "Wilhelm em homenagem ao imperador Wilhelm", como seu pai costumava enfatizar, "Franz em homenagem ao imperador Franz Joseph e, para que a tradição judaica não se perca totalmente, Mordechai, em homenagem a meu avô Markus Mordechai Groag."

Willy Groag, doutor em Química, passou a ser um sionista de corpo e alma e um educador *Haschscharah* desde que Gonda Redlich lhe recomendou a leitura da obra em 11 volumes do historiador Heinrich Graetz, em 1939 (*A história dos judeus desde a Antiguidade até o presente*). Havia liderado a filial de Praga da Organização da Juventude Maccabi Hatzair e também havia lecionado Química, Física, Matemática e Desenho no Ensino Médio da Escola da Juventude Alija no *Bischofshof*. Muitas das crianças conheciam esse homem jovem e simpático de olhos azuis.

Assim que se inteirou das tarefas que deveria desempenhar no Abrigo para Meninas, Willy Groag imediatamente tomou as medidas necessárias. Organizou operários para reparar os danos mais graves. A jovem que cuidava dos gêneros alimentícios foi afastada do cargo porque "estava desviando alimentos para seu próprio consumo" e uma outra pessoa foi contratada. Algumas cuidadoras, e também algumas crianças, mudaram para outros abrigos.

De resto, tudo ficou como era. A sra. Robiček, responsável pelas listas para contagem dos prisioneiros, continuava usando o escritório de L 410, situado ao lado da porta de entrada, onde anotava meticulosamente em um livro grosso os dados referentes às ocupantes do Abrigo para Meninas. Na enfermaria, além dos pediatras dr. Stein e dr. Fischer, a assistente social Margit Mühlstein e as enfermeiras Eliska Kleinová ou Ilse Landová cuidavam das crianças doentes. E a sra. Salus, que cuidava das toaletes, continuava sentada em frente aos banheiros com sua bacia de Lysol, e não perdia a oportunidade de usar seu pente fino, sempre lançando um olhar crítico para os cabelos das meninas, para não deixar um piolho sequer. E, de quebra, ainda escrevia poesias.

"Aqui é assim", escreveu Helga em seu diário, em 2 de outubro de 1943, "um poema por um pedaço de pão. Uma das encarregadas pelos toaletes escreve poesias, enquanto fica sentada em frente aos banheiros. Eu perguntei se ela poderia escrever uma poesia para mim, o que acabou fazendo. Mas no dia seguinte, pediu que eu lhe desse uma fatia de pão como pagamento pela poesia."

O estilo da direção do Abrigo não combinava com esse tipo de transação e, provavelmente, Willy Groag não sabia nada sobre isso, caso contrário teria tomado uma atitude. Ele, juntamente com Rosa Engländer, desenvolvia um trabalho amigável, porém firme. De sua rotina fazia parte uma ronda noturna pelo prédio, um olhar para dentro de cada quarto, para verificar se todos estavam presentes. Mas, se faltasse alguém... Se houvesse mais um fugitivo, tal como Walter Deutsch, uma catástrofe se abateria sobre o Abrigo para Meninas. Mas também havia outros perigos, pois existiam proibições, regulamentos e ordens suficientes a serem respeitados e que, se violados, podiam ser punidos gravemente pelo tribunal do gueto ou, o que era ainda pior, diretamente pela SS.

Portanto, era necessário cuidar para que as ordens do dia, por um lado, e as Regras Gerais da Autoadministração Judaica, por outro, fossem cumpridas pelas crianças. Além disso, era preciso incutir nas crianças que:

- *as regras referentes ao* blackout *e os horários para o* blackout *fossem seguidos;*
- *as janelas abertas tinham que ser travadas e, quando houvesse ventania, as janelas deviam ficar fechadas;*
- *é proibido pisar nas fortificações e nas áreas gramadas;*
- *a saída não autorizada do gueto equivale à fuga e a polícia está autorizada a fazer uso de armas de fogo para contê-la;*
- *as crianças, quando estiverem em grupos ou em fila, devem utilizar somente as ruas e não as calçadas;*
- *é proibido entrar em ruas demarcadas, praças e parques e as ruas somente podem ser atravessadas nas esquinas e nos cruzamentos;*
- *fazer barulho é terminantemente proibido;*

- *passagens, pátios e ruas devem ser mantidos escrupulosamente limpos;*
- *é estritamente proibido jogar papéis, lixo, assim como cuspir em via pública, pátios e passagens;*
- *é obrigatória a presença nos Abrigos na hora aprazada, assim como observar a hora do silêncio.*

Em um dia qualquer do outono de 1943, Marta Fröhlich veio morar no Quarto 28. Anteriormente, Marta morava no quarto 24 com sua irmã Zdenka. Como as coisas não caminharam muito bem, as cuidadoras acharam que Marta poderia se dar melhor morando no Quarto 28, uma vez que lá tinha uma amiga: Eva Winkler.

Muitas das meninas conheciam Marta de Praga. Lá, Marta e suas duas irmãs, Ruzenka e Zdenka, moraram no orfanato situado na Hybernská. Seus dois irmãos, Janda e Jarda, moraram no orfanato situado na Belgická. Hanka, que morava muito perto, frequentemente fazia o mesmo caminho que Marta (que muitos chamavam de "Frta") para ir à escola. O apelido de Marta era composto pelas primeiras letras do sobrenome Fröhlich e pelas últimas letras de seu nome, Marta – uma abreviação que, provavelmente, somente os tchecos são capazes de falar. Pouquíssimas pessoas sabiam por que os filhos da família Fröhlich moravam em um orfanato. Hanka, naquele tempo, nem mesmo sabia o que era um orfanato. "Eu só tinha a certeza de que todas as crianças que moravam ali eram muito pobres."

Ela Stein também conhecia as crianças da família Fröhlich de Praga, mesmo que furtivamente. Mas conhecia-as suficientemente bem para ficar surpresa ao testemunhar um fato estranho, em fevereiro de 1943. Naquele dia, em que todos estavam proibidos de sair do alojamento, Ela viu Marta e seus irmãos chegarem à Theresienstadt, acompanhados de alguns homens uniformizados.

O que significava isso?, perguntou-se Ela, espantada. Por que os filhos da família Fröhlich foram levados para o gueto em um transporte especial? Somente décadas mais tarde esse mistério seria desvendado e Frta contaria a história de sua infância para as antigas colegas e lhes diria por que a Gestapo foi buscá-los.

Marta Fröhlich (1928–2010).

Marta Fröhlich nasceu em Pisek, uma cidade ao sul da Boêmia, no dia 17 de julho de 1928. Sua família era muito pobre. Seu pai, Leopold Fröhlich, era de religião judaica. Sua mãe, Barbora Fröhlich, nome de solteira Skřivanová, era cristã. Marta amava sua mãe. "Ela era ordeira e muito esforçada, tinha um bom coração e gostava de todos. Para nós, ela costurava casacões, camisas e blusas, embora não fosse costureira. Ela sabia fazer qualquer tipo de trabalho."

Na verdade, a mãe de Marta não tinha escolha. O marido de Barbora não conseguia sustentar a família. Era um homem colérico e tendia a intimidar sua família. Esse foi o motivo pelo qual a mãe de Marta, com a ajuda de parentes mais abastados, mandou as crianças para o orfanato assim que atingiram a idade escolar. As crianças ficaram no Orfanato de Praga. A intenção da mãe foi proporcionar-lhes uma boa educação, apesar de serem pobres. Assim, Marta acabou sendo matriculada na Escola Fundamental Judaica, na Masná.

Na cidade velha de Praga, Marta e seus irmãos logo se sentiram em casa. Até aquele dia, em março de 1939, quando os alemães ocuparam Praga. "A escola nos mandou de volta ao Orfanato. Ainda me lembro das multidões junto às ruas. Muitos choravam. A partir desse dia, tudo mudou. Logo fomos proibidos de frequentar a escola e as instituições judaicas foram fechadas, uma após a outra. Éramos mandados de um lado para o outro. Em algum momento, no final de 1943, fomos alojados em uma casa de repouso para idosos, junto ao campo de esportes judaico Hagibor e, de lá, fomos finalmente enviados para o orfanato na Belgická."

Finalmente, chegou o dia no qual a Gestapo foi buscá-los.

"Era o começo do ano de 1943. Os transportes estavam em pleno andamento há mais de um ano. Uma noite, ouvimos dizer que os irmãos Fröhlich deveriam comparecer ao quartel da Gestapo pela manhã. Nós não sabíamos por quê. Na manhã seguinte, fomos levados para lá. Ruzenka, que estava internada com pneumonia no Hospital na rua Lublanská, também foi levada para o quartel. Lá, ficamos presos em um porão frio e escuro. Não tínhamos nada para comer ou beber. Somente as roupas, que vestimos uma por cima das outras, nos aqueceram um pouco. No final da tarde, fomos levados para um interrogatório. Não sabíamos o que eles queriam de nós. Trataram-nos como criminosos. Pegaram um relógio muito bonito do meu irmão Jenda. Ele o havia ganhado há pouco tempo, com muitos outros presentes, na festa do *Bar Mitzvah*, em uma sinagoga que ficava na Rua Maislová, onde Jenda havia cantado maravilhosamente. Tomaram-nos tudo o que tínhamos: identidades, anéis, uma correntinha de prata, dinheiro. Quando não consegui tirar um anel que estava no meu dedo, um dos homens da SS gritou comigo, ameaçando-me de cortá-lo.

"O alemão já estava vindo em minha direção, quando Jenda postou-se à minha frente, em atitude protetora. O alemão da SS empurrou-o violentamente, enquanto meu irmãozinho Jarda, então com 11 anos de idade, jogou-se contra o homem da SS. Jenda já o tinha acalmado e orientado anteriormente, pedindo-lhe para manter a calma. Mas, naquele momento, Jarda, que estava muito irritado e tinha um espírito lutador, foi incapaz de se conter, lançando-se sobre o homem da SS, e mordendo sua mão. O homem da SS empurrou-o para longe. Nós ficamos em pânico, com medo do que iria acontecer. Mas o alemão não o agrediu, e disse: 'Você é o único do qual gostei. Eu também gostaria de ter um filho tão valente quanto você.' Enquanto isso, eu tinha girado tanto o anel no meu dedo, que acabou saindo.

"A seguir, nos obrigaram a assinar um documento. Os garotos assinaram rapidamente, eu assinei devagar e com dificuldade. O homem da Gestapo agarrou-me pelos cabelos, bateu a minha cabeça contra a mesa, e gritou comigo dizendo que meu nome não era *Fröhlichová* e sim, Fröhlich. Minha irmã Zdenka assinou corretamente, porque Jenda lhe disse como fazê-lo. Nossa irmã mais nova, Ruzenka, ainda não sabia escrever. Além do mais, Ruzenka estava com mais de 40 graus de febre. Ela estava deitada no chão e os homens da SS chutaram-na com suas botas. Quando nos colocamos à sua volta para protegê-la, os homens nos chutaram. Em seguida, nos levaram de volta ao porão... À noite, nós e outros três prisioneiros – uma mulher com seus dois filhos – fomos enfiados em um ônibus da polícia. Chegamos em Theresienstadt, escoltados por seis policiais. Foi no mês de fevereiro de 1943."

Uma vez em Theresienstadt, outro choque. Os irmãos foram obrigados a dormir sobre um estrado de madeira, no final de um longo corredor, em um quartel totalmente lotado. Atrás de seu estrado, separado por uma fina parede de madeira, havia um balde sanitário, ao qual somente era possível chegar passando sobre o estrado onde as crianças dormiam – e, logicamente, isso era uma constante. As crianças da família Fröhlich permaneceram alguns dias nesse "Hotel 00", como chamavam seu abrigo, até serem resgatadas pelo seu tio Franta, que já vivia há algum tempo no gueto. Todos foram morar em um barracão velho, onde não havia tanto mau cheiro, mas o frio era terrível. Afinal, de que adianta um velho aquecedor a lenha, quando ninguém tem lenha, carvão, e nem mesmo um fósforo?

Para melhorar essa situação, contaram com a ajuda de Fritz Winkler. Ele trabalhava na carpintaria e, de vez em quando, dava-

-lhes lenha para ser usada no velho aquecedor. Foi assim que esse homem se tornou um amigo paternal, tão necessário para as crianças. Seu próprio pai, que chegou ao gueto pouco depois deles, continuou sendo o que sempre fora – um homem colérico. "Certo dia, levamos-lhe algo para comer. Ele se enfureceu e quase nos bateu, pois achou que a comida era pouca! Os outros homens que moravam no mesmo quarto que meu pai ficaram muito zangados com ele. Quase o mataram ao ver que ele não sabia dar valor às coisas que lhe demos."

Eva, a filha de Fritz Winkler, que se tornou amiga de Marta, era uma pessoa especial. Ela gostava daquela menina de olhos azuis e longos cílios escuros. Eva era uma menina de bom coração, compreensiva e amorosa. Assim como seu pai, que passou a cuidar dos filhos da família Fröhlich quando viu que estavam sozinhos, à mercê de seu destino no gueto.

Quando Marta descobriu que Eva adorava colecionar algumas coisas, pediu ajuda a seus irmãos. Pediu-lhes que "organizassem" os pequenos e finos pedacinhos de papel nos quais eram embaladas as lâminas de barbear da marca "Palmera". Assim que ela juntou vários deles, deu-os para Eva, ajudando assim a aumentar sua coleção. Eva cuidava desses pedacinhos de papel como se fossem um tesouro. Ai, se algum deles se perdesse! Aparentemente, isso ocorreu uma vez ou outra, pois as meninas haviam feito um versinho e, talvez, também o tenham cantado: "A filha do sr. Winkler está chorando, o que será que aconteceu? Foi algum papel da Palmera, que desapareceu". As meninas também faziam versinhos semelhantes sobre outras meninas. Estes versinhos geralmente terminavam no refrão: Sim, sim! Isto está bem claro. Sim, sim, tudo isso é verdade.

Eva Winkler nasceu em 12 de outubro de 1939, em Brno, filha de Fritz e Edith Winkler, nome de solteira Rosenblatt. Passou sua infância em Miroslav, uma aldeia no sul da Morávia, onde seus pais tinham uma serraria.

Eva Winkler.

Eva tinha 8 anos e seu irmão, Jiři, 2 anos de idade quando as tropas de Hitler invadiram a terra dos Sudetos, em outubro de 1938. Sua infância foi abalada pelos acontecimentos políticos. A família fugiu de lá durante a noite, deixando para trás todos os seus pertences. Foram para Brno, onde moravam seus avós Adolf e Wilma Rosenblatt, que também tinham uma serraria. Na área ocupada pela serraria havia habitações para os empregados. Em uma delas, ficou a família Winkler.

Eva ficou bastante impressionada com o novo ambiente. Eva admirava sua avó, "uma senhora nobre e generosa". "Lá, tudo era muito elegante, um tanto especial, e isso me impressionava muito. O apartamento amplo, com suas mobílias elegantes e um banheiro moderno, o imenso jardim com árvores frutíferas e flores, o pátio grande, a pista de boliche e a pequena torre, onde eu sempre brincava com a minha prima Beda."

A família estava unida e, para Eva, a vida parecia estar nos eixos novamente. Enquanto Eva ia para a escola ou quando brincava com Beda, seu pai trabalhava em uma pequena oficina, onde construía caixotes de madeira para os muitos emigrantes e fugitivos que queriam deixar o país. A demanda aumentava a cada dia.

A família Winkler também pensava em emigrar. Um dos destinos cogitados foi Montevidéu. Também pensaram em mandar Eva para a Inglaterra, em um transporte de crianças. Mas nada disso deu certo. A família não conseguiu o dinheiro nem os documentos necessários para tanto. A serraria de Miroslav, que pertencia a Fritz Winkler e seus irmãos, foi "arianizada" e todos seus bens foram confiscados. Assim, não havia escapatória para a família Winkler, que permaneceu em Brno, onde testemunhou a invasão dos alemães em março de 1939.

Então, tudo foi muito rápido. A serraria dos avós também foi tomada pelos nazistas e todos os seus bens foram confiscados.

Vizinhos, que antes pareciam ser amigáveis, transformaram-se em nazistas odiosos. O zelador do prédio, de um dia para o outro, passou a usar camisas marrons, tais como as usadas pelos nazistas. "Um dia, senti dores abdominais terríveis. Eu tinha que ser operada, mas o toque de recolher nos impedia de ir para a rua após as 20 horas. Éramos obrigados a usar a estrela amarela fixada nas roupas. Nós tínhamos muito medo, mas fomos ao hospital mesmo assim. Lá eu fui operada. Foi um tempo horrível."

Eva e sua família mudaram de abrigo quatro vezes. Finalmente, passaram a viver em um só quarto de um pequeno apartamento, que era compartilhado com outras famílias.

Naquela época, Eva encontrava-se frequentemente com sua amiga Flaška, na Adlergasse 13. Durante pouco tempo, usaram o espaço que tinham no apartamento para brincar. Mais tarde, até isso se tornou impossível. Os transportes começaram. Em ordem alfabética, os 11.000 judeus de Brno foram encaixados nos transportes. Em uma das listas estavam os nomes dos membros da família Flachová. Em abril de 1942, foi a vez dos nomes iniciados com a letra W, e a família Winkler se pôs a caminho. "Era uma manhã fria de domingo. Por que no domingo? Por que tão cedo pela manhã?" Eva contaria mais tarde sobre esse dia. "Porque, a essa hora, a maioria das pessoas ainda está dormindo. Porque ninguém está na rua e ninguém verá como partimos, carregando nossas mochilas, caminhando o longo caminho até chegar a uma escola de Brno, que servia de campo de deportação. Somente o pessoal da SS nos vigiava atentamente, entre eles alguns rapazes que nos ridicularizavam e insultavam. Ainda ouço meu pai dizer a eles: "Esperem. Chegará o dia em que não terão mais do que rir".

Um dia, Eva procurou sua amiga Marta para mostrar-lhe não sua coleção de folhinhas Palmera, mas algo bem diferente: eram quadros pintados por ela nas aulas de pintura ministradas por Friedl Dicker-Brandeis. Marta encantou-se: É lindo. Eu também gostaria de aprender a pintar. Pouco tempo depois, Eva levou a pequena Frta para participar das aulas de desenho e pintura no Quarto 28.

Para Marta, as aulas de pintura com **Friedl Dicker-Brandeis** eram como estrelas brilhantes na escuridão do gueto. "Até hoje sou grata por tudo que ela me ensinou. Aprendi a olhar conscientemente à minha volta, a enxergar algo em tudo e a dar forma às coisas. Friedl me ensinou a trabalhar com afinco e dedicação, e também me ensinou a finalizar um trabalho uma vez iniciado. Desde então, fiz inúmeros trabalhos manuais e reparei coisas velhas. Sem Friedl, eu não teria aprendido nada disso."

As demais crianças sentiam o mesmo. "Durante as aulas de pintura, eu esquecia tudo à minha volta", lembra-se Helga. "Ali havia apenas uma mesa grande e os utensílios de pintura. Não importava que o papel fosse de péssima qualidade, muitas vezes papel maculatura ou papel de embrulho de algum pacote antigo. Lá eu me sentia como um ser humano livre."

As crianças desenhavam e pintavam, faziam artesanato e colagens. Friedl Dicker levava tintas, pincéis, lápis e papel e, muitas vezes, livros de arte e objetos que serviam como modelo – um vaso, um tamanco holandês de madeira, um bule de chá. Às vezes, Friedl definia o tema – um animal numa paisagem ou circunstâncias como tempestade/vento/noite. Noutras, esboçava uma história fantástica, usando frases curtas. Às vezes, Friedl dizia apenas: "Pinte aquilo que você quer pintar no momento. Pinte o que desejar. Pinte aquilo que tem muita importância para você". Ou dizia: "Olhe pela janela e pinte aquilo que você vê".

Em geral, trabalhávamos em silêncio. Friedl Dicker-Brandeis irradiava uma espécie de força, que inspirava as crianças. "Para Friedl, você não precisava saber desenhar bem. Isso não era o mais importante para ela", diz Helga quando se refere às aulas ministradas por Friedl. "Para Friedl, o importante era que as pessoas pudessem se desenvolver, que aprendessem a enxergar, a reconhecer as cores e brincar com elas. A fazer movimentos de acordo com uma música ou ritmo. Por exemplo, Friedl tamborilava um determinado ritmo na mesa e nos dizia para desenhar esses movimentos no ritmo correspondente. Por alguns momentos, o seu modo de ensinar nos transmitia uma sensação de tranquilidade. Ela foi capaz de evocar em nós uma atitude positiva em relação à situação da nossa vida em Theresienstadt. Sua presença fazia com que tudo ficasse bem, como que por encanto."

Mesmo assim, nem sempre que Friedl entrava no aposento encontrava somente crianças quietas e disciplinadas, que esperavam para poder pintar. Pelo contrário. Mas ela era capaz de, imediatamente, fazer com que todos se interessassem pelo assunto. Para tanto, frequentemente usava exercícios rítmicos. "Estes se mostram úteis para transformar um grupo bagunceiro em um grupo de trabalho (como efeito colateral, pois na verdade esses exercícios visavam estimular a mão do pintor, tornando-a maleável, assim como todo o corpo). Assim, os integrantes do grupo deixam de atrapalhar uns aos outros e não destroem seus próprios trabalhos", escreveu Friedl em um relatório feito por ocasião do primeiro aniversário dos Abrigos de Theresienstadt, em meados de 1943. "Além disso, os exercícios rítmicos libertam a criança de hábitos visuais e de modos de pensamento (...), confrontando-a com uma tarefa que poderá ser desempenhada com prazer e fantasia e, ainda, com grande precisão."[2]

Friedl Dicker-Brandeis amava as crianças que, por sua vez, também a amavam. Aquela mulher baixinha e empreendedora, com seus cabelos castanhos curtos, grandes olhos castanhos e voz suave, era sempre gentil e paciente com as crianças. Friedl não repreendia ou pressionava as crianças. Agia de modo imaginativo e intuitivo. Observava, com interesse, as primeiras tentativas de pintura de seus alunos, fazia perguntas e, casualmente, chamava a atenção delas para alguma coisa. Acima de tudo, encorajava as crianças a seguirem suas próprias ideias e fantasias, expressando-as criativamente. Porque, segundo seus princípios de orientadora: "A criança é livre para expressar tudo que tem para dizer sobre si mesma".

Friedl tinha 44 anos de idade quando, juntamente com seu marido Pavel Brandeis e sua amiga Laura Šimko, chegou à Theresienstadt em 17 de dezembro de 1942, vinda de Hradec Králové. Tendo em vista sua carreira artística, Friedl foi inicialmente encaminhada ao "Departamento Técnico", uma espécie de escritório de engenharia, no qual oficialmente eram feitos os desenhos técnicos necessários para o gueto, mas que extraoficialmente também era usado para trabalhos artísticos. Sob o disfarce de uma atividade sancionada pela SS, lá eram feitos estudos, esboços, quadros, cartazes – centenas de documentos sobre o cotidiano sombrio do gueto. O departamento era chefiado pelo pintor Bedřich Fritta (Fritz Taussig). Este contava com o apoio de colegas experientes, tais como Otto Ungar, Leo Haas, Felix Bloch, Jo Spier, o jovem Peter Kien, entre outros.

No entanto, o rigoroso realismo documental, uma característica do trabalho desses artistas, não era o estilo de Friedl. Sua concepção de arte era alimentada por outras fontes, seus esforços tinham outra direção, e Friedl, seguindo um impulso interior, começou a passar um tempo muito maior com as crianças.

Em suas aulas de pintura, Friedl transmitiu às crianças sua rica experiência artística e humana, mobilizando nelas as forças que formam um contraponto positivo ao ser oprimido, capaz de restaurar seu equilíbrio emocional. Friedl despertou a lembrança do bem no passado das crianças, reforçando sua esperança de um futuro melhor. Com isso, também lhes devolvia um pedaço de sua autoestima. Friedl acreditava que: "Onde uma força reflete sobre si mesma e tenta sobreviver por conta própria, sem medo do ridículo, ali nasce uma nova fonte da criatividade. Este é o objetivo das nossas aulas de pintura."

Os mais de 3.000 desenhos infantis, criados sob a sua orientação, comprovam que Friedl atingiu seu objetivo, mesmo que apenas por algumas horas. Esses desenhos são a prova da vida no gueto, feita pelas mãos das crianças. Eles transmitem uma mensagem diferente dos desenhos e pinturas dos pintores adultos de Theresienstadt, comprometidos com o realismo documental. E não só porque foram as crianças que pintaram e desenharam essas imagens, as crianças do gueto, as crianças do Holocausto. Esses desenhos infantis permitem reconhecer que foram feitos sob a influência de uma escola de arte, com auxílio de uma moderna pedagogia da arte. E porque esses desenhos infantis, que às vezes têm a força de expressão de pequenas obras de arte, são testemunhas da presença de uma professora excepcionalmente dotada.

Friedl Dicker-Brandeis (1898–1944).

Friedericke Dicker, nascida em Viena, em 30 de julho de 1898, iniciou sua formação artística aos 16 anos de idade, na Escola de Artes e Ofícios de Viena, aos cuidados de Franz Cizek. Cizek, cujos cursos de desenho e pintura eram baseados no princípio do livre desenvolvimento da expressão artística espontânea, foi um dos iniciadores do movimento que, finalmente, levou à moderna arteterapia. Ele e Johannes Itten, cuja escola particular de artes Friedl frequentou um ano mais tarde, deram-lhe os impulsos decisivos. Especialmente a teoria da arte de Itten, que se baseava nos estudos de claro-escuro, composição das cores e exercícios rítmicos de desenho, assim como o princípio de que a expressão individual deve ser reconhecida e adequadamente avaliada, deu origem à metodologia básica de sua criação artística.

Quando, em 1919, Johannes Itten foi convocado por Walter Gropius para fazer parte da *Staatliche Bauhaus*, Friedl Brandeis o seguiu para Weimar. As ideias inovadoras dessa escola de arte, que teve grande influência no século XX, correspondiam às ideias e expectativas da jovem e talentosa estudante de arte. "Não existe nenhuma diferença essencial entre o artista e o artesão", anunciou Walter Gropius, o fundador da Bauhaus, em seu programa que acabou com a noção convencional e idealizada da arte, enobrecendo o trabalho artesanal. Nos quatro anos seguintes, Friedl estudou tudo o que havia para estudar na Bauhaus: desenho têxtil, com Georg Munche; litografia com Lyonel Feiniger; escultura com Oskar Schlemmer; concepção teatral, com Oskar Schlemmer e Lothar Schreyer. Friedl aprendeu a arte de encadernar livros, *design* gráfico, tecelagem e bordado. Em 1921, quando Paul Klee foi para a Bauhaus, Friedl não perdia nenhuma de suas aulas – e nenhuma oportunidade de espiar por sobre o ombro do mestre, quando Paul Klee estava pintando. Além de Franz Cizek e Johannes Itten, Paul Klee foi um dos principais inspiradores de sua extraordinária força pedagógica.

"Como ex-diretor e fundador da Bauhaus em Weimar, acompanho com grande interesse a atividade artísticas da senhorita Dicker", escreveu Walter Gropius, em 1931, numa carta de apresentação sobre sua ex-aluna que, além de seu trabalho no Ateliê Singer-Dicker, em Viena, iniciaria nesse mesmo ano uma atividade como professora de arte em jardins de infância. "Durante todo esse tempo, ela primou por seu extraordinário e raro talento artístico e chamou a atenção de todos os professores para o seu trabalho. A versatilidade de seu talento e sua grande energia fez com que seus trabalhos passassem a fazer parte daquilo que de melhor o Instituto tem a oferecer."[3]

Uma variedade de objetos prova sua criatividade incansável: cartazes, convites, projeto gráfico de livros, bordados, esboços de cenário e fantasias de teatro, equipamentos de teatro (entre outros, para Berthold Viertel e Bertold Brecht), desenhos, pinturas, esculturas, *design* de móveis, decoração de interiores, colagens de fotos. São todas as obras criadas por ela entre os anos de 1923–1925, durante o seu tempo de estudo e, posteriormente, nas *Werkstätten Bildender Kunst* (fundadas por Friedl, seus colegas e Franz Singer) em Berlim e, finalmente, de 1925–1934, no escritório de arquitetura Singer--Dicker em Viena, que logo ficaria famoso na Europa.

Chegou o ano de 1933 e o maquinário destrutivo dos nazistas também se fez notar na vida de Friedl Dicker. Em 1934, durante os tumultos de fevereiro em Viena, Friedl foi presa e acusada de atividades antifascistas e também por ser membro do Partido Comunista, que havia sido proibido. Libertada da prisão no mesmo ano, Friedl fugiu para Praga, onde ficou até 1938, um período que marcou um ponto decisivo em sua vida. Depois de muitos anos mantendo um relacionamento amoroso extremamente complicado com seu parceiro profissional, Franz Singer, e sob a influência dos atuais acontecimentos, Friedl passou por uma fase de autorreflexão e retiro espiritual. Essa nova orientação artística foi expressa em uma série de quadros – retratos, paisagens, naturezas mortas, pinturas de cidades – que anunciavam uma emancipação crescente da tradição da Bauhaus e que permitiram a apresentação de um estilo muito individual. Em um nível pessoal, sua caminhada culminou em uma nova parceria com Pavel Brandeis, com quem se casou em 1936.

Em seu apartamento, em Praga-Vinohrady, criou um estúdio de pintura para crianças, que era frequentado principalmente por crianças de Praga que vinham de um ambiente onde se falava alemão e filhos de emigrantes provenientes da Alemanha e Áustria, entre elas Georg Eisler, filho do compositor Hanns Eisler. Uma de suas alunas mais talentosas de Viena, Edith Kramer, de 20 anos de idade, foi com ela para Praga. "Eu sabia que não existia ninguém melhor para me ensinar do que Friedl." "Ela era uma professora maravilhosa e inspirada", disse Edith mais tarde ao falar da mestra.[4]

O círculo de pessoas ao redor de Friedl Dicker-Brandeis foi ficando menor a cada dia. Cada vez mais amigos lhe davam adeus.

Ela também poderia ter emigrado; Friedl tinha uma declaração juramentada para viajar para a Palestina. Mas não quis deixar seu marido e a família. "Eu não posso ir", disse Friedl ao despedir-se de sua amiga Wally Fischer. "Teoricamente, eu poderia viajar amanhã para a Palestina. Mas, Wally, eu tenho uma missão a cumprir. Eu tenho que ficar aqui, aconteça o que acontecer."[5] Hoje, é difícil dizer o que Friedl imaginava ser sua missão. Só sabemos de uma coisa: ela perdera um filho antes do nascimento, um trauma que ela, que tanto desejava ter um filho, nunca superou. É possível que essa perda dolorosa tenha dado origem à ideia que lhe deu alento: seu destino não era ser mãe de uma criança, e sim ser professora de artes de muitas crianças. Mais tarde, diria Edith Kramer: "Eu acredito que, para as crianças de Theresienstadt, o fato de Friedl não ter tido um filho foi uma sorte. Caso contrário, ela teria se salvado e as crianças jamais teriam tido tantas experiências maravilhosas com ela."

No verão de 1938, Friedl mudou-se com o marido para Hronov, uma pequena cidade na fronteira com a Polônia, a nordeste de Praga. Ambos conseguiram remodelar suas vidas modestamente, e Friedl foi capaz de usar a vida interiorana e os arredores pitorescos como nova fonte de inspiração. "Esse modo de vida, com a pintura, me livrou de passar por maus bocados, que pratico diligentemente e com entusiasmo. Foi como se eu me libertasse de uma culpa, que nem sei do que consiste!"[6], escreveu Friedl para uma amiga em Praga, pouco tempo depois de morar em Hronov.

Cada vez mais, Friedl dedicava-se à pintura, pintando para combater o sofrimento do mundo e sua dor pessoal. Foi nessa época que ela pintou seus melhores quadros, seus quadros mais intimistas, que ela passou a irradiar "energia, sabedoria e amizade – sentimentos que pareciam vir de outro mundo e que estavam completamente esquecidos. (...) E ela desenhava muito! Mesmo enquanto preparava o jantar, ficava sentada junto à janela e desenhava para não correr o risco de perder tempo",[7] relata uma pessoa que conheceu Friedl naquele tempo.

No dia 9 de dezembro de 1940, Friedl escreveu para sua amiga Hilde Kothny, que morava na Alemanha: "Eu consegui passar pela malha fina e estou grata pela minha vida. Eu só espero que um dia não tenha que pagar por isso: pelo fato de ter acumulado tanta força, para poder fazê-lo."[8]

Foi como se Friedl soubesse que um dia chegaria o tempo de cumprir o seu destino, de acordo com a lei. Aquele momento em que ela deveria pagar o preço (um preço que ela também queria pagar) por ter passado pela malha fina por um curto período de tempo.

Em dezembro de 1942, Friedl recebeu a intimação para o transporte. Resignada, Friedl juntou-se ao transporte em direção a Theresienstadt.

Sexta-feira, 15 de outubro de 1943

Lea está pesando 11 kg e 150 gramas. Mimi está doente e foi internada no hospital, no quartel Hohenelbe. No mesmo quarto de Mimi, está internada uma mulher que tentou fugir de Theresienstadt. Ela foi capturada e encaminhada para a prisão. Lá, a prisioneira achou vários pregos de 6 centímetros de comprimento, besuntou-os com margarina e depois engoliu. Foi assim que tentou suicidar-se. Operaram-na do estômago. Papai disse que ela tem problemas mentais. Papai disse que dá para ver isso em seus olhos. Estranho, mas eu não vejo nada.

Lá também há uma mulher que estava no transporte, embora estivesse doente. Ela tomou medicamentos em excesso, mas não foi o suficiente para morrer. No hospital, esvaziaram seu estômago. Na frente da porta está sentado um guarda do Ordnungsdienst. *Assim que uma das mulheres vai ao toalete, ele a acompanha e espera até ela sair. Depois, acompanha-a até a enfermaria. Ambas são prisioneiras do Quartel Dresden, e ficarão no hospital somente até ficarem boas.*

Quarta-feira, 27 de outubro de 1943

Ontem à noite, Rita nos criticou de uma maneira especial: "É uma menina inteligente, que anseia por conhecimento, já foi muito mimada, mas hoje isso já passou. Dá para notar que se trata de uma filha única, por vezes ela é muito mal-humorada". Então, tínhamos que adivinhar de quem ela falava. E ela falava de mim. – Ao falar de Fiška, Rita disse que a menina tinha uma alma de poeta. Fiška e eu temos muita imaginação e, provavelmente, pensamos muito. Eu fiquei pensando sobre aquela noite até bem tarde. Por volta das 11 horas da noite, lembrei-me da seguinte frase e a escrevi, embora estivesse escuro: "Se você pensar e pesquisar sobre a ciência, você esquecerá a sua miséria e o mundo lhe parecerá belo, misterioso e inexplorado".

Quinta-feira, 28 de outubro de 1943

Ontem conversei com Erika em particular. Eu acho que poderíamos nos dar muito bem. Ela me deu um coraçãozinho esculpido em madeira. Nossos pontos de vista são muito semelhantes. Erika, assim como eu, também não tem uma grande amiga. Nós duas somos amigas de Rita.

Ultimamente sempre me sinto culpada e imagino que faço tudo errado. Deve ser porque estou refletindo sobre muitas coisas. Pensar demais me deixou insegura. Rita acabou de me explicar isso. Ela disse: "Somente os tolos estão sempre seguros de suas ações e são autoconfiantes. Quanto mais inteligente é a pessoa, mais ela duvida de si mesma. PENSAR É A MELHOR COISA DO MUNDO". A Professora Brumliková é excelente palestrante. Embora eu não tenha passado pela Primeira Guerra Mundial, fiquei muito comovida com tudo o que ela nos contou. Foi como seu eu tivesse vivenciado tudo pessoalmente. Este foi o meu segundo lindo 28 de outubro, o 25º aniversário da libertação da Tchecoslováquia do poder dos Habsburgo. E logo teremos mais outro 28 de outubro, não importa que ele caia em janeiro, maio, em outro mês qualquer. E tudo ocorrerá súbita e surpreendentemente como antigamente. E, quando esse dia chegar, nos abraçaremos e ficaremos felizes. Os representantes da Tchecoslováquia retornarão, voltaremos a ser um país livre e, em toda a República Tcheca, ouviremos a canção: ONDE ESTÁ MEU PAÍS.

Ontem perguntei ao meu pai se ele ficaria com raiva de mim se, um dia, eu resolvesse me batizar. Eu lhe disse que não simpatizo com os judeus, só gosto de sua história e simpatizo com seus sofrimentos. Não me sinto ligada aos judeus. Papai disse: "Quando você for adulta, pode fazer o que quiser. Não vou proibir nada e não tentarei mudar seus pontos de vista". Jamais esquecerei estas palavras em toda a minha vida. Eu tenho um pai de verdade. Se todos tivessem um pai como o meu, o mundo seria diferente.

Enquanto eu não refleti sobre esse assunto, fiquei inquieta, pensava em mamãe e, agora que penso mais sobre isso, sinto uma satisfação interna, uma sensação muito boa. Não posso dizer que é um sentimento de paz, pois sempre esbarro em algo novo, que me faz refletir novamente. Eu penso principalmente sobre coisas que afetam o mundo como um todo. Sobre os povos, as nações, sobre os países, etc. E sobre a educação. Resumindo, penso sobre tudo – E mais. Droga, hoje eu seria capaz de encher o caderno com meus escritos. Não sinto nada quando penso sobre o Abrigo. Só tenho sentimentos para com Rita e Erika, e também para com Fiška.

A amizade com Erika desenvolveu-se lentamente. Ambas eram meninas fechadas e Erika, provavelmente, era muito introvertida, perdida na paisagem de sua alma, aquele último pedacinho de pátria que ela ainda carregava consigo. Helga, por sua vez, ainda tinha a companhia de seu pai em Theresienstadt, enquanto Erika estava completamente só. O fato de as duas terem se aproximado não causa espanto. As semelhanças entre suas biografias são marcantes. Ambas também aniversariavam em datas próximas, com apenas seis dias de diferença: Helga nasceu em 28 de maio de 1930 e Erika nasceu em Praga, em 22 de maio. São apenas 6 dias de diferença. Os pais de Erika também se divorciaram quando tinha 6 anos de idade. Assim como a mãe de Helga, a mãe de Erika, Teresa, fugiu para a Inglaterra em 1939, deixando sua filha para trás, na esperança de buscá-la mais tarde. Erika ficou aos cuidados de sua avó e da família paterna em Praga. Ao partir, a mãe de Erika certamente não imaginou que a abraçava pela última vez.

Quarta-feira, 3 de novembro de 1943

Ela chorou. Eu nem posso acreditar que Ela gostava tanto de mim, que me era fiel e que prezava nossa amizade. Eu sei que a decepcionei ao ficar amiga de Erika. Mas como eu poderia imaginar que ela nem era tão amiga de Flaška? Que as duas só se encontram porque seus namorados são amigos e porque todos passeiam juntos à noite? Flaška e Zajiček usam um anel da amizade e agora, Flaška também usa um pingente da amizade juntamente com Hana Lissau e Eva Heller. Zajiček abandonou Flaška, assim como Pavla certa vez abandonou Ela, da mesma maneira que eu a abandonei. Flaška está sozinha. Ela está abandonada, as amigas a traíram. Marianne não tem uma amiga, mas se dá bem com Ela e com Flaška. Ambas têm amizade entre si, mas não são amigas de verdade. Eu disse para Ela que sempre a considerarei como minha melhor amiga, mesmo que não queira. Eu lhe ofereci minha amizade novamente, mas ela disse que vai pensar sobre isso. Estou curiosa para saber como tudo vai acabar.

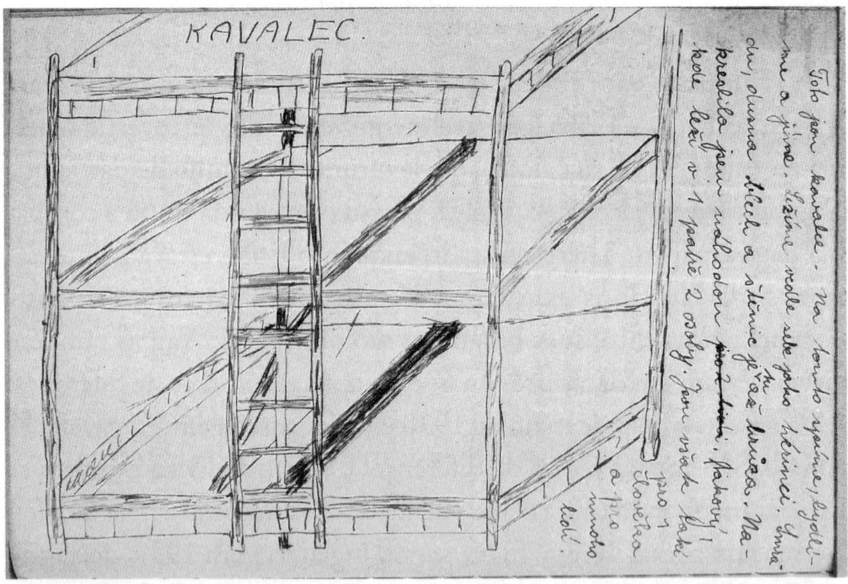

Este é um beliche. Ali dormimos, moramos e comemos. Ali ficamos deitadas, apertadas como sardinhas enlatadas. Mau cheiro, ar pesado, pulgas e percevejos existem aqui aos montes. Nesse beliche dormem duas pessoas no primeiro andar. Mas também existem beliches para uma ou para várias pessoas.

BELICHE. Nós subimos nele como os macacos, que procuram seus ninhos nas árvores ou como as galinhas, no galinheiro.

“De volta ao gueto”

O dia 11 de novembro de 1943 foi um dia de medo – um dia frio, cinzento e chuvoso. Na véspera, à noite, foi emitida uma ordem de que todos os prisioneiros do gueto deveriam se dirigir até o vale Bohušovice, situado a 4 km de Theresienstadt, que os tchecos chamavam de *Kotlina* (Baixada), onde seria feita uma contagem geral. Esta ordem seguiu a prisão de Jakob Edelstein (um membro do Conselho de Anciãos) e de três funcionários da *Zentralevidenz* (ou Registro Central, responsável pelos dados estatísticos), o departamento que tinha como função contabilizar precisamente todos os transportes que chegavam ou partiam de Theresienstadt, bem como o número de prisioneiros no campo. Essas quatro pessoas, que desapareceram na prisão do campo de concentração, situada no porão do prédio do Banco, foram acusadas de falsificação e cumplicidade para a fuga de pelo menos 55 pessoas.

De fato, os funcionários do Registro Central volta e meia colocavam o nome de pessoas falecidas na lista de transporte para salvar algumas pessoas da deportação para o leste. O exemplo mais proeminente para isso é o rabino Leo Baeck, de Berlim. Alguns nascimentos – desde 1943, os abortos passaram a ser obrigatórios[1] – também eram omitidos através da falsificação de cartões de dados de pessoas falecidas. Além disso, tentava-se, na medida do possível, proteger as pessoas que fugiram do campo de concentração, juntando seus nomes à contagem geral como se estivessem presentes.

Em outubro, depois que alguns dos prisioneiros que fugiram de Theresienstadt (entre eles Walter Deutsch) foram capturados em Praga, a SS passou a controlar o Registro Central, que evidenciou todo tipo de inconsistências, culminando com a prisão dos responsáveis.

Isso tudo, naturalmente, era conhecido apenas por um pequeno círculo de pessoas e, para a maioria dos prisioneiros do gueto, as notícias chegavam na forma de *Bonkes*, ou boatos, altamente questionáveis. No dia 11 de novembro de 1943, no entanto, as ordens foram claras e inequívocas. Às 5 horas da manhã todos deveriam levantar e se preparar para a caminhada. Logo depois, os prisioneiros do gueto saíram de seus alojamentos e dos quartéis. Eram 30 mil a 40 mil pessoas, de bebês a idosos com até 90 anos de idade, mães levando seus filhos pela mão, algumas com carrinhos de bebê, inválidos andando com muletas, pessoas debilitadas segurando suas bengalas e pessoas apoiadas pelos mais jovens. Fileira após fileira, a multidão seguia em frente. Alguns em pânico, pois temiam o pior; outros estavam aparentemente tranquilos e tentavam se acalmar ao imaginar que talvez tudo não passasse apenas de outra crueldade absurda dos nazistas, que eles eram obrigados a suportar.

"Na noite de 10 para 11 de novembro, não consegui pregar os olhos", escreveria Helga 10 dias depois em seu diário, que ela havia escondido durante esse período. "Veio o residente mais antigo do Abrigo, depois o médico, e mais tarde apareceu a enfermeira. Tudo girava em torno da contagem dos prisioneiros na Baixada de Bohušovice. Levantamos às 5 horas da manhã, vestimos nossas roupas de inverno e, às 7h30 da manhã, tivemos que nos apresentar para a caminhada, e ficamos em pé diante da porta. Lá, permanecemos por uma hora, depois nos mandaram entrar novamente no Abrigo e, após 10 minutos, apitaram novamente e fizemos uma fila na rua. Na fila havia 350 crianças. Então, fomos caminhando por cerca de 45 minutos até o vale. Levávamos comida suficiente, pois tínhamos acabado de receber nossa ração diária de 80 gramas de açúcar, meio quilo de pão e meia lata de patê de fígado, além de 60 gramas de margarina. Ficamos em pé das 10 horas da manhã até as 5 horas da tarde."

"Nós fomos com as crianças", lembra-se a cuidadora Eva Weiss. "E ficamos inventando alguns jogos. Jogos com palavras, adivinhações, tudo o que se pode fazer para distrair as crianças e evitar que fiquem com medo. E, na verdade, também tínhamos medo que atirassem em nós, matando a todos. Ninguém sabia se voltaríamos."

Hoje, todas as lembranças dos sobreviventes do Quarto 28 sobre aquele tipo de "passatempo" na Kotlina já desapareceram. Somente poucas pessoas se lembram de que as amigas formavam um pequeno círculo ao seu redor, de costas, para que pudessem fazer suas necessidades fisiológicas. A lembrança mais forte é do frio que sentiam, de como suas mãos e pés doíam de frio, de como as pernas doíam por permanecerem em pé, imóveis, por tanto tempo. E todas ficaram marcadas por uma lembrança em comum – o medo.

"Eu sentia muito medo", lembra-se Flaška. "Eu tinha certeza que atirariam em nós. O vale estava completamente cercado por homens da SS e policiais armados, e aviões circulavam sobre nós." "Eu queria procurar por minha mãe e minha avó, mas era impossível. Nós não podíamos deixar o grupo", relata Hanka. "Ninguém sabia por que estávamos lá, nem o que aconteceria", conta Handa. "E, em tal situação, pensa-se em tudo que é possível. Essa foi a pior coisa para todos nós, naquele dia. O fato de não sabermos se voltaríamos ou de não saber o que aconteceria depois. Nós realmente pensamos que não voltaríamos mais ao campo de concentração. Foi um trauma para todos nós."

No meio da multidão estava Alice Herz-Sommer, segurando seu filho Stephan pela mão, o pardal de *Brundibár*. Alice sentou-se sobre um cobertor que havia levado e estendido sobre a relva fria e úmida. Stephan sentou-se sobre um dos seus joelhos, no outro joelho estava sentado outro menino. Ela lhes contava histórias. Não havia outro modo de dissipar o nervosismo e distrair as crianças que ficavam perguntando "por que" o tempo todo. Por que tinham que ficar de pé no frio e na chuva? Por que não podiam voltar para o gueto? Alice contava histórias para combater a tensão crescente e para fazer as crianças rirem. De repente, ouviu-se um comando da SS: "Apresentem-se em grupos de cem pessoas!" À distância, Anton Burger, o comandante do campo, cavalgava montado em um cavalo preto, enquanto os planadores voavam em círculos no céu. Alguns homens da SS andavam de um lado para o outro, montados em suas bicicletas, ao redor do círculo formado pelos prisioneiros, enquanto os policiais tchecos mantinham suas metralhadoras em riste. Os cães latiam, os chicotes estalavam. Ao longe, ouviam-se tiros. O que estaria acontecendo com os prisioneiros que ficaram no gueto? Já era de tarde e começava a anoitecer.

Subitamente, começou a circular um boato sombrio de que haveria um fuzilamento em massa – ou outro tipo de aniquilação. Aqueles que já viviam no gueto no início de janeiro de 1942 lembravam-se horrorizados dos jovens que a SS enforcou ostensivamente no dia 10 de janeiro e 26 de fevereiro de 1942, diante dos olhos dos membros do Conselho de Anciãos, por terem tentando contrabandear cartas para fora do campo.[2] Com isso, a comandatura queria instituir um exemplo para dissuadir os prisioneiros de praticar atos contrários às ordens do campo.

Seria esta contagem na Baixada somente um pretexto para juntar todos os prisioneiros para, finalmente, matá-los? Seria uma retaliação em decorrência de violações ocasionais? Uma vingança segundo o padrão instituído em Lídice?

Os alemães eram capazes de qualquer coisa. A data "11 de novembro" despertava, nos mais idosos, os fantasmas do passado. Em 9 de novembro de 1918, o social-democrata Philipp Scheidemann proclamou a República em Berlim, e no dia 11 de novembro foi assinado o Acordo de Armistício, que em 1919 levou ao Tratado de Versalhes, a ordem de paz que, aos olhos dos nazistas, "cobriu a Alemanha de vergonha e desgraça por todos os tempos". Desde o início da década de 1920, esses dados históricos incomodaram todos os inimigos da República de Weimar, encabeçados por Hitler e seu Partido Nazista. Esse era o motivo pelo qual os nazistas, nestes dias de novembro, sempre davam vazão ao seu ódio e à fome do poder. Assim aconteceu nos dias 9 de novembro de 1923, com a tentativa frustrada de golpe de Estado em Munique, e em 9 e 10 de novembro de 1938, com o desencadeamento dos *pogroms* antijudaicos no Terceiro *Reich*, que também incluiu a terra dos Sudetos. Desde os acontecimentos daquela noite sangrenta, durante a qual incendiaram as sinagogas e milhares de famílias judaicas temeram por suas vidas e seus bens, quando judeus foram sequestrados ou mesmo assassinados, já haviam passado cinco anos. No entanto, para muitos daqueles que estavam reunidos na Baixada de Bohušovice, esses acontecimentos amedrontadores vieram subitamente à memória.

"Daí, peguei a criança no colo e a apertei fortemente contra o peito, ela já era bem pesada", relata Alice Herz-Sommer. "Então, a situação é a seguinte: agora atirarão em nós. Este é o nosso fim. A vida acabou. Sim, e como uma pessoa reage numa situação dessas? Ela não reage, simplesmente. Ela é incapaz de reagir. A vida emocional deixa de existir. É como se existisse uma parede escura, onde tudo é preto. A única coisa que eu sentia era o calor do corpo de meu filho. Então, eu disse para mim mesma: ele está junto de mim. O que me acontecer, também acontecerá com ele. Está nas mãos de Deus." Enquanto o dia passava, cada vez mais pessoas (especialmente as idosas) desmaiavam, caindo ao chão. Algumas perdiam a consciência. Outras, embora conscientes, eram incapazes de se manter em pé. Mesmo muitos dos prisioneiros mais jovens estavam esgotados. Alguns se esgueiravam furtivamente para o final das filas, onde se agachavam sem que a polícia e os homens da SS percebessem, para descansar seus corpos esgotados durante alguns minutos. Assim se passaram várias horas. Começou a escurecer e todos continuavam ali, confinados. Quando esse pesadelo chegaria ao fim?

Enquanto isso, a pequena Frta, Marta Fröhlich, estava internada com bronquite no quartel Hohenelbe, e não participou da contagem na Kotlina – como outras centenas de doentes. Muitas dessas pessoas, principalmente pessoas idosas e combalidas, haviam sido levadas para o hospital somente no início da manhã. O hospital estava superlotado e mesmo os gravemente enfermos foram obrigados a dividir um estrado com outras pessoas. Muitos não conseguiam nem mesmo se deitar, e muitos ficavam sentados, tão pouco espaço havia. Lá permaneceram o dia todo, agachados e amontoados. Marta estava entre eles. "Fiquei sentada sobre o estrado desde cedo, até o anoitecer. Não podíamos ir ao toalete, pois passávamos por contagens sucessivas. Eu escutei os aviões, ouvi tiros e tinha certeza de que seríamos assassinados a tiros."

Enquanto passavam as horas, que pareciam ser uma eternidade, Frta só pensava em seus irmãos, que estavam na Kotlina. "O que será que os alemães pretendem fazer? Ah, se pelo menos eu pudesse estar com meus irmãos! Se eles os matarem, também quero que me matem."

"Então, aconteceu algo que jamais esquecerei", diz Alice Herzog-Sommer. "Uma ordem gritada em tcheco: 'Zpět do ghetta' – 'Voltar para o gueto!' Indescritível. O gueto transformou-se no paraíso! O gueto, este gueto inexprimível, este inferno – subitamente transformou-se em um paraíso!"

Zdenek Ornest, aquele garoto de Praga que representou o papel do cachorro em *Brundibár*, descreveu esse acontecimento em um artigo escrito para o "*Vedem*":

"Houve uma grande movimentação, como se uma corda se rompesse, e tudo explodiu. Todos se movimentavam para a frente. Ninguém sabia quem havia dado a ordem, mas nós a seguimos.

Como se fôssemos parte de uma avalanche, que se move lentamente e que mata. Tumulto. Ouviam-se gritos. As pessoas começaram a pisotear umas às outras. Cada um pensava somente em si. Era a luta pela vida. Nós fomos sendo empurrados até as barracas, que bloqueavam nosso caminho. A multidão formou uma grande massa de pessoas. Era impossível respirar, e tudo parou. Cada um se deixou levar e deixou de pensar. A força de cada um já não importava. Havia apenas uma força terrível, era a força do todo, inexorável e cruel. E, mesmo assim conseguimos voltar para casa. Hoje em dia, ninguém sabe exatamente como. Cada um de nós parecia fugir, deixando tudo para trás. Conseguimos escapar como se fôssemos moscas que escapam de uma teia de aranha, com uma expressão vazia nos rostos."

As meninas chegaram ao Abrigo às 9 da noite. Durante o trajeto, Flaška havia desmaiado e foi preciso carregá-la. Mas isso não era nada em comparação com os idosos e os fracos que não sobreviveram a essa contagem de prisioneiros ou que morreram mais tarde, em decorrência das atrocidades sofridas.

Quando as meninas voltaram ao "seu" Quarto 28, Strejda já estava ajoelhado na frente do velho aquecedor à lenha. O fogo queimava e espalhava seu calor pelo quarto. Sem dizer uma só palavra, as crianças deitaram em seus beliches e adormeceram imediatamente.

O pai de Helga fez um relatório sóbrio desse evento: "O desfile de outono. Censo na Baixada de Bohušovice, que provavelmente é um antigo campo de exercício. Mais de 30.000 judeus compareceram. Nosso abrigo compareceu às 9 horas da manhã. Fiquei em pé durante 14 horas. Às 19 horas e 45 minutos voltei para casa. Helga, bravamente em pé do outro lado do campo, chegou ao seu Abrigo às 9 horas da noite. Permitiram-nos entrar no gueto às 19 horas e 30 minutos".

E, com seu humor peculiar, resumiu os acontecimentos do dia: *"Apresentação ao ar livre no descampado de Bohušovice: Os Contos de Hoffmann."* Uma variante sobre o episódio era comentada somente à boca pequena: *"A Cagada ao Ar Livre"*.[3]

No dia 13 de novembro, o comunicado oficial de nº 37 diria: "A administração e o Conselho dos Anciãos agradecem a todos os prisioneiros do gueto, em especial às instituições de comando dos prédios, à polícia do gueto e ao Departamento de Economia, aos médicos e membros do grupo de enfermagem, aos funcionários da equipe de estatística, assim como aos grupos de trabalho que ajudaram a organizar a saída e o retorno dos prisioneiros, pela execução da contagem dos prisioneiros na Baixada de Bohušovice, em 11 de novembro de 1943, pela disciplina demonstrada."

Somente dez dias mais tarde, Helga tirou seu diário do esconderijo e escreveu: "Foi preciso deixá-lo por alguns dias, colocá-lo no fundo da minha mala, pois houve um controle alemão. Foi preciso esconder todos os cadernos, assim como você, debaixo de objetos inanimados! Ainda não consigo escrever sobre tudo o que aconteceu desde então".

"Ficamos esperando por outros controles externos. No dia 27 desse mês, todas as pessoas ficaram sabendo que o gueto deveria ser embelezado", anotou Helga em 29 de novembro de 1943. "Tudo o que ficava à mostra foi arrumado. Todas as estantes foram cobertas com cortinas. Nada devia ficar aberto e à mostra. Estamos de quarentena, mas podemos sair. Só não podemos receber visitas. Em nosso Abrigo tivemos 30 casos de encefalite, sendo quatro em nosso alojamento."

No Quarto 28, vários estrados ficaram vazios. A enfermaria estava superlotada e a Sokolovna foi transformada em hospital para os casos de encefalite. Nessa doença (uma inflamação do cérebro acompanhada de febre e sonolência e que, por isso, era chamada de "doença do sono") o risco de contaminação era alto. Praticamente nenhuma criança foi poupada. Ela, Flaška, Handa, Helga, Frta, Marianne, Judith, Lenka, Hana, Hanka, e Eva Winkler, todas tiveram a doença. Os adultos também a contraíam, e frequentemente a doença era mais grave do que nas crianças. Tella não conseguia mais mover os dedos, que estavam como que paralisados e, durante certo tempo, ficou afastada do Quarto 28.

A doença desencadeou uma grande confusão e minou a disciplina que geralmente prevalecia no Abrigo de Meninas. Até mesmo algumas proibições foram desconsideradas. Em decorrência do risco de infecção, a entrada era permitida apenas para as moradoras do Abrigo, o que não impedia alguns garotos de visitarem suas namoradas. "Meu amigo Polda vestiu roupas de menina, colocou um gorro com pompons na cabeça e conseguiu chegar ao nosso quarto, no segundo andar", lembra-se Hanka. E Honza e Kurt, os namorados de Ela e Flaška, arrastaram-se através de uma pequena abertura na cerca do jardim, junto ao lixo. Depois de trocarem algumas palavras, desapareciam da mesma maneira que vinham. "Alguns de nós fizemos de tudo para evitar a internação na Sokolovna", lembra Handa. "Quando o médico nos examinava, por vezes imitávamos algum reflexo. O reflexo do joelho não era um problema. Muito mais difícil era quando picavam a nossa barriga com uma agulha. Mas nós tentávamos e treinamos como dar origem ao reflexo desejado. Eu me lembro de que não queria, de modo algum, deixar de participar de qualquer apresentação de *Brundibár*." Os demais pensavam do mesmo modo. Nessa época, a oportunidade de desempenhar um ou outro papel principal como substituto aumentou consideravelmente. Maria, que gostava de interpretar o pardal, preferia fazer o papel de Aninka, em geral ao lado de seu irmão Piňta. Até então, ela havia desempenhado o papel algumas vezes e as meninas do quarto 28 se orgulhavam por também terem uma "Aninka" entre elas.

Todos gostavam daquela menina bonita de olhos escuros e dona de uma voz maravilhosa. Maria era três anos mais nova do que Greta Hofmeister, que morava no quarto 25 e era a preferida de Rafael Schächter para esse papel. "Ela tem uma linda voz, cristalina, como um sino", lembra-se Flaška. "Mas a nossa Maria era mais infantil, mais natural. Para nós, ela era a verdadeira Aninka."

Stephan Sommer fazia o papel do pardal sempre que podia. Ficava esperando uma oportunidade e sempre estava presente. O garotinho era o queridinho do elenco. "Todos gostavam dele e lhe davam carinho", lembra-se Helga. "Ele se movimentava muito bem no palco, onde saltitava graciosamente, exatamente como um pardal."

Alice Herz-Sommer e seu filho Stephan (1937–2001). O garoto adorava interpretar o pardal na peça *Brundibár*. Em 1949, Stephan adotou o nome Rafael. "Meu filho estava encantado. Completamente encantado com a peça *Brundibár*. E quando ele voltava de uma apresentação, ficava em pé no estrado de cima do beliche, segurando uma colher em uma das mãos e fazia de conta que era o maestro. Tínhamos seis filhos em nosso quarto e todos cantavam e, às vezes, nós adultos também cantávamos. O texto é lindo." De uma entrevista com a autora, em Londres, 1997.

Depois de algum tempo, todos sabiam as canções de cor. Baštik não teve problemas para encontrar substitutos para os papéis. Algumas crianças ficavam à espreita, aguardando uma oportunidade. Handa interpretou o cachorro uma vez e Flaška teve a oportunidade de interpretar Aninka. "Certo dia, as duas Aninkas, Greta Hofmeister e Maria Mühlstein, estavam doentes", lembra-se Flaška. "Então, perguntei a Baštik: por favor, posso fazer o papel de Aninka? Eu sei tudo de cor. – E ele assentiu. Cantei a parte da Aninka sem ter ensaiado – e não errei muita coisa. Só me atrapalhei enquanto dancei com Piňta, e ele volta e meia pisava nos meus pés. Eu participei de duas apresentações no mesmo dia, de manhã e à noite. E eu fiquei tão feliz por ter podido cantar a parte da Aninka!"

A apresentação sempre se transformava em um grande acontecimento, o ponto alto cultural e social que se destacava da monotonia diária. Os participantes, meninos e meninas estreitavam seus relacionamentos por meio do teatro e da música. E havia cenas lindas! Por exemplo, quando o pequeno trompetista tocava sozinho e as crianças o acompanhavam dançando uma valsa. "Nós sempre demos muitas risadas", lembra-se Ela, que não queria perder nenhuma apresentação. "O trompetista era um garotinho dinamarquês – e ele sabia tocar tão bem!"

Paul Rabinowitsch, nascido em Hamburgo em 1930, havia emigrado com sua mãe e seu padrasto para a Dinamarca, de onde foi deportado para Theresienstadt em outubro de 1943. Desde então, Paul morava no Abrigo para Meninos L 414, como o único dinamarquês entre a grande maioria de meninos tchecos e alemães. O fato de poder participar da ópera infantil deve-se ao seu talento como tocador de trompete. E ele tocava muito bem. Quando criança, já havia demonstrado seu talento como trompetista na Tivoli Garde, em Copenhague.

Agora, ele podia fazer parte do elenco da ópera infantil. Paul ficava sentado ao lado do piano, que era tocado pelo belo Gideon Klein e, às vezes, por Baštik (quando este não resolvia lançar mão de seu acordeão). Não importa: sempre que chegava a sua vez de tocar, Paul se levantava e tocava o trompete o mais alto possível. "Eu me lembro perfeitamente bem", diria décadas mais tarde, "de quando eu tocava o meu solo, esta linda '*Valse lente cantabile*', e de como as crianças dançavam e cantavam. Era fantástico."

Para Paul, outras coisas também eram fantásticas. Coisas que, para um garoto que não entendia as palavras tchecas, tinham ainda maior importância do que para os demais. "Para mim, era maravilhoso representar uma peça no palco que gira em torno do leite, na qual as crianças recebem leite e onde alguém vende balas, bolos e pães. Isso era inacreditável! Elas tinham bolo, pão, leite e sorvete de baunilha, morango e limão. Tinham *croissants*, pães e *pretzel*. E cantavam tantas canções! – E nós, na verdade, só tínhamos pão seco! Nós, crianças, durante vários anos não tomamos leite de verdade. Não tínhamos ovos, nem bolo. Nem balas ou sorvete. E, de repente, ali estava alguém que anunciava todo tipo de sorvetes de creme – como se essas coisas existissem de verdade. E as crianças interpretavam seus papéis, como se essas coisas realmente estivessem no palco. Isso era fantástico. A realidade se transformava. Tudo era mágico. E Brundibár tinha essa grande força criativa."

Paul Aron Sandfort (1930–2007), fotografia datada de 20 de setembro de 2006, em Špindlerův Mlýn.

O Chanucá, a festa da luz e da esperança, se aproximava. Nos Abrigos, as crianças começaram a preparar os presentes. Faziam muito artesanato e uma ou outra coisa precisava ser "organizada". Helga encomendou um escudo de Theresienstadt – por um valor equivalente a 550 coroas do gueto, 54 gramas de açúcar e 70 gramas de margarina, que ela havia guardado. Embora a amizade com Ela estivesse abalada, Helga queria presenteá-la com um pingente. "Entre mim e Ela está tudo acabado. Nós conversamos e chegamos à conclusão de que não combinamos. Ainda assim, vou tratá-la amigavelmente, para que não tenha uma má impressão de mim. Eu também quero que ela tenha uma lembrança minha, afinal, eu também tenho uma lembrança dela", escreveu Helga em seu diário.

Pingentes e broches eram os presentes mais comuns, e as meninas frequentemente se presentearam com eles. Com um pouco de habilidade, era possível fazê-los sem ajuda de ninguém. Handa também planejava seus presentes. Em seu caderninho de anotações está escrito que Handa pretendia presentear Muška com um broche em forma de cachorro. Helga ganharia um broche em forma de cabeça de cavalo, Ela seria presenteada com um broche em formato de cabeça de gato e Piňta Mühlstein ganharia um broche em formato de clave musical.

Os pensamentos das meninas giravam em torno de uma menina havia alguns dias: Hana Epstein, a Holubička. O que lhe teria acontecido? Já fazia algum tempo que não estava mais entre as meninas. Ninguém sabia o que realmente estava acontecendo. Diziam que estava internada no quartel dos Cavaleiros, onde ficam as pessoas com distúrbios psiquiátricos. Mas, por qual motivo? Holubička não estava bem, disso todos sabiam. Parecia ter alguma deficiência, era muito ingênua e tinha a "língua presa". Quase sempre trazia um sorriso estampado no rosto, mesmo quando as meninas zombavam dela, o que ela parecia nem perceber. Mas, agora, Holubička lhes fazia falta. Marta e Ela resolveram averiguar o que tinha havido e puseram-se a caminho do quartel dos Cavaleiros. "Quando passamos pelo pátio do quartel dos Cavaleiros, ouvimos alguém chamando: '*Elinká, Elinká!*'", lembra-se Ela. "Olhamos ao redor e vimos, entre figuras miseráveis, uma mulher completamente desmazelada e emagrecida, vestida somente com uma calcinha. Ela me olhava com os olhos fixos, enquanto acenava com as mãos. Fiquei em pânico. Será que eu conhecia essa mulher?"

"Elinká, Elinká", alguém continuou chamando esse nome e, subitamente, Ela reconheceu a mulher que gritava pela voz. Era uma mulher de sua cidade natal, Lom. Essa pessoa tinha sido uma dama rica e elegante, uma modista, que mais tarde passou a morar em

Praga, perto de Na Příkopě. Agora, estava no manicômio de Theresienstadt. Assim como Hana Epstein.

Finalmente, Ela e Marta encontraram-na em um quarto cujo acesso era proibido. Somente uma grande janela dava vista para o quarto. Ali, viram Holubička deitada ao lado de outras doentes. Ela usava uma camisa de força, tinha o olhar fixo, estava parada e apática. "Ela não nos reconheceu. Foi horrível. Sentimos muita pena dela."

Transportes! – A notícia chegou como um raio. "Transportes! Transportes! Esta palavra horrível abalou os prisioneiros de Theresienstadt", escreveu Helga em 13 de dezembro no seu diário. "Partirão dois transportes com 2.500 pessoas. As únicas pessoas que estarão a salvo são aquelas que estão com alguma doença contagiosa. Das pessoas que fazem parte do nosso grupo, partirão quatro: Irena Grünfeld e Eva Landová. Fiška e Milka fazem parte da reserva. As duas, mesmo sendo reserva, não partirão no primeiro transporte e sim, no segundo. Papai e eu estamos a salvo. Aqui corre um boato de que todos os judeus provenientes do Protetorado irão para Birkenau."

Eva Landová estava internada na enfermaria quando sua mãe lhe deu a má notícia. Não havia escapatória. Eva foi obrigada a arrumar suas coisas e se despedir de suas companheiras de quarto. Também foi obrigada a despedir-se de Harry. Será que ele também estaria no transporte?

Eva olhava pela janela. De repente, viu seu namorado na rua. Acenou para ele e, com gestos, disse-lhe que seguiria em um dos transportes. Harry apontou para si mesmo e ela entendeu imediatamente: Harry também estava na lista de transporte. Pelo menos, os dois ficariam juntos.

A festa de Chanucá, que foi antecipada às pressas, Eva só percebeu como que em transe. Viu que tiravam presentes de uma malinha, que depois eram distribuídos entre as crianças: pingentes, broches, cartões postais, quadros, desenhos, lápis e, para cada pessoa, um caderninho com desenhos e uma poesia oferecido pela cuidadora Eva Weiss.

A despedida foi difícil. "Eu ainda lembro", diz Hanka, "que em dezembro de 1942 houve um grande transporte e que muitas de minhas amigas tiveram que partir, entre elas Eva Landová e Resi Schwarz. Nós sempre dizíamos: 'Até um dia! Até logo!' Nós sempre acreditamos e tínhamos esperanças de que a guerra terminaria em breve. Estávamos convencidas de que os alemães perderiam a guerra. E achávamos que não importava quem partia e quem ficava. O mais importante era que nos reencontraríamos após a guerra. E combinamos de nos reencontrar em Praga após a guerra, num certo dia, junto ao velho relógio astronômico, na cidade velha de Praga."

Eva Landová arrumou seus poucos pertences, entre eles alguns desenhos, poemas e seu caderno de recordações. Ela queria guardá-los como lembrança de suas amigas, como lembrança do Quarto 28, que tanto significava para ela. Eva não chorou. Enquanto se despediam, Handa disse-lhe: "Após a guerra, ligue para mim em Olbramovice, sim? Você sabe, o número de nosso telefone é bem fácil de lembrar – é o número um."

Décadas mais tarde, Eva diria: "Eu queria e precisava ser corajosa. Eu não queria trair nossos ideais. Levei comigo as minhas recordações de nosso objetivo em comum, de uma vida melhor e justa, a busca pela perfeição". Na despedida, Eva escreveu no caderno de recordações de Flaška: "O seu caminho, às vezes, te levará montanha acima e montanha abaixo, passando por pedras, poças de água e montes de neve. Não importa como será o seu caminho, percorra-o com coragem, espinha ereta e alegria. Assobie. Não seja mal-humorada, não se lamente, aguente! Uma lembrança de Eva Landová."

Flaška recebeu uma carta de despedida de Milka:

Theresienstadt, 14 de dezembro 1943.

Minha querida Flašticko,

Hoje chegou o dia de dizer adeus. Precisamos ser corajosas, não há outra saída. Eu espero que, um dia, nos vejamos novamente. E que, novamente, voltemos a ser boas amigas, como fomos aqui. Flaška, você sabe o quanto nos demos bem, mas o nosso tempo foi curto. Eu espero que, mesmo longe, possamos continuar sendo tão boas amigas quanto fomos aqui. Pensarei em você diariamente. Se for possível, escreverei imediatamente.

Flaška, não esqueça: se eu assinar como "Milka", isso quer dizer "estamos passando por dificuldades". Se eu assinar como "Sua Miluška", "estamos passando bem". Flaška, se Freda estiver namorando outra menina, escreva-me contando. Flaška, eu lhe desejo tudo de bom em sua vida, que sua vida seja leve e que você tenha muitos pequenos Budas. Flaška, pense em mim e não me esqueça. Eu estou com a cabeça tão cheia, que já nem sei mais o que lhe escrever.

Adeus e não esqueça de mim.

Milka

Sexta-feira, 17 de dezembro de 1943

O primeiro transporte já partiu. Nele, seguiram Irena Grünfeld e Eva Landová. Fiška foi retirada do transporte e Milka ainda está aqui. Milka estava na reserva e ficou sobrando, mas deve seguir no próximo transporte. O pai de Holubička descobriu que ambos estarão no próximo transporte, assim como Eva Weiss. Fiška está escrevendo poesias, deitada na cama. Handa está doente e ambas estão deitadas lado a lado. Uma sempre fornece um tema de poesias para a outra.

Quarta-feira, 22 de dezembro de 1943

Eva Weiss já partiu, todos partiram. Todas as pessoas do nosso Abrigo e que estavam na lista de transporte já partiram. Eva Weiss foi embora sozinha, sem mãe, sem irmão e sem o noivo. Dessa vez, Helena não conseguiu escapar do transporte. Seus pais aplicaram-lhe uma injeção, na tentativa de retirá-la do transporte, Helena teve febre alta e diarreia. Teve que partir em direção a Birkenau com febre e diarreia, em um vagão destinado ao transporte de animais, no qual não existe um toalete, e nem mesmo um banco para sentar.

Cinco mil e sete pessoas deixaram o gueto em um desses transportes. Entre elas, 115 crianças com menos de 5 anos de idade e 500 crianças com idades que variavam de 6 a 15 anos. No Quarto 28, os beliches de Hana Epstein, Helena Mendel, Irena Grünfeld, Mila Polaček e Eva Landová ficaram vazios.

Eva Landová e a cuidadora Eva Weiss foram as únicas sobreviventes.

A aparência e a realidade

Em 21 de dezembro de 1943, quando o Chanucá seria festejado, ninguém estava com vontade de fazer festa. Mesmo assim, ninguém queria deixar que a chama da esperança se apagasse. Afinal, o Chanucá (em hebraico, a "consagração") é uma festa da esperança. Essa festa lembra a revolução dos Macabeus em 165 a.C. e a reabertura solene do templo profanado pelos gregos. Naquela época, só restava um pouquinho de óleo, o suficiente para iluminar o templo durante um dia. Mas aconteceu um milagre: a luz durou oito dias, foi possível obter mais óleo e a chama foi mantida viva. Em Theresienstadt, no final de 1943, as pessoas se perguntavam com frequência se os milagres realmente aconteciam. Praticamente todos queriam acreditar que milagres existiam. Faria sentido pensar o contrário? Certamente também existiam pessoas pessimistas, como podemos ver no livrinho de anotações de Handa. Lá podemos ler os seguintes versos (em tcheco, os versos têm rima): *"Aparentemente, os pessimistas têm apenas uma coisa em mente/ destruir o bom humor dos outros, a qualquer custo./ Os otimistas, no entanto, sorriem e dizem:/ Talvez algo aconteça, talvez já esteja acontecendo./ Os pessimistas fazem cara feia e riem dos otimistas,/ Pois isso é o mais fácil a ser feito"*.

Otto Pollak, sem dúvida, fazia parte dos otimistas. Na festa de Chanucá, no Abrigo dos Inválidos, Otto Pollak recitou poemas de Maurice Rosenfeld, da coleção "Canções do Gueto". "Helga", de acordo com as anotações na agenda de Otto Pollak, "ouvia tudo com os olhos arregalados."

"Eu estou muito orgulhosa de papai", anotou Helga na mesma noite. "Pela primeira vez, eu o ouvi declamando poesias – foi tão maravilhoso! Foi na festa de Chanucá, no Abrigo dos Inválidos, e a festa acabou às 9 da noite. Mas eu só pude ficar até as 8 e meia. Papai declamou três poesias judaicas muito lindas. – O papai é um amor. Mas não afirmo isso somente porque ganhei presentes. Ganhei um caderninho de anotações enfeitado com uma Menorá e uma capinha de veludo para o meu diário. Digo que meu pai vale ouro por me lembrar do Chanucá, mesmo estando aqui em Theresienstadt."

Três dias depois, Helga estava internada na enfermaria, com encefalite. Lá, o ano velho foi-se embora e chegou o Ano Novo. No dia 5 de janeiro, Helga, juntamente com Hana Lissau e Ruth Gutmann, foram para o antigo prédio de ginástica da Associação de Ginástica Sokol, a "Sokolovna", que estava cheia de gente.

Sokolovna, antiga casa da Associação Tcheca de Ginástica "Sokol" (Falcão).

Quarta-feira, 5 de janeiro de 1944

Hoje me levaram para a Sokolovna. Estou com encefalite, que é uma doença que dá sono, uma espécie de gripe do cerebelo. Estou doente há 10 dias e estive internada na enfermaria. São tantos casos de encefalite que foi necessário esvaziar um dos quartos do Abrigo para acomodá-los. Lá era horrível. A porta não fechava, as janelas e venezianas estavam quebradas, o aquecedor à lenha não era usado e havia uma grossa camada de poeira cobrindo tudo. Ninguém se preocupava conosco, pois na verdade não se tratava de uma verdadeira enfermaria. A única finalidade era isolar-nos das demais crianças. Agora estou feliz por estar na Sokolovna.

A Sokolovna é um prédio moderno e bonito, cheio de laboratórios. O antigo salão de ginástica é, agora, a enfermaria para os casos de encefalite. Lá existem quatro fileiras de camas, em cada fileira são 20 pacientes. Cada fileira tem um médico responsável. À noite, temos um médico e uma enfermeira de plantão. Durante o dia, são cinco a seis enfermeiras. Da visita diária aos pacientes participam todas as enfermeiras e outros quatro médicos, além do médico chefe, dr. Pfeiffer.

Despertam-nos às 6 horas da manhã e medem nossa temperatura. Às 9 horas é a visita do médico assistente e, por volta das 11 horas, é a visita do médico chefe. À tarde, o professor Sttig, um neurologista, examina os casos novos.

Todas nós estamos irremediavelmente apaixonadas por nosso médico assistente, o dr. Herling, mas ele já é casado, tem boa aparência e é bem disposto. Ele tem um sorriso tão estranho, certamente sabe que todas nós estamos caidinhas por ele. Hoje tivemos permissão para ir ao terraço durante a hora da visita e falei com papai do primeiro andar do prédio."

No dia seguinte, Helga mandou um bilhetinho para seu pai – que lhe foi passado com ajuda de um barbante, que Helga jogou do terraço da Sokolovna. As visitas ao prédio eram proibidas e, por isso, sempre havia um grande número de pessoas na frente do prédio. Naturalmente, ali sempre havia uma grande balbúrdia, e seria impossível gritar tudo o que Helga pretendia dizer a seu pai:

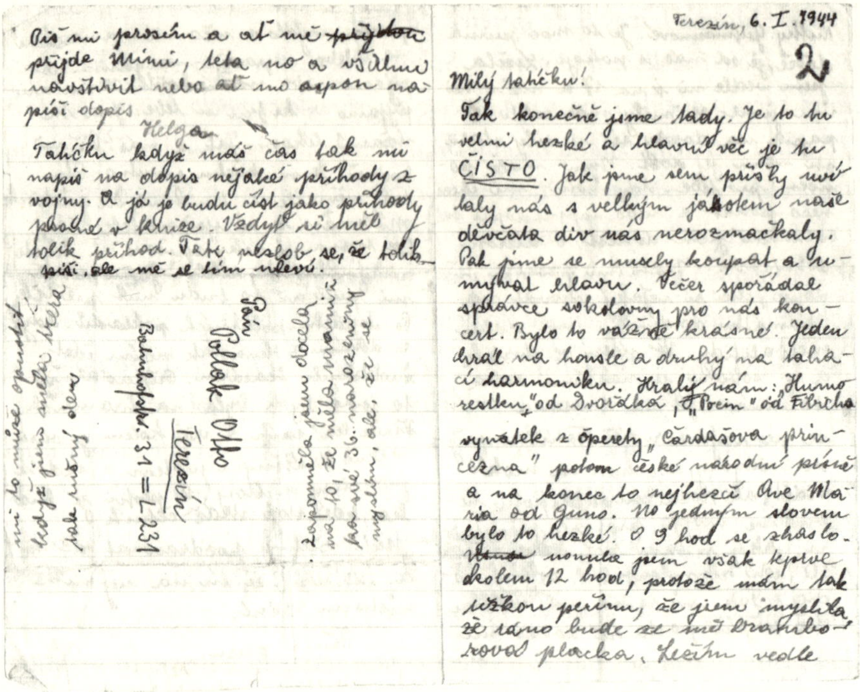
Piš mi prosím a ať mě přijde Mimi, teta no a všichni navštívit nebo ať mi aspoň napíší dopis
Helga

Tatíčku když máš čas tak mi napiš na dopis nějaké příhody z vojny. A já je budu číst jako příhody v knížce. Vždyť si měl tolik příhod. Tatí nezlob se, že tolik píši, ale mě se tím uleví.

Pan Pollak Otto Terezín Bahnhofstr. 31 = L 231

Terezín, 6. I. 1944
2

Milý tatíčku!

Tak konečně jsme tady. Je to tu velmi hezké a hlavní věc je tu ČISTO. Jak jsme sem přišly uvítaly nás s velkým jákotem naše děvčata div nás nerozmačkaly. Pak jsme se musely koupat a umývat hlavu. Večer spořádal správce sokolovny pro nás koncert. Bylo to vážně krásné. Jeden hrál na housle a druhý na tahací harmoniku. Hráli nám: Humoresku od Dvořáka, „Poem" od Fibicha výňatek z operety „Čardášova princezna" potom české národní písně a na konec to nejhezčí Ave Maria od Guno. No jedním slovem bylo to hezké. O 9 hod se zhaslo. Usnula jsem však teprve kolem 12 hod, protože mám tak těžkou peřinu, že jsem myslela že ráno bude ze mě bramborová placka. Ležím vedle

O bilhete (ou cartinha) jogado por Helga do terraço da Sokolovna, com auxílio de um barbante.

6 de janeiro de 1943

Querido papai,

Finalmente, chegamos até aqui. Aqui tudo é bonito, mas o mais importante: aqui é LIMPO. As meninas que já estavam na Sokolovna nos receberam com balbúrdia – quase nos amassaram de tanto apertar. Tivemos que tomar banho e lavar os cabelos. À noite, houve um concerto. Uma pessoa tocou violino e outra tocou acordeão. Eles tocaram a Humoreske, *de Dvořak,* Poem *de Fibich e trechos da opereta* A Csárdáskirálynő. *Ainda tocaram canções nacionais tchecas. Finalizaram com o concerto* Ave Maria, *de Gounod.*

Às 9 horas da noite apagaram as luzes. Meu cobertor é tão pesado que fiquei imaginando que amanhã cedo estarei tão fininha quanto uma panqueca.

Estou na cama ao lado de Ruth Gutmann. Ela é uma menina muito legal. Nossas camas já eram vizinhas na 17ª (a enfermaria no Abrigo de Meninas). Nós já nos dávamos muito bem no Abrigo. Por favor, me escreva, pois estou com um pouco de medo. Estou lendo um livro alemão: Os milionários judeus.

Quando eu olho pela janela, vejo o quartel dos Sudetos e a cerca de arame farpado. É como se eu estivesse na fronteira. Tudo está coberto de neve e, ao longo, se veem florestas e montanhas. Junto à cerca existe uma guarita e um policial.

Em 10 de janeiro, quando Hana Lissau teve alta, Helga mudou-se para o lugar que ficou livre ao lado de Eva Heller. Eva também era de Viena, tendo sido levada para a Tchecoslováquia em 1938, onde morou em Brno até a deportação de sua tia. Os pais haviam fugido para a Palestina e, como os pais de Zajiček, nutriam a esperança de, mais tarde, buscarem sua filha. No entanto, isso não foi possível, e Eva ficou com sua tia, que cuidava dela como se fosse sua mãe. Entre Helga e Eva Heller desenvolveu-se uma profunda amizade. Ambas fundaram uma "comuna", compartilhavam a comida e tudo o mais que ganhavam, de vez em quando liam os livros que circulavam na Sokolovna – *Quo vadis, Os caçadores de micróbios* ou a biografia do mímico francês Caspar Debureau, *O maior dos pierrôs*, escrita por Kozik.

Às vezes, faziam artesanato sob a orientação de uma vizinha de cama, criando pequenas bonecas de restos de pano, arame e lã. Helga deu a seu pai sua primeira criação. "Era para ser um marinheiro, caso você não reconheça, e o que ele tem na mão é um acordeão." Para sua prima Lea, Helga fez um boneco de neve e para Trude, uma menina em trajes de inverno, com um vestido azul escuro, um regalo, um gorro e um cachecol.

Assim passavam os dias, entre dormir, entretenimento, leitura, artesanato e exames médicos. Os medos e as preocupações que, durante o dia, se esvaneciam parcialmente, intensificavam-se à noite.

"A atriz me conta todos os dias como me comportei durante a noite. Ela me diz que todas as noites tem que me cobrir e que grito muito. Hoje, dormi com a cabeça apoiada na barriga de Eva, que acordou porque não conseguia mais respirar. O que há de novo na política? Escreva-me, contando. Eu queria tanto ver a mamãe, nem que fosse por um segundo."

Helga continuava doente: "Estou com uma verdadeira cabeça de encefalite. Eu esqueço tudo. Quando vou ao banheiro, esqueço por que fui. O pior é quando eu escrevo. Assim que largo o lápis, adormeço imediatamente. Espero que eu possa ir para casa em uma a duas semanas. Ontem nem consegui escrever para Mařenka, pois meus olhos doíam demais".

Quando Helga teve alta, o mês de janeiro estava no fim e lá fora ainda havia neve. "Às três e meia, saí do Abrigo de Marta e fui até o Abrigo de Mimi", escreveu Otto Pollak, ao descrever a situação. "Na frente da casa L 410, tive uma grande surpresa: Helga saiu correndo do portão de entrada. Tinha recebido alta da Sokolovna. Ontem, quando fui visitá-la, Helga disse que, na opinião dos médicos, ela somente teria alta em 14 dias, quando os exames estivessem normalizados. Helga deu um grito de alegria: 'Tati!' e me abraçou, aos beijos."

O dia 20 de fevereiro de 1944 foi, como conta Otto Pollak, "o mais lindo dia de inverno desse ano. Não havia neblina, o céu sem nuvens era de um azul profundo, e o sol de inverno brilhava maravilhosamente. No monte Terezino, a neve que acabara de cair estava derretendo".[1] As notícias do *front* contabilizavam diariamente as grandes baixas sofridas pelos alemães. No início do mês, 5.400 aviões realizaram uma manobra no norte da África, diziam os *Bonkes*, os boatos que circulavam no gueto. O rugido do esquadrão, segundo os boatos, podia ser ouvido na França. "Eram aviões americanos e ingleses", anotou Helga em seu diário, invertendo todas as letras do alfabeto ao escrever a frase em espelho.

Nesse meio tempo, uma menina nova foi morar no Quarto 28: Miriam Rosenzweig. Ela dividia o estrado com Hanka Wertheimer. Ambas haviam se conhecido no quartel Dresden, onde a avó de Hanka e a mãe de Miriam moravam no mesmo quarto. Hanka gostava desta menina loira que, como ela, era um membro da organização sionista Thelet-Lavan (Azul e Branco). A simpatia que sentiam uma pela outra se transformou rapidamente em uma amizade, que se aprofundou cada vez mais com as reuniões de seu pequeno grupo sionista Dror, ao qual Miriam também se juntou.

Miriam Rosenzweig (1929–2012).

Miriam Rosenzweig nasceu em Košice, uma cidade perto da fronteira húngara, em 7 de novembro de 1929. Quando Miriam tinha 6 anos de idade, a família, premida pela necessidade econômica, mudou-se para Ostrava, para lá construir uma nova vida. Três anos mais tarde, os nazistas deram um fim a essa empreitada. Em 18 de outubro de 1939, o pai de Miriam, juntamente com outros 901 judeus de Ostrava, na Morávia, foi obrigado a se juntar a um transporte – "um reassentamento voluntário para um campo de concentração onde passaria por uma reeducação", como se dizia na versão oficial. Esse foi o primeiro transporte que saiu do *Reich* e das regiões vizinhas. Seu destino: a pequena cidade polonesa Nisko, junto ao rio San, na região de Lublin. Miriam nunca mais viu seu pai.

Três anos depois, no início de outubro de 1942, Miriam, juntamente com sua mãe e irmã, chegaram à Theresienstadt. "Eu estive doente durante todo o inverno. Tive disenteria e uma infecção no ouvido. Não tínhamos medicamentos. A única coisa que o médico podia fazer era perfurar o tímpano, para que o pus pudesse sair. Eu fiquei cada dia pior e tive febre alta." Finalmente, alguns medicamentos indispensáveis para a vida chegaram ao gueto, e Miriam pôde ser curada. Quando a primavera chegou, Miriam foi morar com a mãe no sótão do Quartel Magdeburg, onde morou até o final de 1943 e, finalmente, mudou para o Quarto 28.

As pessoas do Quarto 28 já conheciam Miriam há algum tempo. Ela frequentava as aulas de pintura de Friedl Dicker-Brandeis e também gostava de participar das atividades das meninas. No Quarto 28 sempre estava acontecendo alguma coisa. Ultimamente, era a história do escotismo.

Um grupo de meninas havia se juntado com os garotos do quarto 9, criando um grupo de escotismo. Inspirados no livro de Jaroslav Voglar, *Os garotos do rio dos castores*, chamaram seu grupo de Os castores. Os castores foram divididos em outros grupos (os lobos, os atiradores rápidos, as raposas e os leões), cada grupo com sua própria flâmula e seu próprio grito de guerra. O grito de guerra dos leões era: "Com a força do leão, corremos para a frente, como o rei dos animais. Adiante, jovens leões, adiante". Helga associou-se aos leões, mas não estava muito convencida disso. "Inicialmente, eu não queria participar dessa história de escotismo, pois eu sei como esse tipo de coisa acaba, quando as nossas meninas e os garotos se unem. Muitos nem levam essa história a sério, elas só querem se encontrar com os garotos. Finalmente, decidi participar, pois amo a natureza."

Mas, quando Helga ficou sabendo que algumas meninas pretendiam organizar encontros sociais com os garotos, arrependeu-se da decisão tomada. "Eca, dançar! E de corpo colado, um contra o outro! E aquele cheiro de suor e maquiagem! Eu sou contra. Isso nem é permitido pelas leis do escotismo."

Judith Schwarzbart era da mesma opinião que Helga. Não seria escotismo suficiente se resolvessem ficar um dia sem falar, um dia sem comer, um dia sem dar risadas, mesmo que outras pessoas fizessem de tudo para que dessem risada? Para que serviria todo este alarido sobre os garotos? Algumas meninas chegaram a sugerir algumas coisas para essas reuniões, tais como um esquete, um jogo, alguma coisa engraçada. Será que suas colegas tinham ficado completamente malucas?

Outras levavam a história pelo lado engraçado. Handa e Fiška aproveitaram a oportunidade de compor um "Canto de Ironia", como diziam. Esse canto está escrito no caderninho de anotações de Handa:

Um dia, Gelbec (Honza Gelbkopf) veio até nós e disse: – "Queria comunicar que hoje à tarde nos encontraremos para nosso jogo escoteiro." – Assim que a porta se fechou atrás dele, todas começaram a gritar: Oba! Lá está cheio de garotos!" – Lenka disse: - Que camisa usarei? Esta aqui está completamente amassada e minha linda saia tem uma grande mancha! – "E daí?", disse uma das meninas. "O que tanto você sempre implica com sua camisa!" – "Lenka, pare com isso. Isso nem é importante." – Lenka: "Mas eu preciso estar bem arrumada, pois meu namorado vai me ver por lá!" E outra menina dizia: "Você é muito boba. Gelbec nem é mais o seu namorado. Logo, deixe de contar lorotas, pare de se interessar somente por suas roupas."

Noutro dia, o silêncio do Abrigo 9 foi interrompido por um suspiro profundo. "Quem gostaria de trocar 10 gramas de margarina por Ela? Essa Ela fala tanto, que já não gosto mais dela." E um dos garotos disse: "Você acha que eu sou maluco? A margarina eu posso comer. E o que eu faria com Ela?"

De repente, só se via a careca de Chamičurgl. Ele levanta seu dedo e diz, ameaçadoramente: "Gelbec, estou lhe avisando. Ou você fica com a Ela, ou apanha de mim."

Embora Judith e Helga, que gostavam de ter um motivo para dar risadas, se divertissem com tantas asnices, ambas não viam muito sentido na comoção provocada pela parceria com os garotos do Abrigo 9. "Esse tal de escotismo bem que poderia acabar, pois é apenas uma brincadeira com os garotos, sem qualquer significado mais profundo", anotou Helga. "Melhor do que essa brincadeira seria o *Ma'agal* com força total." Ou o ensino. No dia 4 de fevereiro, estava anotado: "Eu sou infiel a você, não sou? Mas realmente não tenho tempo para escrever. Agora, preciso aprender muito, se quiser continuar no grupo A. Em Geografia eu era a segunda melhor aluna, com 95%, e em História eu tinha 100% e, juntamente com Hana Lissau, fazia parte das melhores alunas".

Temos uma nova professora de tcheco, uma verdadeira megera que dava aulas para a oitava série. Ultimamente, algumas coisas andaram sumindo por aqui. Tella fez uma inspeção para tentar solucionar o problema."

Realmente, aconteceram algumas coisas inéditas no Quarto 28. Sumiram alguns alimentos: pão, margarina, açúcar, até mesmo pãezinhos doces e nhoques, no caminho entre a cozinha das crianças e o Abrigo. "Jamais esquecerei aquele momento", conta Marta. "Eu era a suspeita! E mais uma vez desaparecem dois pãezinhos doces, e duas meninas ficaram sem seu almoço. Procuramos por toda parte, quase desmontaram meu beliche, mas ninguém encontrou nada. Então, as cuidadoras fizeram um plano. Antes de comer, todas as meninas deveriam ir até o pátio, e uma das cuidadoras se escondia atrás da cortina do guarda roupas. A cuidadora que ia buscar a comida com as meninas, posicionava os baldes de comida de tal forma, que a observadora secreta pudesse vê-las. Éramos chamadas para comer. Novamente faltavam dois pãezinhos doces. 'Mas isso é impossível!' Ainda hoje eu ouço estas palavras. E, de repente, uma menina disse, apontando para mim: ela ficou ruborizada. Provavelmente foi ela." Comecei a chorar. Foi horrível. Durante muito tempo, mesmo depois que a guerra terminou, isso continuou me deprimindo. As cuidadoras queriam que o ladrão se apresentasse e confessasse o crime. Mas ninguém se manifestou. Como novamente faltavam duas porções do almoço, fizemos um controle. Procuraram em todos os lugares, abriram os rolos feitos com nossos cobertores e, vejam só – apareceram dois pãezinhos! Tinha sido (...). – Ninguém se desculpou comigo. Acho que as meninas pensaram: a menina é tão boboca que não faz diferença se dificultarmos sua vida."

Essa história do furto feriu Marta profundamente. Se não fosse Eva Eckstein, a nova cuidadora, Marta teria tido dificuldades para superar a acusação injusta pela qual passou. Mas Eva lhe deu muito apoio. Eva sentia que Marta não tinha um bom relacionamento com Tella, e não queria dificultar ainda mais a sua vida. Eva também não gostava muito de Tella. "Eu sempre tenho a impressão de que, por mais que eu faça, nada é o bastante. Tella também me provoca, dizendo que Eva Weiss sempre fez tudo melhor do que eu."

Eva Eckstein (1924–2009).

Eva Eckstein nasceu em 7 de novembro de 1924, em Louny, e foi para Theresienstadt em fevereiro de 1942. Inicialmente, trabalhou no *Ordnungsdienst* e, durante o inverno extremo de 1942/1943, fez parte de um comando para trabalhar nas florestas de Křivoklát. Após a visita de Eichmann, em abril de 1943, quando foram montadas barracas na praça do mercado em Theresienstadt nas quais eram produzidas caixas para a Wehrmacht, Eva foi transferida para essa "produção K" (como se dizia de toda produção importante para a guerra). Após os transportes em dezembro de 1943, Eva passou a trabalhar na *Jugendfürsorge*, após ter sido recomendada por sua amiga Kamilla Rosenbaum.

Eva Eckstein tinha 19 anos de idade e, emocionalmente, tinha maior afinidade com as meninas, tais como Helga Weiss, do que Tella. Eva tratava carinhosamente as meninas que estavam aos seus cuidados, especialmente a pequena Marta Fröhlich, que levava frequentemente para o alojamento onde moravam sua mãe e suas duas irmãs. Finalmente, Marta encontrou pessoas que lhe davam atenção e despertavam sua confiança, aumentando sua autoestima. Eva fazia o possível para facilitar a vida das crianças. "O tempo passado no Quarto 28", escreveria Eva após mais de meio século, "foi a melhor época da minha estadia em Theresienstadt."

Em março, o céu azul profundo do dia 20 de fevereiro havia dado lugar ao tempo nublado e cinzento, típico de Theresienstadt. Chuvas e neve se alternavam, e não havia perspectiva de melhora. Mas o relógio da vida continuava batendo. "Parece quase inacreditável", anotou Helga em 18 de março de 1944, "que daqui a quase dois meses completarei 14 anos de idade. Ontem, ao conversar com papai, perguntei-lhe o que ele me daria para o aniversário quando a guerra tivesse terminado. Ele me disse que, se tivéssemos dinheiro, ele me daria um globo, um microscópio e muitos livros. Eu fiquei muito feliz ao saber que ele adivinha meus desejos."

"Os melhores momentos em Theresienstadt são aqueles que passo debatendo com papai", escreveu Helga em 3 de abril. "Aprendo tantas coisas com ele! Ontem papai leu para mim alguns parágrafos de Schopenhauer; ele é favorável a que todos escrevam um diário. Fico feliz por escrever para um bom amigo, que não me abandona, a não ser que eu assim o deseje. No início, quase todas as meninas escreviam um diário. Agora, somos apenas duas ou três."

Em meados de abril, Helga passou a apresentar falta de apetite e queixas estomacais: os sinais de uma icterícia. Mais uma vez, Helga foi internada na enfermaria e ficou muito desanimada. "Até um idiota é capaz de ver que esse tempo não vai melhorar", disse Helga durante uma visita de seu pai, que registrou a conversa em sua agenda. "O sol está se afastando da Terra."

A despeito do tempo ruim, a vida no gueto parecia estar mudando para melhor. "Às 8 horas da noite, convocação geral para informações sobre as novas leis postais. A cada seis semanas, permissão para escrever. Podem ser enviados quaisquer tipos de produtos, exceto chá, café, tabaco, cigarros e dinheiro. Abertura dos pacotes na presença do destinatário", anotou Otto Pollak, em 6 de fevereiro. E, um mês depois: "Abolição da saudação obrigatória de todos os uniformizados".

Do dia 6 ao dia 12 de março foi a semana da limpeza. "O nosso Abrigo (Abrigos dos Inválidos) foi premiado. Como prêmio, recebi um quilo de pão, meia lata de patê, 100 gramas de margarina e 100 gramas de açúcar", escreveu Otto Pollak. Em 11 de março, às 18h, Otto Pollak visitou a cafeteria. "Concerto de orquestra, 11 pessoas, com o Professor Carlo S. Taube. Tocaram a *Flauta Mágica*, de Mozart e, do *Skizzenbuch* de Schubert, "Fantasia"; O Prelúdio Allegro de Kreissler, Solo de Fröhlich; 4ª de Dvořák, duas danças eslavas."

Otimismo em Theresienstadt: "Será inaugurada uma nova Biblioteca Médica Central, com uma grande sala de leitura", escreveu em 13 de março de 1944 o diretor do sistema de saúde, dr. Munk, em carta a Jakob Edelstein, o líder do Conselho de Anciãos Judeus que, supostamente, estava gozando de boa saúde em Auschwitz-Birkenau. "O Abrigo para Bebês foi ampliado para o prédio vizinho; o berçário está em construção na sala de cinema; os barracos da cidade foram transformados em moradias para as mulheres operárias. A área verde na praça do mercado está progredindo. Em algumas semanas, teremos uma fonte instalada no centro de um grande canteiro. Um coreto, a ser instalado em frente à cafeteria, de acordo com os planos, parece muito promissor."[2]

A cafeteria foi uma das primeiras instalações em Theresienstadt, que transformariam o gueto naquela aldeia *potemkiniana* que os nazistas pretendiam construir. A cafeteria foi inaugurada no início de dezembro de 1942, e marcou o início das apresentações musicais autorizadas e financiadas pela SS. Inicialmente, lá tocavam principalmente Carlo S. Taube, a Orquestra Ledeč e o Quinteto de Jazz Weiss, dirigido por Fritz Weiss, com os músicos Pavel Libensky, Wolfi Lederer, Coco Schumann e Franta Goldschmidt. Como cada vez mais instrumentos musicais chegavam ao gueto, e como os concertos foram literalmente ordenados pela SS, formaram-se cada vez mais conjuntos musicais. No inverno de 1942/1943, os músicos Karel Fröhlich, Heine Taussig, Romouald Süssmann e Freddy Mark se uniram, formando um quarteto de cordas que, inicialmente, contou com a colaboração do famoso violoncelista vienense Luzian Horwitz.

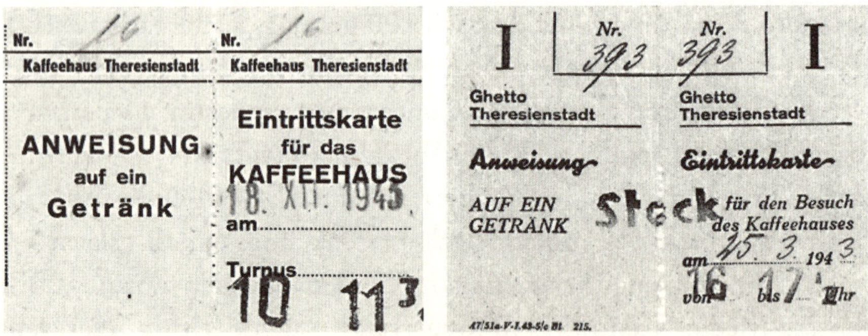

Entradas para a cafeteria.

Os *Guetto-Swingers* fizeram muito sucesso com sua primeira apresentação de cabaré "Proibido para menores". Esses artistas apresentaram-se no início de janeiro de 1943, quando o primeiro andar da cafeteria foi liberado para apresentações. Essa orquestra, cujos músicos estavam sempre mudando e aumentado em número, tocava no estilo da música de *jazz* e *swing* americana, que era proibida no

Reich – e que, de uma hora para a outra, se transformou no elenco mais popular de Theresienstadt.

É óbvio que a cafeteria, vista de perto, não cumpria aquilo que seu nome prometia. Era tudo, menos um local agradável, com música animada e uma seleção de bolos deliciosos e bom café. Era necessário ter uma permissão impressa para entrar, que se conseguia somente uma a duas vezes ao ano, e que informava a data exata e a duração da visita. Por exemplo, no bilhete de entrada podia-se ler: "*Permissão para visitar a cafeteria das 12 às 14 horas, andar térreo*". O tempo máximo de permanência era restrito a duas horas para tomar um café feito de chicória. "Mas", como relata Thomas Mandl, que graças ao seu talento de violinista entrou para a orquestra da cafeteria aos 16 anos de idade, "o bom era que essa xícara de café de chicória era adoçada com uma colher de chá de açúcar de verdade. E eu, como músico da cafeteria, tinha direito a uma xícara de café por turno. Eu geralmente dava um jeito de não tomar as rações de café de três turnos e, no quarto turno, pedia que me dessem uma xícara com as quatro colheres de chá de açúcar às quais tinha direito. E, é claro, esse café com açúcar era um remédio fantástico para a fome."

No entanto, para os visitantes, uma única xícara de café de chicória e uma colher de chá de açúcar não eram suficientes para satisfazer a fome. Na melhor das hipóteses, as duas horas passadas ao som da bela música de Lehár, Waldteufel, Kéler Béla, Johann Strauss ou, quando o brilhante aluno de Busoni, Carlo S. Taube, dirigia o concerto, os arranjos sofisticados de Ravel e Saint-Saëns, os ajudavam a esquecer a fome.

A cafeteria era um lugar reservado aos adultos e as meninas do Quarto 28 não tinham acesso ao local. A música, no entanto, frequentemente podia ser ouvida no quarto, pois ela vinha da Q 418, a "*Neue Gasse*", como a rua passou a ser chamada, do prédio diagonalmente oposto ao Abrigo de Meninas. De suas janelas, as meninas sempre podiam ver quem entrava e quem saia. É claro que não sabiam o que acontecia lá dentro. No entanto, outras alterações no gueto não passavam despercebidas. "As barreiras da Arische Strasse caíram, a cerca de arame farpado em torno da praça principal foi removida", registrou Otto Pollak em 1º de abril. Dois dias depois: "Amanhã começa o horário de verão. A permissão para sair foi estendida até as 9 horas da noite".

Na noite entre 11 e 12 de abril, um dos autores do *Vedem* entrou furtivamente no "cérebro dos produtores de *Bonkes* de Theresienstadt". Sob o pseudônimo "Syndikus", passou a relatar as suas descobertas: "Primeiramente, notei que nosso papaizinho (Karl Rahm) está pensando em emitir um decreto, segundo o qual todos os departamentos de trabalho serão obrigados a disponibilizar o pessoal mais jovem para os assim chamados serviços de conserto e reparação, e para que a cidade passe a registrar maiores progressos em sua reconstrução, nosso Pai deseja que profissionais especialistas participem em grande número. Para esse fim, ele ordenou a desocupação da Sokolovna, que servia como hospital, transformando-a em uma sinagoga, um teatro e um futuro cinema. De acordo com as últimas notícias, recebidas por mim algumas horas antes de escrever essa reportagem, deverá ser inaugurada uma cafeteria de verão no telhado da Sokolovna. Na praça da cidade, ele mandou retirar a cerca de arame e planar um jardim, no qual será montado um coreto, para que os moradores de Theresienstadt possam desfrutar de uma boa conversa e um refresco na hora do almoço e no final da tarde, após o trabalho".[3]

Em um ensolarado dia 13 de abril, de meio-dia às 13 horas, ocorreu a primeira apresentação da banda da cidade, que era conduzida alternadamente por Carlo S. Taube, Peter Deutsch e Karel Ančerl. Se o tempo permanecesse favorável, essa banda deveria se apresentar diariamente das 8 às 9 horas da manhã, na Praça do Mercado. Essa novidade deu origem a novas especulações por parte de "Syndikus": "No jardim da praça principal também deverá ser construído um restaurante. Ainda não foi decidido o que será servido nele. Para o nosso *resort* mundial, a Câmara Municipal encomendou um grande número de carruagens de aluguel. Também levaram em consideração o povo operário de Theresienstadt, pois será instalada uma linha de bondes elétricos para facilitar o deslocamento de e para o trabalho".

Theresienstadt estava se transformando em uma enganação, como parte de uma manobra única para ludibriar o resto do mundo, bem ao estilo do príncipe russo Grigorij Aleksandrovitsch Potemkin que, no final do século XVIII, mandou construir às pressas fachadas falsas de aldeias para dar a impressão de falsa prosperidade à imperatriz Catarina II em sua viagem pela Crimeia. O cerne banal dessa campanha propagandística é o fato de que, com tintas e rótulos, podem ser operadas grandes fraudes, e que a embalagem e a aparência é tudo e o conteúdo pouco importa. Os acontecimentos em Theresienstadt serviram somente para enganar a opinião pública mundial sobre os verdadeiros objetivos e ações do regime nazista. Assim, a partir de 15 de abril, os nazistas passaram a deixar de emitir ordens do dia e, em vez disso, começaram a publicar os "Boletins da Autoadministração Judaica", que eram finamente ilustrados. A comandatura foi rebatizada como "Escritório da SS" e o comandante do campo de concentração passou a ser denominado "Chefe do Departamento da SS". O ancião chefe do Conselho de Anciãos foi transformado em "prefeito" e o tribunal do gueto passou a ser denominado "Tribunal Comunitário". Em frente aos quartéis já não se postavam os policiais da guarda do gueto, e sim a "Guarda Comunitária". A partir de então, não saiu mais nenhum trem de deportação de Theresienstadt e sim "transportes de forças de trabalho". Afinal, Theresienstadt não era um campo de concentração, assim como não era um campo de trânsito ou gueto, e sim "uma área de assentamento de judeus" – a "cidade presenteada aos judeus pelo *Führer*".

Foi feito até mesmo um concurso. Em 23 de abril, o título do "Boletim da Autoadministração Judaica" era o seguinte: "Quem escolhe o melhor nome? Os seguintes caminhos e locais devem ser renomeados: a Bastei III, o caminho ao redor do antigo estábulo de ovelhas atrás da Rua Principal 2, o caminho entre o prédio da

Wallstrasse 8... São oferecidos oito prêmios para os participantes do concurso. Para o primeiro lugar: duas latas de sardinha e um pão".

Sob os olhos atentos da Guarda, os prisioneiros preparam a visita da delegação da Cruz Vermelha: desenho de Alfred Kantor.

Em 30 de abril de 1944, foi inaugurado solenemente o Centro Comunitário, a Sokolovna, situada na Westgasse 3, na presença do Conselho de Anciãos, dos altos funcionários de todos os Departamentos, assim como de todos os grupos de trabalho comandados pela administração da cidade. Como escreveu Viktor Ullmann, o cronista dos eventos musicais, "o elenco musical foi composto pelos srs. Taussig, Kling, Süssmann, Mark e Paul Kohn, aos quais se juntou também Karel Ančerl, para formar o Sexteto de Brahms".[4]

O novo *slogan* passou a ser "campanha de embelezamento", deixando Theresienstadt de pernas para o ar. Essa campanha entrou em sua fase decisiva quando o novo comandante do campo de concentração, Karl Rahm, o substituto de Anton Burger, assumiu seu posto. Rahm, austríaco de nascença, maquinista qualificado, membro da NSDAP e da SS desde 1934, e um colaborador muito próximo de Eichmann no "Escritório Central para Emigração Judaica" em Viena e Praga, estava muito bem preparado para sua tarefa, que consistia em transformar o gueto de Theresienstadt, de acordo com palavras ditas por Adolf Eichmann durante seu processo em Israel, "em uma vitrine para o mundo. Ele (Himmler) desejava ter em mãos uma prova que pudesse usar, sempre que alguma instituição estrangeira o procurasse para falar sobre as matanças dos judeus, entre outros assuntos: Isso não é verdade. Confira isso visitando Theresienstadt".[5]

Mundos paralelos

Assim como antes, as suspeitas, o medo e a tristeza eram os fatores que influenciavam a vida dos prisioneiros de Theresienstadt. Para onde os amigos tinham ido? Onde estavam naquele momento? O que acontecera com as amigas Pavla Zdenka, Olile, Poppinka, Holubička, Milka, Helena, Irena, Eva Weiss e Eva Landová? Eram essas as perguntas incansáveis das meninas do Quarto 28. Até então, não tinham recebido um só cartão, nenhum sinal de vida que pudesse acalmá-las. "*Eva, por que você partiu?*", escreveu Lenka Lindt em um pedaço de papel, em 26 de março de 1944. Lenka sentia muito a falta de sua amiga Eva Landová.

Eva, Eva, por que você partiu?
Por que deixou uma ferida aberta?
Por que você partiu
Para uma terra tão distante?

Lenka, você está brava comigo?
Eu não tenho culpa de nada!
Eu tive que partir
Não consegui vencer os alemães.

Não estou brava com você, Eva. Eu compreendo.
Bem sei que, se você pudesse,
Satisfaria meus desejos.

Sabe, Evička
Quando a guerra terminar, tudo será melhor
E nunca mais nos deixaremos.
Após a guerra nos encontraremos
E renovaremos nossa amizade.

Eva Landová, juntamente com sua mãe, seu pai e seu namorado, Harry Kraus, foram deportados de Theresienstadt para **Auschwitz** em 15 de dezembro de 1943. "A 'viagem' foi horrível", relataria décadas mais tarde:

"Viajamos por cerca de três dias dentro do vagão para transporte de gado. Em um vagão selado viajavam 50 pessoas com suas bagagens. Havia somente uma pequena janela guarnecida com barras de ferro. Não podíamos nos deitar, pois havia pouco espaço. Algumas pessoas morreram durante a viagem. Houve um momento em que comecei a chorar compulsivamente. Eu tive uma verdadeira crise histérica. Perguntaram-me o que estava acontecendo. Eu disse que, como viajávamos há tanto tempo e para tão longe, jamais voltaríamos. Eu tinha esse pressentimento.

Na noite do terceiro dia, chegamos a Auschwitz. Subitamente, a porta foi aberta e vimos uma área muito grande, fortemente iluminada pelos refletores e cercada de arame farpado. Sobre a plataforma, algumas criaturas estranhas andavam de um lado para o outro. Vestiam pijamas e tinham pequenos gorros nas cabeças raspadas. Essas criaturas gritaram algumas palavras e pegaram nossas bagagens. Pareciam loucas. Os homens foram para um lado, as mulheres e crianças para o outro. Fomos levados para um prédio chamado de 'sauna'. Essa palavra eu não conhecia, por isso não compreendi. Lá nos tiraram todo o resto: nossos pertences, roupas e sapatos. Fomos mandados para debaixo de um chuveiro, primeiro com água fria, depois com água quente, onde ficamos por volta de 15 minutos. Enquanto isso, os homens da SS andavam para lá e para cá – e nós todas estávamos nuas! Depois, nos deram algumas roupas velhas e esfarrapadas, e tamancos de madeira. Somente as solas eram de madeira, o resto consistia de trapos velhos. Cada um de nós ganhou dois tamancos, que não combinavam.

Então, ficamos na fila para sermos "tatuadas". Mandaram-nos preparar o antebraço esquerdo para a tatuagem. Tatuaram-me com o número 71266, e minha mãe foi tatuada com o número 71267. E, assim, a noite passou. Na manhã seguinte, nos levaram para o campo de concentração. Lá reencontramos as pessoas que foram transportadas de Theresienstadt em setembro. Disseram-nos que tivemos sorte por termos sidos encaminhados para a sauna sem uma seleção prévia, e porque ninguém tinha sido mandado para a câmara de gás. Nós – a totalidade das pessoas do transporte de dezembro – fomos encaminhados para o local conhecido como Campo de Famílias B II b. Nesse campo, os homens, as mulheres e as crianças, embora abrigados em barracões separados, podiam permanecer juntos. Segundo a opinião de prisioneiros experientes, essa foi uma grande sorte, pois em todos os outros campos, exceto no campo dos ciganos, os homens eram imediatamente separados, ainda nas rampas de acesso, das mulheres, assim como os idosos e as crianças eram separados dos prisioneiros aptos para o trabalho."

Auschwitz-Birkenau

"Minha vida em Auschwitz-Birkenau começou em dezembro de 1943", relata Eva Landová.

Era meu aniversário de treze anos. Eu estava doente e profundamente triste por ter sido separada de minhas amigas de Theresienstadt. Eu me recordo do tempo que passei no gueto como um tempo feliz em minha vida. Eu tive uma sensação que não me deixou mais, a sensação de que nunca mais voltaríamos para casa.

Assim como estas pessoas, Eva Landová e Eva Weiss chegaram à Auschwitz-Birkenau em dezembro de 1943. Juntamente com mais de 5.000 prisioneiros deportados de Theresienstadt, ambas foram encaminhadas ao assim chamado "campo de concentração de famílias Auschwitz-Birkenau". Este campo de concentração foi construído pelos prisioneiros dos transportes de setembro. Como foi comprovado por alguns historiadores (e Eva Landová nem teria tido condições de sabê-lo, naquela época), Himmler continuava perseguindo o mesmo objetivo alcançado pelo gueto-modelo Theresienstadt: o campo de concentração de Auschwitz-Birkenau deveria ser uma ferramenta para a propaganda nazista, capaz de enganar os visitantes estrangeiros, desviando sua atenção daquilo que, na verdade, ocorria em Auschwitz. Por esse motivo, as famílias podiam permanecer juntas nesse campo denominado B II b. Esse também foi o motivo que permitiu (ou obrigou) Fredy Hirsch a organizar o Bloco das Crianças. O transporte de setembro tinha uma orientação interna: "SB durante seis meses", o que queria dizer "atendimento especial com quarentena de seis meses". SB era a sigla usada para "morte com gás".

Começou a fazer muito frio e nós estávamos mal vestidos. Tínhamos fome. Pela manhã, nos davam um líquido verde escuro que chamavam de 'café'; à noite, davam-nos uma sopa de nabo e um pedaço de pão velho. Os alimentos que havíamos trazido ficaram no trem. Ficamos de pé durante longas horas enquanto éramos contados e recontados. Foi uma tortura.

O tempo da quarentena passou e fomos obrigados a começar a trabalhar. Meu pai teve que fazer o calçamento de uma via, minha mãe tecia para a indústria militar alemã. Eu fui levada para o Bloco das Crianças, que era dirigido por Fredy Hirsch.

Para nós, crianças, a vida era organizada tal qual em Theresienstadt. Praticávamos esporte, fazíamos teatro, escrevíamos poemas. E cantávamos: 'Alouette', 'Freude schöner Götterfunken', a 'Aleluia', de Händel, e muitas outras coisas. Lembro-me que, uma vez, ensaiamos uma canção em latim e um homem da SS perguntou a Fredy Hirsch o que estávamos cantando. E ele respondeu: 'Deus, nos dê pão e paz' Ao que o homem da SS respondeu: 'Mas isso vocês já têm'. E Fredy lhe disse: 'Por isso mesmo eles estão cantando'.

A nossa comida era um pouco melhor que nos demais blocos. Fredy Hirsch cuidou para que recebêssemos a mesma sopa servida no campo dos ciganos, a assim chamada 'sopa das crianças', que era a mesma sopa servida aos adultos, mas com um pouco de semolina e pão. Nós agradecemos a Fredy com um versinho dito à mesa: 'No grupo Tabaat *(que em hebraico significa anel e era o nome do grupo) passamos muita fome./Aqui ninguém tem moleza, pois temos que lavar as nossas louças, para que o Fredy não grite./Agora, podemos nos sentar e – comer!'*

Passamos a ter uma tênue esperança: talvez tenhamos sorte de escapar com vida de Auschwitz, embora soubéssemos o que acontecia à nossa volta. Nós até fazíamos sátiras a respeito. Eu me lembro de um garoto de 12 anos de idade, Štěpan, um primo de Handa Pollak. Em Praga, frequentávamos a mesma classe na escola. Ele era pequeno e muito talentoso. No bloco de barracas das crianças, em Auschwitz-Birkenau, Štěpan e seus coleguinhas interpretaram a seguinte cena para nós: A guerra havia terminado, Štěpan passeia por um parque em Praga e alguém lhe pergunta que horas são. Ele olha para o seu antebraço e responde dizendo o número que se encontra tatuado junto ao punho. E os passantes dizem - Esse homem é maluco! Ao que ele responde: 'Eu bem que sabia disso, quando cheguei a Kędzierzyn'.

Kędzierzyn – essa palavra atiçava a nossa imaginação. 'Não conhecíamos este lugar. Para nós, ele parecia ser uma invenção do pessoal da SS. Ir para Kędzierzyn, para nós, equivalia a ir para as câmaras de gás'.[1]

Em 6 de março de 1944, meu amigo Harry completou 13 anos de idade. Peguei um pouco de terra em Auschwitz e, com ela, modelei um coraçãozinho e nele escrevi: Para Harry, em seu aniversário, de Eva: 6 de março de 1944. Um dia depois – no dia do aniversário de T. G Masaryk – fomos impedidos de deixar o nosso bloco de barracas. Os prisioneiros que tinham vindo com o transporte de setembro, incluindo Fredy Hirsch, foram obrigados a ir para um campo de concentração secundário. Alguém gritou por sobre a cerca: 'Fredy je otráveny'. *Em tcheco estas palavras significam mais ou menos 'estar de mau humor' ou 'estar envenenado'. Eu me lembro de que papai tentava me consolar, dizendo que a primeira variante era a correta. Mas logo todos ficaram sabendo da terrível verdade. Fredy Hirsch tinha cometido suicídio. Quando Fredy percebeu que toda resistência era em vão, tomou veneno.*

Um dia depois, em 8 de março de 1944, todas as pessoas que tinham vindo com o transporte de setembro foram mortas nas câmaras de gás, exceto os portadores de doenças infecciosas, entre eles quatro meninas de nosso quarto – Pavla Seiner, Olile Löwy, Zdenka Löwy, Ruth Popper.

Meu pai morreu no dia 3 de abril. No campo das famílias permaneceram somente os prisioneiros que vieram no transporte de dezembro. Começaram a falar abertamente que também seríamos mortos nas câmaras de gás meio ano após nossa chegada.

Eva Weiss, a cuidadora, também tinha vindo para Auschwitz-Birkenau com o transporte do dia 15 de dezembro. Para ela, foi um choque receber a ordem de transporte, pois de sua família ela foi a única convocada. E assim, foi obrigada a se apresentar sozinha para "a mais misteriosa de todas as viagens", segundo suas próprias palavras, ao começar a contar sua história. "Foi um trauma" e, até o dia de hoje, Eva é incapaz de pensar na despedida sem que as lágrimas brotem de seus olhos:

Muito já foi dito e escrito sobre essa viagem nos vagões destinados ao transporte de gado. Muita coisa é verdade. Foi horrível. Ficamos trancafiados durante três dias, sem comida, sem água, e com pouco ar para respirar. Jamais me esquecerei daquele momento da chegada, no mais profundo inverno, a terra coberta de neve. Foi como se uma tempestade passasse por cima de nós: a luz forte dos refletores batia em nossos olhos, que por três dias estiveram acostumados à escuridão que reinava nos vagões. Lembro-me dos gritos e – o pior de tudo – dos latidos enfurecidos dos cães. Quase não enxergávamos nada e não compreendíamos o que se passava. Tudo o que eu queria era água! Apesar das ameaças, agarrei minha mochilinha, que continha as minhas coisas mais preciosas, principalmente meu álbum de fotografias. Durante nossa marcha rápida em direção a um prédio, consegui pegar um pouco de neve do chão e a enfiei em minha boca, o que me proporcionou um alívio maravilhoso.

Enfiaram-nos em um barracão vazio, onde algumas garotas estavam sentadas atrás de uma mesa. Elas vestiam roupas listradas, suas cabeças haviam sido raspadas. Não sabíamos onde estávamos. Até que algumas garotas – que falavam principalmente polonês e eslovaco – vieram até nós e tiraram tudo o que tínhamos de valor, dizendo que, dali para frente, já não precisaríamos de mais nada. Foi como estar sonhando, e eu lhes entreguei meu relógio. Não sei quando e como, mas minha preciosa mochila despareceu. As meninas sentadas à mesa nos registraram e tatuaram nossos números em nossos antebraços. O meu número era o 73673. Disseram-me que esse número não era dos piores.

Então, nos levaram até o lugar conhecido como sauna, onde nos despimos, deixando nossas roupas para trás. Fomos examinadas criteriosamente, investigadas quanto a objetos de valor. Em seguida, fomos obrigadas a ir para debaixo dos chuveiros, dos quais saía água fria. Como eu estava sem a minha mãe e me sentia febril, fiquei junto de minha amiga Eva Schlachet, que estava com sua mãe. Eu estava doente e as duas foram muito gentis comigo.

O tempo foi passando e me vejo calçando sapatos que ficam esquisitos em meus pés, e estou vestindo um casacão azul, correndo no cami-

nho entre as cercas de arame farpado. Minhas lembranças disso tudo são muito vagas, pois eu estava com febre. Então, fui parar em um estrado, ao lado de Zuzanna Růžičková, que atualmente é uma musicista importante em Praga. Zuzanna e sua mãe passaram a cuidar de mim. A neve que eu havia engolido provavelmente me provocou uma disenteria. Durante a primeira contagem de prisioneiros, eu desmaiei.

Estávamos alojados em barracões separados – homens, mulheres e crianças. Era o campo B II b em Birkenau. Não me lembro de muita coisa, só me lembro de sentir muita falta de minha mãe e que me sentia abandonada. Recuperei-me lentamente e voltei a participar das "atividades".

Alguns dias depois, Fredy Hirsch apareceu e me levou para o Bloco 31, conhecido como Bloco das Crianças. Lá fui recebida efusivamente. Eu conhecia a maioria das cuidadoras de Theresienstadt e também muitas das crianças, algumas eram do Quarto 28. Lembro-me que fiquei feliz ao rever Poppinka (Ruth Popper), Pavla Seiner e Olile. Essas meninas já estavam no campo desde setembro. Outras, como Eva Landová, vieram no mesmo transporte que eu. Lembro-me bem de Eva, pois era uma âncora em meu grupo, muito bonita e cheia e energia. Eu bem sei que havia outras meninas, mas não me lembro de seus nomes. Para algumas das órfãs, eu era uma mãe substituta. Uma mãe substituta sob condições extremas. A minha função era brincar com as crianças e ensiná-las – sem livros e sem qualquer tipo de material auxiliar. O mais importante era fazê-las esquecer de onde estavam e o que acontecia à sua volta. Fazíamos jogos de palavras, cantávamos, dançávamos e, até mesmo, ensaiávamos pequenas peças teatrais e cabarés, que depois apresentávamos com as crianças. Uma dessas obras foi a peça Branca de Neve e os sete anões. *Outra foi* Robinson Crusoé. *Nessas peças havia muitas canções otimistas e o final sempre era feliz. Às vezes, os homens da SS vinham assistir; alguns, pelo menos assim me parecia, ficavam emocionados. Talvez muitos pensassem em seus próprios filhos.*

As crianças mais velhas e também muitas das crianças mais novas entendiam muito bem o que se passava de verdade. Era impossível que não vissem as chaminés, das quais saíam labaredas. A fumaça empesteava o ar. "Daqui ninguém sai, a não ser pela chaminé" *– quantas vezes ouvíamos essa frase!*

Os campos vizinhos eram usados como campos de trânsito. Podíamos vê-los olhando sobre a cerca. Um dia, vimos um amigo do movimento sionista. Era o húngaro Dov Revesz. Ele estava exausto demais para nos transmitir alguma coisa gritando. No dia seguinte, o campo estava vazio. Durante alguns dias, ouvimos, nas proximidades, prisioneiros russos cantando suas lindas canções melancólicas. Às vezes, cantávamos com eles. Também cantávamos canções tchecas e hebraicas. Não demorou muito, e os soldados russos tinham desaparecido.

Festejávamos os feriados judaicos e até mesmo as noites de sábado eram comemoradas festivamente. Sempre que alguém fazia aniversário, fazíamos uma festinha. Não tínhamos muita coisa para comer, mas guardávamos um pouco de nossa minguada ração diária – uma pequeníssima fatia do nosso pão, que parecia ter sido feito de serragem, um pouco de margarina e um pouco de geleia de beterraba, quando tínhamos. Com esses ingredientes, fazíamos uma "torta de aniversário". Eu me lembro de ter decorado alguns pedaços da "torta" como se fossem pedras de dominó.

Em frente ao nosso bloco de barracões ficava o hospital, no qual o dr. Mengele fazia suas experiências com gêmeos. No nosso bloco também existiam gêmeos, nos quais ele estava interessado. Quando Mengele aparecia, um grito ecoava de um barracão para o outro, como se fosse um telegrama sem fio: "Todos os gêmeos para 32!" e todos os gêmeos eram obrigados a se apresentar. Lembro-me dos gêmeos Salu, de Brno. Ambos tinham um olho castanho e outro azul. Esse grito "gêmeos para 32!" era quase uma piada. Não sabíamos nada sobre as experiências de Mengele e, provavelmente, nem queríamos acreditar nos boatos sobre elas.

Em fevereiro, correram rumores de que todos os prisioneiros do transporte de setembro seriam enviados para um campo de trabalho – para Kędzierzyn, como dizia a SS. O boato veio do movimento underground *de Auschwitz, ao qual pertenciam principalmente os comunis-*

tas. Embora não houvesse esperanças, Fredy Hirsch e alguns de seus cuidadores – entre eles Hugo Lengsfeld – planejaram uma rebelião. Eu tenho uma vaga lembrança de que alguém contrabandeou uma granada e alguns fósforos para dentro do campo. Disseram-nos o que deveríamos fazer caso o pior acontecesse.

Nos primeiros dias de março, a SS distribuiu um cartão postal para todos os prisioneiros. Disseram-nos que poderíamos escrever para os nossos parentes que não estavam ali. Permitiam que escrevêssemos somente 30 palavras e os cartões deveriam ser pré-datados em duas semanas, eu acho que a data deveria ser o dia 26 de março. Naturalmente, todos ficaram pensando no motivo disso, pois era bem estranho. Tentamos contar, em 30 palavras, onde estávamos e o que estava acontecendo. Tínhamos que criptografar as mensagens e a nossa esperança era que nos entendessem. Por exemplo, usávamos o nome de um morto e escrevíamos que o havíamos encontrado. Ou escrevíamos que tínhamos encontrado "Mavet"*, que significa morte em hebraico. Todos os cartões chegaram a seu destino. Porém, ao chegarem, a maioria daqueles que os haviam escrito já estava morta. O dia 7 de março ficará para sempre na minha lembrança. O dia iniciou com uma proibição de sair do bloco de barracões, um sinal seguro de que algo aconteceria. Todas as pessoas do transporte de setembro, inclusive algumas crianças, foram encaminhadas para um campo secundário. Houve muita gritaria. Eu me lembro de estar no quarto de Fredy, mas não me lembro sobre o que falávamos. Não sabíamos que todas aquelas pessoas iriam para as câmaras de gás. Ele certamente sabia disso, mas não nos disse nada.*

Nossa rebelião não ocorreu. Fredy, nosso líder e motivador, tomou veneno, entrou em coma e foi levado dali. Depois de tudo, o campo ficou em silêncio – tal como acontece após uma derrota.

A notícia que se espalhou no dia seguinte foi horrível: todos os prisioneiros do transporte de setembro foram levados para a câmara de gás. Eles morriam enquanto muitos cantavam o hino nacional tcheco, a Hatikwah ou a Internationale. Sabíamos que teríamos o mesmo destino no final de junho, seis meses após a nossa chegada aqui.

Tínhamos perdido muitos de nossos cuidadores, mas continuamos o nosso trabalho, lamentado a ausência de todas as pessoas, inclusive a ausência de Fredy Hirsch.

Hoje em dia, já não podemos afirmar se Fredy Hirsch cometeu suicídio ou se os médicos do campo de concentração lhe deram intencionalmente uma dose excessiva de um calmante que havia pedido. Existem diversas versões conflitantes. Uma coisa é certa: Fredy Hirsch se viu confrontado com uma situação sem saída. Ele sabia que nenhuma revolta seria capaz de salvar as vidas das pessoas que estavam aos seus cuidados.

Seppl Lichtenstein, que também tinha contato com o underground, *assumiu a função de Fredy Hirsch. Tínhamos que nos acostumar com a ideia de que não teríamos muito mais tempo de vida. Fazíamos muitas piadas sobre isso e até ríamos – pois somente assim era possível viver nessa expectativa.*

Cantávamos e brincávamos como antes. Do lado de fora dos barracões, tínhamos um pedaço de chão onde podíamos praticar esportes, saltar de um lado para o outro e dançar. De um dos lados, podíamos ver as chaminés, as labaredas que subiam para o céu e, às vezes, ouvíamos gritos de terror – houve uma vez em que, simplesmente, jogaram crianças ao fogo. Do outro lado, víamos a cerca de arame farpado e, atrás dela, os trilhos sobre os quais chegavam os trens, dia e noite. Naquela época, chegavam principalmente judeus húngaros. A maioria ia diretamente para as câmaras de gás.

No dia 11 de maio de 1944, por volta da hora do almoço, uma notícia sobre novos transportes para o leste abalou **Theresienstadt**. Nas ruas, nos quartéis e nos abrigos, em todos os lugares, circulava aquela palavra tão temida por todos: transporte. Diziam que seriam 7.700 pessoas transportadas. Quem estaria nas listas? E novamente começou aquele jogo de adivinhação sobre quem receberia o temido pedaço de papel com a má notícia. Alguns achavam que seriam principalmente as pessoas idosas, outros achavam que seriam os tuberculosos, e outros, que o transporte levaria principalmente homens em idade de trabalhar.

Somente alguns poucos julgavam estar relativamente em segurança: aqueles cohecidos como mestiços, os que tinham condecorações de guerra, juntamente com suas famílias e as celebridades.[2]

Diziam que também estariam a salvo os membros da banda da cidade, a guarda comunitária e o corpo de bombeiros. Esses ainda eram necessários. Mas e os outros prisioneiros? Não demorou muito, e as ordens de transporte foram entregues. "No dia 13 de maio, às 7 horas da manhã", escreveu Otto Pollak, "Joška chegou com a má notícia de que Hermann, Trude e Lea estavam na lista de transporte. Helga chegou ao escritório com Lea, de surpresa. Ao ver os dois rostinhos de criança sorridentes, imaginando que essas duas criaturas inocentes em breve estariam partindo para o desconhecido, comecei a chorar. Fui até a varanda. Helga, com as lágrimas escorrendo pelo rosto, me seguiu e disse sinceramente comovida: '*É como se a minha irmãzinha estivesse indo embora*.'"

Sete mil e quinhentas pessoas se preparam para o transporte. No Quarto 28, Erika Stránská, Alice Sittig, Ruth Schächter (Zajiček), Miriam Rosenzweig e Hanka Wertheimer estão arrumando suas malas e bolsas. "Minha mãe me disse que tínhamos que partir porque estávamos doentes", lembra-se Hanka. "Minha mãe sempre teve a esperança de que Jakob Edelstein, do Conselho de Anciãos, a ajudaria a ser poupada do transporte. Mamãe o conhecia pessoalmente, de Brno, pois ela era membro da organização sionista Azul e Branco. Mas Jakob Edelstein já não estava mais no gueto. Todas nós fomos integradas ao transporte que partiu em 15 de maio: minha mãe, minha avó, minha tia-avó e eu. Minha amiga Miriam, do Quarto 28, também estava no transporte." Começou uma grande despedida. "Você sabe, depois da guerra: Olbramovice, número 1", disse Handa, enquanto abraçava sua companheira. E Hanka respondia, novamente: "Estarei esperando no primeiro domingo depois da guerra, na frente do antigo campanário da Cidade Velha". Nada foi capaz de abalar a sua fé de que a guerra logo acabaria e de que todas se reencontrariam em Praga, e que um dia emigrariam para *Erez* Israel. Outras pessoas eram menos otimistas. Difícil foi a despedida de Erika Stránská. Ela é sozinha e não tem ninguém que possa cuidar dela, não tem ninguém que possa acompanhá-la. A despedida de Zajiček, que será deportada com seu irmão, também foi difícil. Lágrimas, abraços, palavras de encorajamento, uma aceitação desesperada de um destino inevitável. Um presentinho para uma companheira – uma fatia de pão, um pedacinho de pão de mel do último pacote recebido, um abrigo quentinho. Para que "aqueles que estão partindo" saibam que todos os apoiam. É praticamente impossível conciliar o sono. Todos estão deprimidos. Inclusive Marianne Deutsch – que tem um motivo bastante estranho para estar deprimida. Ela estava até um pouco enciumada porque "não iria viajar", por não sair desse gueto maldito de Theresienstadt, dessa comunidade obrigatória representada pelo Quarto 28, no qual ela já não se sente bem. *Pior do que aqui, é impossível*, pensa Marianne. "Eu era muito ingênua, tal qual uma criança", diria ela mais tarde. "Eu não sabia o que significavam, de verdade, os transportes para o leste."

Handa, no entanto, é atormentada por maus pressentimentos, como podemos sentir em um poema, escrito em seu caderninho de anotações.

Reflexões em uma noite antes de um transporte

Eu desço as escadas
Sozinha, imersa em pensamentos
Lá fora reina o silêncio
O silêncio da noite
Que eu amo tanto

A lua nasce
E brilha através da neblina
Solitária
Como um olho que chora

A cruz sobre a igreja
Tem um brilho prateado
De vez em quando, um raio de luz
Atravessa a janela

Eu sigo andando
Descendo as escadas
A lua emerge da neblina
Enfeitada com uma coroa de lágrimas
Cada poça d'água brilha como uma estrela
Eu sigo andando
Imersa em meus pensamentos

Eu sinto o vento
Que passa através das árvores
Vejo a aldeia adormecida
Vejo como todos dormem
E sigo andando
Imersa em meus pensamentos

A luz atrás das vidraças
Apagou
Meu olho está envolto pela neblina
Da beleza que me rodeia
Meus pensamentos
Giram e se enrolam em minha cabeça
E ela arde
Como um ferro em brasa

Handa Pollak,
de seu caderninho de anotações "*Všechno*", *1944*.

As malas e mochilas estão prontas. Em 14 de maio, Otto Pollak escreveu: "Hoje cedo, despedida de Hermann, na Seestrasse 16, e de Trude e Lea. Todos estão calmos e conformados. No dia anterior, às 10 horas da noite, combinei com Hermann um código para escrever cartas".

"Nós vimos as pessoas andando na rua, carregando suas malas e bolsas, com os números do transporte pendurados no pescoço, e ficamos com muito medo", lembra-se Judith. "Não sabíamos para onde eles seriam levados. Não sabíamos o que os alemães tinham em mente. Não sabíamos se os veríamos novamente. As pessoas que ali passavam também estavam com medo." Entre elas, estavam Mimi Sander e sua mãe, a sra. Porges. "É impossível esquecer o que víamos", escreveu Oto Pollak, no mesmo dia, em sua agenda. "Hugo sentado em um carrinho de transporte. Atrás, a sra. Porges, apoiada no carrinho. Mimi, com sua postura ereta, caminhava enganchada no braço da mãe alquebrada. Gustav puxava o carrinho. O guidão do carrinho quebrou. Tomara que não seja um mau presságio."

Miriam e Hanka também se puseram a caminho do quartel Hamburgo. Lá havia muito movimento. Em certo local, as pessoas que seriam transportadas estavam sendo reunidas. Noutro local, chegavam outros transportes. De repente, Hanka reconhece uma amiga na multidão: é Eva Ginz, sua ex-colega de classe da Escola Judaica de Praga, a irmã de Peter Ginz. "Eu ainda vejo a cena à minha frente. Estou atrás das arcadas e acenamos uma para a outra. Eu estou partindo de Theresienstadt e Eva está chegando." É, ao mesmo tempo, um encontro e uma despedida.

Ninguém sabe o que está à espera. 15 de maio. "Hermann, Trude e Lea partem num vagão para transporte de gado às 14 horas." – São, ao todo, 2.500 pessoas, na primeira leva. As listas para a segunda leva já estão prontas. Mais multidões chegam ao local de reunião no quartel Hamburgo, junto ao qual correm os trilhos de trem, nos fundos do prédio. São muitos trens, incontáveis, carregados com milhares de pessoas, todos partindo em direção a Auschwitz. Esse ponto nevrálgico dos transportes é chamado "comporta". "Um fluxo constante de centenas de milhares de vidas fluía para cá", como disse Jindřich Flusser,[3] "reduzia temporariamente o seu fluxo, o nível de água subia, aparentemente calmo, até atingir a borda da comporta. A capacidade desse local era de até 35.000 vidas humanas. Elas haviam sido tangidas para cá como gado, vindas de Praga e Vítkovice, de Hamburgo e Viena. O nível da água subia constantemente – até que a comporta era esvaziada. Então, os homens, mulheres e crianças eram lançados para fora do reservatório de água, aos milhares, e carregados por um rio da morte em direção ao leste."

Muitas das meninas apresentaram-se voluntariamente para o serviço de apoio, inclusive Flaška e Helga. Com um lenço branco na cabeça e uma braçadeira vermelha, as duas entraram sorrateiramente no quartel Hamburgo para fazer a única coisa que estava ao seu alcance: apoiar os parentes e amigos.

A lista de transporte para a terceira leva de prisioneiros foi publicada. Na lista também está o nome de Gideon, o irmão de Judith. "Tudo aconteceu rapidamente. De repente, ele estava na lista. Nem chegamos a vê-lo. Não conseguimos nos despedir dele."

Inesperadamente, Karl Rahm, o comandante do campo, interferiu pessoalmente no transporte, riscando alguns jovens da lista.

Por quê? A resposta a essa pergunta foi rapidamente identificada: esses jovens ainda eram necessários – como dublês para a grande farsa. Os idosos e enfermos, no entanto, não tiveram escapatória. "Coitados", escreveu Šary Weinstein, uma jovem de 14 anos de idade, em seu diário. "Eles vão morrer logo, de um jeito ou de outro. Por que não deixá-los morrer aqui? Esse gueto é, supostamente, um gueto modelo. Então, por que estão mandando embora as pessoas, principalmente os idosos? Talvez porque não ficaria bem vê-los mendigando essa sopa horrível? A cidade está cheia, e isso também não causa boa impressão."[4]

"Numa semana: 7.500 judeus deixaram o gueto e foram levados para algum lugar, não sabemos qual, para um futuro incerto", anotou Gonda Redlich em seu diário.[5] "Eles partiram, para dar lugar a outros. E agora virá uma 'comissão' para visitar a cidade e dirá que aqui está tudo em ordem. A cidade é bonita, com muitos abrigos para crianças, cafeterias e salões maravilhosos, com jardins verdes, e os judeus moram em quartos amplos."

Com os transportes dos dias 15, 16 e 18 de maio, foram deportadas 7.503 pessoas em direção ao leste. A população caiu para pouco menos de 28.000 – menos da metade do número máximo de prisioneiros de setembro de 1942. No gueto, agora havia um pouco mais de espaço. Mas ninguém conseguia respirar aliviado. "Depois das emoções dos dias anteriores, a calma voltou a reinar", anotou Otto Pollak em 19 de maio. "Essa calma é comparável ao silêncio triste e à solidão."

A calma paralisante que tomou conta de Theresienstadt após os transportes de maio deu lugar a uma fase de intensa atividade. Aqueles que puderam, procuraram um beliche ou um abrigo melhor. Algumas celebridades especialmente escolhidas receberam um quarto privativo, onde passaram a morar com seus familiares. Os alojamentos dos dinamarqueses passaram por reformas, e alguns dos quartos – é claro, aqueles do andar térreo e que podiam ser vistos a partir da rua principal – foram lindamente decorados com quadros nas paredes, vasos de flores nos peitoris das janelas e lindas cortinas.

Nos grandes abrigos coletivos, nos sótãos e nos pátios internos, assim como no Quarto 28 do Abrigo para Meninas, tudo permaneceu como antes.

Todas as instalações e os prédios que talvez pudessem ser alvo da atenção de visitantes anunciados, tais como uma delegação da Cruz Vermelha Internacional, sobre a qual já se comentava há dois meses,[6] foram alvo da "ação de embelezamento". Além dos alojamentos dos dinamarqueses e de algumas celebridades, os prédios que passaram por reformas foram o Banco da Autoadministração Judaica, a antiga prefeitura, o correio, o abrigo para crianças, a cafeteria e a Sokolovna e, claro, o gabinete do prefeito no quartel Magdeburg – a sede da Autoadministração Judaica e do Conselho de Anciãos.

Esses edifícios, assim como algumas ruas, pátios e calçadas, foram reformados e embelezados para manipular a impressão dos visitantes por um curto período de tempo. "Todos receberam ordens para limpeza", conta a pianista Alice Herz-Sommer, que foi convocada para o grupo responsável pela limpeza das ruas. "Limpamos as ruas e a cafeteria, assim como uma loja e suas vitrines. Também limpamos o banco e os hospitais. Tudo passou por uma faxina. Agora, se pensarmos que essa pequena cidade com normalmente 5.000 habitantes estava cheia, não importa onde você estivesse, tudo ficava apinhado de gente: era praticamente inviável andar pela cidade, que era muito pequena, e mantê-la limpa era impossível."

Theresienstadt, "*Das Antlitz einer Zwangsgemeinschaft*" [A face de uma comunidade forçada], como disse H. G. Adler,[7] nada mais era do que uma ilusão enganosa, uma farsa. Else Krása descreveu Theresienstadt com precisão em seu poema intitulado "Faz de conta", dedicado a Leo Strauss, em 1943:

"Conheço uma cidade
Toda arrumadinha
Não vou dizer seu nome
Só direi que é a cidade do 'Faz de Conta'."

Leo Strauss, o filho do *rei* da opereta Oscar Strauss, um dos mais destacados autores de cabaré de Theresienstadt, transformou essas linhas num famoso *couplet* musicado. Em Theresienstadt, esses versos passaram a ser uma frase feita de uso corrente, uma frase feita para (sobre)viver.

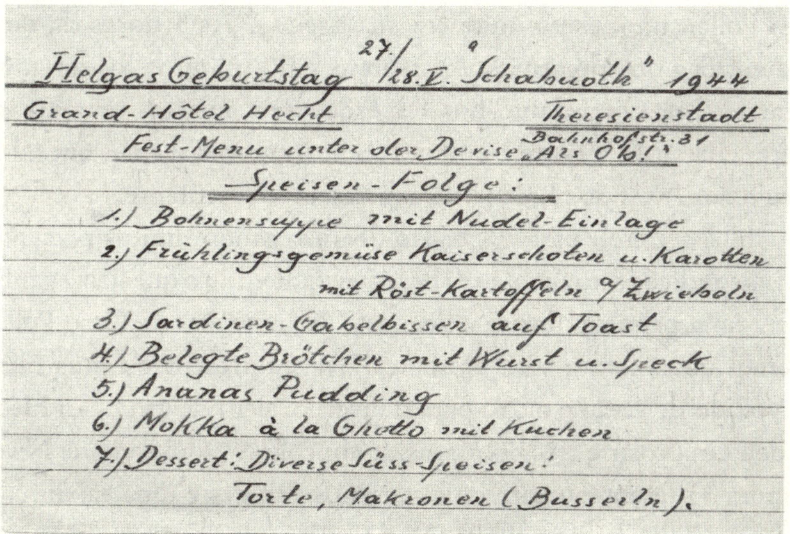
Helgas Geburtstag 27./28.V. "Schabuoth" 1944
Grand-Hôtel Hecht Theresienstadt Bahnhofstr. 31
Fest-Menu unter der Devise „Ars 0%!"
Speisen-Folge:
1.) Bohnensuppe mit Nudel-Einlage
2.) Frühlingsgemüse Kaiserschoten u. Karotten mit Röst-kartoffeln & Zwiebeln
3.) Sardinen-Gabelbissen auf Toast
4.) Belegte Brötchen mit Wurst u. Speck
5.) Ananas Pudding
6.) Mokka à la Ghetto mit Kuchen
7.) Dessert: Diverse Süss-Speisen: Torte, Makronen (Busserln).

Cardápio elaborado para o décimo quarto aniversário de Helga.

Foi assim que o 14º aniversário de Helga, em 28 de maio de 1944, teve como tema o "Faz de Conta", para grande surpresa da aniversariante que, algumas semanas antes, disse a seu pai: "Se houver transportes e minhas amigas forem embora, meu aniversário será muito triste, pois no abrigo vivemos como irmãs."

Então, tudo foi diferente. Helga foi convidada para um "Cardápio Festivo" que consistia em sete pratos, no Grande Hotel Hecht, na Bahnhofstrasse 31. De acordo com o tema "Faz de Conta", os pratos foram servidos em sequência: "Sopa de feijão com massinha, seleta de legumes, ervilhas e cenouras com batatas assadas e cebolas, petiscos de sardinha com torradas, sanduíches com salame e *bacon*, pudim de abacaxi, café *mocca* à la gueto servido com bolo e, para terminar, uma seleção de sobremesas".

Essa lista foi somente uma amostra de todas as delícias servidas à mesa, sendo que a qualidade e a quantidade deixavam a desejar, mas a imaginação ajudou muito – afinal, a vida cotidiana do campo de concentração fornecia muitas oportunidades para praticá-la.[8]

"Minha filha não esperava uma festa tão bonita", escreveu Otto Pollak na mesma noite em sua agenda. "Às 5 horas da tarde foi a entrega dos presentes. Às 5 horas e 30 minutos foi servido o jantar festivo. O cardápio nos fez esquecer a miséria reinante em Theresienstadt. Durante o jantar, Hecht (o morador mais antigo do Abrigo dos Inválidos L 231) fez um discurso fascinante."

Helga voltou para o Quarto 28 carregando muitos presentes. Para as condições atuantes em Theresienstadt, tudo o que havia ganhado era uma pequena fortuna. Segundo as anotações de Otto Pollak, sabemos quais foram seus presentes: "Marta presenteou uma blusa, um vestido de verão e outro para o inverno, além de um bolo; Hecht lhe deu uma colar e três bombons de chocolate, Odol e creme Nivea; Schmitz a presenteou com dois cadernos grandes e uma caixinha de madeira; Hugo lhe deu um conjuntinho de manicure para viagens; o engenheiro sr. Leuchter a presenteou com um buquê de lilases com 2 tulipas; papai lhe deu um cinto, um *vade-mécum* (um orientador), um sabonete Palmolive, um relógio de pulso com pulseira inoxidável e uma caneta-tinteiro Pelikan com um bico de pena de ouro 18 quilates".

Infelizmente, não ficamos *sabendo* o quanto Helga apreciou seus presentes e a festa de aniversário – o terceiro volume do diário de Helga perdeu-se anos mais tarde, durante a mudança de Addis Abeba para Londres, em 1956, durante a crise de Suez. Houve um incêndio no porão do navio no qual foi transportada a mudança da família Kinsky, destruindo grande parte de seus pertences pessoais, entre eles o terceiro volume do diário de Helga e seu caderno de recordações.

Assim, só podemos supor que, com grande probabilidade, após o dia 28 de maio de 1944, Helga despertou rapidamente para a realidade de Theresienstadt, tal como aconteceu após aquele concerto do dia 5 de abril de 1944. Este é o último registro de Helga:

Quarta-feira, 5 de abril de 1944

Hoje estive em um concerto onde tocaram músicas de Beethoven. Tocaram uma sonata para violino. Taussig tocou violino e o Professor Kaff tocou piano.[9] *Seguiu-se uma sonata para violino, que Kaff tocou de cor. Ele realmente vivenciava a sonata, tocando de olhos fechados. Para mim, foi como um conto de fadas:*

Em um campo havia fadas, que dançavam e cantavam. Lá também havia pequenos animais. Subitamente ouviu-se um ruído e alguém lhes disse que um dragão estava descendo a rua, pois queria capturar alguém do Reino da Floresta. Todos fugiram em busca de proteção. As fadas fugiram para o seu reino subterrâneo, os animais correram para suas habitações subterrâneas ou subiram em árvores, etc. Então, o dragão chegou ao campo. E o que ele vê, bem debaixo de seu nariz? Um pequeno cervo, que não conseguiu fugir a tempo, pois tinha escorregado, caiu e não conseguiu mais se levantar. O dragão pegou o cervo, e o levou para seu castelo.

Os habitantes da floresta voltaram para o campo e recomeçaram a cantar e dançar. Foi então que uma mamãe corça apareceu, chorando. Ela disse que não foi possível chegar antes para ver os moradores da floresta, pois não estava passando bem. Ela havia mandado seu filhote na frente e pretendia ir logo que se sentisse melhor. Agora, que ela havia chegado, não conseguia encontrar seu filhote em lugar algum. Todos passaram a ajudá-la a procurar por seu filhote, em vão. Mas sabiam que o filhote estava em poder do dragão.

Então, decidiram entrar no castelo do dragão bem cedo pela manhã, quando o dragão ainda estava dormindo, para matá-lo, salvando assim o cervo, libertando o país daquela criatura do mal. Todos seguem seu caminho e vão dormir, somente a coruja grita e os insetos noturnos batem com suas asas no ar, voando e voando – veludo preto com traços vermelhos, bonitos e magníficos. Começa a amanhecer, o sol nasce. Os raios solares brilham através dos ramos, atingindo o prado, uma brisa suave e agradável sussurra entre as folhas. Todos acordam lentamente. Pequenos animais cambaleiam até o poço para beber. Depois deles, os grandes animais bebem até esvaziar o poço. Depois que todos beberam o suficiente, saem para resgatar o pequeno cervo.

O grupo já conta com 10 a 20 pequenos animais, coelhos, hamsters, etc., acompanhados por animais maiores. Águias e falcões voam sobre eles. Todos emitem sua canção de guerra. Chegam ao castelo e entram no pátio. Todos os animais, grandes e pequenos, entram calma e cuidadosamente, um atrás do outro. Lá dentro escondem-se atrás de cortinas e móveis. A águia, escolhida para tal pelas fadas, dá o sinal. Todos os animais saem de seus esconderijos e correm até a cama, onde dorme o dragão. Todos saltam sobre ele, as raposas, as águias, os falcões e as doninhas, e o dragão acorda, e morre no mesmo instante. Os animais libertam o filhote de cervo e voltam com ele para casa, entoando uma alegre canção.

Na aldeia vizinha os sinos tocam ao meio-dia, e podem ser ouvidos na floresta e no relvado. A guerra está ganha. O sol pode ser visto entre os galhos das árvores, como se fosse de manhã, e uma brisa suave sopra do sul. O pequeno cervo está deitado na sombra e, junto dele, está a mamãe corça. Ela lambe seu filhote, oferecendo seu amor maternal. E a corça conta a história do dragão para o filhote até que este adormece.

Agora o filhote está dormindo. A mãe lhe lambe o rosto carinhosamente. Em todos os lugares reina a paz. A música terminou. As pessoas deixam os seus lugares. Eu não quero ir embora. – Por que estou em Theresienstadt? Aqui? Tudo tinha sido tão bonito – e agora, estou novamente na escura e cinzenta Theresienstadt. Minha vontade é entrar no piano.

Lá dentro existe música. Aqui fora, só existe a prisão."

"Destino final" – O campo de concentração de Theresienstadt

A praça principal de Theresienstadt resplandecia em um verde exuberante, em meio ao qual havia canteiros coloridos com flores como a boca-de-leão, plantados pelo pai de Judith, Julius Schwarzbart, a mando da SS. Ao longo dos caminhos cobertos de areia branca havia bancos recém-pintados. O pequeno coreto amarelo resplandecia contra o fundo das fachadas pintadas em tons pastel.

"O parque da praça central, anteriormente cercado de arame farpado, está sendo liberado pouco a pouco para os judeus", anotou Otto Pollak no dia 1º de junho. "Timidamente, os habitantes do gueto sentam-se nos novos bancos de madeira, equipados com colunas de concreto. São aproximadamente 73 bancos ao todo, que poderiam oferecer espaço para 360 pessoas descansarem após o almoço."

Diariamente, ao meio-dia e no final da tarde, a banda da cidade se reunia na frente do coreto para dar um concerto, por vezes dirigido por Carlo S. Taube, outras vezes por Peter Deutsch, o ex-maestro da Orquestra do Rádio do Copenhagen. As meninas olhavam pelas janelas, espantadas. O que significava essa agitação ao redor da praça principal? Também foram colocadas placas indicando: "Banco", "Cafeteria", "Correio", "Banheiros". A velha escola, que ficava próxima do escritório de engenharia e que até então servira de hospital, foi pintada e recebeu carteiras escolares. Na manhã seguinte, uma placa colocada sobre a porta de entrada informava, em letras garrafais: "Escola para Meninas e Meninos". – "A escola parece boa, finalmente uma escola de verdade, só faltam os alunos", anotou Helga Weissová. "Mas esse pequeno detalhe foi resolvido com um bilhete fixado no portão da escola, onde estava escrito: Férias."[1]

Os letreiros das "lojas" também foram renovados, as vitrines foram decoradas, aumentaram a oferta de produtos e foram fixados cartazes de propaganda. Ninguém do gueto se deixou enganar com essas firulas. Todos sabiam o que essas lojas significavam, na verdade. Uma das piadas em Theresienstadt era "Em qual lugar do mundo existem as lojas mais luxuosas?" A resposta era: "Em Theresienstadt. Lá, com um pouco de sorte, talvez alguém conseguisse comprar uma camisa bordada com suas iniciais". Afinal, a oferta de produtos naquelas lojas resumia-se àquilo que restou dos pertences dos prisioneiros, que haviam sido confiscados e saqueados pela SS quando de sua chegada.

Os produtos oferecidos pela loja de mantimentos também eram motivo de piada: "Compre açúcar, e não haverá açúcar à venda; compre farinha, e não haverá farinha à venda. Compre um mapa da Alemanha, e a Alemanha já não existirá."

Helga acrescentava uma nova variante para a lista: "Compre ketchup, e não haverá ketchup à venda". Um dia, Helga tinha visto uma garrafa de ketchup exposta na loja e mal podia esperar para chegar a sua vez de comprar. "Mas, quando chegou a minha vez, a única coisa à venda na loja era páprica e mostarda. A mostarda eu dei a meu pai. A páprica eu guardei e polvilhei no pão. Eu lembro que fiquei muito triste."

E agora, nas lojas ao redor da praça principal, brilhavam, zombeteiras, as placas mentirosas das lojas – Perfumaria, Drogaria, Produtos Alimentícios, Sapatos, Roupas, Lingerie. E, subitamente, as vitrines estavam cheias de produtos surpreendentes: carne, linguiça, frutas, legumes... "É ridículo, mas Theresienstadt parece ter-se transformado em uma espécie de estância ou spa", escreveu Helga Weissová em seu diário. "Eu não sei por que isso me lembra do conto de fadas "A Mesa, o burro e o porrete", no qual a mesa se põe sozinha, abarrotada de guloseimas. É bem isso que acontece aqui. As decisões são tomadas à noite e, na manhã seguinte, todos olham espantados e se perguntam de onde vieram todas essas coisas."[2]

"Certa noite, nos obrigaram a sair", lembra-se Eva Herrmannová, que morava no Abrigo L 414, onde fora instalada a nova agência de Correio, no térreo. "Nós não sabíamos por que tínhamos que sair. Alojaram-nos em outro local e disseram que tudo ali seria reformado. Quando retornamos, depois de alguns dias, ali havia móveis novos e claros – mesas, bancos, estantes. Os estrados tinham sido refeitos com madeira nova. Tínhamos roupas de cama e cobertores brancos – tudo era muito bonito. Os corredores tinham sido pintados e decorados. De repente, ali havia muitas caixas coloridas, cada uma de uma cor, com cortinas estampadas com animais – como nos Jardins de Infância, para que cada criança saiba qual caixa lhe pertence. E atrás da porta havia uma estante para nossa comida e nela havia muita coisa – uma quantidade de pão maior do que a habitual, chocolates e uma lata de Ovomaltine! Naquela época, nós nem sabíamos o que era aquilo."[3]

Até mesmo uma exposição chegou a ser organizada no primeiro andar do quartel Magdeburg. A mostra constava de quadros com imagens de Theresienstadt. "Eu gostei principalmente das obras de Spier, trabalhadores do telégrafo e a vista de Litoměřice", escreveu Otto Pollak, em 9 de junho. "Karas, Haas, a velha comandatura. O Abrigo de Helga." Em 13 de junho, às 9 e meia da noite, Otto Pollak esteve pela primeira vez no terraço, no último andar do quartel dos Cavaleiros, agora chamado Egerplatz. "É uma noite esplêndida. Vejo o moinho, a estrada, as montanhas ao redor. Uma aldeia à direita de Litoměřice, próxima ao cume da montanha. Um avião planador circula no ar. Os pássaros voam para seus ninhos. Um olhar para a liberdade! De tanta saudade, eu seria capaz de abraçar a natureza."

Naqueles dias, Helga sempre ia com sua nova amiga, Ruth Gutmann, até as fortificações, onde o pai de Ruth trabalhava em uma das oficinas. Ali, junto aos limites do gueto, ambas encontraram um caminho que até então esteve bloqueado, "e de repente era possível andar naquele caminho – em completa solidão. Fomos até uma relva, na qual havia flores – esse é um sonho sempre recorrente, que ainda sonho nos dias de hoje".

Os dias de verão, a música alegre e a curiosidade, e todas as demais mudanças, atraíam as pessoas para fora de suas habitações. Em 11 de junho, Otto Pollak visitou o novo pavilhão destinado às crianças, "com uma sala grande onde as crianças pequenas podiam ficar deitadas, um projeto feito pelo arquiteto Kaufmann. Esse projeto tinha uma disposição, funcionalidade e proporções excelentes. Tudo era de vidro e madeira. Nas claraboias quadradas, foram pintadas imagens magníficas de animais feitas pelo holandês Spier. No parquinho infantil foram instalados novos brinquedos: um carrossel, balanços e outros equipamentos."

Surpresas, as meninas registravam as mudanças feitas no gueto. O que será que significavam? O fim da guerra estava próximo? Ninguém tinha uma explicação para aquilo. "Talvez estejam com problemas com a comissão" especulou Helga Weissová. "Talvez nós nem saibamos o quanto é favorável a situação atual?"

Enquanto os prisioneiros do gueto de Theresienstadt continuavam intrigados com as mudanças, a administração do gueto pela SS começou a decidir quais dos muitos eventos culturais de Theresienstadt poderiam ser apresentados. A escolha não foi fácil, pois havia, como formulou Thomas Mandl, "um sem número de tudo aquilo que pode ser oferecido apenas ocasionalmente no mundo lá fora: de palestras sobre assuntos absolutamente abstratos a temas completamente populares, recitações de clássicos gregos na língua original, apresentações de teatro, ópera, operetas, concertos de câmara e solos, apresentações de cabaré em todas as suas variações".[4]

Para a SS, não foi difícil escolher apresentações excelentes para o dia em que receberiam visitantes estrangeiros, tomando o cuidado de espalhar cartazes suficientes pela cidade, para deixar bem evidente a efervescente vida cultural de Theresienstadt. Assim, em 22 de junho de 1944, um cartaz anunciava uma *soirée* extraordinária, um recital com canções cantadas por Karel Berman, com Rafael Schächter ao piano. O cartaz convidava a ouvir canções de Hugo Wolf, "*An die ferne Geliebte*", de Beethoven, "*Vier Lieder nach chinesischer Poesie*", de Pavel Haas e "*Zigeunermelodien*" de Dvořak.

Mas o que os visitantes ouviriam e assistiriam em 23 de junho? Uma apresentação de cabaré com as estrelas do Cabaré de Theresienstadt, Karel Švenk, Leo Strauss, Kurt Gerron, Josef Lustig e o *duo* composto por Hans Hofer e Anni Frey? Uma peça de teatro de Molière (*George Dandin*), de Gógol (*O casamento*), de Tchechov (*Werbung*), de Karel Čapek (*Der Liebe schicksalschweres Spiel*), ou de Molnár (*O jogo do castelo*)? Talvez uma ópera (*Carmen, Tosca, A flauta mágica, As bodas de Fígaro, A noiva vendida*) ou uma opereta (*A menina do gueto, O morcego*), ou um concerto? Talvez um concerto de piano com os virtuosos Juliette Aranyi, Edith-Steiner-Kraus, Renée Gärtner-Geiringer, Gideon Klein, Bernard Kaff? Quem sabe um quarteto de cordas formado por Egon Ledeč, Fredy Mark, Karel Fröhlich e Romouald Süssmann ou com Paul Kling? Ou um concerto com a Orquestra de cordas de Karel Ančerl? Talvez a apresentação de um coral, a apresentação de *Elias*, de Mendelssohn, por Karl Fischer. Ou a *Criação*, de Haydn, ou a apresentação brilhante do *Réquiem*, de Verdi, por Rafael Schächter?

A ópera *Brundibár* também fez parte dessa longa lista de possibilidades. Segundo relatos de Rudolf Freudenfeld, ela seria inicialmente apresentada para a comandatura do campo de concentração:

"*Tivemos que transferir a ópera da pequena sala do quartel para o grande salão localizado na Sokolovna. Naquela época, o prédio ficava fora da área restrita do gueto. O salão tinha um equipamento de palco completo, uma sala para a orquestra, camarins e tudo o que precisá-*

vamos. O dia da apresentação se aproximava. Dessa vez, o auditório estava completamente vazio, o coro e a orquestra estavam a postos. O grupo todo se posicionou no balcão. Ficaram ali, parados. Nem mesmo tiraram suas boinas, e o comandante do campo deu a ordem habitual: Comecem! Após algumas cenas, virei e vi que todos estavam sentados, ninguém se mexia e todos haviam tirado as boinas. Quando a ópera acabou, ninguém fez menção de sair. Até eles, aqueles cínicos insensíveis, foram tocados pela música doce, mesmo que só por um momento. Talvez estes criminosos também tivessem filhos em casa – quem sabe?

À noite, recebemos a ordem: Brundibár *devia ser apresentada, mas o palco era muito escuro e as crianças mereciam algo mais alegre. Atrás da cerca de madeira deveria ser erguida uma cidade completa. Todo o material necessário, o tecido de linho para o cenário e as tintas, tudo deveria ser imediatamente liberado!*

Trabalhamos a noite toda. Zelenka trabalhou com um grupo de ajudantes e, na manhã seguinte, os cenários estavam prontos e montados. Um bairro de uma cidade, incluindo uma escola – o futuro! E a comandatura também determinou que os visitantes assistissem o grande final."

No começo do mês de junho de 1944, **Hanka Wertheimer,** sua mãe e sua amiga Miriam Rosenzweig completaram três semanas em Auschwitz. As três chegaram lá após uma viagem de três dias, no meio da noite:

"De repente, uma gritaria – lá havia muita gritaria! Todos para fora! Todos para fora! Deixem suas bagagens! Nós as mandaremos para vocês mais tarde. Vimos arame farpado e, sobre o arame farpado, viam-se refletores potentes – uma cena que jamais esquecerei. E o pessoal da SS gritava o tempo todo: Para fora, rápido, rápido! Tínhamos que saltar dos vagões de carga, apropriados para o transporte de animais, pois não havia degraus para descer – até minha avó velhinha teve que saltar. E as vozes gritavam: deixem tudo nos vagões! Foi horrível. Foi como um choque. Tudo acontecia tão rapidamente. E os refletores e os cães e as pessoas da SS, com seus cassetetes, e o medo – acredito que esta cena nem mesmo um excelente diretor cinematográfico é capaz de reproduzir. Então, chegamos ao campo de concentração. Lembro que minha mãe disse: 'Esse campo certamente não é para nós. Certamente nos levarão para outro lugar, para um campo de trabalho'. Na manhã seguinte encontrei as minhas amigas que já moravam no campo de concentração. E aquelas que chegaram com o transporte de dezembro de 1943, como Eva Landová ou Resi Schwarz, sabiam do transporte de setembro e também sabiam que essas pessoas foram levadas para a câmara de gás um mês antes da nossa chegada. Todas as pessoas do transporte de setembro foram assassinadas. Também Fredy Hirsch. Eu me lembro – foi horrível quando soubemos que ele estava morto. As pessoas ficaram em dúvida se nos diriam ou não. Mas eu fiquei sabendo. Eu vi a grande chaminé e as labaredas que saem dela. Da chaminé não sai somente fumaça – sai fogo. Labaredas. Vejo isso o tempo todo. E meus amigos estavam certos de que logo também estariam saindo da chaminé em forma de fumaça. Assim como a nossa vez também chegaria, talvez em seis meses.

Nunca falei com minha mãe a respeito. Eu sabia que ela sabia. Eu tinha certeza que ela sabia. Mas falar sobre isso era tabu. O irmão de minha mãe e toda a sua família tinham chegado no transporte de setembro. Nós nunca conversamos sobre isso. Talvez, porque nós não poderíamos mudar nada. De que adiantaria falar sobre algo tão horrível? Era como um segredo bem guardado. A gente se sente melhor se não falar sobre isso. Hoje, quando reflito sobre isso – penso que eu nem tinha medo. Eu não conseguia imaginar que algo assim poderia nos acontecer. Nós sempre dissemos que a guerra logo acabaria. Para mim, seis meses era um tempo muito longo. Além disso, fomos educados para acreditar na vitória do bem sobre o mal. 'A verdade vencerá', esse era o lema do presidente tcheco Masaryk, um homem muito respeitado por todos nós. Esse também era o nosso lema.

Eu jamais esquecerei essas seis semanas em Auschwitz-Birkenau! Aquilo era algo tão desumano, que somente uma pessoa anormal seria capaz de imaginar algo assim... Ali eu não tinha condições de estudar nada, e minha mãe sofria com isso. Às vezes, quando estávamos deitadas no estrado do beliche, ela desenhava com o dedo o contorno do mapa da Europa no estrado do beliche de cima – Berlim, Hamburgo, Paris, Londres, Madri. Pequenas nódoas na madeira serviam como pontos de orientação. E eu aprendia, sem lápis, sem papel, e via o mapa da Europa na minha frente.

A contagem era feita duas vezes ao dia. Isso durava horas. Éramos contados e recontados, contados e recontados. Até hoje não sei: eles realmente erravam o tempo todo, ou esse era o seu método? Certa vez, houve uma contagem especial. Isso aconteceu no campo das mulheres. Não sei se era para ser um castigo, só sei que estávamos nuas e nos obrigaram a ficar ajoelhadas e levantar as mãos.

Também me lembro do dia em que, durante a contagem, o filho de Jakob Edelstein, Arye (ele tinha a nossa idade), foi chamado para fora da formação. Isso aconteceu no dia 20 de junho, às 10 horas da manhã. Mais tarde ficamos sabendo que o mataram. Ele, sua mãe e sua avó foram mortos a tiros na frente de Jakob Edelstein."

Em uma sexta-feira, dia 23 de junho, num agradável dia de verão, a delegação da comandatura de Theresienstadt chegou de carro. "Ficamos o tempo todo olhando pela janela", lembra-se Handa. "Então, os vimos caminhando pela rua principal, junto com os alemães e o representante do Conselho de Anciãos. Eles conversavam entre si. Em nenhum momento eles abordaram alguém ou resolveram seguir por outro caminho. Para nós ficou claro que nada poderíamos esperar deles."

Essas pessoas eram os delegados do Comitê da Cruz Vermelha Internacional (CCVI), o dr. Maurice Rossel, o chefe departamental do Ministério Exterior da Dinamarca, Frants Hvass, e o Inspetor do Departamento de Saúde da Dinamarca, Eigil Juel Henningsen. Vistas do andar de cima do Abrigo de Meninas, essas pessoas eram somente três vultos indefinidos: era praticamente impossível distingui-los dos representantes do lado alemão, que os rodeavam: o *Sturmbahnführer* da SS Rolf Günther, substituto de Adolf Eichmann no Referat IV B 4 do Departamento Central de Segurança do *Reich*; seu irmão Hans Günther, o *Sturmbahnführer* da SS e comandante do Escritório Central para a regulação das questões judaicas na Boêmia e Morávia; o substituto de Hans Günther, o *Obersturmführer* da SS Gerhard Günnel; o ajudante de Eichmann, *Hauptsturmführer* Ernst Möhrs; o comandante da Polícia de Segurança e do Serviço de Segurança do Protetorado do *Reich*, Dr. Erwin Weinmann; o conselheiro do Ministério das Relações Exteriores, dr. Eberhard von Thadden, bem como o representante da Cruz Vermelha Alemã, F. von Heydekampf. As meninas somente conseguiram identificar com segurança dois dos homens: o comandante do campo de concentração, Karl Rahm – o único uniformizado –, assim como o homem mais idoso, que usava um terno escuro e listrado e uma meia cartola: era o dr. Paul Eppstein, o representante do Conselho de Anciãos, o seu "prefeito".

O coreto; ao fundo, o Abrigo para Meninas.

A comitiva vinha do quartel Magdeburg, o "prefeito judeu", como o dr. Maurice Rossel escreveu mais tarde em seu protocolo, "onde H. Eppstein, o representante do Conselho de Anciãos, nos informou brevemente sobre a organização do gueto e nos propôs começar imediatamente com o nosso percurso pelo gueto. Ele terminou sua explicação com as seguintes palavras: Vocês verão uma cidade provinciana normal".[5]

E assim foi. Para Maurice Rossel, um jovem de 25 anos de idade, um importante representante do CCVI, foi mostrada uma cidade que, segundo ele "parecia uma cidade para judeus privilegiados".[6] Mais tarde, Maurice Rossel diria sobre si mesmo: "Devo confessar que eu era mesmo ingênuo, muito ingênuo, uma pessoa simples de uma aldeia, que estudava em Genebra, que não conhecia nada, exceto aquilo que havia aprendido pelo caminho".

De fato, a praça central estava bem ajeitada e brilhava com seu coreto, junto ao qual a comitiva parou por alguns instantes, para lançar um olhar para as belas fachadas e lojas, para olhar a igreja e a Prefeitura com o Banco da Autoadministração Judaica e a cafeteria. Ali estavam sentadas as pessoas especialmente escolhidas para a encenação – homens, mulheres e crianças cujos rostos não estampavam as agruras da vida no gueto. "Naquele dia, meus pais haviam ganhado ingressos para a cafeteria e eu fui com eles", lembra-se Vera Nath. A mãe de Vera era uma mulher bonita, assim como Vera. Seu pai era o chefe do assim chamado "Depósito de Roupas",[7] um departamento importante da Administração de Theresienstadt. Assim, foi fácil encontrar trajes apropriados para aquele dia especial.

"Todas as senhoras elegantemente vestidas usam meias de seda, chapéus, cachecóis e bolsas modernas", assim Maurice Rossel escreveu suas impressões. "As pessoas que encontramos nas ruas estavam adequadamente vestidas." Segundo o relatório de Rossel, todos pareciam estar suficientemente alimentados. Como ele comprova isso? "Para tal fim, basta examinar a documentação fotográfica, particularmente fotos de grupos de crianças. As pessoas que vivem nos grandes quartéis ou em barracões preferem comer nas cantinas comunitárias. Essas cantinas, montadas em locais espaçosos, são muito agradáveis. As pessoas que comem na cantina são servidas pontualmente por uma senhorita vestida com um avental e um casquete engomado, como em qualquer restaurante."

Essa é uma das fotografias que Maurice Rossel anexou ao seu relatório. Décadas depois, Paul Rabinowitsch, que tocou o trompete em *Brundibár*, se reconheceu na foto (é o terceiro a partir da esquerda). No dia 23 de junho de 1943, ele e as crianças dinamarquesas puderam, excepcionalmente, comer até ficarem satisfeitos.
Paul Rabinowitsch, mais tarde Paul Aron Sandfort (1930–2007), descreveu suas experiências em seu romance "*Ben. Vogel aus der Fremde*".

Uma das pessoas que recebeu alguma coisa para comer no refeitório especialmente montado em um barracão de madeira junto ao quartel Magdeburg foi Paul Rabinowitsch, um garoto de 13 anos de idade. Era um dos 466 prisioneiros judeus provenientes da Dinamarca, que mereceram uma atenção especial por parte da delegação. Paul lembra-se muito bem do dia 23 de junho de 1955:

"Para mim, a coisa mais importante foi que nesse dia nós, as crianças dinamarquesas, fomos escolhidos para comer o suficiente. Fomos levados a um restaurante especial, que foi montado com mesas e cadeiras de madeira novas, e que foi usado apenas neste dia. Foi lá que comemos. Serviram-nos sopa de ervilhas e batatas com molho, e pudemos comer o quanto quiséssemos. Eu me servi três vezes e comi até ficar satisfeito."

"Minha irmã trabalhava na mansão de Kursawe,[8] fora do gueto", lembra-se Vera Nath. "Ela cuidava de criancinhas holandesas que haviam chegado com o transporte de Westerbork. Essas crianças foram instruídas a dizer, sempre que o comandante do campo lhes oferecia um chocolate ou uma lata de sardinha: Obrigada, tio Rahm, mas não quero mais chocolate. Ou, dependendo da situação: 'Não, obrigado, não quero sardinhas novamente'".

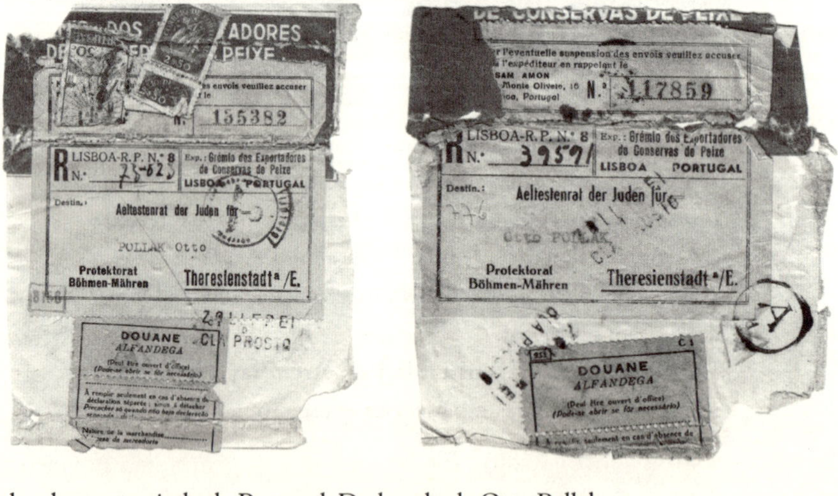

Selos de pacote vindo de Portugal. Do legado de Otto Pollak.

O truque com as sardinhas funcionava perfeitamente. Os homens da SS que comandavam o campo sabiam que Rossel se interessaria principalmente pela troca de correspondências e pacotes com o exterior, que sabidamente era ruim. Essa era a oportunidade ideal para convencer os delegados de que até isso tinha melhorado, afinal, os muitos pacotes vindos de Portugal, que eram financiados por fundos do Congresso Judaico Mundial e que eram enviados pela Cruz Vermelha Internacional, realmente chegavam a seu destino. De acordo com o relatório da delegação: "Durante a nossa visita ao grande prédio do Correio, presenciamos a distribuição de pacotes. Vimos muitos pacotes com sardinhas, vindos de Portugal."

Depois de inspecionar o Correio, a delegação subiu ao primeiro andar, até o Abrigo da Juventude que, um pouco antes, havia sido transformado em um abrigo-modelo, com novos móveis de madeira da melhor qualidade. Eva Herrmannová lembra:

"Vieram seis ou sete homens, entre eles também havia alguns homens uniformizados da SS, mas a maioria estava em trajes civis. Eles inspecionaram todo prédio, inclusive o Correio. Bem, eles entraram em nosso quarto. Havíamos sido orientadas a não dizer absolutamente nada. Ficamos ali, em pé, e só pensávamos: Será que eles são bobos e não veem que tudo é novo? A madeira brilhava e cheirava a madeira, de tão fresca que era. Éramos cerca de oito meninas, um número menor do que antes dos transportes de maio. Éramos uma verdadeira comunidade, o que quer dizer que sempre repartíamos nossa comida irmãmente. A cada três dias, cada uma de nós ganhava um pedaço de pão e, normalmente, cada uma de nós partilhava esse pão durante vários dias e o guardava. Nós não dividíamos o pão imediatamente para cada uma e sim, distribuíamos somente a ração diária correspondente. Assim sendo, em nossa prateleira havia um pão inteiro. Um dos visitantes o viu e perguntou: 'Por que todas as outras têm somente um quarto de pão e essas meninas têm um pão inteiro? E uma das meninas, que era de Ostrava e sabia falar alemão (a maioria das meninas nem teria entendido a pergunta, pois quase todas nós éramos tchecas) respondeu espontaneamente: 'Nós fazemos assim porque somos uma comuna. Nós somos comunistas'. Lembro-me que os visitantes ficaram meio abalados, parados. E eu pensei comigo mesma, 'oh ela disse alguma coisa que, talvez, não deveria ter dito'.

Os homens foram embora rapidamente e alguém entrou correndo e disse: 'Que incidente desagradável. Alguma coisa vai acontecer. Vocês sabem o que disseram?' Nós ficamos petrificadas. Nós nem mesmo sabíamos o que era comunismo. Mas, graças a Deus, não aconteceu mais nada."[9]

Na verdade, Rossel ficou impressionado, principalmente com os Abrigos de Crianças. "Esses abrigos são especialmente bem mobiliados, e as pinturas nas paredes são muito decorativas e têm grande valor educacional." E, talvez, a observação dessa menina corajosa de Ostrava, provavelmente a única pessoa que dirigiu uma palavra à delegação, fez com que Rossel concluísse seu relatório assim:

"Essa cidade judaica é mesmo impressionante. Levando em consideração o fato de que as pessoas vêm de lugares diferentes, falam línguas diferentes, vêm de condições de vida e econômicas completamente diferentes, foi necessário criar uma unidade, um espírito comunitário para esses judeus. Uma tarefa muito difícil. O gueto de Theresienstadt é uma sociedade comunista, chefiada por um 'stalinista' de grande valor: Eppstein."

O que mais se poderia esperar de Maurice Rossel? Um jovem que interpretava sua função de modo tão literal, que não olhava para os lados e nem lançava um olhar por detrás dos bastidores, se não fosse convidado? "Minha função, durante essa visita, era ver aquilo que me mostravam", explicou em uma entrevista com Claude Lanzmann. E foi isso que Rossel fez. Nem mais, nem menos. E assim que Rossel foi capaz de informar o mundo sobre a incrível vida cultural de Theresienstadt. Rossel foi conduzido por Theresienstadt a bordo de uma limusine, ao lado do prefeito. O motorista da limusine era Hans Wostrell, de Liz, um *Hauptscharführer* brutal da SS, que também estava em trajes civis para poder cumprir com maestria seu papel de motorista de Paul Eppstein.

Na praça do mercado, às 17 horas em ponto, quando os sinos da igreja começaram a badalar, a banda da cidade começou a tocar algumas melodias alegres, sob a regência de Carlo S. Taube. Também tocaram a canção da opereta "*Der Orlow*", de Granichstaedten: "Eu me enfeitei especialmente para você, meu bem", descreveu Otto Pollak. Mas quem, dos visitantes, queria ou seria capaz de entender a ironia da canção?

Finalmente, os visitantes chegaram à Sokolovna. No salão superior estava acontecendo um ensaio do *Réquiem* de Verdi. No grande salão as crianças apresentavam *Brundibár*, cujo *finale* foi visto pelos visitantes. "Estávamos no palco e disseram-nos que só devíamos começar com o *finale* quando nos dessem um sinal", lembra-se Eva Herrmannová, que fazia parte do coral das crianças. "E isso demorou um longo tempo. De repente, alguém veio correndo e disse: Agora. E começamos a cantar. Aí outra pessoa veio correndo e disse: Não, ainda não. E assim foi por um bom tempo. É claro que sabíamos que representaríamos uma comédia para alguém. Porém, como era a comissão da Cruz Vermelha Internacional, ainda acreditávamos que eles pudessem nos ajudar. Acreditávamos que eles poderiam dizer: Essas crianças cantam tão bem, precisamos ajudá-las. Sempre tínhamos uma esperança. A maioria de nós tinha uma esperança de que algo fosse acontecer."

"Eu recebi um primeiro sinal assim que seu carro entrou na rua", lembra Rudolf Freudenfeld em seu relatório. "O segundo sinal significava que estavam subindo as escadas, e ao segundo sinal baixei minha mão e dei o sinal de começar. A música saudou os visitantes, *Brundibár* foi derrotado, pois não tivemos medo. Não nos deixamos subjugar. De acordo com as ordens da direção musical, em um determinado momento as crianças deveriam erguer qualquer objeto que estivesse em suas mãos naquele momento – livros, mochilas escolares, cadernos. Mas, como as crianças são iguais em todo o mundo, não importa onde, a maioria tinha esquecido esses objetos. Assim, elas levantaram somente seus punhos cerrados. Dizem que os visitantes gostaram disso."

"Gostaríamos de dizer", escreveu Maurice Rossel no final de seu relatório, "que ficamos muito surpresos ao encontrar no gueto uma cidade que vive uma vida praticamente normal. Nós pensávamos que as coisas lá seriam muito piores. Dissemos aos oficiais da SS encarregados de nos acompanhar que a dificuldade que encontramos para obter a permissão para visitar Theresienstadt foi o que mais nos surpreendeu."

"Quando foi feita essa encenação toda para a Cruz Vermelha", comentou Judith décadas mais tarde, "e meu pai recebeu a incumbência de embelezar o parque plantando flores e, quando a tal visita da Cruz Vermelha acabou e nada aconteceu, fiquei muito surpresa. Como foi possível que essas pessoas não tivessem visto nada? Por que elas não foram capazes de ver a realidade? Se tivessem prestado um pouco de atenção, teriam visto o grande número de pessoas idosas que haviam sido proibidas de sair à rua e que quase morreram de fome. Se tivessem aberto a porta de um dos quartéis, teriam visto o que se passava lá dentro. Mas eles não fizeram nada disso. Eles simplesmente caminharam pela rua e atravessaram o lindo parque. A cafeteria havia sido reformada, algumas mesas foram colocadas lá fora, mulheres jovens, bonitas e bem vestidas receberam ordens para sentarem à mesa, onde lhes serviram um café. Nesse parque havia um coreto onde os músicos tocavam, e essas pessoas da Cruz Vermelha não foram até lá e não viram o que na verdade estava acontecendo. Tudo isso me deixou muito surpresa e chocada. Sim, eu perdi um pouco da minha fé com isso."

Uma semana após a visita ao gueto, Rossel enviou a seu acompanhante, o Conselheiro do Ministério das Relações Exteriores, Eberhard von Thadden, dois exemplares das fotografias feitas em Theresienstadt com as seguintes palavras: "Aproveitamos essa oportunidade para agradecer-lhe, também em nome do Comitê da Cruz Vermelha Internacional, pela organização de nossa visita à Theresienstadt. Graças a seus esforços, recebemos toda ajuda necessária. A viagem a Praga ficará para sempre em nossa memória e temos o prazer de afirmar que o nosso relatório sobre a visita a Theresienstadt certamente servirá para tranquilizar os demais, pois lá as condições de vida são satisfatórias".

Satisfeitos ficaram principalmente os iniciadores e organizadores dessa encenação bem feita. Especialmente levando em conta a mensagem otimista contida no relatório de Maurice Rossel, que agora poderia ser enviado a todos os cantos do mundo. Num momento em que 32.000 pessoas já haviam morrido em Theresienstadt e cerca de 68.000 pessoas haviam sido transportadas para o leste, Rossel escreveu: "O campo de concentração de Theresienstadt é um 'destino final'. Normalmente, nenhuma pessoa que tenha chegado ao gueto será enviada para outro lugar".

Assim, a visita a um "campo de trabalho judeu", que já havia sido autorizada por Himmler, tornou-se desnecessária. Os inspetores já não tinham mais nenhuma pergunta a fazer e aquela aldeia potemkiniana não precisou ser encenada novamente, em outra variante. Em Auschwitz-Birkenau começou a desmontagem do campo de concentração familiar.

Em **Auschwitz**, em 2 de julho de 1944, todas as mulheres selecionadas por Mengele como capazes para o trabalho foram a pé até o campo de concentração de mulheres, que ficava próximo ao campo de concentração de famílias. "Através da cerca de arame farpado vimos, durante alguns dias, as pessoas que ficaram no campo de concentração de famílias", relata **Eva Landová.**

"Então, tudo por lá ficou vazio e em silêncio. As chaminés dos crematórios soltavam muita fumaça. Foram feitas cada vez mais seleções. Pessoas fracas e doentes, e aquelas que tinham conseguido trazer suas

crianças para o campo de concentração de mulheres, foram obrigadas a voltar para o campo de concentração de famílias. Então, foi feita a última seleção que eu presenciei em Auschwitz. Na fileira à minha frente estava Helena Mendl com sua mãe, e esta disse ao homem da SS que Helena era doente, que ela tinha tido meningite quando criança. Eu acredito que a mãe de Holubička disse algo semelhante. Elas tinham esperanças de que, com isso, suas filhas não seriam encarregadas de trabalhos pesados. Elas foram retiradas da fila e tiveram que formar uma fila extra.

E também havia Marika, uma mulher jovem muito bonita, ela era a mais velha em nosso bloco de barracas. Marika tinha uma filha de três anos de idade. Um homem da SS disse a ela: 'Deixe a criança aqui. Você sabe para onde você irá se você ficar junto dela?' E Marika disse: 'Sim, eu sei. Eu ficarei com minha filha.'

Elas estavam afastadas de nós, em um grupo extra – Helena, Holubička e Marika com sua filhinha. Foi a última vez que as vi.

Minha mãe e eu fomos praticamente as últimas a serem escolhidas para o trabalho e fomos encaminhadas para um transporte. Seguimos viagem e não sabíamos para onde iríamos. Mas sabíamos que estávamos partindo de Auschwitz, tínhamos escapado do horror das câmaras de gás.

Viajamos de trem durante muito tempo. Mais tarde, mudamos para um trem menor, com vagões abertos. Todo mundo era obrigado a viajar de pé, pois não havia espaço suficiente para sentar. A viagem prosseguiu por uma região muito bonita. Ao redor havia florestas. Era verão, o sol brilhava e nós estávamos bem longe de Auschwitz-Birkenau.

"Após essa última seleção, no começo de julho de 1944, passaram-se dez dias sem que nada acontecesse", relata **Eva Weiss.**

"No bloco 31 a vida continuou. E novamente ficamos confinados ao bloco de barracões – emoções e despedidas. Muitas daquelas crianças eu vi pela última vez. Ainda me lembro da pena que senti de Zajiček. Para ela, passar pela seleção era praticamente impossível, pois ela era tão pequena. Ela se agarrava em mim. Era uma pobre criança abando-

nada. Zajiček irradiava calor, tinha uma aura que parecia dizer: venha me ajudar! Ela sabia o que a esperava. Todas as crianças sabiam. Nós sabíamos que jamais as veríamos novamente.

Nosso grupo foi levado para o campo de concentração de mulheres em Auschwitz. Nós éramos muito unidas. Até então, a chaminé do forno era uma possibilidade bem evidente para nós. Pensávamos que Mengele nos torturaria, ao nos fazer acreditar que escaparíamos do gás. Passamos alguns dias sofrendo com as péssimas condições reinantes no campo de concentração de mulheres, antes de sermos levadas para a 'sauna'. Pensamos ter chegado ao fim. Acabou. Mas ao invés do gás, saiu água dos chuveiros! Que alívio incrível! Então, jogaram um monte de roupas sujas e sapatos velhos para nós, tínhamos que ser rápidas, catando qualquer coisa que servisse, enquanto gritavam conosco. Depois de vestidas, olhamos umas para as outras e caímos em uma gargalhada incontrolável; simplesmente não conseguíamos acreditar que tínhamos escapado do pior. E ainda tínhamos os nossos cabelos, uma grande exceção em um campo de concentração. E ficamos ali, chorando de tanto rir, à espera do que mais poderia acontecer.

Em 2 de julho de 1944 nos deram roupas para trocar. Era um tipo de uniforme de cor cáqui, e fomos para um vagão de transporte de gado. Não conseguíamos acreditar em tamanha sorte. Éramos mulheres jovens. Estávamos confiantes e através de pequenas aberturas no vagão de gado víamos uma paisagem verde. Tínhamos a impressão de que estávamos perto da Alemanha e nada poderia ser pior do que o tempo passado à sombra das chaminés. Depois de um dia de viagem de trem, sob o olhar atento de mulheres da SS, alguns vagões foram desacoplados. Nós seguimos viagem..."

No começo de julho de 1944, **Hanka Wertheimer** e sua mãe passaram por uma seleção. Esta seleção foi a última, antes de deixarem **Auschwitz** e antes da dissolução do campo de concentrações de famílias em **Auschwitz-Birkenau** B II b, na noite de 10 para 11 de julho de 1944.

"Fomos obrigadas a passar na frente das pessoas da SS e dizer a nossa idade e profissão. Eva Landová e Gerty Kersten, outra menina do nosso abrigo, estavam na minha frente. Então, ouvi como um homem da SS disse, apontado para Eva e Gerty: 'Olhe que judias bonitas'. Ambas foram mandadas para o lado direito. Eu estava imediatamente atrás delas e disse: 'Lavoura, 16 anos de idade'. Eu menti, a mando de minha mãe. Ela tinha conseguido (não sei como) um pedacinho de batom, que tinha aplicado nas minhas bochechas, para que eu ficasse com uma aparência mais sadia, pois eu estava muito pálida. Eu também fui mandada para o lado direito. O mesmo aconteceu com minha amiga Miriam Rosenzweig e sua irmã Vera. Nós ainda não sabíamos o que significava estar do lado direito ou esquerdo. Ao lado da SS estavam dois capos (judeus que deviam fazer cumprir as ordens dadas pela SS). Um deles era um certo dr. Wehle, um advogado conhecido de minha mãe. Quando ele a viu e notou que ela havia sido mandada para o lado esquerdo (embora ela tivesse dito que tinha 40 anos de idade e não 43), ele lhe fez um sinal para que ela entrasse na fileira da direita. Ela atendeu prontamente. Eu não tinha notado, pois já tinha passado pelos homens da SS e estava de costas para eles. Foi assim que minha mãe ficou comigo e saímos juntas de Auschwitz.

Depois da seleção, chegamos ao campo de concentração de mulheres. Ele ficava do outro lado dos trilhos. Lá encontramos muitas mulheres vindas da Polônia. Pelo estado delas, dava para ver que já estavam lá há bastante tempo... Ficamos pouco tempo nesse campo."

Theresienstadt, 19 de agosto de 1944. "Estão fazendo um filme cultural" anotou Otto Pollak em sua agenda. "À tarde, em uma baixada, em direção a Litoměřice, um cabaré ao ar livre com cerca de 2.000 espectadores. Cerca de 60 nadadores e nadadoras comparecem à escola de natação que fica fora do gueto, onde serão filmados. Dita Sachs, alojada no Abrigo das Enfermeiras, magra, com 1,80 m de altura, loira e de olhos azuis, foi eliminada juntamente com duas outras loiras. Também soube que aconteceu a mesma coisa com um ator dinamarquês, loiro e alto. A direção do filme está a cargo de Gerron, que sempre faz piadas inadequadas sobre os judeus."

"Nos últimos dias aconteceram algumas coisas fantásticas – estão fazendo um filme", escreveu Eva Herrmannová em seu diário um dia depois.[10] "A banda da cidade, o coreto das crianças, nossas apresentações, sejam nas ruas até mesmo fora de Theresienstadt. Cinco meninas de cada quarto podem se apresentar voluntariamente. Eu consegui participar e foi assim que conseguimos sair do gueto, indo para Travice, onde foi montado um palco."

O cenário era perfeito, o ensaio geral foi um sucesso, encontraram um diretor, o roteiro estava aprovado e a equipe de filmagem estava contratada. A filmagem planejada há muito tempo pelo alto comando da SS em Praga podia começar: "Theresienstadt. Um documentário da área de colonização judaica", aquele filme publicitário nazista que, mais tarde, ficou conhecido como "O *Führer* presenteia os judeus com uma cidade".

A direção e a produção ficaram aos cuidados do ator, cabaretista e ex-astro da UFA, Kurt Gerron. Em 1928, ele estreou com sua interpretação da canção de Mackie Messer, "*Und der Haifisch, der hat Zähne*", da Ópera dos Três Vinténs e, mais tarde, em "Anjo Azul", ao lado de Marlene Dietrich, como diretor do espetáculo de variedades Kiepert, dando início a uma carreira internacional. Em janeiro de 1944, Gerron foi deportado do campo de concentração Westerbork/Países Baixos para Theresienstadt, onde logo fundou o cabaré "O Carrossel". Um de seus mais importantes letristas, Martin Greiffenhagen, foi alocado para trabalhar com Gerron, assim como alguns colaboradores do jornal "*Aktualita*", de Praga. Os atores principais e os figurantes eram os prisioneiros de Theresienstadt. "Naquela época, eu trabalhava na lavoura", lembra Vera Nath. "Vimos pessoas nadando no rio Ohře. Parecia um acampamento de verão, como num balneário."

"Minha irmã Zdenka, eu e outras meninas", conta Marta Fröhlich, "fomos levadas a um balneário às margens do rio Ohře. Mandaram-nos vestir trajes de banho, depois cantar uma canção e pular alegremente dentro do rio, mergulhar várias vezes e fazer de conta que estávamos muito felizes. Lá, havia balanços, nos quais nos mandaram balançar. Depois, nos deram um pedaço de pão com margarina – não para comer, e sim, para ficar segurando enquanto eles nos filmavam. Meus irmãos tiveram que andar com uma carroça puxada por cavalos. Esta carroça estava cheia de frutas e verduras – maçãs, peras, batatas, cenouras. Mas durante a viagem não lhes permitiram dar uma mordida sequer em uma maçã."

"Lembro-me de uma coisa", diz Handa. "As meninas mais velhas de nosso Abrigo trabalhavam na horta. É claro que era proibido comer verduras. Na época em que foram feitas as cenas do filme, as meninas eram pintadas com uma tinta marrom, para dar a elas a aparência de saudáveis, bronzeadas pelo sol. E cada uma das meninas recebeu uma cesta com verduras, que deveriam carregar pendurada no braço e, então, caminhavam juntas por uma estrada, cantando, em direção à câmera. Num determinado lugar, deviam morder uma maçã ou outra fruta qualquer, a seguir viravam em uma curva, onde lhes tomavam a cesta imediatamente, assim como a fruta que haviam mordido. Ainda me lembro de quando as meninas nos contaram isso. Elas riram muito e nós também. Achamos muita graça desse circo armado."

"Ao sinal de um apito, começamos a marchar com um ancinho na mão, passando ao lado da igreja", lembra-se Helga Pollak. "Ali, nas escadarias, estava Kurt Gerron. Então, ouvia-se outro apito e tivemos que voltar alguns passos, ficando em pé, parados, e depois vinha a nova ordem: Continuem marchando alegremente."

"Nós tínhamos medo de Kurt Gerron", diz Ela sobre a situação reinante. "Os alemães estavam constantemente à sua volta. Não sabíamos se ele era um aliado dos alemães, ou não. A situação era tensa. O pessoal de cinema tcheco não tinha permissão para falar conosco."

A equipe de filmagem filmava tudo que a aldeia potemkiniana pudesse oferecer: o Banco da Autoadministração Judaica, a agência do Correio, onde os figurantes formaram uma fila na frente do guichê onde era feita a distribuição de pacotes, uma reunião do Conselho de Anciãos, que havia sido transferida das instalações sombrias do quartel Magdeburg para um salão elegantemente mobiliado na Sokolovna, bombeiros que apagavam um incêndio fictício, médicos operando. E, naturalmente, a Biblioteca Central, a biblioteca do Professor Utitz, "embelezada a tal ponto que ficou irreconhecível", [11] com as magníficas lombadas da *Encyclopaedia Judaica* e do *Jüdisches Lexikon* .

Diante da câmera móvel, no terraço da Sokolovna, de onde Helga passou para seu pai um bilhetinho amarrado em um barbante quando esteve internada com encefalite, dançavam pessoas vestidas em trajes de gala da melhor qualidade, junto a mesas colocadas sob guarda-sóis, em cujas cadeiras estavam sentados convidados, segurando taças de champanhe nas quais havia canudos. No jardim, celebridades passeavam e conversavam animadamente, no parquinho infantil as crianças brincavam alegremente, nas oficinas – na marcenaria e na sapataria, na lavanderia e na alfaiataria – trabalhavam funcionários bem-humorados. Fora do gueto ocorria uma apresentação de cabaré para cerca de 2.000 espectadores.[12]

"Em uma aldeia nas proximidades de Travice, onde foi montado um palco", lembra-se Eva Herrmannová, "observei que uma cena não estava sendo desempenhada como os nazistas queriam e vi que Rahm, o comandante de campo de concentração – eu acho que foi o Rahm –, deu uma bofetada no rosto do arquiteto Zelenka, o famoso cenógrafo do Teatro Nacional de Praga! E aí uma coisa passou pela minha cabeça: Ai ai ai, alguma coisa aqui está muito errada. Tudo isso é, na verdade, uma grande comédia.

"Também mandaram muitos jovens subir ao palco. Apontaram somente para um ou outro. Então, ficou claro para mim que estavam escolhendo determinados tipos de pessoas judias e, de repente, o *Schar-*

führer da SS Haindl apontou para mim – eu tinha cabelos pretos ondulados. Nesse momento, tive a certeza de que não queria participar desse teatro, me afastei e, esgueirando-me, desapareci na multidão."[13]

Apesar da onda de calor – em 21 de agosto o termômetro marcava 40 graus – e apesar da praga de percevejos, os trabalhos de filmagem continuaram de acordo com o planejamento. Muitos abrigos, também o Abrigo para Meninas, passaram por um processo de desinfestação semelhante ao do ano anterior. "Helga está dormindo no quarto da sra. Mandl, no Abrigo dos Inválidos, no estrado que fica sobre a cama da sra. Heilbrun", anotou Otto Pollak em 24 de agosto. "Às 9 horas da noite, Helga toma um banho frio na banheira. Altenstein procura percevejos, usando o acendedor de cigarro. Eu vejo sua silhueta lá do pátio. Helga dormiu bem nessa primeira noite no abrigo. Nenhum percevejo atrapalhou seu sono. Ela elogiou nossa banheira, que a fez lembrar-se dos tempos em que não havia guerra."

No dia 28 de agosto foi a vez de Otto Pollak fugir dos percevejos. Na noite anterior, Otto acendeu a luz de meia em meia hora para catar as centenas de percevejos que infestavam as camas. Essa foi a primeira noite que dormiu ao relento. "Um céu azul-escuro, cheio de estrelas, o ar fresco. Após semanas acordado, hoje dormi como um deus até as 5 e meia da manhã. Levei o desjejum para Helga, na cama – café e pão com margarina. Ela ficou radiante e disse que, pela primeira vez em Theresienstadt, alguém lhe serviu o desjejum na cama."

Enquanto isso, as filmagens continuaram: na praça do mercado filmaram a banda da cidade. No pátio do quartel Dresden, em 31 de agosto, por volta de 3 horas da tarde, cerca de 400 espectadores assistiram a um jogo de futebol. No salão da Sokolovna foi apresentado o primeiro ato de *Contos de Hoffmann*, enquanto num outro salão acontecia a primeira apresentação da *"Studie für Streichorchester"*, de Pavel Haas, tocada pela Orquestra Sinfônica, sob a regência de Karel Ančerl. E no grande salão da Sokolovna, na frente do cenário criado por František Zelenka, as crianças apresentavam a ópera infantil *Brundibár*.

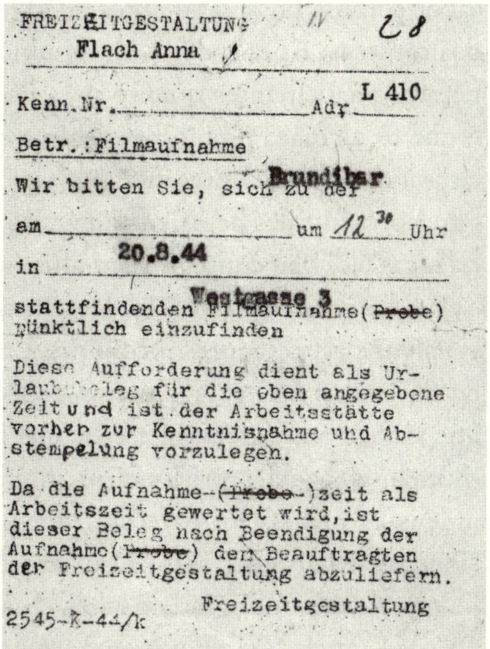
FREIZEITGESTALTUNG 28
Flach Anna

Kenn.Nr. ______ Adr. L 410

Betr.: Filmaufnahme

Wir bitten Sie, sich zu der Brundibár
am 20.8.44 um 12^{30} Uhr
in Westgasse 3
stattfindenden Filmaufnahme(~~Probe~~)
pünktlich einzufinden

Diese Aufforderung dient als Urlaubsbeleg für die oben angegebene Zeit und ist der Arbeitsstätte vorher zur Kenntnisnahme und Abstempelung vorzulegen.

Da die Aufnahme-(~~Probe-~~)zeit als Arbeitszeit gewertet wird, ist dieser Beleg nach Beendigung der Aufnahme(~~Probe~~) dem Beauftragten der Freizeitgestaltung abzuliefern.

Freizeitgestaltung

2545-K-44/k

Ingresso para os trabalhos de filmagem durante a apresentação de *Brundibár*.

"Lembro-me vagamente daquele dia", conta Flaška. "Estávamos muito agitados. Interpretar para os alemães era uma empreitada difícil, mesmo conhecendo a ópera de trás pra frente. Kurt Gerron estava por perto, um homem muito enérgico, os homens que operavam as câmeras e, no balcão, estavam sentadas as pessoas da SS. Eu me lembro da SS sentada lá em cima, assistindo. Tudo era diferente de antes – uma atmosfera tensa reinava ali."

"Nós não estávamos acostumados com o grande palco da Sokolovna", conta Handa. "Ali havia muito mais espaço que no quartel Magdeburg. Eu não me sentia à vontade naquele palco. Tudo era muito novo, muito grande. Volta e meia tínhamos que nos mover ao ritmo da música, em direção a um determinado lugar. Às vezes eu tinha medo de parar num lugar errado."

Não importa. As crianças interpretavam sua ópera com entusiasmo crescente. Como sempre, seus fãs estavam entre os espectadores. E esses fãs queriam assistir *Brundibár*, sempre curiosos para saber como a peça seria apresentada desta vez, à luz dos refletores das câmeras. Apesar de tudo, foi um evento extraordinário – tanto para os participantes quanto para os espectadores. Não importava o que os alemães pretendiam com a comédia que encenavam, pouco importava que apresentassem ao mundo o conto mentiroso do paraíso cultural Theresienstadt e do gueto-modelo – a ópera das crianças eles não conseguiriam alterar.

Até mesmo no balcão, onde os alemães estavam sentados, havia alguns espectadores incomuns. Eram as mulheres dos membros da SS e seus filhos. Agora sim, todos poderiam mostrar a eles do que são capazes aquelas pessoas que foram degradadas a seres sub-humanos, aqueles prisioneiros muitas vezes chamados de porcos judeus. A mensagem parecia dizer: nós, estas crianças pobres, prisioneiras e famintas, somos capazes de apresentar algo tão maravilhoso. Música que agrada a vocês e a seus filhos!

"A música é simplesmente arrebatadora", conta Thomas Mandl, o jovem violinista da cafeteria, que viu algumas das apresentações. "A música é de uma qualidade altíssima, realmente diferenciada, desafiadora, emocionante e sugestiva, e todo aquele que tenha ao menos um pingo de musicalidade ficará extasiado do começo ao fim. Ela contém tantas ideias melódicas sutis e inteligentes, sua orquestração é tão fantástica e ao mesmo tempo tão bem feita, que essas crianças são capazes de cantar os seus papéis. Afinal, essas crianças não eram profissionais. Eram crianças 'normais'. Normais entre aspas."

No dia 20 de agosto, as crianças apresentaram sua amada ópera pela quinquagésima vez. E o pequeno Paul tocou seu trompete como se não existisse o amanhã. "Sempre que a SS estava presente, eu tinha a sensação de ter uma sombra dentro da minha cabeça, eu sabia que não podia me atrever a tocar errado e, quando a gente ouve um trompete, cada nota errada que se toca pode ser facilmente identificada. Rahm teria notado meu erro, ficaria bravo comigo e me mandaria embora num transporte. Nessas horas, eu tocava como se minha vida dependesse disso."

Lágrimas do gueto – 1944

A noite de 2 setembro não prenunciava coisas boas. Por volta das 23 horas, uma forte tempestade se abateu sobre Theresienstadt, acompanhada de chuvas torrenciais. A tempestade acabou com o suprimento de energia elétrica, e o gueto mergulhou em uma escuridão assustadora. Segundo Otto Pollak, "enxames de percevejos esfomeados inundaram o campo de concentração". Naqueles dias, os prisioneiros foram dominados por uma mistura de euforia e medo. A tensão, que havia acompanhado a visita da delegação da Cruz Vermelha Internacional e a agitação agressiva dos trabalhos de filmagem do documentário propagandístico, aparentemente ficou aprisionada nessa atmosfera, conferindo-lhe uma carga explosiva. Nessas condições, a criação artística assumiu uma intensidade febril e sobre-humana.

No salão de teatro da Sokolovna, no salão da Prefeitura, no quartel Magdeburg, no velho salão de cinema, no Ginásio de Esportes de L 417, na cafeteria, nos sótãos – em todos os lugares possíveis, foram feitas as mais diversas apresentações, algumas de altíssimo nível artístico. Aqui, Edith Steiner-Kraus acompanhava ao pianinho uma apresentação de *Carmen*, dirigida por Franz Eugen Klein; em outro local, sob a batuta do regente Karl Fischer, ouvia-se o coro de

Elias, de Mendelssohn-Bartholdy. Enquanto a peça bíblica popular *Esther*, de Norbert Frýd, era apresentada no sótão do quartel Magdeburg, com música de Karel Reiner, em outro lugar era apresentada a opereta *Bastien und Bastienne*, de Mozart, sob a direção de Hanuš Jochowitz. Em algumas noites havia apresentações de canções com Karel Berman e Rafael Schächter, concertos de música de câmara, concertos de solistas com virtuoses ao piano, tais como Bernhard Kaff, Gideon Klein, Edith Steiner-Kraus, Renée Gärtner-Geiringer, Juliette Arányi...

No salão da Sokolovna foi apresentada uma das últimas *premières* de óperas, a Ópera buffa do italiano Giovanni Batista Pergolesi, *La Serva Padrona*, sob a regência de Karel Berman, tendo ao piano Rafael Schächter. "Nos deliciamos com Hans Krása, ao cravo", escreveria mais tarde Viktor Ullmann.[1] Karel Švenk interpretava o papel do servo Vespone e, nos demais papéis, destacaram-se Marion Podolier e Bedřich. "Essa foi a última *première* que eu preparei juntamente com František Zelenka", escreveu Karel Berman em suas memórias, "após três apresentações, nosso elenco foi liquidado."

Mais uma vez, Alice Herz-Sommer fez um concerto solo no salão da Câmara Municipal, apresentando *Études* de Chopin. "Tocar todos os 24 estudos em uma única noite foi uma temeridade física, e também estética", escreveu Viktor Ullmann. "Afinal, trata-se de estudos, somente, ou seja, exercícios determinados para aprimorar a técnica do piano romântico. Embora alguns estudos interpretados por Alice Herz-Sommer fossem fenomenais e ela tenha sido uma pequena grande artista admirada por todos, esse programa deveria ter sido rejeitado como um todo."[2]

O que Ullmann não sabia e nunca ficaria sabendo: foi exatamente esse concerto que deixou uma profunda impressão em alguns que o assistiram e que sobreviveram. "Fomos arrebatados de Theresienstadt, daquele gueto opressivo e faminto, e levados para outro tempo e outro mundo", escreveu Zdenka Fantlová em sua autobiografia, referindo-se àquela noite com apresentação de piano. "Sentada em um banco de madeira, acompanhei tudo como em transe. Foi inesquecível, para sempre!"[3]

Também para Flaška o concerto de piano de Alice foi inesquecível, e transformou-se em uma inspiração decisiva para ela. "Os *Études* de Chopin interpretados por Alice Herz-Sommer me impressionaram tanto que naquela noite decidi me tornar uma pianista. E foi isso que eu fiz."

No porão de L 411 começaram os ensaios para a ópera de câmara *"Der Kaiser von Atlantis oder Die Tod-Verweigerung"*, que Viktor Ullmann havia composto no ano anterior, segundo o *libreto* do jovem pintor e poeta Peter Kien. O canto alegórico sobre a vida e a morte, e sobre o tirano Overall, reflete a revolta espiritual interior dos autores e seus colaboradores.

Pouco antes do ensaio geral, no final do verão de 1944, o projeto foi cancelado. Paul Kling, o violinista prodígio de Opava que, com apenas 15 anos de idade, já fazia parte do quinteto de cordas, lembra-se disso vagamente: "Não sabemos como ocorreu o cancelamento da apresentação. Não sabemos se o comando interno do campo de concentração achou que o tema era muito arriscado, ou se o comandante do campo proibiu a apresentação, ou se o Conselho de Anciãos ordenou que a apresentação fosse cancelada. Hoje, não sabemos o que houve. Mas, certamente, naquela época alguém conhecia o motivo. Infelizmente, essas pessoas já não existem mais. Eu sou praticamente o único sobrevivente e, por ser o mais jovem na época, sou aquele que menos sabe."[4]

Ninguém ouviu a ária da morte, do *"Kaiser von Atlantis"*: *"Ich bin der Gärtner Tod, ich säe Schlaf in schmerzgepflügte Spuren. Ich bin der Tod, der Gärtner Tod, und jäte welkes Unkraut müder Kreaturen"* (Eu sou o jardineiro Morte e semeio o sono em pegadas transpassadas pela dor. Eu sou a Morte, o jardineiro Morte, e colho criaturas cansadas, tal como se fossem ervas daninhas murchas).

Apenas o *Réquiem* de Verdi foi ouvido por uma última vez, cantado pelo coral legendário de Rafael Schächter – "*Requiem aeternam, dona eis, domine. Libera me*".

Naquele tempo, por vezes predominava a esperança e, em outras, o desespero. Em 6 de junho de 1944, quando se espalhou a notícia no gueto de que as Forças Aliadas haviam desembarcado na Normandia com sucesso, a esperança tomou vulto em Theresienstadt. Agora, o final da guerra parecia estar mais próximo. De todos os lados e em superioridade absoluta, as tropas inimigas aproximavam-se do *Reich*. No oeste, começou a última fase da libertação da França dos quatro anos de ocupação alemã. Do leste, aproximava-se o Exército Vermelho. Em janeiro, o Exército Vermelho chegou à fronteira oriental da Polônia, e marchava incansavelmente para a frente, em sempre novas ofensivas. Em meados de agosto, foi atingida a fronteira da Prússia Oriental, e o Exército Vermelho dirigia-se a passos largos em direção a Varsóvia, para o rio Vístula.

A situação é satirizada por Otto Pollak em sua agenda: "Telegrama de Stalin. Envie dez milhões de colchões. Nossos soldados estão muito próximos da fronteira". Porém, as esperanças crescentes sempre eram ofuscadas por notícias e eventos ameaçadores. A incredulidade continuou dominando as pessoas, e ficou ainda pior quando três garotos fugiram do gueto em 17 de julho, entre eles (como conta Otto Pollak) "o jovem Sklarek, de Berlim. Provavelmente em represália à fuga, cinco grandes pintores e suas famílias foram presas no gueto e levadas para a Pequena Fortaleza".

O caso dos pintores de Theresienstadt[5] provocou uma grande consternação e medo no gueto. Todos conheciam os pintores, especialmente Bedřich Fritta (Fritz Taussig), Otto Ungar, Felix Bloch e Leo Haas, cujas obras estão entre os documentos mais valiosos da época do gueto de Theresienstadt. Muitos também conheciam o filho de 3 anos de idade de Bedřich Fritta, o "engraçado e fofinho Tommy", com o qual Otto Pollak sempre brincava. Essa criança também desapareceu no dia 17 de julho, deixando para trás somente as mais tristes conjecturas.[6]

No entanto, a esperança sempre prevalecia. Afinal, tudo estava em movimento, as forças aliadas, sem dúvida, estavam se aproximando. Até os prisioneiros de Theresienstadt eram capazes de ver isso com seus próprios olhos. "Os primeiros bandos de pássaros prateados, voando a sudoeste no brilho do sol, podiam ser vistos entre as 11 e uma hora da tarde", escreveu Otto Pollak, em 21 de julho de 1944. "As crianças do abrigo admiravam o espetáculo da janela do segundo andar. Fomos tomados de uma empolgação indescritível. (As crianças mandam beijinhos para eles)."

No dia seguinte, um novo boato deixou o gueto em polvorosa. "AH sucumbiu aos seus ferimentos às 2 horas da tarde", anotou Otto Pollak. A notícia do atentado de Stauffenberg contra Hitler, executado no dia 20 de julho no quartel general do *Führer* na Prússia Oriental, havia chegado à Theresienstadt. A notícia de seu fracasso, no entanto, demorou a chegar. Em 30 de julho, as informações equivocadas sobre o desfecho do atentado ainda se mantinham, e a esperança cresceu consideravelmente. "Tendo em vista as boas notícias", anotou Otto Pollak em 30 de julho, "uma onda de saúde flui através do gueto." Enquanto isso, os aliados realizavam ataques aéreos contra depósitos de munições alemães, refinarias de petróleo, estações de radar, rampas de lançamento V-1, meios de transporte e cidades. "Meio-dia", anotou Otto Pollak em 24 de agosto. "Pela segunda vez, pássaros prateados [...] no leste, direção sudoeste."

O efeito de tais acontecimentos foi enorme. E, enquanto o alarme aéreo era acionado uma a duas vezes ao dia, em todos os lugares se viam rostos alegres e se escutavam conversas otimistas. Não era óbvio que os alemães logo seriam vencidos e, finalmente, que seriam obrigados a depor as armas?

As pessoas são cegas e indefesas
E os bons repousam debaixo da terra

Quando será que a paz, finalmente
Preencherá o coração das pessoas?

Cegos, abram os olhos
Olhem bem e façam alguma coisa
Que afaste para longe
A nuvem estrondosa da guerra.

E um dia, talvez,
Todos os povos se darão as mãos
E vencerão o mal
E a alegria voltará a reinar

E todos defenderão a verdade
E exclamarão felizes
"O mal foi vencido
Não precisamos continuar lutando"

Handa Pollak,
de seu caderninho de anotações "*Všechno*", 1944

A mensagem de Ano-Novo, dirigida aos prisioneiros de Theresienstadt por Paul Eppstein em nome do Conselho de Anciãos, em 16 de setembro de 1944, deve ter sido para os prisioneiros divididos entre a esperança e o medo como o fiel maligno de uma balança. No ano 5705 do calendário judeu, Paul Eppstein estendeu a todos os mais sinceros votos de felicidade, agradecendo pelo trabalho feito no ano que passara, pelo desempenho do dever e pela disciplina. Então, disse (como se pode ler no "Boletim da Autoadministração Judaica"): "Em uma época de decisões históricas mundiais, numa época em que fomos destinados a viver como se estivéssemos em uma ilha deserta, a nossa força é crucial para que possamos moldar nossa vida e nela reconhecer a tarefa histórica que nos cabe, provando a nossa responsabilidade frente à comunidade."[7]

"O momento não me permite falar abertamente." Essas palavras também foram ditas nesse discurso, como nos informou uma testemunha da época. Num discurso no qual o membro do Conselho de Anciãos tentava, ansiosamente, conquistar a confiança dos detentos do gueto. "Hoje, no entanto, quero lhes falar da situação atual por meio de comparações." Então, Paul Eppstein comparou Theresienstadt a um navio que se encontra perto do porto. "Esse porto, no entanto, está rodeado de minas, e apenas o capitão conhece um caminho, na verdade um desvio, através do qual ele poderá nos levar até o porto em segurança."[8]

No dia 23 de setembro, um sábado, bandos de pássaros prateados voaram novamente sobre Theresienstadt. "Ao ver os aviões provenientes de locais distantes, Helga foi tomada por um sentimento violento de saudades de sua mãe, sobre o qual ela me contou à noite, segurando as lágrimas", escreveu Otto Pollak, continuando: "Confirma-se o boato de que, durante os feriados judaicos, 5.000 homens jovens com idades entre 18 e 50 anos partirão para A. Como ficará a situação no gueto, se quase todos os homens capazes de trabalhar tiverem que partir? Quais serão as razões para tal medida?"

No dia seguinte, a ordem da SS podia ser lida preto no branco – nos "Boletins da Autoadministração Judaica", dirigida a todos os prisioneiros do gueto:

> Tendo em vista o esforço total de trabalho [...] considerou-se a ampliação das oportunidades de trabalho em Theresienstadt em conformidade com as necessidades atuais. Os homens capazes de trabalhar devem, portanto, ser encaminhados para trabalhos prioritários fora de Theresienstadt, de modo similar ao "grupo de trabalho externo para construção de barracões". Para essa finalidade, haverá um transporte de mão de obra de Theresienstadt para o território do Reich no dia 26 de setembro, terça-feira, e outro na

quarta-feira, dia 27 de setembro de 1944, cada um com 2.500 homens, com idades entre 16 e 55 anos. [...] Portanto, todos os homens citados acima devem estar prontos para o transporte, esperando sua convocação.

A lista dos convocados para os transportes logo foram publicadas e as ordens de transporte foram enviadas. Os boatos que a SS fez circular sobre o local de atuação da força de trabalho, diziam que seria Riesa, perto de Dresden. Mas ninguém acreditava nisso. As pessoas sentiam apenas uma coisa: um desastre estava prestes a acontecer.[9]

"O gueto foi tomado por uma grande inquietação, tendo em vista que muitos homens teriam que partir, deixando suas mulheres, pais deixariam seus filhos, e filhos deixariam suas mães dentro de poucos dias", escreveu Otto Pollak em sua agenda, no dia 24 de setembro. E, um dia depois, escreveu: "Helga está ajudando seu professor de Química, Miloš Salus, a empacotar suas coisas, pois ele partirá com o transporte, assim como outro professor que, segundo ela, está sempre com um sorriso irônico nos lábios e que ela diz ser um "*Elegantiarium*". Felix despediu-se, pois amanhã ele irá para o quartel. Ele está conformado."[10]

Na confusão reinante, apenas poucos notaram o desaparecimento do Ancião Paul Eppstein na tarde do dia 27 de setembro, entre as 3 e 4 horas da tarde, que foi levado por uma caminhão coberto por uma lona. Eppstein foi levado para a Pequena Fortaleza, sendo assassinado no mesmo dia. Ninguém no gueto ficou sabendo. Nem mesmo sua esposa Hedwig, que durante dias levou-lhe uma panela de comida até a comandatura. "Meus Senhores", disse aos seus cúmplices o temido comandante da Pequena Fortaleza, Heinrich Jöckel, que não tinha pruridos para fazer uso de qualquer método de tortura para matar as suas vítimas, "eu espero de vocês que mantenham o mais absoluto silêncio sobre essa questão secreta."[11]

Um dia depois, em 28 de setembro de 1944, ao meio-dia, saiu o primeiro transporte com 2.499 homens. Como "chefe do campo de trabalho", o engenheiro Otto Zucker foi encaixado nesse transporte, bem como outros membros do assim chamado "Comando de Theresienstadt". Quase sem exceção, somente homens no auge de suas vidas deixaram Theresienstadt, entre eles o cantor Karel Berman, os jovens violinistas Paul Kling e Thomas Mandl, Rudolf Freudenfeld, o diretor de *Brundibár* e também Karel Pollak – o Strejda, pai de Handa. Seus últimos momentos juntos ficaram marcados na memória de Handa para sempre.

"O dia que antecedeu o transporte de meu pai foi o Yom Kippur. Estávamos sentados na Bastei, acima do quartel dos Cavaleiros – Tella, meu pai e eu. Conversávamos sobre a nossa vida após a guerra e prometemos uns aos outros que nos reencontraríamos, que sempre festejaríamos o Yom Kippur e que jejuaríamos nesse dia. Mas meu pai nunca mais voltou."

Às 8 horas da noite, Otto Pollak foi até a comporta. Ao longo dos trilhos "estão penduradas quatro luminárias em arco na fachada do prédio, iluminando a rua como se fosse dia claro. Nesse momento, chega a locomotiva puxando o segundo conjunto de vagões. Os primeiros são grandes vagões para transporte de gado, com janelas largas".

"Então, chegou o momento da partida daqueles 5.000 homens na flor da idade, com idades que variavam entre 20 e 35 anos", relata Alice Herz-Sommer. "Entre eles estava meu marido, bem como o marido de minha melhor amiga, Edith Steiner-Kraus. Essa despedida – para meu filho foi um choque horrível! Tive que prometer a meu marido que eu não o seguiria voluntariamente num dos transportes. Então, o transporte partiu e, depois de um ou dois dias, chegou o terceiro transporte, informando: as mulheres podem seguir seus maridos."

Em uma circular, a SS informou que somente um número limitado de familiares poderia aderir a esses transportes de trabalho, tão importantes para a guerra. Então, seria verdade? Tratava-se, mesmo, de um campo de trabalho? "Muitas pessoas resolveram ir, só eu e minha amiga Edith não."

Quinhentas mulheres caíram na armadilha da SS e juntaram--se "voluntariamente" aos dois transportes seguintes, que deixaram Theresienstadt em 29 de setembro e no dia 1º de outubro. Como sempre, Rahm e Haindl aproveitaram para praticar seu esporte predileto, dando socos e dirigindo insultos aos prisioneiros para que se apressassem. Não demorou muito, e Ernst Möhs, o ajudante de Eichmann, entregou ao recém-nomeado representante dos Anciãos Judeus, Dr. Benjamin Murmelstein, uma lista datilografada com as instruções especiais. De acordo com essas instruções, nos novos transportes também deveriam seguir funcionários da administração do gueto, funcionários das organizações judaicas, ex-oficiais de todas as forças armadas, inventores importantes e celebridades.

As intimações de transporte foram entregues dia e noite, durante um mês – foram expedidas quase 19.000 ordens de transporte. Praticamente ninguém conseguiu dormir. Os prisioneiros do gueto estavam como que paralisados. O leviatã devorava cada vez mais pessoas.

"Todos só choravam, choravam, choravam. Ninguém dizia nada. Tantas pessoas foram embora", conta Marta Fröhlich. "Janda, meu irmão mais velho, foi embora. Nossa cuidadora Eva Eckstein foi embora, voluntariamente, para poder partir junto com sua irmã e seu noivo."

"A maioria das minhas amigas e amigos partiram", diz Ela Stein. "Gonza Gelbkopf foi embora, quase todos os garotos do Abrigo 9 partiram. Meu tio Otto também partiu com o último transporte, no dia 28 de outubro. Não tivemos tempo para nos despedir. Não havia pausa. Tudo acontecia muito rápido."

"Os transportes partiam um após o outro", conta Flaška. "Minhas companheiras foram embora, uma após a outra. E também as cuidadoras. Meu irmão Michael partiu no dia 28 de setembro e minha irmã Lizzi no dia 29 de outubro. Eu os acompanhei até chegarem à comporta, o que era proibido e muito perigoso. Acontecia de pessoas que nem estavam nas listas serem empurradas para dentro de um vagão na hora de partir, e as portas eram fechadas atrás delas."

"É impossível imaginar tudo o que acontecia na comporta", relata Eva Herrmannová, que trabalhava no auxílio ao transporte e tinha uma faixa vermelha fixada no braço. "Tudo estava organizado de tal forma que as pessoas tinham que fazer uma fila de acordo com seu número (afinal, todas tinham um número). A seguir, caminhavam até os vagões, onde eram chamados, de um a mil, mil e quinhentos, dois mil... Tínhamos a sensação de que, enquanto as pessoas ainda estavam no quartel, ainda continuavam em Theresienstadt. Mas depois que elas passavam o portão, onde a SS estava postada, recebendo-as com gritaria e chutes, com pontapés e cassetetes e tudo mais! Quando alguma pessoa idosa não era ágil o suficiente, ou quando alguém estava acompanhado por crianças, víamos coisas acontecerem que nos ensinaram o que é o terror. As pessoas nem mesmo se davam conta do que acontecia com elas. Essas pessoas sabiam, apenas, que iam embora e não sabiam para onde."[12]

D A S G U T E W E I N J A H R 1944.

-.-.-.-.-.-.-.-.-.-.-.-.-.-.-.-.-.-

Wenn Ihr dereinst nach einem Namen sucht,
Für einen Tropfen guten Weines,
Der ungewässert, herb, nur den Gehalt
bezeichnen soll,-
(Bei Euch- zu Haus- in Palästina- einst)
So nennt ihn:
" G h e t t o - T r ä n e n 1944"
Wie "Henkel trocken" oder " Magdalenen-
Tränen,"
Wird diese Marke weltbekannt, den Trinker
nicht enttäu-
schen -
Kein Tropfen Wassers ist in diesen Tränen
Nur Weingehalt,-
Dafür bürgt Euch der Name
" J a h r g a n g 1944 "
Und weit zurück müsst Ihr im Suchen gehen
Und weit voraus müsst Ihr die Zukunft
sehen,
Um eine Qualität von Weinen festzustellen
Annähernd so herb und unerreicht wie die
des
" W e i n j a h r s 1944. "

Theresienstadt, 1. Okt 1944.

Otto Pollak guardou este documento de um prisioneiro de Theresienstadt. "Lágrimas do gueto 1944. As meninas do quarto 28", este também é o nome da peça de teatro concebida como peça musicada, da autora Hannelore Brenner. Os direitos autorais pertencem à autora. www.room28projects.com

O Ano da Boa Safra, 1944

Se um dia vocês estiverem em busca
De um nome para um excelente vinho
Que não seja aguado e sim, seco. Um nome que descreva
somente o seu conteúdo
(No seu lar – em casa – certa vez, na Palestina)
Então lhe deem esse nome: Lágrimas do Gueto, 1944.
Assim como a marca "Henkel seco" ou "Lágrimas de
Magdalena"
Essa marca ficará famosa e não decepcionará quem o beber
Pois nessas lágrimas não haverá nenhuma gota de água
Somente vinho.
Isso é garantido por seu nome: safra 1944.
Para determinar a qualidade de vinhos
Você deverá buscar no passado
Assim como deverá olhar para o futuro
Para obter um vinho que seja quase tão seco e inatingível como
O vinho da safra 1944.

Theresienstadt, 1º de outubro de 1944.

Da agenda de Otto Pollak

Quinta-feira, 12 de outubro de 1944

Um domingo ensolarado. Às 11 horas da manhã, com dificuldade, cheguei à comporta do quartel Hamburgo. Última despedida de Marta e Fritz. Marta está muito emocionada. Chorando, ela externa o temor de que não nos veremos novamente. Helga e eu ficamos para trás, sozinhos.

Domingo, 15 de outubro de 1944

Partida da família Hecht, Hugo, Grünbaum, Kopper e da melhor amiga de Helga, Hana Lissau. Às 4h30 da tarde, a difícil despedida dos Hecht. Com a partida deles, perco meus melhores amigos. De pé nas escadas, grito para que não percam as esperanças. Helga está fazendo o serviço noturno e visita a família Hecht na comporta. De manhã cedo, olho para a rua. Os vagões estão sendo ocupados pelas pessoas.

Segunda-feira, 16 de outubro de 1944

Às 5 horas da manhã, Helga entra no quarto, em silêncio. Eu acendo a luz. A criança, em lágrimas, conta que o trem partiu às 5 horas da manhã. Helga está sofrendo muito. No quartel dos Gênios, Helga ficou olhando o trem partir, até que o último vagão desapareceu. Helga viu como Hugo foi levado para o vagão em uma maca e viu também que a bagagem dos cegos foi deixada para trás.

Terça-feira, 17 de outubro de 1944

O legado de Hugo durante a sua despedida, no domingo: meus herdeiros são os três filhos de meus irmãos. Entre lágrimas, ele me disse isso enquanto estava na janela. Amanhã partirá outro transporte. Sobre as ordens de transporte, Helga disse: "Um pedaço de papel decide sobre o destino de um ser humano".

"Em outubro, recebi a ordem de transporte", lembra-se Eva Winkler. "Somente eu. Meu pai e minha mãe não receberam nada. Meu pai fez de tudo para tentar retirar meu nome da lista. Ele foi até o Conselho de Anciãos e disse: ou vai a família toda, ou Eva fica aqui. Esta foi a minha sorte, pois ainda precisavam de meu pai em Theresienstadt. Eu já estava no quartel Hamburgo. Ainda vejo as filas de pessoas, todas com seus números de transporte pendurados no pescoço, e ouço a chamada, um, dois, três... E vejo como as pessoas entram nos vagões de transporte de gado. Então, no último minuto, meu pai veio e me tirou do transporte."

"Foi um dos últimos transportes no final de outubro. E, é claro, me colocaram no transporte, sozinha. Uma menina de 14 anos de idade", conta Vera Nath. "Eu não fazia nenhum trabalho importante. Minha irmã trabalhava na mansão Kursawe, minha mãe trabalhava em Glimmer, meu pai trabalhava no Depósito de Roupas. Os trabalhos que eles executavam eram muito importantes. Eu recebi a ordem para partir no transporte que sairia no domingo, dia 22 de outubro de 1944. Quando me levaram até o transporte, meu pai foi falar com Murmelstein, pedindo para que me tirassem do transporte. Então, Murmelstein disse: 'Então você também pode ir. Você, sua esposa e suas filhas'. E colocou todos os nomes na lista de transporte."

"Permanecemos na comporta durante dois dias e nossos pertences já estavam sendo colocados no vagão. Quando meu pai passou por Rahm, este perguntou: 'Nath, o que você está fazendo aí?' E meu pai disse que eu estava naquele transporte e ele não queria que eu fosse sozinha. Então Rahm disse: 'Eu preciso de você. Fique aqui, com sua família'. Foi assim que conseguimos ficar."

"Meu pai nem mesmo tentou nos tirar do transporte", conta Judith Schwarzbart. Minha mãe não queria que ele fizesse isso. Minha mãe tinha a esperança de reencontrar meu irmão Gideon, que já havia partido em maio. Pouco antes de partirmos, meu pai me chamou para perto dele – provavelmente meu pai pressentia que não voltaria e disse-me as seguintes palavras: 'Fique assim como você é'. Depois, entramos no transporte."

As pessoas do Quarto 28 incluídas no transporte foram: em 1º de outubro, Jiřinka Steiner e a cuidadora Eva Eckstein; em 4 de outubro, Ruth Meisl; em 6 de outubro, Ruth Gutmann; em 12 de outubro, Eva Heller; em 16 de outubro, Eva Fischl, Maria Mühlstein e Hana Lissau; em 19 de outubro, Emma Taub; em 23 de outubro, Marta Kende, Helga Pollak, Handa Pollak, Eva Stern; em 28 de outubro, Lenka Lindt e Judith Schwarzbart.

Atenção – Atenção!

Os vagões já foram disponibilizados e estão prontos para o transporte em frente à comporta. O embarque está começando.

Solicitamos que essa notícia seja publicada em todo o assentamento e em todos os aposentos das casas e prédios. As pessoas que participarão do transporte e que ainda se encontram fora da comporta, devem ser convocadas a comparecer imediatamente ao local, e devem ser informadas sobre as graves consequências no caso de não comparecimento.

Caso a solicitação para o imediato comparecimento não seja imediatamente atendida, o departamento de detetives deve ser direta e prontamente informado.

Chamamos a atenção da direção dos prédios para sua responsabilidade pela execução.

V/5 2699 Administração dos Prédios

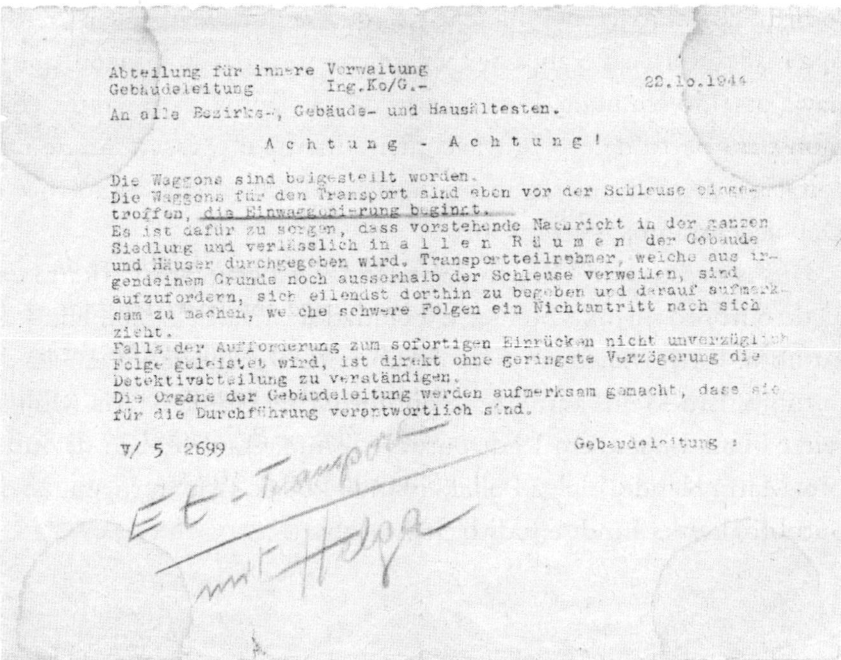

Abteilung für innere Verwaltung
Gebäudeleitung Ing.Ko/G.- 22.1o.1944

An alle Bezirks-, Gebäude- und Hausältesten.

A c h t u n g - A c h t u n g !

Die Waggons sind beigestellt worden.
Die Waggons für den Transport sind eben vor der Schleuse eingetroffen, die Einwaggonierung beginnt.
Es ist dafür zu sorgen, dass vorstehende Nachricht in der ganzen Siedlung und verlässlich in a l l e n R ä u m e n der Gebäude und Häuser durchgegeben wird. Transportteilnehmer, welche aus irgendeinem Grunde noch ausserhalb der Schleuse verweilen, sind aufzufordern, sich eilendst dorthin zu begeben und darauf aufmerksam zu machen, welche schwere Folgen ein Nichtantritt nach sich zieht.
Falls der Aufforderung zum sofortigen Einrücken nicht unverzüglich Folge geleistet wird, ist direkt ohne geringste Verzögerung die Detektivabteilung zu verständigen.
Die Organe der Gebäudeleitung werden aufmerksam gemacht, dass sie für die Durchführung verantwortlich sind.

V/ 5 2699 Gebäudeleitung :

Et-Transport mit Helga

Convocação para o transporte de 22 de outubro de 1944, do legado de Otto Pollak.

Do caderno de recordações de Flaška

O abrigo te protege, assim como o cogumelo maior protege o menor. Depois de algum tempo, é você quem deverá proteger os demais. Por isso, prepare-se desde já, pois um dia você deve devolver esse empréstimo. E, mais tarde, lembre-se também das pessoas das quais gostava.
Com amor, Fiška.
Theresienstadt,
5 de outubro de 1944

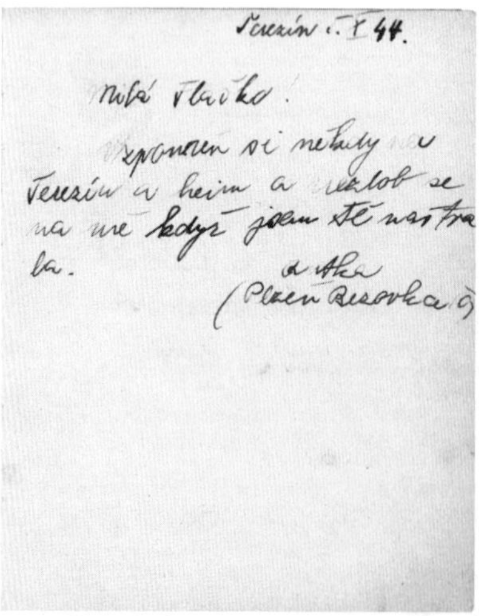

De vez em quando, lembre-se de nosso Abrigo em Theresienstadt e não se zangue, como muitas vezes fiquei zangada com você.
Rutka (Plzen Bezovká 9)
5 de outubro de 1944

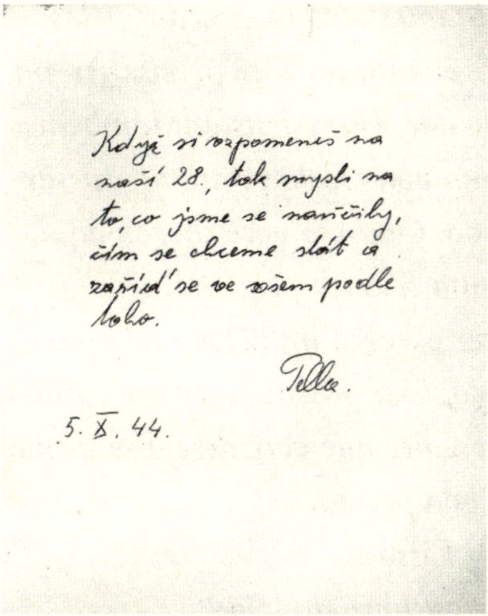

Když si vzpomeneš na naši 28, tak mysli na to, co jsme se naučily, čím se chceme stát a zařiď se ve všem podle toho.

Tella.

5. X. 44.

Lembre-se sempre de nosso Quarto 28, pense em tudo o que aprendemos lá, pense naquilo que desejávamos ser e direcione sua vida futura de acordo com as regras que lá aprendemos.
Tella
5 de outubro de 1944

Querida Flaška
Nunca se esqueça de tudo o que vivenciamos. De como cantamos e sonhamos, dos concertos com Baštik. Nunca esqueça o que houve de bom no Abrigo. Fique bem e não irrite sua mamãe. Um beijo da sua
Maria Mühlstein

P.S: Não fique chateada se achar que estou escrevendo muita bobagem. Afinal, foi você quem quis que eu escrevesse alguma coisa.
13 de outubro de 1944

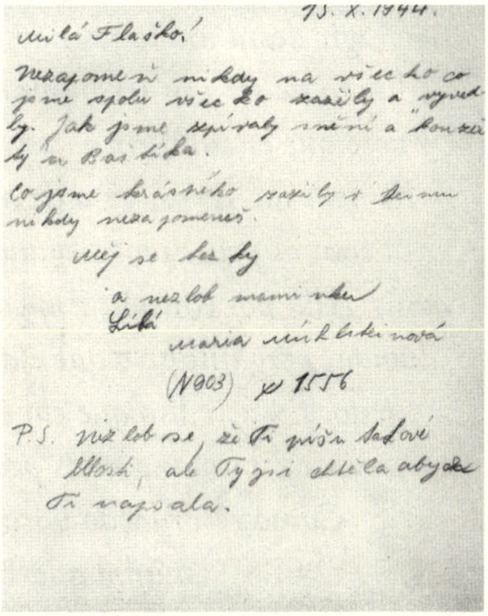

13. X. 1944.

Milá Flaško!

Nezapomeň nikdy na všechno co jsme spolu všechno zažily a vyuděly. Jak jsme zpívaly snění a koncerty s Baštíkem.

Co jsme krásného zažily v Heimu nikdy nezapomeneš.

Měj se hezky a nezlob maminku

Líbá Maria Mühlsteinová

(N903) 1556

P.S. Nezlob se, že Ti píšu takové hlouposti, ale Ty jsi chtěla abych Ti napsala.

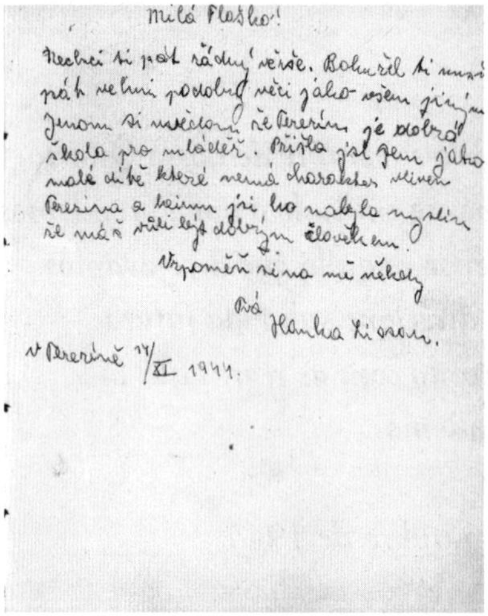

Infelizmente, vou lhe escrever coisas semelhantes àquelas escritas pelas outras meninas. Você precisa ter em mente que Theresienstadt também foi uma boa escola para nós, apesar de tudo. Quando você chegou aqui, era uma criança pequena, sem caráter e, sob a influência de nosso Abrigo, você passou a ter um caráter. Eu acredito que você deseja se tornar uma boa pessoa.
Hana Lissau
14 de outubro de 1944

O ser humano vem ao mundo para fazer coisas boas. Quem não agir dessa maneira, não tem o direito de ser um ser humano. Se você quiser cumprir o destino do homem na Terra, viva de acordo com os princípios, segundos os quais Tella nos educou. Em caso de dúvida, pergunte-se o que ela teria feito. Eu acredito que ela é o ser humano mais perfeito.
Como recordação para você, minha queridinha
Lenka Lindt
15 de outubro de 1944

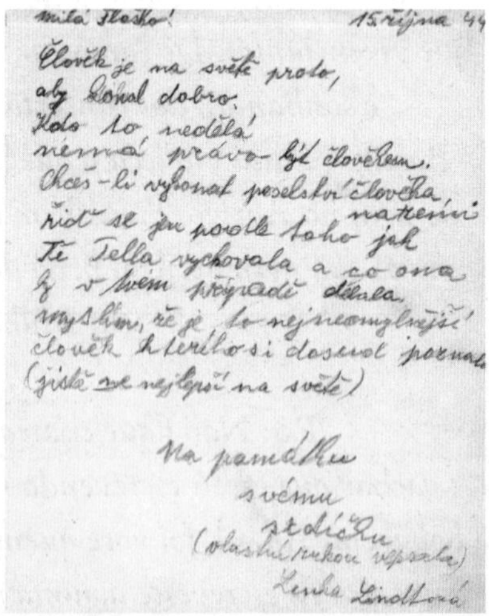

Lembre-se sempre, querida Flaška, de que houve um tempo em Theresienstadt, no qual passávamos o dia preguiçosamente, e lembre-se também de que nunca perdemos a esperança de que a paz voltaria algum dia.
Handa Pollak

Querida Flaška!
Espero que um dia nos reencontremos em um lugar bonito, onde tudo seja fresco e perfumado, onde possamos respirar livremente e realizar as nossas ideias, onde não precisaremos viver como aqui, nesta cela. E que, quando formos mais velhas e um pouco mais experientes, talvez possamos sentar na praia, à tardinha, e quando escurecer e as estrelas brilharem no céu, conferindo um brilho prateado ao mar, possamos pensar em nossos amigos e nas preocupações que tínhamos, anos atrás, quando vivíamos em Theresienstadt.
Helga
22 de outubro de 1944

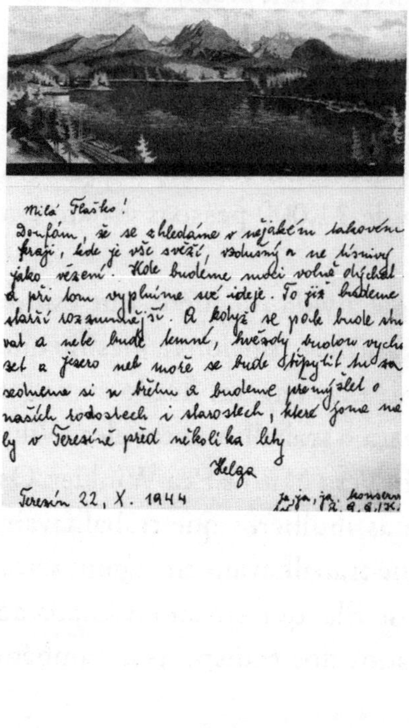

"Num final de tarde, após estes transportes de outono, voltamos para o nosso quarto e ficamos sem saber o que fazer. Quase todas haviam partido, as meninas e as cuidadoras. O gueto parecia assombrado", lembra-se Ela Stein. "Muitas janelas estavam abertas, muitos quartos estavam completamente vazios."

"Os últimos dias no Quarto 28 foram muito deprimentes. Todas as amigas haviam partido. O Abrigo estava praticamente vazio, o gueto estava como que abandonado", lembra-se Marianne Deutsch. "Nada mais funcionava. Então, Willy Groag apareceu e disse que, se alguém de nós tinha família ou conhecidos, poderia mudar-se para o alojamento deles."

"Todos os beliches estavam vazios", relata Flaška. "No final, estávamos somente em quatro meninas no quarto. Pegamos a nossa flâmula e a cortamos em quatro pedaços, e cada uma ficou com um dos pedaços. Prometemos umas às outras que, após a guerra, nos encontraríamos novamente e, então, juntaríamos os pedaços da flâmula em sinal da nossa amizade."

Ela, sua mãe e sua irmã mudaram para um prédio no qual moravam muitos empregados de Kursawe que trabalhavam na lavoura. O grupo foi morar em um quartinho, havia colchões em número suficiente e foi possível viver com certo conforto. Sobraram muitos pertences dos 18.402 prisioneiros que deixaram Theresienstadt com os transportes. Agora, somente cerca de 11.000 pessoas viviam em Theresienstadt.

Demorou algum tempo para que a vida no gueto, que esteve praticamente parada, voltasse a se organizar e funcionar, mesmo que precariamente. No campo de concentração haviam ficado somente algumas centenas de homens aptos para o trabalho, entre eles Willy Groag e os pais de Marianne Deutsch, Vera Nath e Eva Winkler. Os dinamarqueses, alguns holandeses e as mulheres que trabalhavam na cisão de silicato de alumínio, ou que trabalhavam em algum setor importante da lavoura (como a mãe de Ela, que era subordinada ao tcheco Karel Kursawe) foram poupados dos transportes. Também foram poupados trabalhadores especializados e importantes para a SS, assim como os inválidos da primeira guerra mundial, que haviam sido condecorados, tais como Leo Flach e Otto Pollak.

As mulheres passaram a desempenhar o trabalho dos homens deportados e crianças faziam o trabalho dos adultos. Flaška, que se mudou para o quartel Magdeburg para morar com seus pais, às vezes trabalhava na lavoura, outras na produção de sílica de alumínio e, durante certo tempo, foi uma espécie de ordenança. Marianne e Marta também trabalhavam na lavoura, assim como a maioria das crianças, e eram convocadas para todo tipo de trabalho possível.

A terra está vermelha de sangue
O ano passa muito devagar
É a guerra,
Meu Deus, é a guerra

Os campos de batalha
Estão cobertos de sangue
A terra está tão cansada
No horizonte vê-se o momento
Da desesperança

Até o sol brilha através do sangue
E diz:
Irmãos, parem de matar uns aos outros!
Já não basta de guerra?
Vocês esqueceram que são humanos?
Não faz sentido encontrar pessoas
Depois que o mundo deixar de existir.

A lua, silenciosa, caminha no céu
E também olha para a terra, triste
E diz: Deus, você não vê

Como o mundo sofre
Tudo está coberto de sangue!
A recuperação é impossível
Depois que o coração do homem
Foi assassinado.

Handa Pollak,
de seu caderninho de anotações "*Všechno*", 1944.

A libertação

Da agenda de Otto Pollak

8 de novembro de 1944

Ao acordar, a primeira neve. Encontro com Marianne Deutsch, a amiga de Helga do Quarto 28. Marianne me contou como conseguiu sair do transporte. De como, com a intervenção de seu pai, M. deu a ordem à P. de trocar o bilhete. Em 15 minutos, Marianne foi retirada.

19 de novembro de 1944

Hoje, há quatro semanas, Helga entrou na comporta. Às 9 horas e 45 minutos, despedida da filha.

20 de novembro de 1944

Chegaram 49 holandeses maltrapilhos e desmazelados. A maioria nem mesmo sabe o próprio nome e também não sabe de onde vieram.

22 de novembro de 1944

Passei uma noite péssima, pensando na filha o tempo todo. Será que ela tem tudo o que precisa? Será que está passando frio? Como se fosse um sinal, hoje às 6 horas da manhã, um gatinho branco entrou no meu quarto e não queria mais sair.

Em meados de novembro de 1944, a comandatura ordenou a destruição das urnas com as cinzas dos falecidos. Um grupo de aproximadamente 20 crianças foi encarregado dessa tarefa, entre elas Ela Stein e Horst Cohn, um garoto de 13 anos, proveniente de Berlim. Ele tinha sido um dos garotos encarregados de puxar as carroças com os mortos e transportar o pão em Theresienstadt e, por isso, era imune à morte.

"A morte não nos assustava, assim como a cinza dos mortos não foi capaz de nos assustar. Nós sabíamos da existência do crematório onde os mortos eram queimados, e sabíamos que as cinzas eram guardadas. Também sabíamos que cada cadáver era queimado separadamente. Um prisioneiro judeu empurrava um cadáver para dentro do forno a uma temperatura por volta de 2.500 graus. Tudo era queimado, inclusive os ossos. Do outro lado do forno, outro prisioneiro juntava as cinzas com auxílio de um gancho de ferro, colocando-as em uma caixa de papelão, que depois fechava. A seu lado, outro prisioneiro etiquetava as caixas: Nome, local de nascimento, data de nascimento e data do óbito."[1]

Chegou a hora em que as crianças veriam as urnas dos mortos de Theresienstadt com seus próprios olhos e as sentiriam com as mãos. Eram 30.000 caixas, guardadas em prateleiras que iam do chão até o teto, em ordem alfabética.

"No momento em que entrei no columbário", conta Horst Cohn, "meus olhos foram atraídos magneticamente pela letra H – o sobrenome de meus avós era Heller. Eu fui andando em direção à letra H e, na altura de meus olhos, vi duas caixas uma ao lado da outra. Em uma estava escrito "Gustav Heller" e na outra "Ettel Heller". Eram meu avô e minha avó!"

Ao chegar à Theresienstadt em maio de 1943, Horst Cohn encontrou os avós no último estágio da fome. Ambos imploraram para que lhes desse algo para comer, mas Horst não tinha como ajudá-los. Morreram no mesmo dia, em enfermarias diferentes. O neto ficou chocado e aliviado ao mesmo tempo. "Agora os dois já não sentem mais fome. A fome é um dos maiores tormentos pelos quais um ser humano pode passar."

"Eu peguei as duas caixas e coloquei a vovó e o vovô debaixo do braço e os levei para a carroça, tomando o cuidado de colocar as demais caixas na carroça sem perdê-las de vista. Ninguém falou nada. E ninguém se importava com os nomes escritos nas caixas.

"A seguir, a carroça foi posta em movimento e eu ajudei a puxar, segurando as duas caixas para que não caíssem. Chegamos ao rio Eger. Lá, nos mandaram abrir as caixas e lançar as cinzas no rio. Formamos uma corrente e as urnas eram passadas de mão em mão. Mas eu fiquei parado na beira do rio e joguei as cinzas de meus avós pessoalmente no rio Eger. Até hoje, fico contente por tê-lo feito. Eu os enterrei pessoalmente. E eu vi como as cinzas de muitas caixas se espalharam sobre a água, para depois serem levadas pela correnteza. O rio Eger é um afluente do rio Elba, e o rio Elba desemboca no Atlântico Norte, e o Atlântico Norte se mistura com todos os oceanos do mundo. Eu tenho certeza que o vovô e a vovó giram e giram ao redor do mundo. Eles estão presentes. Para mim, eles sempre estarão presentes. Para mim, o lugar onde lancei a cinza de meus avós no rio é como se fosse o seu cemitério."

No final do outono de 1944, quando já estava muito frio, os alemães resolveram convocar novamente jovens prisioneiros para uma força de trabalho especial. Entre eles estava Ela Stein. "A ordem era auxiliá-los durante uma caçada. Deram-nos dois pedaços de pau e nos mandaram entrar na água gelada, onde nadavam algumas aves – eu acho que eram faisões – e disseram que tínhamos que espantá-los. Assim que as aves alçavam voo, eles atiravam nelas. Entre os alemães estavam Rahm e Haindl e outros homens da SS. Acho que eles tinham recebido visitantes de Praga. Fomos obrigados a espantar as aves por um longo tempo, em pé naquela água gelada. Depois disso, algumas meninas ficaram muito doentes."

Ela teve sorte. Sua mãe, Marketa, fez de tudo para que Ela continuasse saudável. Marketa era uma mulher extremamente prática e sempre era convocada para os mais diversos tipos de trabalho. Com isso, uma vez ou outra, ela conseguia "organizar" alguns gêneros alimentícios. De vez em quando, Marketa fazia conservas de pepinos para o pessoal da SS, noutras, depenava gansos, separando-os em pedaços. Em junho de 1942, quando trouxeram ovelhas para Theresienstadt (que, supostamente, eram as ovelhas da aldeia Lidice, que havia sido eliminada pelos alemães na noite de 9 para 10 de junho de 1942), Marketa ajudou a processar a carne e conseguiu contrabandear um pedaço para o seu quarto. Marketa conservou uma boa parte da carne em gordura. "Guardaremos essa carne para quando a família e os amigos voltarem. Eles precisarão de carne", dizia minha mãe. "A partir daí, começamos a juntar tudo o que fosse possível para aquele momento. O momento da volta dos familiares e amigos."

No inverno de 1944, **Eva Landová** e sua mãe chegaram à aldeia polonesa Gutau. As duas haviam deixado para trás Auschwitz, o campo de concentração Stutthof e a aldeia Dörbeck, situados às margens da baía de Szczecin, perto de Danzig. Não havia muitas pessoas capazes de fazer trabalhos pesados aos quais eram obrigadas. Eva e sua mãe também foram forçadas a cavar valas antitanque com 3 metros de largura e uma profundidade de 3 metros e 60 centímetros. Em Gutau, começou para ambas o período mais cruel da guerra.

"Naquele ano, as geadas e a neve começaram cedo. Não tínhamos roupas adequadas para o frio e, muitas vezes, não tínhamos sapatos. Foram construídas algumas cabanas de madeira, mas dormíamos no chão, sobre palha. No centro da cabana havia um aquecedor a lenha, mas não tínhamos lenha. O frio era terrível. Não muito distante de nossa cabana havia um riacho, no qual nos lavávamos, até que ele congelou. Davam-nos comida somente após o trabalho – uma sopa de nabos e um pedaço de pão. Muitas adoeceram de tifo, difteria e outras doenças. Sofríamos com a infestação de piolhos e não tínhamos força nem mesmo para combatê-los. Escurecia cedo e não havia luz elétrica.

Minha mãe morreu de fome e esgotamento (e também em consequência da infestação por piolhos), em 22 de novembro de 1944. Minha mãe lutou durante muito tempo por minha vida, até perder suas forças. Tinha 45 anos de idade – eu tinha 13 anos, naquela época. Praticamente perdi a esperança de sobreviver. Uma semana após a morte de minha mãe, disseram-nos que as prisioneiras que não tinham sapatos ou aquelas sem condições de trabalhar poderiam ficar no campo de concentração. Eu estava descalça e não tinha condições de trabalhar, então fiquei no campo de concentração. Quando as pessoas aptas para o trabalho deixaram o campo, passamos por uma contagem. Cortaram uma mecha de cabelo de cada uma de nós, para que pudéssemos ser identificadas. Então nos conduziram até a estação de trem (pelo menos, foi isso que nos disseram). Andamos o dia todo e a noite toda. E eu não tinha sapatos.

Num dado momento, mandaram-nos retornar, e fizemos o longo caminho de volta a pé. Eu não sei quanto tempo durou a nossa marcha, pois há anos não via um relógio. As prisioneiras que ainda estavam no campo de concentração ficaram muito surpresas com a nossa volta, pois pensaram que seríamos assassinadas. No entanto, acredito que realmente caminhamos até uma estação de trens, mas ela já não existia mais e os trens já não trafegavam mais. O Exército Vermelho estava nas proximidades. Era possível ouvir o estrondo das armas.

Quando eu voltei dessa "excursão", não conseguia mais me levantar. Eu não conseguia mais ficar em pé. Meus pés estavam pretos e purulentos. A médica do campo de concentração escreveu meu número em um papel e disse que meus pés teriam que ser amputados, pois era impossível curá-los. Porém, era impossível sair daquele lugar, uma vez que todas as estradas estavam fechadas pelas tropas do exército que se aproximava.

No campo de concentração eu tinha amigas maravilhosas – Gita Torbe, Eva Pollak e Resi Schwarz. Minhas amigas me ajudaram muito. Sem elas, eu não teria sobrevivido a tudo isso. No dia 20 de janeiro de 1945, recebemos a ordem para ficarmos de prontidão para partir. A ordem, é claro, dizia respeito somente àquelas prisioneiras capazes de andar. Ninguém sabia para onde iríamos. Os russos estavam se aproximando. Quem conseguia andar, deixou o campo de concentração. Eu fiquei deitada no chão, sobre a palha. E me preparei para o pior.

Os homens da SS começaram a nos "vacinar contra o tifo", como diziam. Na verdade, nos injetaram fenol. Mas, como faziam isso desajeitadamente ou como injetavam fenol em quantidade insuficiente, ninguém morreu disso. Na mesma noite, nos ordenaram para ir até o cemitério do campo de concentração, onde haveria caminhões para o transporte dos doentes. Como eu não conseguia ficar em pé, fiquei sozinha no campo de concentração, deitada na palha.

Enquanto isso, minhas companheiras marcharam até o cemitério do campo de concentração, onde supostamente haveria caminhões para o transporte. Mas ali não havia nenhum caminhão. A caminho do cemitério, os homens da SS atiraram nas prisioneiras. Algumas foram mortas a coronhadas para poupar munição. No entanto, os golpes nem sempre eram fatais. Assim, algumas prisioneiras sobreviveram. Eu continuava escondida no campo de concentração, escondida debaixo da palha. Os alemães não me acharam. Eles estavam com muita pressa! Naquela noite de 21 de janeiro de 1945, aconteceu algo incrível: os alemães fugiram, simplesmente! Na manhã seguinte, as poucas prisioneiras sobreviventes retornaram ao campo de concentração. Entre elas, minha companheira Anita

Fischer e sua mãe. Ambas tinham passado a noite na estrada, inconscientes, e depois retornaram ao campo de concentração. Hoje, o sobrenome de Anita é Franková. Ela trabalha no Museu Judaico de Praga.

Não tínhamos nada para comer, e aquelas que ainda conseguiam andar, iam até Gutau para esmolar comida. Muitos poloneses ajudaram e até mesmo nos deixaram entrar em suas casas. Eu só sei de tudo isso porque me contaram, pois não conseguia levantar e tinha que me contentar com o que me traziam para comer. As lituanas, que eram mais enérgicas, cozinhavam batatas e, depois, me davam a água quente do cozimento para beber. Essa água era deliciosa.

No dia seguinte, subitamente, apareceu um soldado do Exército Vermelho, de uns 20 anos de idade. Ele nos cumprimentou, mas não conseguíamos entendê-lo. Então, apareceu um médico militar que tratou de meus pés, que estavam completamente pretos. Após alguns dias, fomos levadas para a casa do prefeito (que provavelmente havia fugido), onde fomos alojadas. A guerra ainda não havia terminado. Mas agora era possível sentir que o fim da guerra estava próximo..."

Anotações da agenda de Otto Pollak

23 de dezembro de 1944, Theresienstadt

Chegada do primeiro transporte eslovaco-húngaro. Quatrocentas pessoas. Nove mortos, que faleceram durante a viagem, foram retirados do vagão. Como presente de Natal, nós recebemos 80 gramas de toucinho, um pãozinho branco, um quilo de batatas e um cubinho de caldo para sopa. O que será que minha filha ganhou hoje? Hoje faz dois meses que Helga partiu.

24 de dezembro de 1944

Um transporte ariano com móveis e arquivos chegou da Hungria. Dizem que nesse transporte também vieram membros do governo húngaro.

Otto Pollak.

31 de dezembro de 1944

Nove horas da manhã. Encontro com Eva Winkler, a amiga de Helga, loira e de olhos azuis, que eu pensava ser uma mestiça. Seu pai é marceneiro. Talvez, por esse motivo, ela não tenha sido incluída no transporte de outubro.

1º de janeiro de 1945

Hoje pela manhã, nevasca. Penso o tempo todo em minha filha. À tarde, Marianne Deutsch e Anna Flachová, as amigas de Helga, vieram me desejar boa sorte. A visita delas me dói, mais do que me alegra, uma vez que Helga não está entre nós.

5 de janeiro de 1945

Trigésimo quinto aniversário de Frieda. Como será que ela está? Será que ela imagina que ainda estamos vivos? Na última carta da Cruz Vermelha, Frieda escreveu: "Cuide bem de Helga, até que eu possa revê-la". Se Frieda soubesse que no dia 23 de outubro me separaram de minha única filha e que não tenho mais como cuidar dela! Eu me questiono o tempo todo se não deveria ter partido com ela. Será que traí o último pedido de Frieda ao deixar Helga partir com sua cuidadora? A chefe do Abrigo de Helga havia me desaconselhado a partir com Helga. R. Sticker e o dr. Altenstein me disseram que não ficaríamos juntos, que a viagem seria a única coisa em comum e que, portanto, o meu sacrifício seria em vão. No entanto, todas essas objeções não teriam me impedido de partir com minha filha nessa viagem em direção ao desconhecido, se eu tivesse duas pernas e a possibilidade de carregar minha própria bagagem. Eu sei que fui um importante apoio moral, espiritual e material para minha filha em Theresienstadt."

Helga Pollak, Handa Pollak e a tia de ambas, Tia Hanička, a cuidadora Tella, Eva Stern, Laura Šimko, Kamilla Rosenbaum, Greta Hofmeister e, com elas, outros 1.707 prisioneiros, deixaram Theresienstadt.

"Nenhuma de nós sabe quanto tempo permanecemos em Auschwitz", diz **Helga Pollak** ao contar sobre suas experiências. *"A partir do momento em que o trem parou junto à rampa, a maioria de nós entrou em estado de choque. Foram três ou seis dias? Não importa. De qualquer forma, foram dias sem comida, sem calor, sem cobertores, sem colchões. Ficávamos deitadas nos estrados dos beliches de madeira, uma pertinho da outra, seis pessoas num espaço destinado a quatro. Ninguém se importava comigo e ninguém falava comigo.*

Eu andava chorando pelo barracão e um capo *me perguntou por que motivo eu chorava. Eu respondi: "Eu quero a minha mãe". Então, o* capo *me perguntou onde estava a minha mãe e respondi: "Na Inglaterra". O* capo *ficou tão surpreso que me presenteou com um bolo e um pacote de margarina. Eu compartilhei o presente com as pessoas do meu beliche. Recebíamos alguma comida, mas não tínhamos talheres, nem pratos, coisas assim. Por isso, não tínhamos como tomar a sopa, da qual consistia nossa alimentação. Certo dia, durante uma contagem dos prisioneiros, uma banda passou por nós, marchando e tocando uma música! Eu pensei que estava num hospício, pensei que tinha enlouquecido. Noutro dia Edith, uma eslovaca que era a prisioneira mais antiga do campo de concentração, nos perguntou se tínhamos fome, e respondemos que sim. Então, ela perguntou quem de nós se prontificava a ir com ela buscar um balde de sopa. Algumas a acompanharam voluntariamente. Entre elas, Eva Stern e sua irmã Doris. Elas nunca mais voltaram. Outras quatro mulheres voltaram trazendo o balde com sopa.*

Um dia, Mengele entrou no nosso barracão e tivemos que passar na frente dele, nuas e com os braços levantados. Mengele mandou algumas das mulheres para fora da fila. Eram mulheres grávidas, outras eram muito velhas ou estavam muito magras. Em seguida, tomamos banho. Depois, passamos um dia inteiro em filas de cinco pessoas, esperando. Quando estava anoitecendo, nos obrigaram a embarcar rapidamente em um trem. Foram montados vários transportes e eu fiquei em pânico, com medo de me perder do meu pessoal. Passávamos correndo por umas mesas, e nos davam pão e salsicha. Ficamos sentadas no chão, dentro de um trem sombrio. Eu comi imediatamente o pão e a salsicha, porque pensei que assim ninguém podia tomá-los de mim, como ocorreu com os alimentos que eu tinha trazido de Theresienstadt. Entre aqueles alimentos que me foram tomados, também estavam algumas balas de chocolate que eu queria dar para minha sobrinha Lea. Bem, tomaram todas as minhas coisas assim que cheguei a Auschwitz, e também não encontrei minha sobrinha Lea."

A chegada a Auschwitz ficará para sempre gravada na memória de **Handa Pollak**. *"Após a primeira seleção, logo que chegamos, fomos enviadas para os chuveiros, o que provocou uma grande comoção e me deixou em estado de choque. Era como um terrível pesadelo: tínhamos que nos despir e nossas cabeças foram raspadas. A partir do momento em que as mulheres estavam com as cabeças raspadas, eu não consegui mais reconhecê-las. Para mim, pareciam um bando de macacos. Aquilo que eu via já não eram mais seres humanos. Eu ouvia vozes conhecidas, que eu não conseguia associá-las com os rostos que eu conhecia. Fiquei histérica. Ninguém conseguia me acalmar. Comecei a fazer coisas estranhas. Cada uma de nós recebeu um casaco, mas para mim aquilo era uma calça. Eu tentei enfiar minhas pernas nas mangas do casaco, como se elas fossem as pernas de uma calça. E, como isso não deu certo, fiquei* *ainda mais histérica. Normalmente sou uma pessoa calma e tranquila. Mas nessa noite... Só por milagre não enlouqueci.*

Recebemos várias peças de roupa – um vestido leve, a parte de cima de um pijama, um par de meias soquete. Mas não nos deram roupas de baixo e estávamos no mês de outubro. Estávamos na Polônia e fazia muito frio. Os sapatos eram retirados aleatoriamente de uma grande pilha, sem levar em consideração se serviam ou se pertenciam ao mesmo par. Os sapatos que me deram eram muito grandes. Mas isso nem foi tão ruim. Foi muito pior para aquelas pessoas que receberam sapatos pequenos demais.

Então, nos levaram para um bloco de barracas com treliches. Porém, se em Theresienstadt dormíamos em dupla em um beliche, em Auschwitz dormíamos em seis, com um único cobertor. Se alguém quisesse se virar, tinha que pedir aos demais para virarem também, caso contrário seria impossível virar para o outro lado, tão apertado era o espaço no qual dormíamos.

Depois de uma semana, foi feita uma nova seleção. Tivemos que nos despir e desfilar para um médico da SS, sempre com os braços levantados. Eu passei por ele sem problemas, pois eu era alta para a minha idade. Quando Tella passou por ele, ela foi obrigada a parar. Foi um momento de medo. Não sabíamos se ela passaria pela seleção. O médico examinou Tella, que era muito magra, e hesitou. Em seguida, ele a deixou passar.

Fomos levadas para outro campo de concentração, situado próximo aos trilhos de Auschwitz. Recebemos roupas íntimas e um pedaço de pão. Depois, fomos novamente enfiadas em um trem. Fomos transportadas para a Alemanha, para Oederan, na Saxônia, perto de Chemnitz. Lá, fomos levadas para uma fábrica. Essa fábrica ficava diretamente junto à linha de trens, o que era vantajoso, pois os trens podiam ser facilmente carregados e descarregados. Ali, nos mandaram descer."

Em janeiro de 1945, a SS ordenou a construção de dez barracões de madeira em **Theresienstadt**. Até mesmo as crianças foram convocadas a participar do trabalho de montagem. Flaška foi obrigada a cavar o chão com um ancinho e, como suas luvas estavam furadas, sentiu muito frio. Ninguém sabia por que os barracões estavam sendo construídos, mas aparentemente eles eram muito importantes para a SS, que supervisionava o trabalho e tentava apressar a construção. A pequena Marta Fröhlich empurrava carrinhos pesados, cheios de terra lamacenta, sob os olhos atentos de Rahm, o comandante do campo de concentração, que ficava de pé perto dela. "Eu sempre tremia de medo quando o via! Uma vez, o seu carrinho tombou e toda a terra se espalhou. Eu tive muito medo." Mas os seus companheiros vieram rapidamente em seu auxílio, ajudando-a a recolher tudo e nada lhe aconteceu. Em fevereiro de 1945, sob estrita vigilância dos homens da SS, começaram a ser feitas novas construções. Nas casamatas dos muros da fortaleza deveriam ser construídos depósitos fechados e, em um trecho do anel de fortificações que envolvia Theresienstadt, seria feita uma "lagoa para os patos". Pelo menos, era o que diziam. Os engenheiros envolvidos nessas obras logo chegaram à conclusão de que se tratava de algo bem diferente: uma armadilha mortal, para dentro da qual seriam levados os prisioneiros durante a liquidação planejada do gueto. Falava-se em "câmaras de gás" – principalmente desde a chegada do transporte eslovaco-húngaro, em 23 de dezembro de 1944, pois a partir dessa data, todos sabiam das terríveis atrocidades acontecidas em outros lugares. Os prisioneiros começaram a sabotar as construções.

O fato da sabotagem não ter tido consequências deve-se a um fator que, cada vez mais, ficou claro para os prisioneiros. Os alemães estavam ficando cada vez mais inseguros e divididos sobre como deveriam reagir frente à derrota iminente. Cada vez mais, era possível distinguir duas tendências conflitantes sobre como proceder com os prisioneiros: eliminá-los e liquidar o gueto – ou criar álibis e apagar provas.

"Um dia, eu vi fumaça em algum lugar e fui ver de onde ela vinha", lembra-se Horst Cohn. "Foi então que vi seis homens da SS que queimavam papéis que tiravam de grandes pastas de arquivo. De repente, um deles se virou e olhou para mim. Então, os seis pegaram suas pistolas e atiraram na minha direção. Eu saí correndo, rápido como um raio, sempre em zigue-zague, o mais rápido que eu pude, e volta e meia me deitava no chão, igual à história do coelho que tenta escapar da raposa. Finalmente, cheguei a uma casa, onde me escondi. Eu sempre digo que, naquele dia, os irmãos Grimm salvaram a minha vida."

No início de fevereiro de 1945, começou a circular uma notícia de que estava sendo montado um transporte para a Suíça com 1.200 prisioneiros. Será que eles estão loucos? Ainda hoje, Ela lembra-se muito bem de como sua mãe reagiu irritada a essa notícia. "Será que eles pensam que nós acreditaremos numa sandice dessas? Um transporte de prisioneiros para a Suíça? Depois de tudo o que aconteceu? Depois que tantas pessoas foram obrigadas a partir e nunca mais voltaram?" Ela e sua mãe não deram seus nomes para participar desse transporte.

Entre aqueles que foram colocados na lista desse transporte estavam Eva Winkler e sua família. Não que eles assim o desejassem. Seus nomes foram incluídos por Karl Rahm, pessoalmente. Até o último momento, a família Winkler duvidou da promessa feita por Rahm, de que o transporte realmente iria para a Suíça, e todos aguardavam a partida com inquietação. "Mas, assim que vimos que os trens estavam equipados com vagões para passageiros, cresceram nossas esperanças de que isso talvez fosse verdade."

Dessa vez, ninguém ficaria decepcionado. O trem realmente partiu para a Suíça, levando seus ocupantes em segurança ao seu destino. Os cartões postais, recebidos após alguns dias por aqueles que ficaram em Theresienstadt, confirmaram o inacreditável. Será que a tão esperada libertação estava próxima?

O barulho dos motores dos aviões era ouvido com frequência cada vez maior, fortalecendo a esperança. Assim como aquelas tiras de papel prateado e brilhante, lançadas pelos aviões inimigos e que serviam para impedir a detecção pelos radares alemães, choviam cada vez mais sobre o gueto. De acordo com o caderno de recordações de Vera, era proibido pegar essas tiras do chão. No entanto, duas dessas tiras prateadas encontram-se entre as páginas do diário.

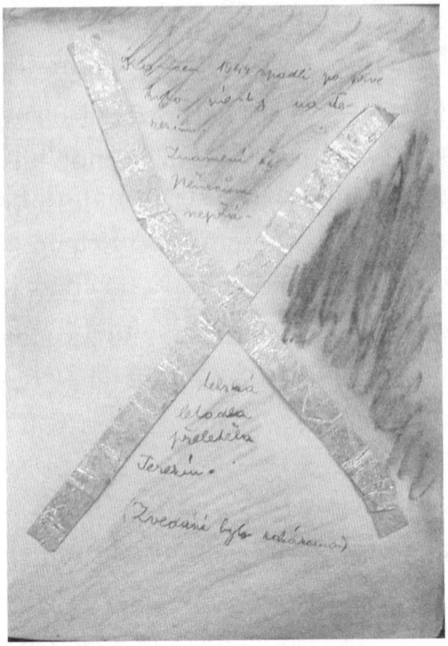

Do caderno de recordações de Vera. Tiras de papel de alumínio que caíam sobre Theresienstadt.

Em 5 de março de 1945, quando Adolf Eichmann apareceu pela enésima vez em Theresienstadt, ordenou um novo "embelezamento" do gueto. O cemitério foi arrumado e guarnecido com pequenas lápides, os alojamentos dos prisioneiros foram caiados, as cozinhas foram limpas e o palco e a casa de oração foram reabertos. Para que tudo isso? Era o final da guerra que se anunciava? Todos os sinais levavam a crer nisso.

Em meados de abril, Theresienstadt teve outra grande surpresa. Os dinamarqueses foram convocados para se preparar para a volta para casa; essa notícia se espalhou rapidamente. De fato, vários ônibus brancos e luxuosamente equipados da Cruz Vermelha chegaram a Theresienstadt. A escolta sueca chegou a distribuir gêneros alimentícios e guloseimas entre os prisioneiros, não disfarçando em momento algum seu desprezo pelos nazistas. Paul Rabinowitsch, o trompetista de *Brundibár*, entrou em um dos ônibus juntamente com sua mãe e seu padrasto. Outros 412 dinamarqueses também foram embora naquela sexta-feira, 13 de abril de 1945, entre 20 e 22 horas. Paul Rabinowitsch não conseguia acreditar na própria sorte. Décadas mais tarde, escreveria sobre isso: "Os prisioneiros que foram deixados lá ficaram acenando e chorando. De alguma forma, sentiam-se mais seguros enquanto os dinamarqueses ainda estavam lá. O que aconteceria com eles agora, depois da partida dos dinamarqueses?"[2]

Até então, os que ficaram para trás, como Ela, Flaška, Marta e Marianne Deutsch, não sabiam como seria sua libertação. Mas a fé em que a libertação logo se transformaria em realidade crescia a cada dia. Essa fé era tão forte quanto a amizade que as unia. Talvez Ela tenha cantarolado a canção da qual se lembra até hoje (e que não sabe com quem a aprendeu). Deve tê-la ouvido muito tempo atrás, logo que chegou ao gueto, no quartel Hamburgo. Antigamente, Ilse Weber também cantava esses versos, acompanhada por seu violão:

"Somos amigos, você e eu
Nós no amamos, você e eu
Encontramo-nos em Theresienstadt
Onde nos demos as mãos.
Somos amigos, você e eu
Nunca nos esqueceremos disso, nunca, nunca – até o fim.

Somos amigos, você e eu
Nós nos amamos, você e eu
Um dia, o portão se abrirá
A noite desaparecerá, o sol nascerá
Somos amigos, você e eu.
Nunca nos esqueceremos disso, nunca, nunca – até o fim."[3]

Judith Schwarzbart chegou a **Auschwitz** em 28 de outubro de 1944, juntamente com seus pais Julius e Charlotte Schwarzbart, e sua irmã

Esther. Na primeira seleção, logo após sua chegada, Judith viu o pai pela última vez. Judith, sua mãe e sua irmã foram colocadas em um transporte de trabalhadores, que levou 2.000 prisioneiros. Viajaram durante dois a três dias antes de chegarem a seu destino: Rożniątów, ao norte de Wrocław.

"Lá, nos obrigaram a cavar trincheiras antitanque. Eram valas profundas e fazia muito frio. Nós vestíamos roupas de verão. Em novembro ainda era possível, de alguma maneira, trabalhar com estas roupas, mas depois o frio ficou mais intenso e o chão congelou. Era muito difícil cavar com a pá – já havíamos cavado buracos muito profundos. O frio foi piorando cada vez mais. Um dia, nos deram casacões, que quase sempre eram velhos e esfarrapados, alguns eram muito compridos, outros eram muito curtos. Também nos deram tamancos de madeira. Fomos alojados em galpões de madeira, 1.000 mulheres em cada galpão. Tínhamos somente um cobertor fininho – e era inverno! Quando molhávamos nossos sapatos, eles não secavam e tínhamos que usá-los para ir trabalhar. Quando começou a nevar, nos mandaram para a floresta, de onde carregamos árvores até as trincheiras, onde suas cascas e galhos eram retiradas. Eu acho que essas árvores nunca chegaram a ser usadas, pois era tarde demais. Lá havia um homem da SS, um sádico. As mulheres sabiam que eu tinha 14 anos de idade e, por isso, sempre me mandavam carregar a árvore segurando no meio, onde a carga era menos pesada. Mas o homem da SS sempre me tirava daquela posição e me mandava carregar a ponta, onde a carga era mais pesada. De tanto carregar peso, fiquei com um problema nas costas, que tenho até hoje.

Eu não me lembro do que tínhamos para comer, mas tenho certeza que não era muita coisa. Eu acho que não tínhamos nada para comer no desjejum e à noite nos davam uma sopa aguada – e isso depois de 10 horas de trabalho no frio intenso. Num final de tarde, esgueirei-me para fora, até um milharal, onde catei milho que escondi debaixo da blusa. Eu tive sorte e ninguém me pegou. Eu sempre estava com fome. Uma vez, andávamos em fila por uma rua. Eu vi quando uma porta se abriu e nos atiraram algo, que eu peguei. Era um pedaço de pão, que dividimos entre nós. É difícil imaginar o que esse pedaço de pão significou para nós!

Certo dia, ouvimos detonações de armas nas proximidades. Tínhamos esperança de que o front *estava próximo e que logo seríamos libertadas. Estávamos enganadas. Em meados de janeiro de 1945, não nos mandaram para o trabalho, mas sim para o desconhecido. Fazia muito frio, havia neve por toda parte, e andamos a pé durante todo o dia. À noite fomos levados para celeiros ou estábulos, cujos donos já haviam fugido. Não nos deram nada para comer, mas quase sempre achávamos batatas ou nabos, que eram destinados aos porcos abandonados no celeiro. Para nós, isso não importava. O mais importante é que tínhamos algo para comer. E no estábulo não fazia frio. Mesmo assim, muitos morreram durante a caminhada...*

Finalmente, chegamos à Rogoźnica. Fomos levadas aos banheiros, nos deram outras roupas e alguma coisa para comer. Depois, nos enfiaram em vagões abertos que serviam para o transporte de gado, e viajamos rumo ao desconhecido. O trem parou na estação de trem de Weimar e do céu caíam bombas. Foi horrível. Os vagões estavam lacrados, não podíamos sair e a estação pegou fogo. Os alemães que nos vigiavam saltaram do trem e procuraram se esconder debaixo dos vagões, enquanto nós, dentro dos vagões abertos, víamos como os aviões voavam em nossa direção, fazendo um barulho ensurdecedor, e despejavam suas bombas diretamente sobre nós. Horrível. Inimaginável. No nosso vagão morreram três mulheres.[4] *Até hoje não sei se morreram de medo ou com os estilhaços das bombas. As mulheres mortas ficaram no vagão até chegarmos a Bergen-Belsen.*

Se um dia pensei que todos os lugares onde estive eram igualmente horríveis, eu estava enganada. O pior lugar onde estive foi Bergen-Belsen. Ninguém é capaz de imaginar como era lá. Bergen-Belsen era uma câmara da fome. Uma vez ao dia nos davam uma concha de sopa, na qual nadavam alguns poucos pedacinhos de nabo – e isso para três pessoas. Cada uma de nós ainda recebia uma fatia de pão. Pela manhã, não havia nada para comer, somente uma concha de "café", um caldo escuro.

Às vezes brigávamos por um pedacinho de nabo! Alguém é capaz de imaginar isso? Brigar por um pedaço de nabo? Hoje em dia tenho vergonha disso – mas naquela época era assim. Brigávamos por cada colher de sopa a mais! Nós não brigávamos porque estávamos zangadas umas com as outras e sim, brigávamos por um nabo, por uma colher de sopa! Dormíamos em três no estrado do beliche. Ao nosso redor, as pessoas morriam aos montes. Como é horrível conversar com alguém que, de repente, cai morto. Isso é indescritível! Suse Hoffmann, de Brno, uma conhecida que tinha a mesma idade que meu irmão, morreu do meu lado – de repente, caiu morta. E as contagens, nas quais éramos obrigadas a ficar em pé lá fora, durante horas, não importa o tempo que fazia. Só posso afirmar uma coisa: só estou viva graças à minha mãe e irmã. Nem sei mais quantas vezes desmaiei durante aquelas contagens, sendo amparada ora por minha mãe, ora por minha irmã, para que eu não caísse e fosse parar na enfermaria, pois de lá ninguém retornava.

No final de março de 1945, todos os alemães fugiram. Não nos deixaram nem mesmo uma sopa aguada ou um pão. Quando os ingleses chegaram, nos disseram que os alemães haviam preparado pão para distribuir a todos, mas que haviam proibido o prisioneiro mais antigo do campo de distribuir esse pão. Finalmente, em um dos barracões o pão acabou sendo distribuído, mas todos que o comeram morreram, pois os alemães haviam colocado veneno no pão. Não sei se essa história é verdadeira. Só sei que durante as últimas 24 horas não tínhamos pão, nem água – não tínhamos nada. Eu queria ir beber a água do poço, mas como era o único poço que tínhamos, ele estava lotado de pessoas. Eram tantas pessoas para beber água que houve espancamentos e era impossível chegar perto. Mais tarde, eu soube que muitas pessoas que beberam daquela água pegaram tifo.

Quando saímos do campo, no começo de abril, comemos os brotos de algumas árvores. Eu disse para minha irmã: "Coma isso, é delicioso. Tem gosto de amêndoas".

Bergen-Belsen – aquele campo de concentração foi o pior de todos. Não sei se as pessoas sabem o suficiente sobre ele. A única coisa que se sabe e que foi registrada foram as fotos feitas pelos ingleses. Aqueles caminhões cheios de cadáveres, com seus braços e pernas pendendo para fora – aquilo era Bergen-Belsen."

Em **Theresienstadt**, no dia 16 de abril de 1945, os colaboradores de Eichmann, Hermann Krumey e Otto Bunsche, na presença dos representantes húngaros e judeus do Comitê de Ajuda e Salvamento "*Waadat Esra Vehazala*" e do negociador Reszo (Rudolf) Kastner,[5] entregaram ao comandante do campo de concentração Rahm a ordem de Himmler para a entrega do campo sem resistência. Mais tarde, Kastner contou que Rahm caiu das nuvens ao receber a ordem, comentada por ele com as seguintes palavras: "*Já não entendo mais o mundo*".[6]

O *front* estava desmoronando, os campos de concentração do leste foram libertados, um atrás do outro, e a grande retirada havia começado – prisioneiros, soldados, a SS, fugitivos de todos os quadrantes se dirigiram para o oeste. Os aliados ainda não haviam chegado a Theresienstadt e a SS, contrariando a ordem de Himmler, não estava inclinada a desistir de sua soberania. Assim, a SS ainda estava presente quando os primeiros prisioneiros dos campos de extermínio situados no leste chegaram a Theresienstadt.

"Meu Deus, nem consigo descrever o que se passa por aqui!" anotou Eva Ginz, a amiga de Hanka, em seu diário no dia 23 de abril.[7] "Um dia, à tarde [sexta-feira, 20 de abril], eu estava trabalhando, quando vimos passar um trem de carga. Os passageiros olhavam para fora das janelas do trem e tinham uma aparência horrível. Eram pálidos, seus rostos tinham uma coloração amarela ou esverdeada, estavam barbados, emagrecidos, suas faces eram encovadas, estavam carecas e usavam roupas de prisioneiros completamente esfarrapadas. Seus olhos tinham um brilho tão esquisito, era o brilho da fome. Eu fui correndo para o gueto (estávamos trabalhando fora do gueto) e para a estação de trens. Os passageiros estavam descendo dos vagões, se é que podemos chamar aquilo de "descida". Somente alguns poucos eram capazes de se manter em pé (seus pés eram ossos cobertos de pele), os demais permaneciam deitados no chão dos vagões, completamente enfraquecidos. Estiveram viajando durante 14 dias e não haviam comido praticamente nada. Vinham de Buchenwald e Auschwitz. Então, chegou um transporte atrás do outro: húngaros, franceses, eslovacos, poloneses (que já estavam há 7 anos em campos de concentração) e também tchecos."

"Um dia, em abril de 1945, quando ainda fazia muito frio", lembra-se Eva Herrmannová, "chegaram milhares de pessoas. Muitas ainda usavam tamancos de madeira. Quando muitas pessoas andam lentamente, calçando tamancos de madeira, o barulho é terrível, é um barulho de chocalho, monótono. Às vezes, ouvíamos esse barulho durante a noite. Então, levantávamos e seguíamos o barulho, esperando até as pessoas chegarem. Podíamos ver que eram pessoas que vinham de lugares diferentes. E todas tinham péssima aparência."

"Ouvíamos tiros à distância", conta Flaška. "Pensávamos que era o exército se aproximando. Mas eram os mais pobres dos pobres, os muçulmanos. Foi horrível – alguns deles simplesmente caíram e ficaram ali, caídos. Eram seres completamente depauperados, doentes e esfomeados, suas roupas estavam despedaçadas."

"Em abril de 1945, os prisioneiros das 'marchas da morte' voltaram", relata Ela. "Quase todos eram homens. Mas um dia chegou um transporte com mulheres. Quando perguntamos de onde elas vinham, essas mulheres nada souberam dizer! A partir de então, eu ficava sempre ali, observando as pessoas que voltavam. Afinal, elas sempre passavam por onde estávamos trabalhando. Essas mulheres não passavam, simplesmente. Essas mulheres se arrastavam e tinham uma aparência horrível, pareciam esqueletos – estavam completamente esfomeadas e esgotadas."

"Eu estava na rua, com Kursawe, quando os primeiros prisioneiros dos campos de concentração voltaram", conta Willy Groag ao comentar os acontecimentos daqueles dias. "Seu estado era desumano, eram só pele e ossos, as cabeças estavam raspadas. Eu fiquei horrorizado, nós todos ficamos horrorizados. Ainda me lembro de como Kursawe ficou assustado. Na verdade, tudo era inacreditável. Nós não conseguíamos acreditar que aqueles eram nossos amigos, nossos amigos mais próximos."

"Então, o coração da cidade parou", anotou Alice Ehrmann em seu diário no dia 20 de abril de 1945. "Agora estão todos aqui. Vagões para o transporte de gado, fedorentos, empesteados e dentro deles seres humanos fedidos e empesteados, semivivos, semimortos ou cadáveres. Todos apinhados junto às janelas, rostos tenebrosos, apenas ossos e olhos. Vimos chegar tudo aquilo que mais temíamos há meses."[8]

"Quando chegavam pessoas novas", recorda Marianne, "meu pai, que trabalhava no departamento de estatística, registrava seus nomes em uma ficha. Naquela época, meu pai ia até onde essas pessoas estavam abrigadas e mandava que lhes trouxessem uma panela de sopa. As pessoas tomavam aquela sopa como loucas. E meu pai dizia: 'Acho que elas saíram de um manicômio', e mandava médicos examiná-las. Então, os médicos diagnosticavam que essas pessoas eram normais, mas que tinham passado por coisas terríveis."

Essas pessoas não tinham apenas passado pelos campos de extermínio. Pouco antes dos aliados chegarem aos campos de concentração, elas foram levadas para o leste pela SS, em direção a campos de concentração como Rogoźnica, Ravensbrück, Sachsenhausen, Buchenwald, Bergen-Belsen, Mauthausen… E, como esses campos de concentraçãos estavam superlotados e as vias de transporte estavam sobrecarregadas pelo imenso fluxo de fugitivos, a SS não sabia mais o que fazer com eles e passou a atirar, impiedosamente, em todos aqueles que não conseguiam seguir em frente ou que, de alguma forma, chamavam a atenção. Finalmente, algumas dessas "marchas da morte" foram direcionadas para Theresienstadt.

Em 22 de abril de 1945, o chefe do Conselho de Anciãos, Benjamin Murmelstein, que ainda exercia seu cargo, informou que Paul Dunant (um representante da Cruz Vermelha Internacional) havia participado de uma reunião do Conselho de Anciãos e tinha feito uma declaração, segundo a qual o campo de concentração de Theresienstadt poderia contar com o total apoio da Cruz Vermelha e que ele havia sido encarregado de manter um contato constante e direto com esta instituição. "Na verdade, esta é a tão esperada aceitação de Theresienstadt pela Cruz Vermelha, embora os alemães ainda estejam aqui", anotou Erich Kessler em seu diário.[9] – A hora da libertação estava próxima.

Mesmo assim, Theresienstadt passaria por uma última provação. A SS ainda dominava o campo de concentração. Embora a SS estivesse pronta para deixar o gueto, eliminando a guarda diurna e noturna, embora a cada dia mais homens da SS desaparecessem de Theresienstadt, o núcleo da SS – Hans Günther, Rahm, Haindl, Möhs – ainda estava lá. Essas pessoas boicotavam tudo o que estava em seu poder, particularmente a assistência aos prisioneiros que retornavam e, com isso, as medidas a serem tomadas para evitar a propagação do tifo e de outras epidemias para o restante da população. Era impossível isolar os doentes dos sadios. Faltavam medicamentos, pessoal de enfermagem, alimentação suficiente e saudável para os cerca de 13.000 prisioneiros esgotados até a morte. Muitos deles morreram pouco antes da tão esperada libertação.

Hanka Wertheimer e sua mãe foram transportadas diretamente para **Hamburgo**, em julho de 1944, em um transporte de trabalho. Durante a viagem para lá, vários vagões foram separados e mandados em outra direção. Neles estava uma amiga de Hanka, Miriam Rosenzweig, e a cuidadora Eva Weiss, que foram levadas para Christianstadt. Hanka, por sua vez, acabou sendo levada para um depósito no subcampo *Dessauer Ufer*, em Hamburgo-Veddel. A cidade estava muito destruída pelos bombardeios, e as mulheres foram encaminhadas para trabalhos de remoção de entulho e construção.

"Recebemos roupas especiais, um macacão bege e um lenço azul claro para a cabeça. Assim vestidas, marchávamos pela cidade. Sempre em filas de quatro pessoas e, às vezes, cantávamos canções como 'Após todo dezembro, maio sempre vem'.

Como foi necessário explicar para as pessoas de Hamburgo quem éramos, disseram que éramos criminosas e que vínhamos da prisão. Foi assim que nos apresentaram, – como criminosas, assassinas e ladras. Publicaram isso até nos jornais. Construímos ruas em um novo assentamento em Hamburgo-Neugraben. Às vezes, procurávamos restos de comida nos latões de lixo e com eles cozinhávamos uma sopa. Nós tínhamos um lugar para cozinhar. Quando as pessoas viam que revirávamos o lixo para encontrar algo para comer, colocavam algo comestível embrulhado em jornal do lado do latão de lixo. Às vezes, achávamos uma batata, outras vezes uma cebola ou um pedaço de pão. Disso, fazíamos uma sopa. Essas sopas eram ótimas!

Tínhamos um supervisor da Wehrmacht. *Era um homem muito gordo e, em comparação com os demais, era bem simpático. Nós até o chamávamos de 'papai'.*[10]

Também me lembro de uma sra. Schmidt, que um dia conversou com minha mãe. Essa senhora disse que havia lido no jornal que éramos criminosas. Minha mãe, que falava bem o alemão, disse-lhe: "A senhora acredita que tudo o que escrevem no jornal é verdade? A senhora acredita que minha filha de 13 anos de idade matou alguém ou fez algo muito grave?"

O 'papai da Wehrmacht*', que era o único que nos vigiava, permitia que conversássemos um pouco com as pessoas, e foi assim que tivemos um pouco de contato com a população. Muitas de nós sabiam falar alemão. E, aos poucos, as pessoas notaram que não éramos criminosas. E, muitas das pessoas que haviam sido desalojadas pelos bombardeios e que não possuíam muito mais do que nós, eram gentis conosco.*

Acho que estivemos em três lugares diferentes em Hamburgo – Veddel, Neugraben e Tiefsack. Durante algum tempo trabalhamos em uma fábrica de óleo. Eu me lembro de que, nessa fábrica, tomávamos uma sopa muito boa na hora do almoço. Por que a sopa era tão boa? Porque nas fábricas bombardeadas, que nós tínhamos que arrumar, também havia outros trabalhadores – alemães, franceses, italianos, todos eram prisioneiros de guerra. As sopas que eram mandadas para aquelas fábricas eram muito boas e nós também podíamos tomar delas. Elas tinham um sabor delicioso...

Um dia, os homens da SS – nós sempre éramos fortemente vigiadas – encontraram uma carta que aparentemente uma de nós tentou contrabandear para fora. O nome da remetente era Hana. Portanto, todas as mulheres chamadas Hana tiveram que se apresentar. Minha mãe ficou com muito medo e disse: "Você fica aqui comigo, pois seu verdadeiro nome é Hanneliese". No final das contas, eles descobriram quem era a tal Hana. Seus cabelos foram raspados e ela foi enviada para Auschwitz.

Veio o inverno e, com ele, o frio. Não tínhamos meias e usávamos tamancos de madeira, nos quais a neve entrava. Muitas de nós adoeceram. Nossos macacões eram a única roupa que tínhamos. Nem sei se os lavamos algum dia. Só me lembro de que o alarme antiaéreo era frequente. Os ingleses bombardearam Hamburgo, assim como os americanos, e grandes áreas da cidade estavam em ruínas. Sempre que havia alarme antiaéreo, eu ficava feliz. Eu pensava que, a cada bomba lançada, o final da guerra ficava mais próximo. Muitas vezes nos refugiamos em um bunker *de superfície. Na verdade, esses prédios não foram feitos para os prisioneiros, mas os alemães que nos vigiavam não podiam nos deixar sozinhas. Então, nos levavam com eles. Nós sempre ficávamos no andar superior, o sétimo andar, o andar mais perigoso, claro. Os alemães ficavam um andar abaixo, para que não pudéssemos fugir.*

Sei que gostava de ir para o bunker*, pois lá eu conseguia, finalmente, dormir. Eu sempre tinha muito sono, disso eu me lembro. Éramos obrigadas a levantar muito cedo de manhã para ir trabalhar. Voltávamos tarde da noite. Eu dormia muito pouco. Mas sempre que* *começavam os bombardeios, eu podia dormir. É estranho – acho que eu tinha sono demais para sentir medo. E eu também era muito jovem. Eu sempre disse para mim mesma: 'Eu não fiz nada de mal, por que alguma coisa aconteceria comigo?' Se eu pudesse, teria preferido ficar deitada no estrado do beliche, dormindo. Mas, às vezes, minha mãe me obrigava a ir ao porão, onde estaríamos mais bem protegidas. Nunca nos aconteceu nada, embora algumas bombas tenham explodido nas proximidades...*

Então, em abril de 1945, fomos levadas para Bergen-Belsen... Na verdade, Bergen-Belsen nem era longe. Mesmo assim, viajamos de trem durante sete dias, pois muitos trens estavam indo para Bergen--Belsen. Centenas de vagões, milhares de prisioneiros vindos de todas as direções..."

"No final de abril, centenas de pessoas voltaram para Theresienstadt", conta Ela sobre esse tempo, como se fosse ontem. "Eu logo fui espiar para ver se via rostos conhecidos e, de repente, vi minha amiga Helga, e gritei: "Helga, Helga!" e atirei longe meus tamancos de madeira e saí correndo, procurando pelo pai de Helga e gritei: Helga está aqui! Helga está aqui!" Eu berrava como louca e voltei correndo para não perder Helga de vista. Eu queria cumprimentá-la antes que ela fosse para a quarentena, pois todos estavam doentes. Foi assim que reencontrei a minha Helga."

"Eu ouvi os gritos de Ela", lembra-se Helga. "Ela não podia ir até onde estávamos, pois logo fomos isolados e levados até os barracões do lado ocidental. Lá, enquanto esperávamos para saber o que aconteceria conosco, apareceu de repente um parente distante, que me deu um saquinho com algo para comer, enviado por meu pai (que não conseguiu chegar rapidamente até onde eu estava e, portanto, enviou seu primo). Assim que tirei alguma coisa do saquinho, ele foi confiscado pelas polonesas e eslovacas que estavam ao nosso lado. Elas simplesmente o arrancaram de minhas mãos."

Helga, Handa e Tella chegaram a Theresienstadt no final de abril. Nos barracões do lado ocidental, lá onde um dia haviam sido alojadas as crianças procedentes de Bialystok, todos receberam algo para comer, passaram por cuidados médicos e lhes deram uma cama. "Quando os pobres diabos foram levados para as enfermarias e viram suas camas cobertas com lençóis brancos, travesseiros e cobertores, começaram a chorar", escreveu Erich Kessler em seu diário. "Eles foram despidos e lavados. Em suas costas havia crostas de sujeira da grossura de um dedo. Tomaram uma sopa especialmente preparada para não sobrecarregar seus estômagos. Assim que Helga se recuperou um pouco, pediu um lápis e um pedaço de papel e escreveu as seguintes linhas para seu pai:

Theresienstadt, abril de 1945
Querido papai,

Ainda não consigo acreditar que estou perto de você. Eu estou tão feliz que nem sei o que dizer. Voltar a ser uma pessoa normal é um sentimento que você nem pode imaginar. Deixei para trás o campo de concentração. De agora em diante, darei muito valor a tudo na minha vida. Papai, você não imagina o que é estar limpo, usando roupas limpas. Sem ter uma cruz branca pregada às costas. Ter uma cama própria, um cobertor, um travesseiro e, também, um pouco de paz ao seu redor, e não sentir fome. Antigamente, sempre pensei que uma pessoa também tinha que ser rica. Só agora eu entendo que, na verdade, um ser humano precisa de muito pouco. Quando acordo pela manhã e me viro para o outro lado, e posso ficar na cama até as 9 horas, sou tão grata por não ser obrigada a levantar às 4h30 da manhã, sou grata por ninguém gritar comigo e também por não ser obrigada a ficar de pé durante duas horas, de castigo, como acontecia durante a contagem de prisioneiros em Oederan. Já não preciso mais ficar de pé na neve molhada, durante a contagem. E pensar que ainda éramos gratas por ter um casaco e uma blusa, meias e sapatos, embora as meias sempre fossem curtas e os sapatos pequenos demais. Em Auschwitz não tínhamos nada disso. Lá, só tínhamos tamancos de madeira quebrados e roupas totalmente sujas, que também eram pequenas e não me serviam. Eu gostaria tanto que a quarentena acabasse logo. Tenho medo de contrair alguma doença aqui. Por favor, papai, venha até aqui e peça para me chamarem, para que possamos conversar por sobre a cerca. Meu paizinho querido, eu quero tanto ficar com você! Tente me tirar daqui.

Por favor, traga-me sabonete e paninhos para banho. Na Sokolovna está morando o Markus, ou sei lá o nome dele, ele é de Kyjov. Por favor, vá até lá e venha com ele até a cerca. Nossas janelas dão para um banco. Lá na frente tem muita gente, lá nem poderíamos conversar em paz e eles não deixariam você entrar. Mas, se você vier com ele, que também mora aqui, eles deixariam você chegar perto. E traga um pouco de papel para escrever. E lute para que eu possa sair daqui. Papai, por favor, mande-me notícias, diga-me se foi possível arrumar o casacão que eu trouxe. Seria tão bom se ele pudesse ser encurtado. E traga as roupas da sra. Bader – talvez ela tenha uma blusa para mim ou algumas roupas íntimas. Eu também não tenho uma faca, eu deixei a minha com você. Papai dê um jeito para que eu possa sair daqui. Cem milhões de beijos e um abraço apertado,

Helga.

A cuidadora **Eva Weiss** foi levada de Auschwitz para o campo de trabalho em **Christianstadt**, um subcampo de Rogoźnica, próximo a Wrocław, onde trabalhou por alguns meses em uma fábrica de munições. Com isso, sua vida ficou um pouco mais leve. Embora ainda houvesse uma grande escassez de alimentos, sua vida já não corria mais perigo. No entanto, isso mudou no final de janeiro, quando começaram os primeiros tiros ao longe. Em 2 de fevereiro de 1945, Eva foi integrada a uma "marcha da morte".

"Estava frio, a terra estava coberta de neve e nós nos arrastávamos para a frente. Não éramos os únicos na estrada. Vimos todos os tipos de veículos, apinhados de alemães e poloneses, que viajavam na mesma direção que nós. Aparentemente, os russos estavam se aproximando rapidamente, causando pânico e confusão. A fuga parecia possível, mas

essa fuga deveria ser planejada detalhadamente para que desse certo. Como eu não tinha coragem de fugir sozinha fiquei procurando alguma amiga que pudesse me ajudar, de preferência alguém que se parecesse um pouco comigo – que não tivesse uma aparência muito judia. Essa amiga era a Ruth Iltis.

Tivemos um dia e uma noite para planejar a fuga em todos os detalhes. Pensamos em nos identificar como enfermeiras de origem alemã-polonesa, como meninas simples. Inventamos nomes para nós – Annie e Gertrud Hinze. No dia seguinte, assim que tivemos uma oportunidade, desaparecemos atrás de alguns pinheiros em um pedacinho de floresta, na esperança de que ninguém nos visse. Alguns tiros partiram em nossa direção, mas não nos acertaram. Não fomos perseguidas. E assim, em um dia frio de fevereiro, chegamos a uma região desconhecida..."

Eva e Ruth, que agora atendiam pelos nomes Annie e Gertrud Hinze, chegaram inicialmente a uma fazenda, de onde foram encaminhadas para um "escritório de empregos", em Biała Woda. Lá, acreditaram na história contada por ambas e lhes forneceram documentos e um endereço onde deveriam trabalhar como faxineiras. Ao chegarem a seu destino, ficaram chocadas:

"Ficamos ali, olhando para a placa pendurada sobre a porta: Casa da Juventude Hitlerista. O que fazer? Ficamos ali, esperando. Escureceu e foi ficando cada vez mais frio e a nossa fome aumentava. A porta se abriu e fomos recebidas por uma pessoa de aparência maternal. Ela nos deu um quarto, só para nós duas. Também recebemos uma chave e podíamos trancar a porta. No dia seguinte, nossa tarefa era ajudar na cozinha e limpar tudo, fazendo as tarefas mais desagradáveis. O abrigo estava cheio de rapazes uniformizados; havia bandeiras por todos os lados, suásticas e outros adereços semelhantes. Nós fingíamos que éramos meninas simples, um pouco estúpidas e ignorantes. Ruth, agora Annie, que era muito bonita, era muito apreciada pelos garotos, mas mantínhamos distância. O perigo de descobrirem quem nós éramos, de fato, era grande.

Após alguns dias, nos disseram que seríamos examinadas pelo médico e ficamos apavoradas por causa dos números tatuados em nossos antebraços. O que deveríamos fazer? Tentamos cortar a pele para remover os números, mas isso não era muito fácil. Então, só nos restava queimar a pele para removê-los. Tínhamos um aquecedor à lenha, no qual o fogo ardia. Então, sob os olhos de Adolf Hitler, cuja fotografia estava pendurada na parede, colocamos um pedaço de brasa sobre nossos números. Dava para ouvir alguns estalos, o local começou a queimar e doer, mas foi a única coisa que pudemos fazer para salvar as nossas vidas. Então, procurei a enfermeira e disse-lhe que havia me queimado. A enfermeira me deu uma pomada e um curativo, que compartilhei com Ruth, que de jeito algum poderia aparecer com o mesmo ferimento sem levantar suspeitas.

Depois de algumas semanas, fomos convocadas para um quartel-general da SS e chegamos a pensar que seria o nosso fim. Porém, como faxineiras, fomos muito bem tratadas e, finalmente, enviadas para um vilarejo próximo à fronteira tcheca, onde ficamos até o início de maio.

Nesse meio tempo, havíamos assumido nossos papéis à perfeição, e o nosso relacionamento com os jovens que treinavam para o front *se tornou mais amigável. Acabamos sendo promovidas a cozinheiras e, para nossa felicidade, tínhamos o suficiente para comer.*

Quando os russos se aproximaram, os alemães foram tomados de pânico e fugiram, mas iam de encontro aos americanos – "Correram do Ivan para cair nos braços dos americanos", dizia-se. Unimo-nos a eles, na esperança de alcançar rapidamente a fronteira tcheca. Quando vimos uma placa na qual estava escrito Liberec, simplesmente desaparecemos naquela direção.

Era o dia 3 de maio de 1945. Ruth sabia o nome de um conhecido de seu pai em Liberec, e batemos à sua porta. Ele nos recebeu muito bem e nos tratou com a genuína hospitalidade tcheca. Mais tarde, nos pusemos a caminho de Praga.

Durante a nossa viagem, sofremos um único ataque aéreo – um pequeno avião alemão veio voando baixo e descontroladamente sobre nós, voltando várias vezes, nos obrigando a procurar abrigo em uma vala. Depois que o pesadelo terminou, estávamos absolutamente imundas. Entramos no primeiro restaurante que encontramos, pois tínhamos que nos limpar. Lá, nos ajudaram amavelmente. Respondemos às perguntas dos presentes, contando sobre as nossas aventuras. Mas quando falamos sobre Auschwitz, sentimos que ninguém acreditava em nós.

No dia seguinte, alguém deu um jeito para que não seguíssemos a viagem a pé e nos arrumou um lugar em um carro. Fomos sentadas na parte de trás de um automóvel que estava enfeitado com muitas flores e bandeiras tchecas. Algumas pessoas atiravam flores para nós. Até hoje não sei quem organizou essa viagem; eu só sei de uma coisa: A hora da libertação havia chegado."

No final de abril de 1945, Helga e seu pai se encontraram junto àquela cerca de madeira que, durante três anos, separou o **gueto de Theresienstadt** do mundo exterior e que, agora, servia para manter os doentes separados dos sadios. Helga esteve separada de seu pai durante seis meses. "O pai de Helga ficou tão feliz quando voltamos", descreve Handa. "Ele queria nos oferecer o que tinha de melhor. E o melhor que ele tinha era uma latinha de manteiga. Helga escondeu a latinha dentro de sua blusa e não conseguimos resistir, embora soubéssemos que não podíamos comer a manteiga imediatamente. Mesmo assim, cada uma de nós pegou uma colher de chá cheia de manteiga e mais outra – sem pão, sem nada, e cada uma de nós comeu cerca de 100 g de manteiga. O resultado foi uma diarreia terrível. Ainda tivemos sorte que não aconteceu nada pior."

As amigas de Helga também ficaram felizes e fizeram questão de repartir sua comida com as pessoas que voltaram a Theresienstadt, especialmente a excelente sopa que a mãe de Ela havia guardado para esta ocasião. Porém, quando descobriram o quanto a gordura poderia ser perigosa, "organizaram" inicialmente um pouco de açúcar. Afinal, todos queriam ajudar a recuperar aquelas pessoas emagrecidas e fracas.

"Logo após o meu retorno", conta Handa, "uma mulher deu um grito de alegria e veio correndo na minha direção. Era Jitka, a minha babá de Olbramovice. No final da guerra, ela havia sido deportada para Theresienstadt. Jitka começou a chorar e eu perguntei: 'Por que você está chorando? Eu estou aqui. E estou viva'. E ela respondeu: 'Mas é que você tinha umas mãozinhas tão pequeninas e gordinhas e agora? Olhe para elas. Suas mãos são só pele e osso'.

No dia 29 de abril, começou a circular a notícia de que a SS devia deixar a cidade no prazo de 48 horas. Assim, os senhores da SS começaram a preparar sua partida: Rahm, Haindl, Bergel, Möhs e todos os outros. "Dunant está aqui no Conselho dos Anciãos, sem a presença dos alemães", escreve Alice Ehrmann no dia 30 de abril. E, um dia mais tarde: "Capitulação – Churchill apresentou à Câmara...? A emoção está ficando incontrolável. Eu preferia chorar até morrer. É impossível deixar a emoção crescer ainda mais, ela precisa acabar em algum momento".

"No dia 2 de maio, a bandeira negra da SS e a bandeira com a suástica foram hasteadas a meio mastro na Pequena Fortaleza. Todos logo ficaram sabendo o que isso significava", anotou Erich Kessler.[11] "Foi então que confirmaram que Hitler tinha dado fim à sua vida maldita."

No dia 3 de maio de 1945, a Cruz Vermelha Internacional, sob a direção de Paul Dunant, colocou o gueto de Theresienstadt e a Pequena Fortaleza sob sua proteção. "Agora, a SS deverá finalmente sair daqui. A notícia de que Goebbels foi encontrado morto se espalhou. Segundo as informações circulantes, a paz já foi instalada. Dentro de quatro dias, as pessoas de Praga poderão voltar para casa."[12]

Os dias seguintes voaram, o fim da guerra era iminente e, mesmo assim, a morte rondava por ali. "Aconselharam-nos a tomar cuidado, a fechar as janelas e a não ficar parados junto às janelas", relata Handa, que havia sido alojada juntamente com Tella no antigo Abrigo 1 de L 417. "Ainda havia membros da SS e franco-atiradores, que atiravam descontroladamente."

De seu quarto, Handa conseguia observar o que acontecia na praça do mercado, assim como na rua. Porém, era difícil entender o que estava acontecendo. Multidões em todos os lugares, prisioneiros, soldados alemães, polícia tcheca. Nas ruas, uma grande quantidade de tráfego em todas as direções. Caminhões carregados com centenas de caixas pretas. Pessoas de Praga e de outros lugares, que vinham buscar seus parentes. Veículos da *Wehrmacht* que atravessavam a cidade em direção a Praga.

"No dia 4 de maio, acordei com um barulho muito estranho", lembra-se Handa claramente. "Era como se um grande enxame de abelhas se aproximasse voando – *bzzzzzzz*. Eu não sabia o que era aquilo. Arrisquei-me a dar uma olhada pela janela. Não vi nada. Mas o ruído tornou-se cada vez mais intenso. Finalmente, vi tanques russos, sobre os quais havia muitas pessoas. Eram os ex-prisioneiros de Theresienstadt que haviam cruzado o caminho dos russos enquanto voltavam para o gueto. Essas pessoas gritavam e choravam de alegria."

As tropas russas também seguiram em direção a Praga. E, de vez em quando, algumas unidades perdidas da *Wehrmacht* ainda passavam por Theresienstadt. De vez em quando, também se ouviam alguns tiros.

"No dia 5 de maio de 1945, foi o aniversário de minha irmã", conta Ela, "e de repente se ouviu uma gritaria – a polícia tcheca entrou em Theresienstadt carregando a velha bandeira tcheca. Os policiais passaram por todas as ruas. O júbilo foi geral. Naquele dia festamos de verdade."

Enquanto a bandeira tcheca era hasteada ao som de um *pout-pourri* de canções nacionais, as pessoas invadiram a comandatura, fazendo com que Rahm e Haindl batessem definitivamente em retirada. A polícia tcheca tomou conta da cidade.

No entanto, nos barracões a fome ainda reinava e as pessoas morriam, as lutas em Praga continuavam e colunas de tanques atravessavam Theresienstadt. Ainda se ouviam tiros de fuzil e metralhadora e transportes de prisioneiros continuavam a chegar, enquanto os homens da SS fugiam.

No dia 6 de maio, Otto Pollak escreveu para sua filha, que ainda estava em quarentena:

"Minha querida filhinha!

Recebi a cartinha que você me enviou de seu barracão e, inicialmente, fiquei consternado ao saber que você vai me deixar só novamente. Quase não dormi à noite, porque fiquei pensando muito e porque meu pardalzinho não estava aqui comigo.

Após reflexão cuidadosa, cheguei à conclusão de que devo deixar você partir com suas companheiras e colegas de infortúnio de Oederan, pois suponho que o transporte estará sob a proteção da Cruz Vermelha. Eu espero que na Suíça a sua recuperação seja melhor do que aqui. Meu amorzinho, eu não terei condições de lhe oferecer nada tão bom nos próximos anos e espero que você desfrute do amor e dos cuidados que os suíços podem lhe oferecer. Trate de sair logo da quarentena, pois ainda tenho muito para discutir com você e quero me despedir antes da sua partida. Se você não puder vir até aqui, farei a sua mala com a ajuda da sra. Sander. Também vou lhe dar uma malinha de mão com produtos de higiene pessoal e um lanche para a viagem. Já peguei seu diário que estava guardado. Ele está em bom estado. – É isso, minha filha.

Beijos de seu papai."

No final da tarde do dia 7 de maio, praticamente toda a população de Theresienstadt se reuniu na praça principal para receber a notícia tão esperada: a Alemanha capitulou incondicionalmente. A capitulação foi assinada na noite anterior pelo general Jodl, em Reims. – Dessa vez, ninguém aplaudiu.

A guerra havia terminado e, mesmo assim, a paz ainda não havia se instalado. No dia seguinte, a população foi orientada a tomar muito cuidado. Um comunicado que devia ser seguido por todos os habitantes de Theresienstadt dizia: "Comunicado geral! Em re-

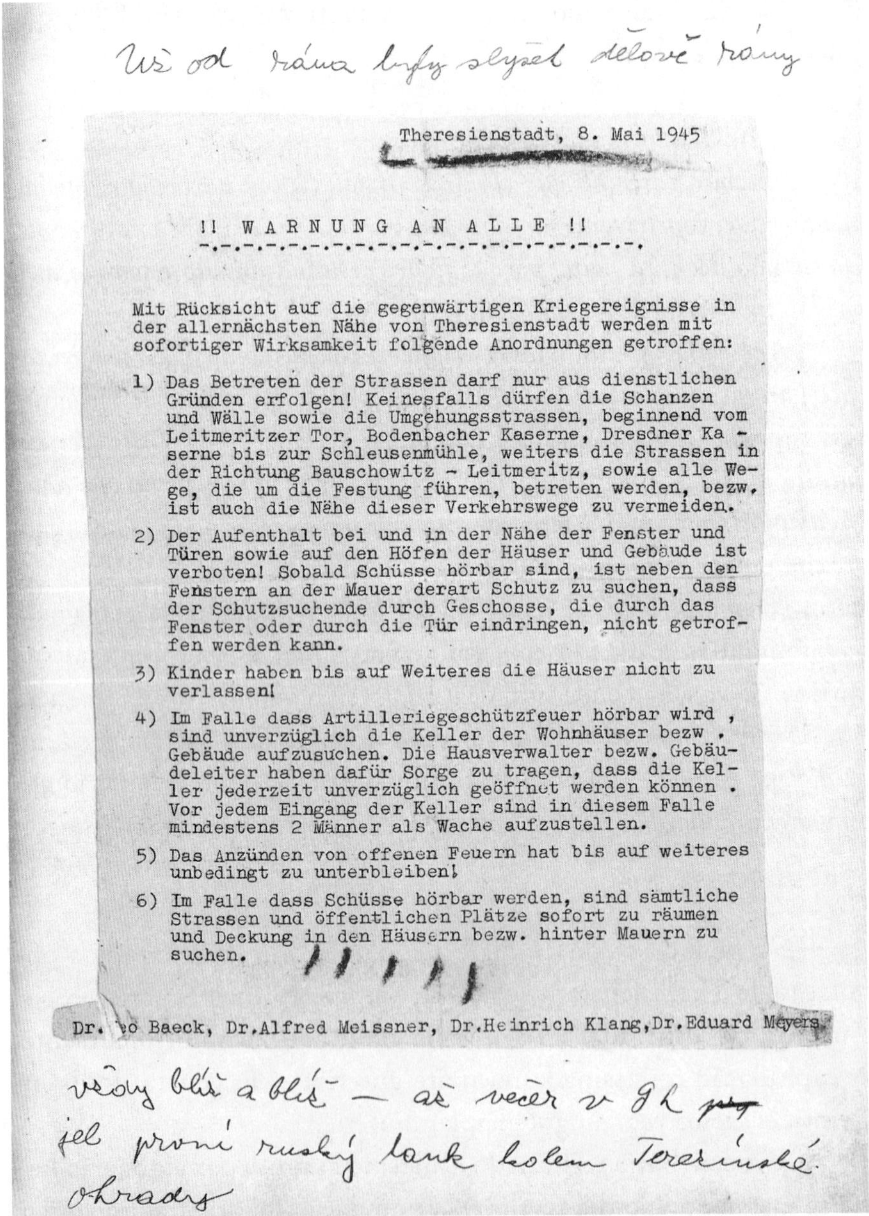

Už od rána bylo slyšet dělové rány

Theresienstadt, 8. Mai 1945

!! W A R N U N G A N A L L E !!

Mit Rücksicht auf die gegenwärtigen Kriegereignisse in der allernächsten Nähe von Theresienstadt werden mit sofortiger Wirksamkeit folgende Anordnungen getroffen:

1) Das Betreten der Strassen darf nur aus dienstlichen Gründen erfolgen! Keinesfalls dürfen die Schanzen und Wälle sowie die Umgehungsstrassen, beginnend vom Leitmeritzer Tor, Bodenbacher Kaserne, Dresdner Ka - serne bis zur Schleusenmühle, weiters die Strassen in der Richtung Bauschowitz - Leitmeritz, sowie alle Wege, die um die Festung führen, betreten werden, bezw. ist auch die Nähe dieser Verkehrswege zu vermeiden.

2) Der Aufenthalt bei und in der Nähe der Fenster und Türen sowie auf den Höfen der Häuser und Gebäude ist verboten! Sobald Schüsse hörbar sind, ist neben den Fenstern an der Mauer derart Schutz zu suchen, dass der Schutzsuchende durch Geschosse, die durch das Fenster oder durch die Tür eindringen, nicht getroffen werden kann.

3) Kinder haben bis auf Weiteres die Häuser nicht zu verlassen!

4) Im Falle dass Artilleriegeschützfeuer hörbar wird , sind unverzüglich die Keller der Wohnhäuser bezw . Gebäude aufzusuchen. Die Hausverwalter bezw. Gebäudeleiter haben dafür Sorge zu tragen, dass die Keller jederzeit unverzüglich geöffnet werden können . Vor jedem Eingang der Keller sind in diesem Falle mindestens 2 Männer als Wache aufzustellen.

5) Das Anzünden von offenen Feuern hat bis auf weiteres unbedingt zu unterbleiben!

6) Im Falle dass Schüsse hörbar werden, sind sämtliche Strassen und öffentlichen Plätze sofort zu räumen und Deckung in den Häusern bezw. hinter Mauern zu suchen. !!!!!

Dr. Leo Baeck, Dr.Alfred Meissner, Dr.Heinrich Klang,Dr.Eduard Meyers.

vždy blíž a blíž — až večer v 9 h ~~pr~~ jel první ruský tank kolem Terezínské ohrady

Do Álbum de Vera: Aviso Geral.

lação aos atuais acontecimentos de guerra na proximidade imediata de Theresienstadt são feitas as seguintes determinações: 1. As ruas devem ser usadas somente para o trabalho (...) É proibido permanecer na proximidade de portas e janelas, assim como nos pátios das casas e prédios! (...) 3. As crianças estão proibidas de sair de casa até segunda ordem (...) Em caso de fogo de artilharia, deve-se procurar imediatamente abrigo nos porões das casas ou prédios (...)"

No dia 8 de maio, o som dos tiros de canhão ainda ecoava no ar. Depois disso, a tensão se dissipou.

No sótão do quartel Dresden, Vera Nath olhava para as ruas abaixo: "Já era tarde, passava das 9 horas da noite. De repente, vimos uma mulher com a bandeira vermelha! Corremos para baixo e vimos que as cancelas do gueto estavam abertas. O Exército Vermelho havia chegado. Ele era composto por crianças, garotos de 15 e 16 anos de idade. Nós ficamos exultantes, o que mais podíamos ter feito? Ficamos lá fora durante horas, apreciando. Todos cantavam alguma coisa, a Internationale, canções em alemão, tcheco, polonês, húngaro... tudo misturado."

O final

Eva Weiss.

Eva Weiss e sua amiga Ruth Iltis estavam entre os primeiros sobreviventes de campos de concentração alemães que vivenciaram o final da guerra em Praga, onde aguardavam seus familiares e amigos. "Mas somente alguns retornaram. E todos tinham alguma história triste para contar. Cada um dos sobreviventes sabia de muitos outros, que jamais retornariam. Foi um tempo de altos e baixos. E os baixos eram muito, muito profundos."

Como nenhum dos parentes mais próximos de Brno haviam sobrevivido, Eva permaneceu em Praga. Em Praga, Eva conheceu seu futuro marido, um tcheco que emigrou para a Inglaterra, que mais tarde marchou para Praga com a Brigada Tcheca do exército britânico. Quando retornou para Londres, depois de um ano, Eva não pôde acompanhá-lo, pois não tinha um documento de identificação válido. Somente três anos mais tarde, após ter obtido um "passaporte coletivo" expedido para um grupo Alija, Eva conseguiu viajar para Israel, onde se encontrou com seu namorado. Os dois casaram-se no *kibbutz* Givat Chaim. Depois de alguns meses, o casal mudou-se para a Inglaterra, onde Eva começou uma nova etapa em sua vida. Eva viveu por muitos anos em Londres e, atualmente, mora perto de Winchester, no sul da Inglaterra, junto de seus filhos. Eva completou 90 anos de idade no dia 14 de junho de 2013.

Hanka Wertheimer.

Hanka Wertheimer sobreviveu por pouco ao inferno de Bergen-Belsen. Nos primeiros cinco dias após a libertação do campo de concentração pelas tropas britânicas, em 15 de abril de 1945, morreram sozinhas ali 14.000 pessoas; outras 14.000 pessoas morreram nas semanas seguintes, entre elas também a mãe de Hanka, Lily Wertheimer, que morreu de tifo no dia 16 de maio. Hanka ficou em um hospital de Celle até julho de 1945 e, de lá, foi transferida para um hospital em Pilsen. Quando finalmente recuperou suas forças, viajou para Praga. "Eu fui diretamente para a rua Zitná 38. Na pequena quitinete ainda vivia a nossa Mařka, que chorou muito quando me viu. Mařka disse que, se me encontrasse na rua, não teria me reconhecido. Eu pesava somente 35 kg, estava doente e muito infeliz."

Hanka havia perdido quase toda a sua família. Somente sua irmã tinha conseguido fugir a tempo para a Palestina, assim como um irmão de sua mãe. Dos onze irmãos de seu pai, dois conseguiram escapar para a América do Sul. Mařka devolveu-lhe o apartamento que sua mãe, um dia, havia alugado em seu nome. Nos meses seguintes, o apartamento situado próximo à praça Venceslau transformou-se no ponto de encontro de seus amigos: Handa Pollak, Ela Stein, Eva Seger, Stepan Krulis, Yehuda Huppert (Polda) e Jirka Brady, o irmão da pequena Hana, que ele perdeu em Auschwitz. Nos primeiros anos após a libertação, para Hanka e seus amigos era inimaginável fazer amizades com pessoas que não tivessem passado pela mesma experiência que eles. Era-lhes impossível imaginar casar com alguém que não fizesse parte de seu grupo. As lembranças dos campos de concentração ainda permaneceram vivas por longo tempo. "Aquilo era algo muito forte dentro de nós. No campo de concentração, quando fechávamos os olhos, víamos pão. Depois da guerra, quando fechávamos os olhos, víamos o campo de concentração."

Hanka e seus amigos frequentemente passeavam na *Staroměstské náměstí*, o anel que circula ao redor da Cidade Velha de Praga, passando pela Týnský chrám (a igreja de Nossa Senhora de Teyn), e se dirigiam para a antiga Câmara Municipal com seu Relógio Astronômico. Lá, seus olhares sempre perscrutavam a multidão em busca de um rosto conhecido. Hanka pensava muito em seu amigo Polda, mas não tinha coragem de procurar por ele. Um dia, Polda cruzou o seu caminho e Hanka ficou feliz em saber que ele estava vivo. Após a libertação, a temporada passada em Praga seria curta para Hanka. Logo depois que passou a frequentar o ginásio, juntamente com Handa Pollak, Hanka recebeu o diagnóstico de tuberculose, sendo mandada para um sanatório de doenças pulmonares, chefiado por sionistas em Davos, na Suíça. Esse sanatório atendia exclusivamente os *hechaluzim*, os membros da organização sionista Hechaluz. Hanka ficou por mais de dois anos no sanatório e, durante aquele período, frequentou o ensino médio. Em 1948, Hanka voltou para Praga.

Enquanto isso, seus amigos seguiram caminhos diferentes. Jirka Brady foi para a América, Stepan para a Austrália, Ela, Handa, Eva e Polda emigraram para a Palestina. Finalmente, em 1949, Hanka também foi para sua tão desejada *Erez* Israel.

Hanka conheceu seu futuro marido no *kibbuz* Hachotrim, e com ele passou muitos anos interessantes nos Estados Unidos, na Bulgária, em Singapura, na Índia e na Itália. Hanka tem três filhos e, hoje, mora em Tel Aviv.

Judith Schwarzbart.

Judith Schwarzbart conseguiu escapar das "fábricas de mortes" de Bergen-Belsen, juntamente com sua irmã Esther. Assim como Hanka, Judith também perdeu sua mãe logo após a libertação. Charlotte Schwarzbart morreu no final de abril de 1945, no Hospital de Celle. Em meados de julho de 1945, Judith e sua irmã voltaram para sua terra natal, na Morávia. Em sua casa em Brno-Jundrov, seu irmão Gideon estava à sua espera. Gideon havia encontrado a casa totalmente vazia e abandonada, e parte do mobiliário estava completamente destruída em um pátio. Um prato especial para o *Pessach* e um relógio antigo (que lhes foram devolvidos por vizinhos) foram as únicas lembranças que restaram de seus pais.

Os três irmãos – Esther, 19 anos de idade, Gideon, 17 anos de idade e Judith, de 15 anos de idade – foram os únicos que restaram da família. Seus pais e parentes tinham morrido. A comunidade dava-lhes o suficiente para sobreviver. Frequentaram a escola e passaram por um inverno muito rigoroso entre 1945 e 1946. "Fazíamos as lições de casa e minha irmã estava estudando para a "Matura", a prova de proficiência do ensino médio, e eu vi que um copo de água na mesa, que ficava ao lado dela e que sempre enrolávamos com um pano, estava congelado de tanto frio que fazia. Não tínhamos lenha nem carvão. Eu teria preferido emigrar imediatamente, mas meus irmãos me seguraram ali até que completei 18 anos de idade. Terminei a escola e, então, fiz Hascharah e emigrei para a Palestina em 1948."

Judith chegou ao porto de Jaffa no dia 15 de maio de 1948, às 6 horas da manhã, com um dos três primeiros navios que chegaram ao recém-fundado Estado de Israel. Os emigrantes foram recebidos pelas saraivadas de tiros dos árabes, que passavam sobre o porto com aviões, dos quais atiravam. Assim foi o começo da nova vida de Judith. Quando uma tia de Judith, que havia emigrado para a Palestina antes da guerra, lhe perguntou o que havia acontecido, e Judith começou a falar de suas experiências, sua tia a interrompeu prontamente dizendo: "Não comece você também a exagerar. É impossível que tudo tenha sido tão ruim."

Durante muitos anos, Judith deixou de falar sobre esse tempo. Judith tornou-se uma enfermeira pediátrica e de recém-nascidos, casou-se em 1951, e tem três filhos. Haifa tornou-se a sua nova pátria.

Eva Winkler.

Eva Winkler passou o final da guerra com seus pais e seu irmão Jiři na Suíça. Em julho de 1945 retornaram à sua terra natal, inicialmente para Miroslav e, em seguida, para Brno. Eva e sua família também esperaram em vão pelo retorno dos demais familiares. "Foi uma época horrível e ficamos sabendo de tudo o que aconteceu. Soubemos que meus avós e quase todas as minhas tias, tios e seus filhos, além de muitos dos meus amigos, não sobreviveram ao Holocausto."

Em Miroslav e Brno, Eva frequentou a escola e se formou em um curso superior em Brno. Na Tchecoslováquia, Eva nunca mais se sentiu verdadeiramente em casa. "Havia muitos tchecos que tinham colaborado com os alemães. O antissemitismo continuava vivo. Eu tive um professor que me prejudicou muito, pois não conseguia suportar o fato de que eu, uma judia, fosse a melhor aluna. Eu também sentia que frequentemente estava sendo perseguida e que alguém andava atrás de mim."

Em 1949, Eva e seu irmão emigraram para Israel. Seus pais também pretendiam emigrar, mas o regime comunista, com a Cortina de Ferro, instalou-se, e as fronteiras foram fechadas. Somente em 1968, após a morte de seu pai, a mãe de Eva e sua filha conseguiram mudar para Israel. Durante alguns anos, Eva viveu no mesmo *kibbuz* que Handa, o *kibbuz* Hachotrim. Eva casou-se, tem dois filhos e vive em Haifa, com seu marido.

Marta Fröhlich.

Marta Fröhlich e seus irmãos foram para Pisek assim que foi possível para reencontrar sua mãe. "Quando chegamos, mamãe usava um lindo vestido cor-de-rosa. Ela está muito feliz! Mamãe nos beijou e dançou conosco." Porém, seu pai, assim que retornou de Theresienstadt, voltou a praticar atos violentos contra a esposa e os filhos. Essas agressões violentas somente cessaram depois que Janda (então com 18 anos de idade) voltou para casa, em setembro de 1945, e enfrentou seu pai. Mesmo assim, Janda não foi capaz de mudá-lo. Os quatro irmãos emigraram para Israel no final da década de 1940. Somente Martha ficou com sua mãe, pois a amava muito. Martha se casou, teve três filhos e morou em Cheb, até falecer em 2010.

Vera Nath.

Vera Nath chegou a Štiřin, Lojovice, em 6 de junho de 1945, vinda de Theresienstadt, juntamente com outras crianças, entre elas Flaška. Lá, o humanista cristão Přemysl Pitter[1] havia transformado um velho castelo em um sanatório para crianças. Depois de algumas semanas, Vera voltou para Praga com seus pais e sua irmã, onde ficaram esperando em vão por um sinal de vida de seus familiares mais próximos. As últimas notícias sobre eles se perdem em Auschwitz e Lódz. Apenas dois de seus primos conseguiram escapar a tempo para a Palestina. O irmão mais velho de sua mãe, Eugen Kolb, um importante sionista de Budapest, chegou à Suíça no final de 1944 em um dos transportes de Kastner e, mais tarde, foi para Israel.[2]

No dia 28 de outubro de 1948, Vera emigrou para a Palestina. Seus pais emigraram alguns meses mais tarde. Casou-se com Micky Kreiner (1921–2010), tem dois filhos e, atualmente, vive em Ramat Gan.

Ela Stein viveu durante algum tempo com sua tia em Kolin e, mais tarde, com sua mãe e irmã em Praga. Apenas alguns dos muitos membros de sua família sobreviveram ao Holocausto – 62 familiares perderam sua vida, entre eles também seu tio Otto Altenstein. "Depois da guerra eu tinha tanto medo que não conseguia ser como as de-

Ela Stein.

mais crianças. Eu tinha medo que apontassem para mim, dizendo: 'Olhe, ela esteve em um campo de concentração!' E o que eu mais desejava era voltar para a escola. Eu queria aprender alguma coisa. Até hoje, eu digo às crianças: não venham me dizer que vocês não querem ir à escola, pois para mim, ir à escola era a melhor coisa do mundo. Era muito bom poder sentar em um banco escolar e ouvir o que o professor dizia, sem sentir medo."

Em 1949, um desejo há muito tempo acalentado por Ela tornou-se realidade: a emigração para Israel. Lá, Ela serviu dois anos no exército. Casou-se em 1953 e, em 1958, mudou-se com o marido para os Estados Unidos. Teve dois filhos e mora no estado de Nova York. Nos últimos anos, Ela frequentemente é a convidada de honra nas apresentações de *Brundibár*. Assumiu a tarefa de manter viva a memória de suas amigas de Theresienstadt.

Marianne Deutsch ficou felicíssima quando pôde, finalmente, conviver novamente com sua babá Memme. Com a babá e seus pais, Marianne ainda viveu por alguns anos em Olomouc, frequentou a Escola de Comércio e trabalhou na profissão durante alguns anos. Casou em 1954 e, juntamente com o marido, mudou-se para Ostrava. Antes que a União Soviética e seus aliados invadissem Praga, em agosto de 1968, dando um fim abrupto à Primavera de Praga, Marianne, seu marido e seu filho Peter, de 10 anos de idade, deixaram sua terra natal. "Nós não queríamos cometer novamente o mesmo erro dos nossos pais, que não levaram a sério aquele jovem cabo do exército chamado Hitler. Não queríamos que nossos filhos crescessem subjugados. Deixamos tudo para trás e fugimos com duas malas somente, atravessamos a Áustria e fomos para a Alemanha." Na Alemanha, Marianne Deutsch e seu marido construíram uma nova vida.

Miriam Rosenzweig foi libertada em Bergen-Belsen. Gravemente doente, com febre tifoide, Miriam ainda permaneceu algumas semanas no hospital e, em seguida, foi levada para a Suécia, onde ficou

Miriam Rosenzweig.

internada em um hospital por mais um ano, com tuberculose. Mais tarde, Miriam voltou para Praga e emigrou para Israel em 1948. Miriam também viveu por algum tempo no *kibbuz* Hachotrim, mais tarde morou em Haifa. Casou-se e, em 1959, mudou-se com o marido e seus dois filhos para a Califórnia, nos Estados Unidos, onde teve mais um filho. Como ela dizia, viveu uma vida confortável em Orange County. "Eu não me preocupava muito com o passado. Mas agora que as mais jovens entre nós estão envelhecendo, sinto que o nosso passado não deve ser esquecido. Calamo-nos durante muitos anos. Mas agora chegou o momento de falar sobre nossas experiências durante a guerra, antes que seja tarde demais." Miriam faleceu em 2012.

Eva Eckstein.

Eva Eckstein perde sua mãe e suas duas irmãs, Hana e Herta, em Auschwitz. De Auschwitz, Eva foi levada para Freiberg, perto de Dresden, para fazer trabalho forçado para a indústria aeronáutica. Depois do grande ataque aéreo a Dresden, em fevereiro de 1945, os prisioneiros foram colocados em vagões abertos destinados para o transporte de gado, e levados em direção à Tchecoslováquia. Ao chegarem completamente esfomeados à Bile Brize, perto de Pilsen, após uma semana de viagem, o trem parou durante um período de tempo mais prolongado, e mulheres da população abriram caminho até os prisioneiros (contra a vontade das guardas da SS), e fizeram questão de que os vagões fossem abertos para dar sopa para os prisioneiros famintos. A viagem prosseguiu e, finalmente, o trem parou no campo de concentração de Mauthausen, que já estava sob a proteção da Cruz Vermelha, sendo libertado pelos americanos no dia 4 de maio.

Eva voltou sozinha para sua cidade natal Louny, onde nada era como antes. A loja de produtos alimentícios e a casa, que antigamente pertenciam a seus pais, tinham caído nas mãos de um colaborador do regime nazista. Em 1946, seu noivo Hermann reapareceu e Eva casou-se com ele um ano depois. Com ele e seus dois filhos, Eva viveu sob o regime comunista em Louny até 1968, passando por muitas dificuldades. Enquanto os tanques soviéticos acabavam com as reformas da Primavera de Praga, Eva e seu marido aproveitaram o recém-recebido visto de turista para a Suécia e deixaram o país. A Suécia transformou-se em sua nova pátria. Lá, Eva viveu até sua morte, em 2009.

Eva Stern perdeu quase toda sua família no Holocausto. Com sua irmã Doris, Eva finalmente emigrou para Israel, onde vive até hoje. Entre a sua vida atual e os anos de 1939 a 1945 existe um abismo sobre o qual Eva prefere não falar.

Eva Landová viveu uma odisseia que não terminou em 8 de maio de 1945. De Gutau, a aldeia polonesa onde Eva foi libertada, semicongelada, pelo Exército Vermelho, Eva foi transferida inicialmente para um hospital em Eylau, na Prússia oriental. Em abril de 1945, quando o hospital teve de ser evacuado, Eva foi enviada para o leste e, finalmente, chegou à Sysran, uma antiga cidade russa nas margens do rio Volga, na proximidade de Kujbyšev, a atual Samara.

Durante a viagem para Samara, Eva conheceu uma pessoa que marcaria seu destino: o chefe do departamento médico do trem, dr. Mer, um major do Exército Vermelho. O médico demonstrava um grande interesse pelos doentes, principalmente por Eva, da qual gostava muito. O dr. Mer, judeu sem filhos, havia perdido seus pais durante o nazismo e vivia com sua esposa em Leningrado. Assim, o médico teve a ideia de adotar Eva. "Ele me propôs a adoção imediatamente. Mas eu não queria saber de nada, eu só queria voltar para Praga. Ele me disse que em Praga eu não teria um lar e que seria mandada para um orfanato. Depois de quase três semanas de viagem, o dr. Mer conseguiu me convencer. Eu pensei que, depois da guerra, eu voltaria para Praga de um jeito ou de outro."

Eva Landová.

Depois de chegar à Sysran, em 23 de abril, Eva permaneceu internada no hospital durante algumas semanas. Como o dr. Mer teve que seguir viagem com o trem-hospital, pediu ao médico-chefe do hospital (ninguém menos que o médico e escritor Leonid Ostrower) que mantivesse Eva por lá, caso os doentes fossem transferidos. E, de fato: depois de algumas semanas, os outros pacientes foram transferidos para um hospital civil e Eva ficou sozinha, entre pessoas estranhas, cuja língua não entendia.

Chegou o dia 8 de maio e, com ele, o tão esperado fim da guerra. Eva estava a salvo, seu pés estavam melhorando e não foi preciso amputá-los. Pela primeira vez, depois de um longo tempo, Eva foi ao cinema.

Eva permaneceu em Sysran até o final de agosto. Foi quando chegou um telegrama do dr. Mer, avisando que ele não podia buscá-la e, por isso, tinha arranjado sua viagem para Leningrado.

Foi assim que Eva enfrentou uma viagem extremamente cansativa para Leningrado, aonde finalmente chegou em 31 de agosto de 1945. "Era uma manhã chuvosa. Lá não havia ninguém para me buscar. O telegrama enviado por mim não havia chegado. Mas eu tinha o endereço: rua Dostoiévski, 36. Lá eu iria passar os próximos 11 anos de minha vida."

Em Leningrado, hoje São Petersburgo, separada de sua família e arrancada de suas raízes, Eva começou uma nova vida e assumiu uma identidade completamente nova – como filha do casal Mer. Eva tentou, em vão, saber alguma coisa sobre o destino de sua família, seus parentes e amigos.

As cartas que ela escreveu naquela época para a Cruz Vermelha ficaram sem resposta. Para os pais adotivos de Eva, seu passado era um tabu. Sua infância, os anos vividos até 1945 – foram negados por seus pais. O fato de Eva ser judia, uma sobrevivente dos campos de concentração de Theresienstadt e de Auschwitz, tinha que ser negado, pois na União Soviética antissemita isso era uma falha a ser encoberta. E mais: só o fato de falar sobre isso era perigoso, e Eva foi alertada para não fazê-lo.

Quando Eva foi para a escola em 1947, não contou sua história para ninguém. Também não disse uma só palavra quando uma parente do dr. Mer contou suas próprias experiências em Bergen-Belsen. Como Eva conseguiu conviver com isso?

"Estas são perguntas para as quais não tenho respostas. Eu não sei, eu escrevia para as minhas amigas, mas nunca recebi uma resposta. Eu também nem sabia onde elas estavam. Eu perdi o contato com todas. Foi assim que aceitei como fato o que tinha acontecido. Talvez eu também tenha participado ativamente desse "processo". Eu era jovem, ia novamente à escola, queria aproveitar tudo aquilo que havia perdido. Eu queria aprender. Só isso. Eu aprendia com facilidade e aprendi muitas coisas. Em 1959, terminei a escola e ganhei um prêmio pela melhor redação – em russo! Eu fiquei muito orgulhosa disso. Eu tinha novos amigos. Eu nunca falei sobre o passado."

Em 1953, Eva casou-se com o arquiteto russo-judeu Semion Naimark. Eva defendeu tese em Germanística, tornando-se professora universitária. Finalmente, em 1969, obteve a aprovação para uma viagem à Tchecoslováquia. O fator decisivo para a viagem foi o livro *Die Todesfabrik Auschwitz* [*A fábrica de extermínio Auschwitz*], de Ota Kraus e Erich Kulka, que um dia lhe caiu nas mãos. Eva enviou uma carta aos autores, que publicaram esta carta em diversos jornais tchecos. Uma parente distante e alguns amigos de Praga responderam à carta. Eva recebeu um convite, que era um pré-requisito para essa viagem ao passado. Uma viagem que Eva enfrentou sozinha, sem marido e sem a filha de quatro anos de idade. Em Praga, Eva foi confrontada com o fato chocante de que havia sido declarada morta há muitos anos e de que todos os bens deixados por seus pais e avós – imóveis de grande valor – haviam sido herdados por uma prima distante de seu pai.

Em 1990, seu filho, o pintor e arquiteto Viktor Naimark, se mudaria para a Alemanha, enquanto sua filha permaneceu na Rússia, com a família. Desde então, Eva (cujo marido faleceu em 1985) viaja constantemente entre três cidades: São Petersburgo, Praga e Frankfurt am Main.

Handa Pollak.

Handa Pollak, juntamente com Tella e Helga Pollak, havia sido levada de Auschwitz para Oederan, na Saxônia, onde trabalhou até meados de abril de 1945 em uma fábrica de munição. A empresa "Agricola GmbH Werk K, Deutsche Kühl- und Kraftmaschinen GmbH" era um campo externo do campo de concentração Flossenbürg. Enquanto o *front* se aproximava, os prisioneiros deveriam ser transportados para outro campo de concentração. Mas, como um campo de concentração após o outro foi sendo libertado e nas estradas e trilhos reinava o caos, os prisioneiros viajaram durante semanas em vagões abertos, destinados ao transporte de animais, até que desembarcaram em Theresienstadt, completamente exaustos e quase mortos de fome. No dia 12 de maio, Handa e Tella voltaram para Praga. Esperaram em vão pelo retorno de Karel Pollak. Também procuraram por ele em Olbramovice, sem resultado. Finalmente, ainda na esperança de que Karel voltasse, Handa passou algumas semanas em Olbramovice, na casa de uma família que, antigamente, fazia parte do círculo de amizades de seu pai.

Handa sempre se lembrará com o mais profundo horror daquele momento em que ficou sabendo do destino de seu pai. Foi no sótão do celeiro, onde Handa havia se escondido dos russos juntamente com a menina em cuja casa estava morando agora. Tella havia estado em Olbramovice no dia anterior. Na verdade, Tella queria contar alguma coisa para Handa, mas ela não tinha nem palavras para tal. Por isso, Tella contou tudo para a família onde Handa estava hospedada. Foi assim que a filha deles ficou sabendo de tudo. E foi da boca dessa menina (que não gostava muito de Handa), que Handa ouviu a notícia terrível: "Teu pai morreu de um jeito miserável", disse-lhe a menina com maldade na voz. "E, se você chorar agora, vou te bater como nunca alguém te bateu antes!"

Karel Pollak morreu em 9 de março de 1945, em um campo de concentração externo de Dachau. "Ele morreu de desespero", como nos contou mais tarde o homem que passou com ele os últimos momentos de vida. "Meu pai, um homem tão forte, depois do tifo tinha se transformado em um esqueleto ambulante! Meu pai estava tão enfraquecido que pensou que se ele, um homem forte, estava tão acabado, nós certamente não viveríamos mais. Meu pai perdeu toda a esperança e, para ele, não valia mais a pena continuar vivo."

Dos 31 parentes próximos que haviam sido deportados pelos nazistas, somente Handa sobreviveu. Nada mais a prendia em Praga, embora Tella pretendesse fazer uma carreira em Praga como professora de piano e cuidar para que Handa frequentasse o ginásio e aprendesse a tocar piano. Mesmo que seu tio, Karel Ančerl, cuidasse dela, cada vez mais, Helga juntou-se ao círculo de pessoas formado em torno de Hanka Wertheimer, das quais muitas queriam emigrar para a Palestina. "Eu não tinha uma orientação sionista, mas eu queria um recomeço."

Na primavera de 1949, Handa foi para Israel com um grupo da Juventude Alija. Tella foi pouco tempo depois. No *kibbuz* Hachotrim, Handa encontrou um novo lar. Casou-se, teve quatro filhos e dois filhos adotivos e hoje vive com seu marido Chaim no *kibbuz* Hachotrim.

Anna Flachová.

Anna Flachová – a Flaška – teve sorte, pois seus pais e irmãos sobreviveram ao Holocausto. Mas a maioria dos parentes Flaška jamais reveria.

Em Brno, começou uma nova vida para Flaška, que passou a dedicar-se à música com muito afinco, tornando-se pianista, cantora e professora de piano e canto no Conservatório de Brno e na Academia Janáček. Em 1955, casou-se com o oboísta Viteslav Hanuš, com quem dividiu uma brilhante carreira musical. Juntos, ambos fizeram inúmeras apresentações no exterior – nos anos 1959 a 1961, em Pequim, nos anos 1966 a 1969, em Beirute e em 1968/1969, em Sidney. Seu filho, Tomáš Hanus, é um maestro de sucesso internacional. É o fundador da Nova Orquestra de Câmara Tcheca e maestro principal da Orquestra de Câmara de Praga e da Filarmônica de Bratislava. Anna Flachová sempre esteve muito envolvida em assuntos de música, e sempre esteve preocupada em manter viva a lembrança dos compositores de Theresienstadt, principalmente de Pavel Haas, natural de Brno. A iniciativa para muitos eventos musicais deve-se a seus incansáveis esforços.

Nos concursos intitulados "*Verfemte Musik*", realizados regularmente pela Jeunesses Musicales M.V e pelo Conservatório de Schwerin, Anna sempre faz parte do júri. Desde 2004, como parte da exposição *As Meninas do Quarto 28*, Anna foi inúmeras vezes convidada para as aberturas da exposição, bem como para as apresentações de *Brundibár*, além de atuar como testemunha ocular em escolas. "Considero um dever contar sobre nossas experiências durante o Holocausto. E isso deve ser feito cada vez mais, quanto mais vozes se levantarem para negar o que houve. Eu não quero que aquele tempo seja esquecido ou até mesmo, negado." Anna Hanusová mora em Brno.

Helga Pollak.

Helga Pollak, depois de receber alta da quarentena, continuava indecisa se deveria ou não ir para um sanatório na Suíça. Então, uma prima de Helga, de Kyjov, apareceu de surpresa em um caminhão russo. A partir daquele momento, ficou claro para Helga que ela preferia voltar com seu pai. "Além disso, achei um piolho no me travesseiro e disse para mim mesma: não fico nem mais um dia aqui. Eu sobrevivi a tanta coisa, não quero morrer de febre tifoide. Eu vou sumir daqui. E, logo mais, chegou um trem que ia para Brno. Nós três fomos para lá e, de lá, para Kyjov. E, de Kyjov, finalmente fomos para Viena."

Porém, em breve foram confrontados com uma terrível realidade: 63 pessoas da família de Otto Pollak nunca mais retornariam. Nem sua tia Marta e o tio Fritz, nem seu primo Joši e sua prima Trude, com a pequena Lea...

Em 1946, o maior desejo de Helga tornou-se realidade. Helga mudou-se para Londres, onde vivia sua mãe. Lá, Helga terminou o colegial e frequentou a faculdade. Em 1951, casou-se com Gerhard Kinsky, que havia escapado a tempo dos nazistas e morava em Bangcoc, onde fizera carreira. Com o marido, Helga mudou inicialmente para Bangcoc e, depois, para Addis Abeba. Seu retiro para o Extremo Oriente vinha ao encontro de uma necessidade elementar: "Durante muito tempo após a libertação, eu não queria mais falar alemão. Eu também não queria pensar em voltar para Viena. Eu só queria distância da Europa".

Lentamente, sua vida voltou ao normal. Em 1957, Helga voltou para Viena com seu marido e os dois filhos. Helga e seu marido queriam proporcionar à filha (que nascera surda) uma educação ideal. Para isso, Viena oferecia as melhores oportunidades. E o pai de Helga também a esperava lá. Durante muitos anos, as experiências vividas em Theresienstadt e Auschwitz não foram tematizadas na família Kinsky. Helga engajou-se pelos direitos humanos, associou-se à International Alliance of Women, para a qual trabalhou durante vários anos como voluntária. No final dos anos de 1980, Helga falou em público pela primeira vez sobre o documentário da cineasta americana Susan Justman, *Terezin Diary* (1989) e, alguns anos depois, sobre o filme *Voices of the Children* (1997).

Com o trabalho de memória feito para este livro, associado à necessidade de trabalhar as suas vivências, veio à tona o desejo de contar aos jovens sobre as experiências de sua infância, relatando as coisas horríveis que aconteceram e sobre o que lhe deu força e orientação. Até hoje, Helga tem participado de inúmeros eventos, nos quais leu trechos de seu diário, emocionando centenas de pessoas. Em 28 de janeiro de 2013, Helga foi convidada pela Comissão Europeia, em Bruxelas, onde fez uma leitura de seu diário de Theresienstadt durante a cerimônia oficial em memória ao Holocausto.

Agradecimentos

Muita coisa aconteceu desde 1996, depois que conheci algumas das "Meninas do Quarto 28". O livro, publicado inicialmente em 2004 pela editora Droemer, de Munique, assim como a exposição inaugurada no mesmo ano e a peça teatral, desenvolveram uma dinâmica surpreendente. A exposição imediatamente transformou-se em uma exposição itinerante. Seguiram-se leituras do livro, entrevistas com testemunhas oculares, eventos ao redor do tema e foi criada uma variante tcheca, francesa e inglesa da exposição. Em 2007, foi fundada a Associação *"Room 28"*. E agora existe o projeto *"Room 28 Brazil"*, para o qual está sendo preparada uma exposição em São Paulo e você, caro leitor, tem em suas mãos a edição brasileira do livro.

Por isso, eu gostaria de agradecer inicialmente à Editora Leya e a Tainã Bispo, que tornaram este livro acessível a um grupo de leitores que nem em sonhos teríamos imaginado. Também gostaria de agradecer a Renate Müller por sua cooperação construtiva e por não ter, simplesmente, traduzido o texto alemão para o português, mas sim por ter feito também uma pesquisa cuidadosa, eliminando todas as dúvidas que surgiram durante a tradução.

É como um milagre, é como uma providência divina, que este livro esteja sendo editado no Brasil. Com a edição deste livro está associada a lembrança de uma menina, sobre a qual não tínhamos muitas informações até 2012: Erika Stránská.

Como se a lacuna existente quisesse se fechar espontaneamente, a história das "Meninas do Quarto 28" abriu seu próprio caminho até São Paulo, e lá chegou às mãos da meia-irmã mais nova de Erika, Monika Zolko. Setenta anos mais tarde, Monika ficou sabendo onde e com quem Erika viveu os últimos anos de sua vida demasiadamente curta. E eu descobri como Erika vivia antes de setembro de 1942, em Praga, quando foi obrigada a se despedir de sua irmãzinha Monika, com a qual conviveu quase diariamente, desde 1939.

Agradeço a Monika Zolko, por ter compartilhado conosco a história de sua irmã e as experiências de sua infância. Agradeço, também, a sua neta Adriana, por ter entrado em contato comigo, e faço um agradecimento especial a sua filha Karen, pelo seu trabalho para a realização da exposição no Brasil.

Nesse meio tempo, Karen tornou-se uma das minhas grandes aliadas, unidas no esforço de preservar o legado das Meninas do Quarto 28, transmitindo-o às gerações mais jovens, e fornecendo aos valores, ideais e esperanças das crianças de Theresienstadt uma plataforma vibrante e sustentável. Na Alemanha, e até na Comissão Europeia, em Bruxelas, onde a exposição foi mostrada em janeiro de 2013, como parte do Dia da Memória do Holocausto, a história dessas meninas desenvolveu um brilho impressionante. Isso se deve, especialmente, ao extraordinário desempenho das sobreviventes do Quarto 28. Nos últimos anos, essas mulheres acederam a inúmeros convites para participar de inaugurações da exposição, comemorações e, como convidadas, presenciaram as apresentações da ópera infantil *Brundibár*. Também estiveram em escolas, onde relataram suas experiências e responderam a perguntas feitas pelos jovens. Essas mulheres não pouparam esforços. Sempre que foram convidadas, estiveram presentes. Essas mulheres formaram o coração vivo do Projeto, lideradas por Anna Hanusová e Helga Kinsky. Agradeço, de coração, a essas duas "mães primordiais", Anna Hanusová e Helga Kinsky, e suas amigas, que também se tornaram minhas amigas: Judith Rosenzweig, Hanka Weingarten, Vera Kreiner, Evelina Merová, Handa Drori, Ela Weissberger e Eva Gross. Obrigada pela confiança inabalável que sempre demonstraram e pela maravilhosa colaboração. Sou-lhes grata por todas as experiências que tive com elas e com o Projeto. Foram experiências que enriqueceram a minha vida e que foram tão inspiradoras, que sempre deram origem a coisas novas, permitindo que o Projeto "*Room 28*" continuasse a se ampliar até o dia de hoje. Que potencial fantástico se desenvolveu!

Agradeço de coração a todos que permitiram que este livro se tornasse uma realidade. Agradeço, em primeiro lugar, a todos os sobreviventes dos campos de concentração de Theresienstadt e Auschwitz, incluindo aquelas pessoas que se tornaram meus amigos: a pianista Edith Kraus, o violinista Paul Kling (1928–2005) e Paul Aron Sandfort, *aka* Paul Rabinowich, que interpretou o trompetista de *Brundibár* (1930–2007). Dói-me escrever que algumas dessas pessoas e outras mais, que conheci e aprendi a apreciar, já não estão mais entre nós. Entre elas estão Willy Groag (1914–2001) e Thomas Mandl (1929–2007).

Agradeço a todas as testemunhas oculares que se dispuseram a compartilhar comigo suas experiências e seu conhecimento: Eva Herrmannová, Dagmar Lieblová, Greta Klingsberg, Ruth Brössler, Zdenka Fantlová, Margit Silberstein, Leopold Lowy, Georges Brady e Zvi Cohn. Um agradecimento especial ao vienense Ernest Seinfeld, um sobrevivente de Theresienstadt, Auschwitz e Dachau e profundo conhecedor dos acontecimentos do "gueto" Theresienstadt.

Também quero agradecer à pintora Helga Hoskowá-Weissová, de Praga. Helga morou em Theresienstadt, no Quarto 24. Dos 12 aos 14 anos, Helga desenhou tudo o que via, e esses desenhos – juntamente com as obras elaboradas durante as aulas de desenho de Friedl Dicker-Brandeis – fazem parte dos mais valiosos documentos de Theresienstadt, feitos pelas mãos de crianças.

Com profunda admiração, penso na maravilhosa Alice Herz--Sommer, em Londres. No dia 26 de novembro de 2003, quando Alice completou 100 anos de idade, fui uma de suas convidadas, juntamente com Anna Hanusová, que aniversaria no mesmo dia. Pela primeira vez, depois de quase 60 anos, Flaška agradeceu pela inspiração maravilhosa que essa pianista significou para uma jovem menina em Theresienstadt. Foram momentos inesquecíveis, que pudemos captar com nossas câmeras fotográficas. É muito triste pensar que as poucas sobreviventes do Holocausto que ainda estão entre nós, um dia partirão. Das "Meninas do Quarto 28" perdemos Marta Fröhlich (1928–2010), a antiga cuidadora Eva Eckstein (1924–2009) e Miriam Rosenzweig (1929–2012). Resta-nos a esperança e o desejo que essas mulheres idosas, agora com mais de 80 anos de idade, ainda permaneçam por muito tempo entre nós.

Este livro foi escrito entre 1998 e 2004. Para escrevê-lo foram necessários pesquisas, viagens, encontros com as mulheres, muitas conversas e muito tempo. Nessa empreitada fomos apoiadas pelo Ministério das Relações Exteriores da República Federal da Alemanha, pelo *Deutsch-Tschechische Zukunftfonds*, pela Fundação Robert Bosch, pela Fundação Memória de Walther Seinsch e pela Fundação Pro Música Viva e Fundação Maria Strecker-Daelen, bem como pelo Ministério do Encarregado do Governo Alemão para Assuntos Culturais e da Mídia. Em nome de todos meus aliados, agradeço por este apoio.

Agradeço especialmente ao dr. Vojtěch Blodig, do Memorial Terezin, e ao pessoal do Museu Judaico de Praga e do Memorial Beit Theresienstadt em Givat Chaim Ichud pelas informações históricas e documentos de arquivo. Lembro-me, com gratidão, de Anita Franková e Alisah Shek, que infelizmente não estão mais entre nós.

Faço um agradecimento especial a Frank Harders-Wuthenow, editor de música na editora Boosey&Hawkes, em Berlim, e meu amigo de longa data. Foi ele que chamou a minha atenção, anos atrás, para a ópera infantil *Brundibár*, que desencadeou toda esta história. Frank Harders-Wuthenow também é cofundador e presidente do clube "*Room 28*" (www.room28.net)

Um agradecimento muito especial a minha filha Hester, que atualmente tem 21 anos de idade. Tinha quatro anos de idade quando as melodias de *Brundibár* entraram em nossa casa, transformando sua mãe em uma autora que praticamente vivia pesquisando, telefonando, viajando, lia livros ou ficava sentada na frente de um computador. Certamente, isso não foi fácil para Hester. Ainda assim, sempre que eu perdia a coragem – e momentos assim foram inevitáveis, foi ela quem sempre disse: "Mamãe, você vai dar um jeito e vai fazê-lo". Essas palavras, Hester continua repetindo até hoje, aos 21 anos de idade. Obrigada, querida.

Agradeço a Abraham Weingarten, o marido de Hanka Weingarten. Abraham e Micky Kreiner, o marido de Vera, sempre estiveram presentes em nossos encontros em Špindlerův Mlýn, na Montanha dos Gigantes. Uma vez, Abraham me disse: "Todos aqui, exceto eu e você, passaram pelo Holocausto. Hoje, as meninas são avós, cada uma com sua personalidade, cada uma com um pensamento diferente e cada uma teve trajetos diversos. E, apesar de todas essas diferenças e apesar das cicatrizes que a vida lhes causou – olhe para elas! Veja como são felizes, como riem e cantam e como ficam contentes em estar reunidas. A vida é mais forte. Isso não é um milagre?"

Eu acredito que é exatamente esse milagre que deu origem a este livro e ao projeto "As Meninas do Quarto 28". Um milagre que me levou até essas mulheres e que me mantém presa a elas. Um milagre que me deu a força de continuar, mesmo quando me defrontei com problemas que pareciam insolúveis. No entanto, sempre aceitei os desafios, como se eu tivesse que publicar uma mensagem, como se a minha missão fosse cuidar de um legado para o futuro.

Hoje, pelo menos uma coisa eu sei: o significado da amizade, do amor, da esperança, da arte e da cultura na luta pela sobrevivência, e a força que essas palavras são capazes de desenvolver – tudo isso eu aprendi com as "Meninas do Quarto 28".

Hannelore Brenner, Berlim, abril de 2013.
www.room28projects.com

Notas

Prólogo

1. Esse filme foi produzido em 1997 pelo *Sender Freies Berlin*. Em 1998, quando os Meninos Cantores de Viena apresentaram *Brundibár*, a Rádio e Televisão Austríaca produziu o filme novamente, usando trechos da primeira apresentação de *Brundibár*. Em 1999, a EDA assumiu a produção, e apresentou esta nova produção de *Brundibár*, mesclando-a novamente com outra produção de Brundibár. EDA 015-2.
2. HIRSCH, Fredy. *Bericht zum Jahrestag der Theresienstädter Kinder- und Jugendheime*. Cópia digitada/Coleção Terezin, Museu Judaico de Praga.
3. Em 2006 foi lançado o livro *The Cat with the Yellow Star. Coming of Age in Terezin*, de Ela Weissberger e Susan Goldman Rubin.
4. Após os transportes, Monika e sua mãe, Valerie Stettina (uma não judia), encontraram abrigo na aldeia Bozkov, na Morávia. Certo dia, Georg Stránský reapareceu, pois tinha conseguido fugir de um campo de trabalho tcheco com auxílio de colegas de estudo de Leipzig. Georg encontrou sua família em Bozkov, onde viveram juntos até o fim da guerra.
5. ROTHKIRCHER, Lívia. *The Jews of Bohemia & Moravia. Facing the Holocaust*. University Press. Lincoln and Yad Vashem, 2005.

2. Helga Pollak: de Viena a Theresienstadt

1. Kyjov é o nome tcheco, Gaya é o nome alemão – uma herança da época da monarquia austro-húngara, durante a qual muitas cidades tinham um nome alemão e um nome tcheco. Dependendo do círculo cultural ao qual se pertencia, usava-se uma ou outra variante na linguagem coloquial. Quando os alemães assumiram o poder, a ortografia alemã foi oficializada, o que foi revertido em 1945. Como a variante alemã era mais usada por aqueles cuja língua materna era o alemão, ela também aparece eventualmente nesta versão do texto.
2. O termo "*Sudentenland*" ou a "terra dos sudetos" refere-se aos antigos assentamentos de população alemã na Boêmia e Morávia-Silésia. Esse termo não representa nenhuma unidade histórico-geográfica-cultural; o termo se origina de uma região, assim como os termos "alemães do Danúbio" ou "alemães alpinos" (as montanhas *Jizera*, com a Cordilheira dos Sudetos, cujo ponto mais alto é a *Schneekoppe*, na Montanha dos Gigantes). O termo somente ganhou destaque político com a ascensão do Partido Alemão dos Sudetos, prevalecendo contra o termo concorrente "alemães da Boêmia".
3. Citado segundo: SAFRIAN, Hans. *Eichmann und seine Gesellen*. Frankfurt am Main, 1995, p. 115.
4. Citado segundo: KÁRNÝ, Miroslav, MILOTOVÁ, Jaroslava, KÁRNÁ, Magrita (org.). *Deutsche Politik im Protektorat "Böhmen und Mähren" unter Reinhard Heydrich 1941-1942*. p. 137 e seguinte.
5. Ibidem, p. 150.
6. Citado segundo LANG, Jochen. *Das Eichmann Protokoll*. Propyläen Taschenbuch, 2001, p. 93-94.
7. *Die Tagebücher von Joseph Goebbels, Sämtliche Fragmente, Teil 1. Aufzeichungen 1924-1941*, org. Elke Fröhlich. Munique/Nova York/Londres/Paris, 1987.

3. O dia a dia do gueto

1. KÁRNY, Miroslav. "Jakob Edelsteins letzte Briefe". *In*. *Theresienstädter Studien und Dokumente 1997*, p. 216 e seguinte.
2. Tomáš Garrigue Masaryk (1850-1937), filósofo, foi Presidente da República Tcheca de 1918 a 1935.
3. *Theresienstädter Studien und Dokumente 1998*, p. 150.
4. Ibidem.

5. Do depoimento de Zeev Scheck (Shek) perante a Comissão para o Campo de Concentração de Theresienstadt. Citação segundo: *Ist meine Heimat der Ghetto-Wall?*, p. 30.
6. Ibidem.
7. Cópia digitada do relatório pelo primeiro aniversário dos Abrigos de Theresienstad em L417 de MUDr Rudolf Klein, Museu Judaico de Praga, Coleção Terezin, Inv. Núm. 304/1.
8. *Theresienstadt.* Viena, 1968. p. 118.
9. Cópia digitada de uma redação que participou do concurso de redação realizado em 18 de outubro de 1943, em comemoração ao aniversário do Abrigo para meninas L 410. As iniciais da jovem autora são R.G.; fonte: Memorial e arquivo do Kibbuz Givat Hanim Ihud, Beit Terezin, Israel.
10. *Theresienstadt.* Viena, 1968, p. 121-124. Do diário de Charlotte Verešová, 14 anos de idade, de Praga. O nome de solteira de Charlotte era Weinstein. Charlotte morava em outro quarto do Abrigo para Meninas.
11. Além dessa encenação e adaptação de Esther, havia também uma peça mais complexa para adultos, com música de Karel Reiner, adaptação e direção de Norbert Fried.
12. SINGER, Kurt. "Musikkritischer Brief Nr. 4, Verdis Réquiem". *in*. *Und die Musik spielt dazu*. org. Ulrike Migdal, p. 169 e seguintes.
13. Tella (Ella Pollak) quase sempre acompanhava as apresentações, como podemos ver no relato de Kurt Singer. Lá, Singer escreve: Provavelmente, Schächter ainda teria aumentado o andamento do *dies irae*, chegando a um presto, se tivesse a sua frente uma orquestra, ao invés de um piano (postado desfavoravelmente, mas tocado maravilhosamente pela senhorita Pollak).
14. O navio Patria não chegou a seu destino. Como os ingleses não permitiram que atracasse, o navio foi explodido ao largo da costa de Israel. Houve muitos mortos. A irmã de Flaška sobreviveu e conseguiu chegar a salvo à costa, mas sua chegada a Israel permaneceu como um trauma por toda sua vida.
15. *Theresienstädter Studien und Dokumente 1998*, p. 169. ENGLÄNDER, Rosa. *Unsere Aufgabe, unser Weg*. Museu Judaico, Praga,Coleçãp Terezin, Inv. Nr. 304/1.
16. *Theresienstädter Studien und Dokumente 1998*, p. 154. REDLICH, Egon (Gonda). *Die dreifache Aufgabe der Jugendfürsorge*. Museu Judaico, Praga, Coleção Terezin, Inv. Nr. 304/1.
17. *Ist meine Heimat der Ghettowall? Gedichte, Prosa und Zeichnungen der Kinder von Theresienstadt*. Hanau, 1995. Infelizmente, é impossível identificar o título, mas esse livro excelente é dedicado ao Abrigo 1 e à revista "Vedem".

18. Citado segundo: SHIRER, William L. *Aufstieg und Fall des Dritten Reiches*. Komet Verlag, p. 857.
19. Willy Groag em conversa com a autora, Israel 199. Willy Groag faleceu em 10 de outubro de 2001.
20. LANG, Jochen. *Das Eichmann-Protokoll*. Propyläen Taschenbuch, 2001, p. 221/222.
21. BONDY, Ruth. "Es gab einen Kameraden. Die Kinderzeitung Kamarád im Ghetto Theresienstadt". *in: Theresienstädter Studien und Dokumente 1997*, p. 250.
22. Disponível em: www.ghwk.de/deut/ausstellung/dauer/7htm. *Home page* da Haus der Wannsee-Konferenz.
23. Riegner, Gerhard M."Die Beziehung des Roten Kreuzes zu Theresienstadt in der Endphase des Krieges". *in: Theresienstädter Studien und Dokumente 1996*, p.19 e seguintes.
24. Conforme explica Bernd Biege, em seu livro: *Helfer unter Hitler. Das Rote Kreuz im Dritten Reich*. Kindler Verlag 2000, p. 143 e seguintes, por exemplo, Ernst Robert Grawitz, o presidente em exercício da Cruz Vermelha de 1937–1945, médico-chefe da SS, confidente de Heinrich Himmler, foi um dos participantes ativos e passivos das experiências humanas criminosas. Esse homem foi o autor das orientações segundo as quais eram feitas as seleções nos campos de concentração. De fato, Grawitz condenou à morte imediata 70% a 80% dos judeus que chegavam aos campos de extermínio, especialmente os doentes, combalidos, idosos e as crianças pequenas.
25. *Theresienstädter Studien und Dokumente 1994*, documento parcial a partir da p. 128.
26. Cópia digitada de uma das redações que participaram do concurso de redações, realizado em outubro de 1943 no Abrigo para Meninas. Fonte: Memorial e Arquivo Beit Terezin, Israel.
27. *Ubikation* era um termo corrente em Theresienstadt para alojamento. Em tcheco: *ubikace*.
28. Sokol (Falcão), associação desportiva tcheca fundada em 1862, após o movimento nacional tcheco. Após a ocupação, os judeus foram inicialmente excluídos e, em 1941, o clube foi proibido e dissolvido.

4. Uma ilha no mar revolto

1. FRANĚK, Rudolf. *Brundibár*, der Brummbär. *Theresienstadt*. Viena 1968, p. 273 e seguintes. Após a guerra, Rudolf Freudenfeld mudou seu nome para Rudolf Franěk.

2. Honza Holub interpretava o papel do vendedor de sorvetes. Infelizmente, a lista completa dos atores e os papéis desempenhados por eles é desconhecida.
3. *Ist meine Heimat der Ghetto-Wall?* Hanau, 1995, p.154-157.
4. Naquela época, existia uma grande tenda na praça principal, na qual eram fabricadas caixas. Essa tenda foi retirada do local durante a fase de embelezamento do gueto, no início de 1944.
5. Naquela época, 6.422 pessoas foram transferidas do quartel do Sudetos para os quartéis de Bodenbach num prazo de 36 horas. Nas instalações desocupadas foram armazenados os arquivos secretos da RSHA de Berlim. Essa instituição recebeu o nome de "*Berliner Dienstelle*", e ficava separada do resto do campo de concentração. Segundo: BLODIG, Vojtěc. *Pamatnik Terezin*.
6. GRIEGER, Manfred."Anton Burger – ein österreichischer Dienstmann". *in*: *Theresienstädter Studien und Dokumente 1995*, p. 244.
7. BERMAN, Karel."Erinnerungen". *in*: *Theresienstadt*. Viena, 1968, p. 254-258.
8. Entre 15 e 16 de agosto de 1943, o gueto Bialystok (uma cidade no nordeste da Polônia, com cerca de 62.000 habitantes, dos quais 75% eram judeus) foi aniquilado. Naquela época, viviam cerca de 30.000 judeus no gueto. 20.000 já haviam sido deportados e assassinados. Com a liquidação do gueto, praticamente todos os judeus que ainda viviam foram assassinados ou deportados para Auschwitz, Treblinka, Majdanek e para os campos de concentração Ponoatowa e Blizyn, onde foram mortos. 1.200 crianças acompanhadas de 25 adultos foram levadas de trem até Theresienstadt. Os adultos foram imediatamente deportados para Auschwitz. Em 5 de outubro de 1943, as crianças daquele transporte partiram em direção ao mesmo destino, juntamente com 53 acompanhantes. Logo após sua chegada, essas crianças e seus acompanhantes foram assassinados nas câmaras de gás.
9. Cópia digitada do relatório sobre o primeiro aniversário dos Abrigos de Theresienstadt em L 417 de von MUDr. Rudolf Klein, Museu Judaico de Praga, Coleção Terezin, Inv. Nr. 304/1.
10. *Jüdisches Nachrichtenblatt 22.3.1940*. Citação segundo BONDY, Ruth. "Chronik der sich schließenden Tore". *in*: *Theresienstädter Studien und Dokumente 2000*, p. 92.
11. Zora Šapšovičová, nascida em 23.1.1929, falecida em 11.2.1943, em Theresienstadt.

5. A luz na escuridão: Brundibár

1. *Theresienstadt*. Europa Verlag, Viena, 1968, p. 272. *Brundibár*, de Rudolf Franěk.
2. Adolf Hoffmeister no filme: *Brundibár – die Kinderoper von Theresienstadt*. Produção de Cineropa-Film, Munique, 1955. Direção: Walter Krüttner.

3. *Berichte zum ersten Jahrestag der Theresienstädter Heime in L 417*. KRASA, Hans. *Brundibár. Theresienstädter Studien und Dokumente 1998*, p. 178-180.
4. FRANĚK, Rudolf. "*Brundibár* – der Brummbär". *in: Theresienstadt*. Viena, 1968.

6. Aulas de pintura com Friedl Dicker-Brandeis

1. Cópia digitada do discurso do prof. Israel Kestenberg, 1943. O original encontra-se no Museu Judaico de Praga, Coleção Terezin, Inv. Nr. 304/1.
2. Relatórios para o primeiro aniversário do Abrigo L 417 de Theresienstadt. Desenhos Infantis, de Friederike Brandeis. *Theresienstädter Studien und Dokumente 1998*, p. 175. As citações a seguir vêm da mesma fonte, desde que não identificadas diferentemente.
3. MAKAROVÁ, Elena e DICKER-BRANDEIS, Friedl. *Ein Leben für Kunst und Lehre*. Verlag Christian Brandstätter. Viena-Munique, 1999, p. 21.
4. Edith Kramer, em conversa com a autora em 19 de julho de 2001, em Berlim. Especialmente Edith Kramer, que emigrou para Nova York em 1938, onde fez carreira como pintora e educadora em Artes Plásticas, contribui para manter vivo o legado artístico de Friedl Dicker-Brandeis. Com seu primeiro livro *Art Therapy in a Childrens Community*, lançado em 1958, Edith formulou as bases teóricas de seu trabalho. Juntamente com Elinor Ulman e Margareth Naumburg, que cunhou o conceito da "arteterapia", Edith pertence ao grupo de pioneiros americanos nessa disciplina pedagógica. O fato de que Edith Kramer tenha dedicado seu segundo livro *Art Therapy for Children* à Friedl Dicker-Brandeis, denota a influência de sua mestra no seu desenvolvimento.
5. Georg Schrom em um discurso realizado no simpósio "Art, Music and Education as Strategies for Survival", Moravian College, Bethlehem, Pennsylvania, EUA, em 10 de fevereiro de 2000.
6. *In*: MAKAROVÁ, Elena e DICKER-BRANDEIS, Friedl, p. 130.
7. Idem.
8. Idem.

7. "De volta ao gueto"

1. Com a ordem do dia em 7 de julho de 1943, Burger, o comandante do campo de concentração, ameçou com penas graves todos os casos de gravidez não declarados. Depois de algum tempo, passaram a ser feitos abortos em todos os casos

de gravidez; mais tarde, a comandatura reservou-se o direito de decidir quem poderia ou não levar a gravidez adiante. Na maioria dos casos, as futuras mães eram deportadas para o leste no primeiro transporte. Estima-se que tenham sido realizados cerca de 350 abortos forçados. Das 207 crianças nascidas no campo de concentração, sobreviveram 25.

2. Em 10 de janeiro de 1942, foram enforcados nove prisioneiros no gueto por terem violado as regras do campo de concentração e, no dia 26 de fevereiro de 1942, foram enforcados outros sete. A maioria tinha contrabandeado cartas e notícias para fora do campo de concentração ou tinham feito algum outro tipo de contrabando. Um deles encontrou-se secretamente com sua mulher não judia, que o havia visitado no campo de concentração. Após fevereiro de 1942, não houve outras execuções no gueto, porém, algumas pessoas foram levadas até a Pequena Fortaleza, onde foram assassinadas.
3. BERNSTEIN, Ilsa. *Das Leben als Drama. Erinnerungen an Theresienstadt*. Dortmund 1999, p. 114.

8. A aparência e a realidade

1. Anotação no diário de Otto Pollak. Provavelmente, a expressão "Monte Terezino" referia-se à *Bastei* situada sobre uma das fortificações. Em 11 de julho de 1943, Otto Pollak anotou: "Pela primeira vez na Bastei com Ornstein e Rühlmann, de Berlim. Linda vista para Leitmeritz."
2. KÁRNÝ, Miroslav. "Jakob Edelsteins letzte Briefe". *in*: *Theresienstädter Studien und Dokumente 1997*, p. 227.
3. *Ist meine Heimat der Ghetto-Wall?*. Hanau, 1995, p. 127.
4. ULLMANN, Viktor. "22 Musikalische Veranstaltungen in Theresienstadt". *in*: *Kritik* nº 8, p. 52.
5. *Eichmann Protokolle*, p. 225.

9. Mundos paralelos

1. De fato, existia um campo de concentração para prisioneiros políticos em Heydebreck (atualmente, Kędzierzyn), na Silésia. Porém, Eva tem razão: "ir para Heydebreck ou Kędzierzyn" significa, literalmente, ir para a câmara de gás. Para enganar os prisioneiros, a comandatura denominou o assassinato em massa de transporte para o campo de trabalho Heydebreck.

2. Celebridades eram pessoas declaradas como tal pela SS ou pelo Conselho de Anciãos. Essas pessoas recebiam um alojamento "privilegiado" e tinham certa proteção em relação aos transportes. No entanto, o *status* de celebridade ajudou somente poucas pessoas a escapar do extermínio. As celebridades acabavam sendo tratadas como os demais prisioneiros e também eram incluídas em uma lista de transportes.
3. FLUSSER, Jindřich. *Lebwohl, Theresienstadt. in: Theresienstadt.* Viena, 1968, p. 304. O número máximo da população citado não corresponde à realidade. O pico populacional foi consideravelmente mais alto, cerca de 58.000 prisioneiros.
4. *Theresienstädter Kindertagebücher. in: Theresienstadt,* Viena, 1968, p. 121. Mais tarde, Šary Weinstein mudou seu nome para Charlotte Verešová an.
5. *Gonda Redlichs Tagebuch.* Citado segundo BLODIG, Vojtěc. *Theresienstädter Studien und Dokumente 1996,* p. 304.
6. Boatos *(Bonkes)* sobre a visita de uma delegação do CCVI (o Comitê da Cruz Vermelha Internacional) já circulavam desde que foi dada a ordem para o embelezamento da cidade, em dezembro de 1943. Naquela época, no entanto, a data da visita ainda era incerta. Em maio de 1944, Himmler aprovou oficialmente a visita ao gueto dos idosos, em Theresienstadt. Em um comunicado do RSHA, datado de 18 de maio de 1944, ao *Oberstführer* Niehaus, chefe da Cruz Vermelha Alemã, podemos ler: "O Reichsführer da SS autorizou sua visita e de um representante do Comitê Internacional da Cruz Vermelha ao gueto Theresienstadt e a um campo de trabalho. Da visita ao gueto participarão também representantes da Dinamarca e da Suécia. A visita está programada para o início de junho de 1944". Fonte: *Theresienstädter Studien und Dokumente 1994. Dokumententeil.* As palavras campo de trabalho judaico referem-se (com unanimidade entre os historiadores) ao campo de concentração de famílias em Auschwitz-Birkenau, que havia sido incluído nessa campanha propagandística dos nazistas.
7. ADLER, H.G. *Theresienstadt 1941-1945, Das Antlitz einer Zwangsgemeinschaft* . Tübingen, 1955.
8. Neste contexto, gostaríamos de chamar a atenção para o livro *In Memory´s Kitchen. A Legacy from the Women of Terezin.* O livro consiste em uma coleção de receitas tradicionais da culinária da Boêmia-Morávia, da culinária austríaca e da culinária alemã, que as mulheres de Theresienstadt trocavam entre si, para satisfazer sua fome pelo menos em sua imaginação. Essas mulheres não tinham os ingredientes e muito menos os equipamentos de cozinha para cozinhar ou assar os alimentos que constavam das receitas.
9. Heinrich Taussig, nascido em 1923; Bernhard Kaff, nascido em 1905 in Brno. Ambos não sobreviveram. Em suas críticas, Viktor Ullmann escreve sobre um concerto de Beethoven de Bernard Kaff. Ver: ULLMANN, Viktor. 26 *Kritiken über musikalische Veranstaltungen.* org. Ingo Schultz, *in: Kritik* nº 19, p. 76.

10. "Destino final" – O campo de Concentração de Theresienstadt

1. *Theresienstadt*. Viena, 1968, p. 120/121.
2. Ibidem.
3. De uma entrevista com a autora Eva Herrmannová, Praga, 1998.
4. MANDL, Herbert Thomas. *Die Wette des Philosophen*, p. 106.
5. O relatório de Maurice Rossel e outros documentos foram publicados na íntegra pela primeira vez em: *Theresienstädter Studien und Dokumente 1996*, p. 284-301. Com uma introdução de Miroslav Kárný, p. 276-281, e com notas detalhadas sobre o relatório de Maurice Rossel, de Vojtěc Blodig, p. 302-320. Todas as demais citações de Maurice Rossel foram retiradas desse relatório, salvo indicação em contrário.
6. De uma conversa entre Claude Lanzmann e Maurice Rossel, publicada em: *Theresienstädter Studien und Dokumente 2000*, p. 168-191. Essa entrevista Claude Lanzmann fez em 1979, para seu documentário "Shoa". No entanto, a entrevista não foi aproveitada para este filme. A entrevista foi utilizada pela primeira vez em 1997, sob o título "Un vivant qui passe. Auschwitz Theresienstadt 1943-1944", publicada pelo Pariser Verlag Editions Mille et une nuits/ARTE Editions.
7. O Depósito de Roupas administrava as roupas provenientes, principalmente, das malas dos deportados, que eram confiscadas na comporta e saqueadas pela SS. O que restava, era rigorosamente gerenciado e encaminhado para o Depósito de Roupas e distribuído aos prisioneiros ou era vendido nas lojas do gueto, mediante pagamento em coroas do gueto.
8. Karel Kursawe, nascido em 1892, membro da comandatura da SS e diretor de agronomia.
9. De uma entrevista com a autora Eva Herrmannová, Praga, 1998.
10. Do programa da ópera *"Brundibár"*, apresentada pela Jeunesses Musicales Deutschlands, *première* na Staatsoper Unter den Linden, Berlim, 1995.
11. STARKE-GOLDSCHMIDT, Käthe. "Die Zentralbücherei des Ghettos Theresienstadt". *in*: *Theresienstadt*. Viena, 1968, p. 185 e seguintes.
12. HOFER, Hans. "Der Film über Theresienstadt". *in*: *Theresienstadt*. Viena, 1968, p. 194 e seguintes. Hans Hofer foi o assistente de Gerron nesse filme.
13. De uma entrevista com a autora, Praga, 1998.

11. Lágrimas do gueto - 1944

1. ULLMANN, Viktor. "*26 Kritiken über musikalische Veranstaltungen in Theresienstadt*". *Kritik* nº 16.
2. Ibidem. *Kritik* nº 24.
3. FANTLOVÁ, Zdenka. *In der Ruhe liegt die Kraft, sagte mein Vater*. Bonn, 1999.
4. Paul Kling em uma conversa com a autora. Nova York e Berlim, 1997, 1998.
5. HAAS, Leo. "Die Affäre der Theresienstädter Maler". *in*: *Theresienstadt*. Viena, 1968, p. 170 e seguintes.
6. FRITTA, Bedřich. *Für Tommy zum dritten Geburtstag in Theresienstadt 22.1.1944*. Pfullingen, 1985.
7. *Mitteilungen der Jüdischen Selbstverwaltung*, nº 45. 17.9.1944. Do legado de Otto Pollak; também citado no Diário de Otto Pollak, em 16 de setembro de 1944.
8. FEDER, Richard. Židovká tragédie. Dějstvi posledni, Kolin, 1947, p. 85 e seguinte. Citado conforme: KÁRNÝ, Miroslav. "Die Theresienstädter Herbsttransporte 1944". *in*: *Theresienstädter Studien und Dokumente 1995*, p. 32.
9. Em seu relatório "Die Theresienstädter Herbsttransporte 1944" *in*: *Theresienstädter Studien und Dokumente 1995*, p. 7 e seguintes, Miroslav Kárný prova conclusivamente que Himmler, com os transportes, visava enfraquecer a resistência em Theresienstadt, aniquilando o temido potencial de resistência e evitando uma revolta, para então prosseguir com suas manobras enganosas em Theresienstadt, das quais tiraria algum proveito.
10. Felix Weiss, primo de Otto Pollak, que trabalhava como bombeiro em Theresienstadt. Felix faleceu em janeiro de 1946, em um campo de concentração na Baviera.
11. KÁRNÝ, Miroslav. "Die Theresienstädter Herbsttransporte 1944". *in*: *Theresienstädter Studien und Dokumente 1995*, p. 13.
12. Entrevista da autora com Eva Herrmannová, Praga, 1998.

12. A libertação

1. Horst Cohn, residente em Israel, em uma conversa com a autora, em Schwerin, janeiro de 2001.
2. SANDFORT, Paul Aron. *Ben. Vogel aus der Fremde*. Colônia, 2000, p. 295.
3. LAUSCHEROVÁ, Irena. "Die Kinder von Theresienstadt". *in*: *Theresienstadt*. Viena, 1968, p. 111.

4. Uma delas foi a pianista René Gärtner-Geiringer (1908–1945), nascida em Viena. Lizzi, a irmã de Flaška, que estava no mesmo trem, ao deixar o trem após o bombardeio tropeçou sobre o corpo de René Gärtner-Geiringer.
5. Em sua tentativa de salvar os judeus húngaros, Rudolf Kastner e Joel Brand envolveram-se em negócios escusos com os nazistas. Durante o primeiro encontro de Kastner e Brand com Dieter Wisliceny, do Departamento IV B 4 de Eichmann, no dia 5 de abril de 1944, Wisliceny exigiu 2 milhões de dólares para o salvamento de 800.000 judeus húngaros. Após o pagamento da primeira parcela começou a ação de resgate de 1.700 judeus que, após uma estadia prolongada em Bergen-Belsen até 1944, finalmente chegaram à Suíça. Ainda durante as negociações, Eichmann sugeriu uma negociação a Joel Brand: a libertação de 1 milhão de judeus em troca de 10.000 caminhões e outros bens de consumo provenientes do Ocidente. Essa oferta, "sangue contra mercadoria", foi rejeitada pelos aliados. No entanto, Kastner continuou com as negociações por motivos táticos, com o apoio dos Aliados. Após a Guerra, Kastner foi a julgamento em Israel, em 1954/1955. A acusação: traição contra os judeus e colaboração com os nazistas. Ainda durante as tramitações de recurso, Kastner foi morto a tiros na rua, em Israel, no dia 15 de março de 1957. Hoje, Kastner está amplamente reabilitado. Aqueles que foram salvos por seu intermédio mandaram erigir um monumento em sua homenagem.
6. *Der Kastner-Bericht über Eichmanns Menschenhandel in Ungarn*. Munique, 1961. p. 323-327.
7. *Ist meine Heimat der Ghettowall?*, p. 73/74. Eva Ginz é a irmã de Peter Ginz, o redator da revista "Vedem".
8. *Ein Theresienstädter Tagebuch. 18. Oktober 1944 – 19. Mai 1945. in: Theresienstädter Studien und Dokumente 1994*, p. 171 e seguintes. A autora, Alice Ehermann, nascida em 5 de maio de 1927, chegou a Theresienstadt em 13 de julho de 1943. Lá, namorou o líder sionista Zeev Shek, com o qual casou em 1947, emigrando com ele para a Palestina. Alisah Shek é cofundadora do Arquivo e do Memorial Beit Theresienstadt, em Israel, onde vive hoje.
9. *Theresienstädter Studien und Dokumente 1995*, p. 306 e seguintes. Erich Kessler, nascido em 14 de junho de 1912. Chegou à Theresienstadt em 9 de fevereiro de 1945. Erich Kessler vivia em um casamento "misto" em Praga.
10. Segundo uma informação de Karl-Heinz Schultz, presidente do Freundeskreises der KZ Gedenkstätte Neuengamme, "papai" foi um dos funcionários da alfândega destacados para vigiar as prisioneiras em 13 de setembro de 1944. Karl-Heinz, o "papai", morreu durante um ataque aéreo em Hamburgo--Tiefsack.
11. *Theresienstädter Studien und Dokumente 1995*, p. 306 e seguintes.
12. Ibidem.

13. O final

1. Přemysl Pitter (1895-1976), humanista cristão que dedicou sua vida ao trabalho social com crianças. Pavel Kohn dedicou-lhe o livro *Schlösser der Hoffnung. Die geretteten Kinder des Přemysl Pitter*, Munique, 2001.
2. Eugen Kolb (1898–1959), crítico de arte, historiador da arte e publicitário, foi o diretor do Museu Helena Rubinstein em Tel Aviv de 1952 a 1959.

Créditos das imagens

A maioria dos documentos publicados neste livro pertence ao acervo pessoal das sobreviventes do Quarto 28 e estão protegidas pelas leis de direito autoral. A editora agradece pela gentil cessão dos documentos para reprodução, em especial, a Anna Hanusová, Helga Kinsky, Eva Stern, Handa Drori, Eva Gross, Vera Kreiner, Judith Rosenzweig, Ela Weissberger, Hanka Weingarten, Evelina Merová, Marta Mikulová, Eva Sohar, Marianne Deutsch, Miriam Jung e Eva Vit.

Agradecemos às seguintes instituições pela gentil autorização para a reprodução das imagens aqui relacionadas:

p.22 Foto do filme de propaganda nazista "Theresienstadt. Um documentário da área de colonização judaica" © Arquivo Nacional de Filmes, Praga

p.56 Chegada a Theresienstadt © Museu judaico de Praga

p.59 Vista aérea de Theresienstadt ©Museu Judaico de Praga

p.61 O Abrigo de Meninas L 410 © Beit Theresienstadt, Givat Chaim-Ichut, Israel p.76 Ferdinand Bloch (Carroça de defuntos com pessoas idosas). PT 8183 © Memorial de Theresienstadt

p.93 Rafael Schächter © Museu Judaico de Praga

p.108 Peter Ginz (1928–1944): "Paisagem lunar", 1942–1944, Theresienstadt (lápis sobre papel), doação de Otto Ginz; reproduzido com a gentil autorização do Yad Vashem Art Museum, Jerusalém

p.152 Desenho infantil de Alice Sittig, © Museu Judaico de Praga

p.163 Desenho infantil de Maria Mühlstein (Quarto 28): © Reprodução com a gentil autorização do Museu Judaico de Praga

p.193 (Cartaz de Brundibár) Reproduzido com a gentil autorização do Memorial Theresienstadt

p.197 Apresentação secreta de Brundibár em Hagibor, Praga. Theresienstädter Initiative, Praga

p.200 Hans Krása e Adolf Hoffmeister. Reproduzido com a gentil autorização do Memorial Theresienstadt

p.204 Brundibár, desenho infantil de Ruth Gutmann © Museu Judaico em Praga

p.225 Friedl Dicker-Brandeis © Arquivo Beit Theresienstadt, Givat Chaim-Ichut, Israel

p.268 De: "Das Buch des Alfred Kantor", Frankfurt am Main 1987, © Jüdischer Verlag GmbH

p.274 Chegada à plataforma de Auschwitz-Birkenau, © Yad Vashem, Jerusalém, Signatur: 268, 26

p.281 Fredy Hirsch: Foto © Eva Weiss

QUER SABER MAIS SOBRE A LEYA?

Fique por dentro de nossos títulos, autores e lançamentos.

Curta a página da LeYa no Facebook, faça seu cadastro na aba *mailing* e tenha acesso a conteúdo exclusivo de nossos livros, capítulos antecipados, promoções e sorteios.

A LeYa está presente também no Twitter e Google +

www.leya.com.br

facebook.com/leyabrasil

@leyabrasil

google.com/+LeYaBrasilSãoPaulo

Este livro foi composto em
Adobe Jenson Pro para LeYa
em março de 2014.